KB056307

중국해양대학교 한국연구소 총서 05

해양과 동아시아의 문화교류

Ocean and Exchanges of Culture in East Asia

중국해양대학교 해외한국학 중핵대학 사업단

고려대학교 민족문화연구원 HK한국문화연구단 공편

主編 李海英·李翔宇

이 저서는 2013년도 대한민국 정부(교육부)의 재원으로 한국학중앙연구원(한국학진흥사업단)의 지원을 받아 수행된 연구임(AKS-2009-MB-2002).
또한 2007년도 정부(교육과학기술부)의 재원으로 한국연구재단의 지원을 받아 연구되었음(KRF-2007-361-AL0013).

중국해양대학교 한국연구소 총서 05

해양과 동아시아의 문화교류
Ocean and Exchanges of Culture in East Asia

1판 1쇄 인쇄_2014년 04월 01일
1판 1쇄 발행_2014년 04월 15일
엮은이_中國海洋大學校(중국해양대학교) 해외한국학 중핵대학 사업단
主 編_李海英(이해영)·李翔宇(리상우)
펴낸이_양정섭
펴낸곳_도서출판 경진
등록_제2010-000004호
블로그_http://kyungjinmunhwa.tistory.com
이메일_mykorea01@naver.com

공급처_(주)글로벌콘텐츠출판그룹
대표_홍정표
편집_김현열 노경민 김다솜 디자인_김미미 기획·마케팅_이용기 경영지원_안선영
주소_서울특별시 강동구 천중로 196 정일빌딩 401호
전화_02-488-3280 팩스_02-488-3281
홈페이지_http://www.gcbook.co.kr

값 28,000원
ISBN 978-89-5996-258-7 93910

중국해양대학교 한국연구소 총서 05

해양과 동아시아의 문화교류

중국해양대학교 해외한국학 중핵대학 사업단/
고려대학교 민족문화연구원 HK한국문화연구단 공편
책임편집 이해영·리상우

도서출판 경진

책을 펴내며

한중 양국은 전근대시기부터 바다를 사이 두고 많은 교류를 해 왔다. 특히 칭다오 지역 및 산둥반도는 한중 양국의 해양교류에서 반드시 거치게 되는 교통요로로 중추적이고 핵심적인 역할을 해 왔다. 한중 간 해양교류의 가장 이른 기록으로는 신라시기 산둥반도에 만들어진 신라방에 대한 기록과 일본 승려 예닌의 『입당구법순행례기(入唐求法巡行禮記)』에 기록된 통일신라시기 장보고의 산둥반도 법화사 건설이 있다. 여말선초(麗末鮮初)와 조선중기, 중국 대륙의 왕조교체(각각 원말명초, 명말청초에 해당함)로 인한 혼란으로 육로사행이 불가능하게 되었을 때, 이루어진 해로사행(海路使行) 『조천록(朝天彔)』에는 당시 해로사행의 주요 경로였던 산둥반도 여러 지역의 역사, 지리, 풍물에 대한 상세한 기록이 남아 있다. 그럼에도 지금까지 한중교류에 대한 연구에서 '해양'은 별로 관심의 대상이 되지 못했으며 특히 사행 기록 연구 역시 육로사행인 『연행록(燕行彔)』에만 그 초점이 맞춰져 있는 실정이다. 중국학계의 경우는 중일 간의 해양교류에 대해서는 일정 정도의 연구업적을 쌓아 왔지만 한중 간의 해양교류에 대해서는 별로 관심을 보이지 않고 있다. 이 책은 바로 이러한 실정에서 출발하여 '해양'을 키워드로 한중, 나아가 동아시아의 문화교류를 살펴보고 있다.

한편 이 책은 중국해양대학교 해외한국학 중핵대학 사업의 5차년도 결과물이며 5년간 사업의 최종 결과물의 하나이기도 하다. 그러므로 이 책은 단순히 한중 간의 해양교류 연구의 일환으로서만 기획

된 것은 아니다. 이 책은 본 사업단이 중핵사업을 수행하는 5년간 끊임없는 모색과 연구를 통해 이른 하나의 목적지이며, 또 다른 새로운 5년 내지 긴 여정을 향한 희망에 찬 출발 그 자체이기도 하다. 1단계 중핵사업을 수행하는 지난 5년간 우리는 줄곧 한 가지 근원적이면서도 핵심적인 문제를 고민해 왔다. 그것은 바로 '중국에서의 한국학이란 무엇인가'에 대한 끈질긴 질문이었다. 이는 곧 중국 주류학계에서 한국학의 위상과 위치를 묻는 일이기도 했으며, 왜 한국학은 중국 주류학계와의 소통의 통로를 찾지 못하고 있는지, 어떻게 해야 중국 학계에서 한국학의 학문적 정착이 이루어질 것인지에 대한 보다 본질적인 문제들을 내포하고 있다.

우리는 이 책에서 다는 아니지만, 이러한 근원적이면서도 본질적인 문제들을 조금씩 해결하고자 노력하였다. '해양'은 바로 '중국에서의 한국학이란 무엇인가?'에 대한 끊임없는 모색과정에서 찾아낸 우리만의 키워드이다. 1단계 중핵사업을 수행해 온 지난 5년간은 우리에게는 그야말로 시행착오의 연속과 반복이었다. 또한 그것을 넘기 위한 논쟁과 조정의 과정이기도 했다. 가끔 우리는 '우리의 향후의 발전방향'을 위한 격렬한 논쟁도 불사하지 않았다. 그 과정에서 우리는 중국에서의 한국학은 결코 한국에서의 한국학과 같은 개념, 같은 방향으로 발전할 수 없으며 또한 미국이나, 유럽 등 기타 해외의 한국학과도 다른 자기만의 특색과 발전방향을 수립해야 한다고 보았다. 그것은 크게는 중국 주류학계의 학문적 성향과 발전방향, 그리고 한중 간의 역사적 연원관계와 미래적 비전 등에 의해 결정될 것이며 작게는 각 지역의 특성과 기관의 특성에 의해 결정될 것이다. 또한 중국 내, 한국학의 학문적 정착을 위해서는 각 지역별, 각 기관별로 고도의 선택과 집중을 통한 한국학의 특성화가 진행되어야 한다고 보았다. 이렇게 찾아 낸 '우리의 향후의 발전방향', 즉 중국해양대학교 한국학의 발전방향과 특성화 방향이 바로 '경계의 한국학-동아시아 이문화(異文化) 간 교섭과 한국학 지식의 생산'이다. 이 책의 기획 주제인 '해양교류'는 바로 이 특성화의 한 부분이다.

그렇다면 왜 굳이 '해양교류'인가? 얼핏 많은 사람들은 우리가 중국해양대학교이니 '해양'을 키워드로 삼는 것은 당연한 것이라고 여길 것이다. 물론 이것 역시 이유 중의 하나임에는 틀림없다. 우리는 본교 한국학의 발전방향을 해양 분야 세계 일류를 지향하는 본교 대학 본부의 특성화 추진 방향에 부합시킴으로써 최대의 시너지 효과를 창출하고자 하였다. 그러나 '해양'이라는 키워드를 확정하기까지 우리는 한중 간의 역사적 연원과 미래적 비전, 현재 중국이 내건 '해양강국 건설'의 국가적 목표와 전략, 그에 따라 현재 중국 인문사회학계에서 '해양'이 중요한 키워드로 부상하고 있는 점, 중국의 HK격인 '2011협력창신'사업단 제1차 선정에서 '중국남해연구협동창신사업단(中國南海研究協同創新事業團)'이 단 2개뿐인 인문사회영역 사업단의 하나로 선정된 점('2011협력창신'사업단 제1차 선정에서는 전국 범위에서 총 14개의 사업단이 선정되었는데 인문사회영역 사업단은 2개뿐임) 등에 대해 진지하게 고민하고 검토하였다. 또한 본교가 위치한 청도지역 및 산둥반도가 바다를 사이 두고 한반도와 마주하고 있으며 전근대 시기부터 밀접한 해양교류를 진행해 왔고 오늘날은 한인 이주민이 가장 많이 이주해 있고 한중 교류의 최대 핵심 지역으로 부상해 있는 점 등을 염두에 두었다.

물론 이 책은 기획 초점을 단지 '해양을 통한 동아시아의 교류'에 두었다. 또한 엄밀하게 말하면 책 전체의 내용이 '해양을 통한 교류'로 일관되어 있는 것도 아니다. 새로 발견된 묘지명과 碑刻 자료를 중심으로 사신 왕래와 唐代 동아시아 三國의 문화 교류를 살펴본 연구, 『동아시아사』 교과서의 '은 유통과 교역망'에 대한 연구, 19世紀

末 淸과 朝鮮의 關係를 國境地帶에서 國境線으로 변화되는 과정으로 살펴본 연구 등은 모두 '해양'에서 벗어난 한중 간의 역사적 교류에 관한 고찰이다. 하지만 매우 특수한 영역의 교류임에는 틀림이 없다. 그리고 '해양을 통한 교류'라고 하더라도 그것이 주체적인 교류인지 아니면 주체의 의도와는 무관한 막무가내적인 사정에 의한 '표해(漂海)' 내지 '표류(漂流)'인지 등에 대한 구분도 세밀하게 하지 못했다. 이는 우리가 현재 진행형이기 때문이며, 향후의 새로운 5년 내지 긴 여정을 위한 모색기이기 때문임을 이해해 주기 바란다.

또한 이 책은 기획 초점을 단지 '해양을 통한 동아시아의 교류'에 두었지만, 우리가 향후의 발전방향으로 삼고자 하는 '해양교류'는 단지 '해양을 통한 교류사' 즉 '해로사행'이나 '표해록' 등에만 제한 된 것은 아니다. 우리가 하고자 하는 것은 '해양을 통한 교류' 외에도 '동아시아 해양 네트워크' 등 전 근대시기 해양교류의 전반적인 영역이며 또한 '근대시기 동아시아의 해양에 대한 인식', '근대 동아시아 개항의 역사와 근대 지식의 생산과 유통' 등 보다 넓은 의미의 '해양교류'이다. '해양과 인식의 전환'이 바로 그것이다.

이 책의 기획은 본 사업단과 한국 고려대학교 민족문화연구원이 공동으로 진행했으며 양 기관은 2012년 11월 '해양과 동아시아의 문화교류'를 주제로 칭다오에서 제2회 공동 국제학술회의를 개최하였다. 이 책은 그 공동 국제학술회의를 기반으로 한 것이며 한중 양국에서 한국어와 중국어 두 가지 언어로 동시 출간된다. 2011년 10월 27일·28일, 中國海洋大學校 韓國硏究所와 高麗大學校 民族文化硏究院은 학술교류협정을 맺고, 제1회 공동 국제학술회의를 개최한 것을 기점으로 지난 3년간 꾸준히 학술적 교류와 협력을 진행해 오고 있다. 물론 지난 3년 동안 우리는 규모, 전공영역, 연구인력 등 면에서 양 기관의 그야말로 큰 차이를 절감하지 않을 수 없었고, 그래서 함께 할 수 있을까에 대한 반문을 수차례 해 보기도 하였다. 그러나 우리는 그 차이를 극복하기보다는 차이를 인정하고, 그리고 각자의 특색과 우세를 살리고, 그 위에서 공동작업을 시도하였다. 특히 한국학 연구 영역에서 민연의 오랜 전통과 역사와 규모, 인력에 비해 모든 것이 작고 부족했던 우리 중국해양대 한국연구소를 민연은 전통도, 역사도, 규모도, 인력도 아닌 특색과 우세, 중국 내 한국학의 거점기관으로의 성장 가능성이라는 발전적인 잣대로 바라보는 탁월한 안목과 지혜가 있었다. 중국의 한국학은 그래서 한국의 한국학과는 다르고, 또한 스스로의 특색과 가능성을 갖고 있음을 민연은 인정해 주었다. 차이를 인정해 주고 역사와 전통과 규모라는 전통적인 시각을 벗어나 우리 중국해양대 한국연구소의 우세와 가능성을 충분히 긍정해 주신 민연의 최용철 원장님의 혜안에 감사를 드린다. 지난 3년간 민연과 우리 중국해양대 한국연구소와의 교류와 협력의 실질적인 진행을 책임지고 노심초사하셨고, 양 기관의 교류와 협력의 기틀을 구축해 주신 민연의 강상순 교수님께 진심으로 감사드린다.

1단계 중핵사업을 수행하는 지난 5년간, 한국학진흥사업단과 中國海洋大學校 본부의 지원은 아무리 강조해도 지나침이 없을 것이다. 특히 中國海洋大學校 吳德星 총장님의 학문에 대한 남달리 넓은 포용력은 한국학이 中國海洋大學校에서 학문적 화두의 하나로 그 존재기반을 다질 수 있도록 했으며, 그것은 中國海洋大學校가 '海納百川取則行遠'이라는 校訓을 직접 실천해 나가는 과정이기도 했다. 中國海洋大學校 韓國硏究所 소장이기도 한 본교 國際交流合作處 戴華 처장님의 지원 또한 우리에게는 큰 힘이 되었다. 기꺼이 외국어대학 청사 내에 한국연구소 공간을 지원하고, 지역학으로서 한국연구를 외국어대학의 학문적 연구의 한 방향으로 인정해 주신 中國海洋大學校 外國語大學 楊連瑞 學長님을 비롯한 本校 外國語大學 지도층의

國家別 및 地域別 연구에 대한 인정과 지원에 깊이 감사드린다. 楊連瑞 學長님은 본인이 뛰어난 語言學者이지만, 동시에 지역 연구에도 많은 관심을 보이고 있다. 한결같이 중핵사업을 지지하고 지원해 주시고 운영위원으로서 사업단의 운영과 공동연구에 함께해 주신 한국학과 이광재 학과장님께도 깊이 감사드린다. 그리고 지난 5년간 중핵사업의 발전을 위해 동고동락을 해 온 중국해양대학교 해외한국학 중핵대학 사업단 전체 단원들과 한국학과 교수님들의 그동안의 열과 성, 노고에 감사드린다. '우리'의 오늘이 있기까지 그것은 참으로 서로의 인내와 이해와 양보와 감싸 안음이 없었으면 불가능했던 기여와 헌신의 시간들이었다. 지난 2012년 7월, 본교 캠퍼스에서 성황리에 개최되었던 해외한국학중핵대학 단장협의회 첫 해외 회의에서 우리는 吳德星총장님을 비롯한 中國海洋大學校 본부의 한국학에 대한 학문적 인정과 확고한 지지를 감격스럽게 확인할 수 있었다.

끝으로 지난 5년간 우리 사업단의 학문적 성장과 발전을 내심 기뻐해 주고 '황해권 한인공동체의 재구축'이라는 우리의 학문적 화두에 관심을 갖고 함께 해 주신 도서출판 경진의 양정섭 사장님과 직원들께 진심으로 감사드린다.

2014년 4월

벚꽃이 만발한 노산 캠퍼스에서

중국해양대학교 해외한국학 중핵대학 사업단

단장 이해영 삼가 씀

축 사

중국과 한국은 지리적으로 가장 가깝게 접하고 있으며 역사적으로 오랫동안 문화교류를 진행해 왔습니다. 고려대학교 민족문화연구원에서는 한국학의 외연을 넓히고자 중국해양대학 한국학연구소와 긴밀한 학술교류를 진행하면서 공동 국제학술회의를 개최하고 그 성과물로서 공동으로 저술을 간행하고 있습니다. 이번에 두 번째 성과물로서 '해양과 동아시아의 문화교류'를 중국해양대학 출판부에서 간행하게 된 것을 매우 기쁘게 생각합니다.

예로부터 해양은 동아시아 문명의 교류를 매개하는 중심 공간이었습니다. 때때로 정치·군사적인 요인 때문에 위축되기도 했지만, 전체적으로 볼 때 해양을 통한 문명 교류는 동아시아 국가들에게 경제적 풍요와 문화적 다양성을 제공하였던 것이 사실입니다. 2012년 11월 아름다운 중국해양대학의 노산캠퍼스에서 열린 제2차 국제학술대회는 해양이라는 공간을 통해 이루어진 전근대 동아시아의 문화교류의 양상을 폭넓게 섭도하는 기회가 되었습니다. 비록 과거의 역사에 대한 고찰이지만, 그것은 해양을 통한 현재와 미래의 동아시아 문화교류를 전망하는 데 크게 기여하게 될 것입니다. 바로 그 학술대회에서 발표되었던 원고들이 수정과 번역, 편집과 교정의 과정을 거쳐 드디어 중국어본으로 출판하게 되었습니다. 이 책은 한국어로도 번역되어 출판되는 것으로 알고 있습니다. 하나의 책이 두 개의 언어로 번역되어 함께 출판된다는 것은 한중 출판교류사에서 매우 의미 있는 성과라고 생각합니다.

그리고 이 책에는 양국의 역량 있는 연구자들의 다양한 연구 성과들이 잘 배치되어 있습니다. 언어의 장벽 때문에 소통이 어려웠던 한중 양국의 학자의 연구 성과를 하나의 저작 속에서 접할 수 있다는 것 또한 한중의 학술 교류사에 기여하는 바가 클 것이라 생각합니다.

책의 출간을 맞이하여 여러분께 감사의 말씀을 드리고 싶습니다. 중국해양대학교와 고려대학교의 학술교류를 물심양면으로 지원해 주신 오덕성 총장님, 양연서 학장님, 대화 한국연구소 소장님, 한국어과의 이광재 과장님을 비롯한 여러 선생님들 모두 감사드립니다. 무엇보다 학술대회에서 발표를 맡아 주시고 훌륭한 원고를 보내 주신 저자 여러분께도 감사드립니다.

끝으로 학술대회의 기획과 운영, 번역과 출판 과정 전반에서 주도적인 역할을 하신 중국해양대학교 한국연구소의 부소장을 맡고 계신 이해영 교수님과 상호 연락과 섭외를 맡아서 애써 주신 고려대 민족문화연구원의 강상순 교수님께 특별히 감사드립니다. 고려대학교 민족문화연구원은 중국해양대학교 한국연구소처럼 중국의 한국학 연구를 선도하고 한중 학술교류를 매개하는 연구기관의 든든한 파트너로 남기를 희망합니다.

2014년 3월 19일

高麗大學校 民族文化硏究院 院長 崔溶澈

목 차

사신 왕래와 당대 동아시아 삼국의 문화 교류

: 새로 발견된 묘지명과 碑刻 자료를 중심으로

拜根興

(陝西師範大學)

1. 서론

장구한 역사를 지닌 漢唐 시기의 중국은 수도 長安이 네 관문의 가운데 위치한 내륙이었던 관계로 서북 지방의 소수민족 정권의 끊임없는 도전에 대응해야 했다. 마치 요원한 바다에서는 주도권이 정해져 있지 않는 것과 같았다. 이러한 까닭에 한당시대를 "해양 의식의 장기적 결핍이 중국의 크나큰 문제점이었다"고 하는 학자들도 있다.[1] 그러나 사실 과거에 조선과 일본에서 온 사신들이 선의나 결코 주관적이지는 않은 약간의 악의를 가지고 빈번하게 왕래하는 것에 대해 당나라 또한 호의를 가지고 있던 적이 있었다. 때문에 바다 너머로 사신을 파견하였으며 살펴볼 만한 흔직을 상당수 남기고 있는 것이다. 이와 같은 관계 안에서 당·신라·일본의 동아시아 삼국의 문

1) 胡戟, 「快樂曆史和對曆史觀的重新思考」, 『社會科學評論』, 2004年 第1期.

화교류는 상대적으로 번영하는 국면을 보였다.[2] 중국, 한국, 일본의 현존하는 문헌 사료들은 이미 수많은 연구자들에게 알려져 있다는 점을 고려하여, 이 글에서는 현존하는 당대 碑刻과 묘지명 중에서도 특히 최근에 새로 발견된 묘지명을 매개로 하고, 양국의 사신 및 승려들의 왕래를 큰 줄기로 삼아 해양이라는 요소 아래 당대 동아시아 삼국의 문화 교류의 본질을 탐색해 보고자 한다.

2. 天寶·大曆 연간의 당-신라 간의 각계 인사들의 교류

이 시기에 당과 신라를 왕래한 사신으로서 승려 大德은 현존하는 문헌 사료 및 현대 연구 성과에서 언급한 부분이 상당하다. 그러나 지금껏 연구자들이 주목하지 않았던 石刻 사료들과 최근 새로 공개된 묘지명에서 역사서에는 실려 있지 않은 入唐 신라인과 신라를 왕래했던 唐人들의 행적이 발견되었다. 이러한 자료는 당시 당과 신라의 교류관계 연구에 평범하지 않은 많은 사례를 제공해 줄 것이다.

1) 岐州 大雲寺에 머물렀던 신라 승려

2000년에 출토된 『唐故鴻臚寺丞李府君夫人琅琊王氏墓志銘並序』에 기록된 '新羅和上(신라의 승려)'이 바로 그 중 하나이다.[3] 묘지명에

---

2) (韓)權悳永, 『古代韓中外交史: 遣唐使硏究』, 首爾: 一潮閣, 1997.
李大龍, 『唐朝和邊疆民族使者往來硏究』, 黑龍江教育出版社, 2001.
拜根興, 『唐朝與新羅關系史論』, 中國社會科學出版社, 2009.
曲金良, 『曆史時期東亞地區跨海交流的港口網絡與移民: 以唐朝山東半島的新羅人口爲中心』, 2008 海洋文化學術研討會, 台灣海洋大學, 2008~2011.

3) 拜根興, 「唐〈李訓夫人王氏墓志〉關聯問題考釋」, 『紀念西安碑林920年華誕國際學術研討

서는 묘주 왕씨에 대해 다음과 같이 언급하고 있다.

> 천보 연간 초, 대운사에 불교에 입문하여 참선을 하던 신라 승려가 있었다. 부인은 예로써 알현하고 정성을 다하고 회향하여 上佐가 되어 10년 동안 한결같은 마음으로 재계하였다. 유일한 가르침을 받들어 적멸을 낙으로 삼고 귀일하려는 뜻을 다하고 色卽是空의 가르침을 분명히 하였으며 품성은 변함없고 희로의 감정을 안색에 드러나지 않았고 마음은 아득하여 애증의 마음이 말 속에 섞이지 않았다. 그러하였으니 어찌 연꽃이 흙탕물에 물들지 않는다 하지 않겠는가. 분명 도를 얻은 분이라 하겠다.[4)]

여기에서 인용한 사료는 다음과 같은 정보를 제공해 준다. 첫째, 대운사의 신라 승려는 천보 연간 초에서야 사원에 왔다. 다시 말해 그가 사원에 온 시기는 천보 5년 전후일 것이다. 더욱이 여기의 '10년'이 잘못 기록된 것일 수도 있지만, 왕씨가 천보 9년에 세상을 떠났고 묘지명에는 '10년 동안 한결같이'라는 말이 있으므로 신라 승려가 절에 온 시기를 천보 원년에서 2년 사이라고 추정할 수 있을 것이다. 둘째, 신라 승려가 대운사에 있던 기간 동안 왕씨는 그 예를 더욱 공경히 하였으며 뜻을 잃거나 바꾸지 않았고 10년을 하루처럼 한결같았다고 하였다. 따라서 당연히 다른 한편으로는 신라 승려가 대운사에 머무른 기간이 짧지 않았음을 증명할 수 있겠다. 셋째, 신라 승려의 이후의 종적에 대해서는 묘지명에 적혀 있지 않으며, 현존하는 사료에도 나타나지 않는다는 점이다. 넷째, 이 신라 승려가 신도들과

會論文集』, 文物出版社, 2008.

4) 「唐故鴻臚寺丞李府君夫人琅琊王氏墓志銘並序」: "天寶初, 有大雲寺新羅和上者, 崇啟道門. 夫人禮謁至誠, 廻向便爲上足, 一心齋戒, 十載住持. 契不二之門, 以寂滅爲樂. 窮歸一之義, 明色即是空. 體性如如, 喜怒不幹於顏色. 心神杳杳, 憎愛無雜於言懷. 豈可不以爲如蓮花不著水, 居然有道者也."

의 교류에 능숙하였으며 상당한 예우를 받았던 것을 통해 그가 자유롭게 당의 언어를 구사하였고 불교 경전에 정통하였으며, 당나라에 들어온 지 비교적 오래 되었고 불교 수양에 착실했던, 당시 명망 높은 신라인 승려였음을 알 수 있다. 신라인 승려의 구체적인 생평이나 대운사가 위치한 기주의 불교 전파 상황, 당시 당나라에 들어와 佛法을 구했던 신라 승려의 규모, 승려들이 입당 후 그들의 구법활동을 펼쳤던 곳, 그들이 당나라 불교에 어떤 공헌을 했는가 등의 이야기는 이 글의 중점이 아니므로 여기에서는 다루지 않겠다. 다만 신라 승려들은 이와 같은 불교에 대한 일편단심으로 바다를 건너는 위험도 마다하지 않았을 뿐만 아니라 당에서 배움의 성과를 얻을 수 있었으며, 당 나라 신도들의 존경을 받는 큰 스승이 되었다는 점은 탄복하지 않을 수 없는 일이라 하겠다.

2) 당 조정으로부터 '光祿卿'의 벼슬을 받은 신라 왕자 김일성

신라 왕족 『金日晟墓志』[5]의 공개로 중당 시기 당과 신라의 관계 연구에 중요한 사료가 제공되었다는 점은 의심할 여지가 없다. 김일성은 당 代宗 大曆 9년(774)에 향년 62세의 나이로 세상을 떠났다. 그는 당 玄宗 開元 원년인 713년에 출생하였을 것이나. 김일성의 "諱는 일성이요 字는 日用으로, 신라왕의 從兄이다. 장엄하고 씩씩하면서도 너그럽고, 진심어린 마음과 天縱의 자품을 지니고 있었다. 中朝를 섬기기를 만국에서 솔선수범하였다. 황제께서 이를 칭찬하며 수차례 銀青光祿大夫를 하사하고, 光祿卿이라 하였다. 지위는 조정의

5) 胡戟·榮新江 主編, 『大唐西市博物館館藏墓志』(中冊), 北京大學出版社, 2012, 623쪽; 拜根興, 「新公布在唐新羅人金日晟墓志考析」, 『唐史論叢』 第17輯, 陝西師範大學出版社, 2013.

반열에 섰으며 그의 이름은 國史에 올랐다. 유업을 계승하여 선인들을 욕되게 하지 않았다." 먼저 한국의 역사서 『三國史記』와 『三國遺事』 등에 의거하여 김일성이 신라 孝成王과 景德王의 종형임을 고증하여 묘지명에서 가장 복잡한 부분인 김일성의 신분 문제를 해결하였다. 둘째, 김일성이 입당한 시기와 입당 시의 신분 및 입당 목적이 무엇이며 입당 후 어떠한 이유로 당 중앙 정부의 관직을 맡게 되었는지 등의 제 문제에 관한 그럴듯한 답을 내리게 되었다. 셋째, 김일성의 혼인 및 사망 이후 당나라 정부의 조치에 대해서는 『大唐六典』과 『唐會要』 등의 기록에 의거하였는데, 이 또한 탁월한 성과를 낼 수 있었다. 김일성의 부인이었던 故 장씨는 분명 唐人이었을 것이며 安祿山·史思明의 난 당시에 죽었을 가능성이 높고, 김일성은 당 조정에서 관직을 맡았으며 오랫동안 당 조정에 머물렀을 것이다. 김씨와 당나라 사람의 결혼은 전란의 시기였던 것과 관련이 있지만 다른 한편으로는 김일성이 당의 문화를 흠모했던 것과도 무관하지 않을 것이다. 신라 성덕왕이 재위한 이래로, 효성왕, 경덕왕, 惠恭王을 거치면서 신라와 당의 교류는 매우 빈번하게 이루어져 왔는데, 이는 양국 사절의 교류가 잦았던 역사 기록에서 찾아볼 수 있다. 정기적으로 바다를 건너 당에 왔던 신라의 볼모와 宿衛도 문화 사절의 역할을 담당하고 있었다. 당조의 도교 전파자들도 신라에 왕래하였고, 입당하여 구법하려는 신라 승려들도 끊임없이 당나라를 오갔다. 바로 이 김일성이 끊임없는 상호 교류의 물결 속에서 망망대해를 건너 마침내 당나라까지 오게 된 것이다.

3) 입당하여 구법하려던 신라의 質子(볼모) 談藏

왕실 출신의 신라 승려 담장은 대력 13년(778)에 당에 왔는데, 사료에는 다음과 같이 기록 되어 있다.

> 신라의 진자(질자) 담장이란 자가 바다를 건너와 산간에 이르렀다. 회향이 간절하여 진심으로 염원하다 결국 (易州 抱陽山 定惠寺)절 안에 문수보살당을 짓게 되었다. 또 당 내부에 우리 隴西王洎夫人과 邠國夫人 谷氏의 眞形을 그 뒤에 두어 제사를 지내고 공경하여 은혜에 감사하며 보답하였다. 반듯한 마음과 장인의 마음으로 工人을 모집하고 경계하며, 공인을 징집하여 나무와 도기를 다루게 하였는데, 오묘한 이치가 자연스럽게 모아지니 사람들이 너도나도 자원하여 일이 생각대로 진행되어 마침내 토목공사를 끝낼 수 있었다. 이는 사람들이 진실하고 순결한 마음을 담은 덕분이었다. 여러 가지 색으로 새가 날개를 편 듯 화려하여, 노을빛이 흩어지면 반짝반짝 빛이 났다. 불법을 지키는 여덟 神將을 근엄하게 세워 지키게 하고 사천왕을 세워 보호하게 하였다. 마치 불사에 올라 空의 경지에 들어간 것만 같았다. 예를 행함에 단정하고 엄숙하게 하였으므로, 문수보살의 가르침의 행적으로 귀의할 수 있었고 진실한 태도로 그 뜻을 받들어 이었으므로 隴西의 불법을 보호하는 은혜에 보답할 수 있었다.[6]

인용한 사료에 대해 이전의 연구자들은 담장을 단지 평범한 한 명의 신라 구법승으로만 보았을 뿐, 그를 전문적으로 연구한 적은 없었다. 그러나 '바다를 건너온' 이 기이한 승려에 대해 몇 가지 고찰해 볼 만한 점이 있다고 사료된다. 첫째, 여기에서 '眞子'는 분명 '質子'

6) 『全唐文』 卷445 「易州抱陽山定惠寺新造文殊師利菩薩(堂)記」: "有若新羅真(質)子曰談藏, 浮海而至, 止於山間, 回回向懇到, 發其誕願, 乃於寺內建文殊師利菩薩堂焉. 又於堂內立我隴西王洎夫人邠國夫人穀氏真形於其次, 所以存相展敬, 荷恩昭報也. 規心匠智, 庀徒蕆徒事, 徵工攻木陶瓬, 窮妙凝鑠, 人隨悅來, 事與念就, 乃畢土木, 乃備丹素. 彩錯翬飛, 霞張電烻, 儼八部以營衛, 列四天以護持. 如登化城, 窈入空境. 作禮端肅, 則文殊垂教之跡可歸也. 潔誠趨奉, 則隴西護法之恩可報也."

의 오류일 것이다. 또한 '담장'이라는 이름 때문에 마치 그가 승려인 것처럼 보이지만 사실은 불교를 좋아했던 당 대종을 염두에 두고 신라 조정에서 불교를 믿는 왕실 사람을 볼모로 보냈을 것이라는 추측도 가능한 일일 것이다. 둘째, 李寶臣은 成德 節度使의 신분으로, "영광스럽게도 조정의 위탁을 받아 동쪽의 제후들을 주관하여 관리들을 편안케 하고 중국을 안녕케 하였도다(光膺朝寄, 主東之諸侯, 保和師旅, 康靖方夏)"라고 하였다. 따라서 당시 이보신은 신라 등 나라 간의 왕래가 막힘없도록 하는 업무를 담당했던 것으로 보인다. 신라의 사신이나 유학생 등이 장안 등지를 왕래할 때 成德鎮은 꼭 거쳐야 하는 길이였으므로, 신라의 볼모로 온 담장이 건물을 지은 일은 어렵지 않게 이해할 수 있다. 이와 관련하여 성덕 절도사 이보신은 押新羅渤海兩蕃使이자 淄青 節度使였던 李正己와 신라와 발해 양국 사신 왕래의 문제에 있어서 구역을 나누어 관리했던 것은 각각 일의 중점이 달랐기 때문이거나 번진의 割據 때문이었을 수 있다. 黎虎[7]나 姜清波[8] 등이 신라와 발해의 사신 감독의 일을 다룬 논문에서 성덕 절도사 이보신도 속국의 조공 노선과 관련된 일에 대해 언급하면서, 담장의 입당과 관련된 일에 보충 자료로 사용될 수 있다는 사실을 다룬 적이 없다. 물론 邵眞이 사실을 과장한 것일 수도 있지만 신라에서 볼모로 온 담장이 정혜사에서 문수보살당을 짓고 그 당 안에 이보신 부부상을 만든 것에 대해서는 의심할 여지가 없다. 셋째, 담장이 정혜사에 문수보살당을 축조하고, 또 당 내부에 이보신 부부상을 조각한 것은 그가 상당한 경제적 능력을 갖추고 있었음을 설명하는데, 이는 막 당에 들어온 일반 구법승으로서는 보기 드문 일이었다. 분명 어느

7) 黎虎, 「唐代的押蕃使」, 『慶州史學』 第20輯(韓), 2001.

8) 姜清波, 「試論唐代的押新羅渤海兩蕃使」, 『暨南學報』, 2005年 第1期.

정도 당 조정의 배경을 가지고 있었을 것이며 신라 조정의 동의 또는 수긍을 이끌어낼 수 있는 사람이었을 것이다. 물론 어떤 외국 인사도 이러한 일을 마음대로 할 수 있는 것은 아니었을 것이다. 하지만 당 대종의 재위기간에는 양국의 불교 교류가 빈번하였으므로 신라 왕실이 인사가 그 대열에 진입할 수 있었으며, 이는 더 나아가 당과 신라 양국의 우호적 국면 유지를 보증하는 일이었을 뿐만 아니라 안사의 난이 발생한 후에도 신라의 숙위와 볼모의 파견 상황에 변동이 생기지 않았음을 설명한다.

4) 도교의 교리 경전을 신라에 전파한 道士 皇甫奉謜

황보봉원의 묘는 西安市 長安區 引鎮 북쪽에 위치한다. 묘지명이 언제 출토되었는지, 또 어떤 형식으로 출토되었는지는 알 방법이 없다. 2009년 서안의 大唐西市博物館에서 입수하여 소장 중이다. 『大唐故道門大德玄真觀主皇甫尊師墓志銘並序』에서는 묘주 황보봉원이 천보 초에, "尹眞人의 고택에서 상서로운 경전이 발견되어, 그 가르침이 멀리까지 전파되자, 명을 받아 童誦으로서 三洞法主 秘希一을 따라 신라에 경전을 전하였다. 조정에 돌아와 깃 장식을 차는 영예를 얻었으니, 이때 보의 나이 25세였다(祥符發於尹真人故宅, 聲教遐布, 有詔以童誦隨三洞法主秘希一傳經新羅. 復於王庭, 光錫羽珮, 甫廿五歲矣)"라고 하였다. 다시 말해, 황보봉원은 일찍이 三洞法主 비희일을 따라 신라에 간 것이다. 이 일의 경위에 대해 역사서에는 다음과 같이 기록되어 있다.

> 甲寅일, 陳王府參軍 田同秀가 "현원황제를 丹鳳門 하늘에서 뵈었사온데, 소신에게 신령스러운 경전이 윤희의 고택에 있다고 말씀하셨습니다."라

상소하였다. 황제가 옛 函谷關 尹喜臺에 사람을 보내 그것을 가져오게 하였다. ……壬辰일, 여러 신하들이 表를 올려 '함곡관의 교리 경전에 연호가 암시되어 있었습니다. 하늘의 뜻은 거스를 수 없사오니 청컨대 호를 높여 天寶로 하시옵소서.'라 하여, 이를 따랐다. 2월 辛卯일, 현원황제를 新廟에서 흠향하였고, 甲午일에는 太廟에서 흠향하였다. 丙申일에는 南郊에서 천지에 제사를 지내고 전국에 사면령을 내렸다.[9)]

같은 해 6월, 다시 制書를 내려 '나라 안팎에 선포'[10)]하였으므로 이를 통해 황보봉원의 신라행이 중요한 두 가지의 사명을 띤 것이었음을 알 수 있다. 첫째, 비록 그들이 신라로 파견된 시기에 대해 사료에서 구체적으로 설명하고 있진 않지만 당 왕조가 막 연호를 바꾸었을 때라는 것을 알 수 있다. 주변 민족국가와 장기간에 걸쳐 형성한 당의 교류 관례에 따르면 당시 당은 주변 속국에 사신을 파견하여 당 조정의 개원 조서를 전달하려 한 것 같다. 비희일 일행이 신라에 간 것은 당의 개원을 전달하기 위한 것이 아니었겠는가? 비희일 일행과 魏曜 일행 중 누가 먼저 신라로 갔는지는 알 수 없으므로 여기에서는 의문으로 남겨두도록 하겠다. 둘째는 새로 발견된 도교의 영부, 즉 도교의 교리 경전을 조선에 유입하려고 한 것이다.

사실, 당 왕조 건립 초기에도 도사들을 보내 天尊像과 道法을 고구려에 전하고 老子의 『道德經』을 강독한 적이 있었고, 高句麗 榮留王 또한 당에 사신을 보내 '佛老의 교법을 배우기를 청합니다'라고 하기도 하였다. 고구려 상위층의 도교 세력이 강성해지면서 불교를 신봉

---

9) (宋)司馬光, 『資治通鑒』 卷215 「唐玄宗天寶元年正月條」: "甲寅, 陳王府參軍田同秀上言, '見玄元皇帝於丹鳳門之空中, 告以我藏靈符, 在尹喜故宅.' 上遣使於故谷穀關尹喜台旁求得之. ……壬辰, 群臣上表, 以'函谷寶符, 潛應年號. 先天不違, 請上遵號天寶字.', 從之. 二月, 辛卯, 上享玄元皇帝於新廟. 甲午, 享太廟. 丙申, 合祀天地於南郊, 赦天下."

10) (宋)王欽若 等 撰, 周勳初 等 校訂, 『冊府元龜』 卷54, 『帝王部·尙黃老』, 鳳凰出版社, 2006.

하는 사람들을 홀대하였던 것이 고구려 내란의 도화선이 되었다고 보는 학자들도 있다.[11] 현대 학자들 중에서도 조선의 도교와 도교문화의 발전을 연구하면서도[12] 도교의 신라 전파시기와 관련해 명확하게 기재된 역사서가 보이지 않으므로 현대 연구 성과에서도 언급하고 있는 경우가 드물다. 신라 孝成王이 왕위를 계승했을 때, 당 현종은 左贊善大夫 邢璹을 책봉사로 보내면서 "노자의 『도덕경』 등의 문서를 왕께 바치게" 했다. 그리고 상술한 것과 같은 해에 당 현종은 다시 贊善大夫 위요를 신라에 보내 吊祭冊封使로 보내면서 禦注 『孝經』 한 부도 함께 보냈다.

비희일 일행이 신라에 도교의 교리 경전을 전파했을 당시 이들을 수행했던 황보봉원의 신분을 살펴볼 만한 가치가 있다. 황보봉원은 '동송'의 신분으로 갔다고 하였으나, 묘지명의 기록에 따르면 그 해 황보봉원은 21살이었다. 황보봉원이 21살임에도 불구하고 목소리가 어린아이와 유사하여 새로 발견된 도교 경전을 훌륭하게 낭송하고 설명할 수 있어서였을까? 아니면 '동송'의 인솔자로서 황보봉원이 여러 명 또는 수십 명의 아이들을 데리고 신라에 가서 도교 경전을 낭송하였던 것일까? 묘지명의 기록은 앞서 이야기한 내용의 가능성을 높여 준다. 이렇게 신라에 간 비희일 일행은 '조정으로 돌아와 깃 장식을 차는 영예를 얻게' 되었으며, '동송(어린아이가 낭송하는 것)'의 방법으로 당시 당나라에서 '지상 최고의 경전'으로 받들었던 도교의 교리 경전을 효과적으로 선전하는 소기의 목적을 달성하였다. 게다가 황보봉원에게는 조선에 갈 수 있는 기회가 주어졌고, 당의 조정과

---

11) 拜根興, 『七世紀中葉唐與新羅關系研究』, 中國社會科學出版社, 2003 참조.

12) (韓)張寅成, 「古代韓國的道教和道教文化」, 台灣國立成功大學曆史學系 編, 『成功曆史學報』 總 第39輯, 2010; (韓)車柱環, 「金可記與道教」, 『第一屆國際唐代學術會議論文集』(台北), 1989.

민간이 모두 도교를 숭상하는 분위기 속에서 궁정을 왕래하면서 명성 또한 높아졌다. 그 밖에도, 비록 당 대종이 불교를 숭상했다고는 하나 황보봉원은 대종의 재위 기간에도 여전히 "등불이 켜진 금빛으로 반짝이는 제단에 경전을 아뢰는 상주문을 올리고 喜·怒·悲·恐·寒·暑·驚·勞·思의 아홉 가지 기운을 형통하게 하고 삼청궁에 강림하여 신공을 도와 제왕의 은택을 베풀었다. 이러한 까닭에 전후로 의복 다섯 벌과 비단 백 필, 3만 金錢을 하사하고 도를 깨달았음을 밝혔다. (其醮火壇金, 飛章告籙, 固以平成九氣, 降格三清, 有助神功, 允敷聖澤. 前後賜衣五副、綾絹一百疋、金錢卅千, 旌有道也.)"

玄眞觀은 오늘날 서안의 어디에 위치했는가?[13] 황보봉원의 도교 경전의 道義 전파는 신라 도교의 발전에 어떠한 영향을 미쳤는가? 이후 신라 도교 발전의 상황은 어떠하였는가? 현존하는 해외사료에 이 이상의 기록은 보이지 않으며, 다만 당 賓貢科 進士 金可紀가 도교를 신봉하였으며, 終南山 子午谷에 은거하며 수련하였고 이곳에서 坐化(앉은 채로 입적)하였다는 사실만을 확인할 수 있다.[14] 신라의 국내 도교 발전의 구체적인 상황에 대해서는 아직 더 많은 연구가 필요하다.

3. 묘지명에 보이는 당대 중·후기 신라에 갔던 당나라 사신들

주지하다시피 천여 년 전의 고대에 당의 사신이 조선이나 일본으

13) 사료의 기록에 따르면 玄眞觀의 전신은 景龍觀이다. 이 道觀은 당의 수도인 長安城 內崇仁坊의 서남쪽에 위치했으며, 처음에는 당 中宗의 딸 長寧公主의 저택이었다가, 후에 주청하여 경룡관이 되었고, 천보 12년(752) 현진관으로 개명하였다((元)駱天驤, 『類編長安志』 卷5 「寺觀」, 中華書局, 1990 참조).

14) 周偉洲, 「長安子午穀金可記磨崖碑研究」, 『中華文史論叢』, 2006年 第1期.

로 가거나 조선과 일본 사신이 당으로 갈 경우 망망대해를 가로질러 와야 한다는 난제에 직면할 수밖에 없었다. 이는 당시 항해 기술의 현실적 한계에 부딪히는 문제였을 뿐만 아니라, 국가적 사명이라는 막중한 임무를 담당하는 사신들의 '나라를 위해 기꺼이 목숨을 바치는 담대함과 의기'를 시험하는 것이기도 했다. 그 과정에서 바다에 수장되는 사람도 있었으나, 대부분의 사신들은 희생을 무릅쓰고 용감하게 나서서 숭고한 인품과 감탄스러운 국가의식을 체현하였다.

당에서 신라로 간 사신에 대해 살펴보면, 문헌 사료에 초당과 성당 시대에 신라로 간 사신들에 대한 기록이 분명하게 남아 있으며, 해외 연구자들의 저작에서도 많이 다루고 있다. 국내 학자 國磐[15]과 楊昭全[16] 또한 이와 관련된 연구를 진행한 바 있으나, 中唐 이후의 관련 기록이 상대적으로 적기 때문에 상호 왕래의 연구 상황에 대해서는 좋은 평가를 내리기 어렵다. 그러나 일부 묘지명 사료들로 이러한 결함을 보완할 수 있을 것이다. 拜根興가 수집한 七方唐人의 묘지명으로 이 시기 당 조정과 신라 왕조가 해양이라는 매개를 통해 밀접한 관계를 체결하였음을 증명할 수 있다. 이뿐만 아니라, 당의 사신들이 신라를 왕래했다는 사실에 담긴 해양의 의미 또한 주목할 만한 가치가 있다.

학자이자 관료였던 馬盧符[17]는 신라에 사신으로 갔다가 돌아온 후에 『新羅紀行』을 썼다. 고증에 따르면 마로부가 신라에 사신으로 갔던 시기는 중당 대종, 德宗 시기였던 것으로 보인다. 그 외에도 역사서를 읽어보면, 당이 신라에 사신을 보낼 때나 혹은 당으로 돌아온 후에 游記文이나 사실을 기록하는 글을 썼던 것을 알 수 있다. 그

15) 韓國磐, 「南北朝隋唐與百濟新羅的往來」, 『曆史研究』, 1994年 第3期.
16) 楊昭全, 『中國-朝鮮·韓國文化交流史』(第1冊), 昆侖出版社, 2004.
17) (清)董誥, 『全唐文』 卷639 「秘書少監史館修撰馬君墓志」, 中華書局, 1983.

중 張楚金의 『翰苑』,[18] 顧愔의 『新羅國記』[19] 등이 비교적 유명하며, 고구려에 당도한 사신이 쓴 글 또한 있었다. 太子左贊善大夫이자 主客員外郎이었던 마로부가 쓴 『신라기행』은 뛰어난 사료적 가치를 지니고 있을 것이 분명하다. 다만 고음의 저작과 마찬가지로 현존하지 않는다는 것이 매우 안타까운 일이라 하지 않을 수 없다.

환관이었던 武自和는 3년간 두 차례나 신라에 사신으로 갔다. 무자화의 묘지명의 기록에 따르면, 무자화는 元和 연간에 福建지방의 監軍使였으며, 조정으로 돌아온 후 殿前太監이 되었다. 이 일은 당 穆宗의 즉위 과정 중에 일어났던 것으로 보이는데, 이러한 까닭에 "녹의를 하사받고 仕郎의 관직을 제수받았으며 內侍省 內府局丞이 되었다(賜綠衣, 官授登仕郎, 內侍省內府局丞)"고 기록한 것이다. 묘지명에는 무자화가 신라에 사신으로 간 구체적 시기에 대한 설명은 없다. 다만 "寶曆 3년, 文宗이 재위한 후 山陵修築判官을 맡게 되었다(至寶曆三年, 文宗嗣位, 選充山陵修築判官)"는 기록이 있을 뿐이다. 또 사신을 보낸 명목으로 "왕의 명으로 신라로 가는 宣慰使와 告哀使 등의 사신으로 충원되었다(奉詔充新羅宣慰告哀等使)"라 하였는데, 이러한 기록을 어떻게 이해해야 할 것인가? 첫째, 무자화가 신라에 사신으로 떠난 것은 보력 3년(827) 이전이었다. 둘째, 그 사명은 당 황제의 붕어 소식을 알리는 것이었다. 보력 2년 12월 당 敬宗이 세상을 떠났으므로, 시기를 추산해 보면 무자화가 신라를 그렇게 빨리 오가지는 못했을 것이다. 그러므로 신라에 사신을 보낸 것은 당 목종 혹은 당 憲宗이 붕어한 때였을 것이다. 묘지명에 따르면, 헌종 사후에 무자화는 새로운 관직에 임명되었으므로 신라에 헌종의 붕어 소식을 알리러 다녀왔을

18) 竹內理三 校訂·解說, 『翰苑』, 日本大宰府天滿宮文化研究所, 1974.

19) 『新唐書』 卷58 「藝文志二」.

가능성은 그다지 크지 않아 보인다. 그렇다면 신라에 사신으로 갔던 유일한 가능성은 당 목종의 사후, 즉 長慶 4년(824)이었을 것이다. 이외에도 『冊府元龜』 권669에는 무자화가 또 다른 환관 吐突士昕을 따라 신라에 가서 매(鷹鷂)를 가져온 일이 기록되어 있는데, 사신으로 간 시기를 보력 2년(826)으로 한정할 수 있다. 여기서 한 가지 의문점이 생기는데, 앞서 이야기한 장경 4년 신라에 사신으로 갔던 것이 바로 이 시기와 같은 때인가 하는 것이다. 하지만 그 가능성은 매우 적다고 사료된다. 거기에는 두 가지 이유를 들 수 있다. 첫째는 묘지에서는 장경 4년 신라에 사신으로 간 것은 "왕의 명으로 신라로 가는 宣慰使와 告哀使 등의 사신을 맡아"서 였다고 분명하게 기록하고 있으며 또 관례대로 당 황제가 붕어하면 반드시 신라에 그 소식을 전할 필요가 있었기 때문이다. 둘째, 정말로 매를 가지고 왔다고 하더라도 묘지명에서는 宣慰告哀等使라고 쓰고 있기 때문이다. 비록 사신으로 다녀온 지 십여 년 후의 일일지라도, 신라에 다녀온 후 좌천된 사실을 조정과 민간이 모두 알고 있었으므로, 묘지명을 쓴 '將仕朗試太子通事舍人 張模'가 이를 모른 체 할 리 없었을 것이다. 이것은 바로 장경 4년에 사신으로 갔던 일로 호평을 받았고 무자화 자신도 신라의 여러 견문에 대해 늘 이야기했을 것이며, 노는 것을 좋아했던 당 경종이 다시 한 번 그와 토돌사흔을 신라로 보내 매를 가져오게 했기 때문일 것이다. 다시 말해 무자화는 824년에서 826년까지 3년 동안 신라에 두 차례나 다녀왔다는 것이다. 두 번째 사행을 마치고 당에 돌아왔을 때는 정치적으로 격변하던 시기로, 당 경종이 시해 당하고 환관 내부에서 새로운 알력다툼이 시작되어 두 사람이 소속된 원래의 환관 집단이 실권하면서 이들도 함께 유배되고 폄적되었다는 사실도 충분히 상상할 수 있는 일이다. 묘지명에는 보력 3년(이해 2월 국호를 太和로 바꾸었다)에는 무자화가 "산릉수축판관을 맡게 되었다"

고 하였으므로, 당시 다시 한 번 기용된 것이다. 기록을 통해 토놀사흔은 洛陽 부근의 당 高宗太子 李弘恭陵으로 유배되었고, 무자화는 장안의 配南衙가 되었으므로, 두 사람의 차이를 확연히 알 수 있다. 중당이라는 특수한 시기에 환관이었던 무자화가 3년 동안 바다 건너 신라를 두 번이나 오가며 사명을 완수함으로써 당과 신라의 우호적인 교류에 일정 정도 기여한 것이다.

宮闈扃令이자 閣門使였던 朱朝政은 신라에 3년간 머물렀다. 주조정은 正史나 기타 역사서 기록에는 보이지 않으며, 그의 사적은 그의 모친 조씨의 묘지명에 보일 뿐이다. 묘지명에는 다음과 같이 기록하고 있다. "주조정의 모친 조씨는 太和 8년(834) 11월 중순에 세상을 떠났다. 세상을 떠나기 전 주조정은 신라에서 돌아온 상태였다(朱朝政的母親趙氏太和八年(834)十一月中旬去世, 去世前朱朝政已經從新羅返回)." 다시 말해 주조정이 신라로 간 시기는 당 문종 태화 8년 이전인 것이다. 둘째, 묘지명의 행간에서 주조정이 돌아온 지 오래지 않아 조씨가 매우 기뻐하였고 그 후 세상을 떠났음을 알 수 있다.[20] 그 외에도, 주조정이 명을 받들어 신라에 갈 때에도 일반적으로 보이는 '册封, 告哀, 吊唁' 등의 말이 없고, 게다가 신라에서 3년 동안 거류했음에도 그 구체적인 공무는 명확하지 않다. 따라서 상술한 환관 토돌사흔과 무자화가 신라에 가서 매를 들여왔던 것처럼, 주조정이 사신으로 간 것도 황제 개인적

---

20) 「大唐故興元原從登仕郎內侍省內侍伯員外置同正員上柱國朱公故夫人天水郡趙氏墓志銘」에서 "(돌아와) 만나게 되었으나 기쁨보다 슬픔이 배가 되었다. 열흘 후, 대부에 대한 왕의 총애가 날로 두터워져 궁위령으로부터 각문사라는 벼슬을 받았다. 이 일을 두고 안팎으로 기뻐하며 모두 세상을 떠난 부인이 돌보아주시는 덕분에 이렇게 된 것이라 하였다. 염원대로 되었으니 여한이 없어라! 오호라! 어머님을 봉양함에 기뻤었는데 갑작스레 어두운 황천으로 가심에 슬프도다(洎相見時, 悲倍於喜. 浹旬, 大夫寵命日隆, 自宮闈令拜閣門使, 中外相慶, 咸謂夫人冥求保助, 以致於斯. 既契夙心, 吾無恨矣! 嗚呼! 方歡愉於色養, 遽見悲於夜泉, ……)."라 기록하고 있으므로, 조씨가 세상을 떠난 것은 그 아들 주조정이 장안으로 돌아온 후 얼마 되지 않아서였음을 알 수 있다.

필요와 관계있는 것으로 추측해 볼 수 있다. 다시 말해 이번 사신행은 '임의적'이라는 특징을 띠는 것이다. 또한 이 시기는 마침 신라 興德王(826~836)이 재위하고 있던 때로, 당과 신라가 서로 우호적이고 긴밀한 관계를 유지하고 있어, 신라는 이미 7차례 사절을 당에 파견하여 조공하였고, 당 역시 신라에 冊封使와 吊祭使 등의 사신을 보냈다. 주목할 만한 것은 서기 828년 당에 온 신라 사신 金大廉이 茶를 가지고 신라로 돌아가, 신라에서 茶를 재배하기 시작했다는 점이다. 이렇듯 주조정이 신라로 사행을 떠나 오랫동안 거류한 것이[21] 양국의 관계 강화에 중요한 역할을 하였음은 의심할 여지가 없다.

太子贊善大夫이자 冊封使 副使를 맡게 된 苗弘本은 위험을 무릅쓰고 명을 받아 신라에 사신으로 갔다. 묘홍본이 신라에 갔던 것은 특이한 경우인데, 새로 발견된 묘지명으로 중요한 단서가 제공되었다. 묘홍본은 신라왕을 책봉하는 사절단의 부사가 되어 바다를 건너 신라로 갔다. 正使는 항해 중에 어려움을 이길 수 없어서인지 아니면

---

21) 陸增祥은 「內侍伯朱夫人趙氏合祔志」에 실린 "최악은 명을 받아 대부와 삼한으로 갔다((崔)鍔嘗忝國命, 與大夫同赴三韓)"라는 말에 근거하여 "『新唐書·東夷·新羅傳』에서 '신라왕 金彦昇이 붕어하고 아들 景徽가 즉위하였고, 태화 5년에 太子左諭 德源寂를 사신으로 보내 책봉과 조문을 규범대로 하게 하였다'고 하였으므로, 朝政(趙氏의 아들 朱朝政) 및 鍔(崔鍔)은 源寂을 따라 사신으로 갔던 듯하다. 원적은 左諭德 正四品下의 신분이었고, 최악은 右贊善大夫 正五品上의 신분이었으므로, 최악이 副使였을 것이나 사료에는 상세히 기록되어 있지 않다"고 하였다((淸)육증상, 『八瓊室金石補正』 卷72, "(新羅王)彦昇死, 子景徽立, 大和五年以太子左諭德源寂冊吊如儀. 朝政(趙氏之子朱朝政)及鍔(崔鍔)蓋皆隨源寂出使者. 源寂爲左諭德正四品下, 崔鍔爲右贊善大夫正五品上, 當是以崔鍔爲副使, 而史所不詳也."). 육증상의 이 말을 보면 그는 주조정과 최악이 원적과 함께 신라에 사신으로 갔을 것이라 생각했던 듯하다. 물론 이 또한 새로운 해석이 될 수 있다. 그러나 상술한 묘지명에서 알 수 있듯이 주조정과 최악 일행은 신라에서 장장 3년 동안이나 머물렀다. 그렇다면 弔祭使와 책봉사로서 원적 또한 신라에 3년 동안 머물렀다는 것인가? 아니면 正使인 원적과 그 수행원들은 먼저 당으로 돌아가고, 주조정과 최악만이 신라에 물렀다는 것인가? 사료에 따로 기록이 없으므로 여기에서는 의문으로 남겨둘 수밖에 없다. 또 주조정과 최악 일행은 원적이 조제사와 책봉사로서 신라에 사행을 떠났던 해(831년)에 다른 목적으로 두 차례 사행을 갔을 것이라는 가능성도 있다. 현재의 사료를 통해서 보자면 아마도 이것이 정확한 답일 것이다.

신라의 풍토가 익숙하지 않아서인지 타향에서 병에 걸려 죽은 듯하다. 이로 인해 묘홍본은 "예를 거행하였는데, 상하의 분별이 있어 분명히 예법에 어긋남은 없었으나, 신라인들은 경외하고 기뻐하는 기색이 부족하였다(專其禮, 上下之分, 皎然無違, 夷人祇畏而且歡戴不足)"라고 하였다. 그러나 현존하는 당의 역사 사료에서는 신라로 간 당의 사절이 신라에서 병사한 기록을 찾아볼 수 없다. 다만 한국의 역사서『海東繹史』권37에 다음과 같은 언급이 있다. "武宗 會昌 연간에 左庶子 薛宜僚를 新羅冊贈使에 충원하였다. 설의료가 외국에 도착해서 책봉하는 예를 거행하기도 전에 병에 걸려 졸하자, 判官 苗甲이 正使를 대신하여 예를 행하였다(武宗會昌中,, 以左庶子薛宜僚充新羅冊贈使. 宜僚到外國, 未行冊禮, 旋染疾而卒, 判官苗甲攝大使行禮)." 이 사료의 출처는『女俠傳』으로, 상술한 기록을 살펴보면 묘지명의 내용과 비슷하다. 다만 묘홍본의 묘지명에는 묘씨가 '副使'로 되어 있는데,『해동역사』에는 '判官'으로 되어 있다. 또한『해동역사』에는 당 조정에서 파견한 正使가 설의료라고 명확하게 기록하였으나, 묘홍본은 '苗甲'(甲은 묘홍본의 자가 아니었을까? 사료상의 증거가 없으니 알 도리가 없다)으로 기록하였는데, 이러한 것들은 묘지명을 보아서는 알 수가 없다. 분명히 두 기록 사이에는 어느 정도 차이가 있으나, 묘지명이 역사서의 부족한 기록을 보충할 새로운 자료임은 분명하다(사신을 파견한 구체적인 시기는 기록되어 있지 않지만).『해동역사』의 기록을 종합해 보면 묘홍본 일행이 신라에 사신으로 파견된 것은 당 무종 회창 연간임을 알 수 있다.

당의 사신들은 바다를 건너 신라로 가는 노정에서 자주 위험한 상황에 처했다. 元和 7년(812), 崔廷은 사신의 신분으로 신라에 갔다. 최정의 묘지명에는 "검푸른 바다에 배를 띄우면 위험을 무릅쓰고 앞으로 나아가하므로 조정에서도 이를 어렵게 여겼으나, (최정의) 부인이 임금을 섬기는 도리로써 조언하였다(雖泛滄溟, 叱馭而往, 朝廷以爲難, 實由夫人以事君之理助焉)"고 기록하고 있다. 당 조정에서 사신이 바다를 건너가야 한다는 점을 감안하여 사신단 선발에 주저하였는데 다행히 최정의 부인이 그 도리를 깨닫게 해 주어 최정이 사신행에 합류하게 되었다는 것이다. 이에 대해서는 역사서에도 기록이 남아 있다. 大曆 초에 당 조정이 倉部郎中 겸 禦史中丞 歸崇敬 등을 신라 사신으로 파견하였는데, "바다 한 가운데서 거센 파도에 배가 부서져 물이 새 들어오자 모두 아연실색"[22]하였으나, 마침내 위험한 상황이 지나가 평온해졌다. 최정이 신라 사신으로 파견된 지 3년 되던 해에 최정의 부인 鄭氏는 "떠나실 때부터 돌아오실 때까지 봉두난발에 뺨을 적시며 빈 집에 괴로워하면서 돌아오시는 길 굽어 살펴 달라 신께 복을 구하므로 과연 안전하게 서둘러 돌아오셨다"[23]고 하였는데, 이는 물론 최정 일행의 바닷길을 걱정한 것이다. 주조정의 모친 趙氏도 "적장자로서 명을 받아 신라로 떠난 지 3년이 지났음에도 또 다시 마음이 아파 육시 예배를 드리며 저승에서 도움을 내리셔서 복으로 훗날 광영을 누리게 해 달라고 빌었다. 과연 신력이 맞아 떨어져 온전히 돌아왔다"[24]고 하였으니, 밤낮으로 부처님과 조상님에게 기도하며 신령이 보우하길 기원한 것이다. 다행히도 두 사람은 비록 험난한 여정을 거치면서도 모두 안전하게 돌아왔다.

환관 王文擀은 신라에 사신으로 파견되었다가 돌아오는 길에 태풍을 만나면서 연이어 위험한 상황에 처했다. 현존하는 왕문간의 묘지명의 기록에 따르면, 왕문간 일행은 사명을 완수하고 당 조정으로

---

22) 『舊唐書』 卷149 「歸崇敬傳」: "至海中流, 波濤迅急, 舟船壞漏, 衆咸驚駭."

23) 周紹良·趙超 主編, 『唐代墓志彙編』 大中68, 上海古籍出版社, 1992: "自始去至於言旋, 蓬首濡臉, 艱意空門, 求福佑以助行, 果安逸而速返."

24) 위의 책 大和79: "以嗣子奉命雞林三歲, 然復疚心疾首, 六時禮念, 冥期佑助, 以福後光. 果符神力, 保全以歸."

돌아오는 길에 "사명을 완수하고 노를 돌려 노정을 헤아려보았다. 썰물에 맞바람이 불어 원행하는 배를 막아 체류하게 하였으므로, 본국에 다다르지 못하자 배에 탄 사람들이 두려움에 떨었다. 밤이 되면 불안함이 엄습해와 다음날 동이 틀 때까지 허둥지둥 거렸다. 오호라! 길이 막히고 어려움을 두루 겪는구나. 미리 헤아릴 수 없었으니 요괴가 앞 다투어 생겨난 것이리라. 넘실거리는 파도가 하늘을 엎을 듯하고 짙게 깔린 구름은 해를 가리었다. 副使를 잃고 배도 안정되지 않고 흉악한 일이 계속되니 이때부터 병이 생긴 것이리라. 공을 모시고 본국으로 돌아왔으나 寢食을 거의 못하시고 백약이 무효하여 갑자기 별세하셨다. 향년 53세였다"[25]고 기록되어 있다. 당시 사람들이 바다의 밀물과 썰물에 대해 어느 정도 알고 있었다고는 해도[26] 지식수준은 한참 부족했다. 특히 육지에서 바다로 나갈 때는 더욱 많은 생각을 했을 것이기 때문에, 바다에서 태풍이라는 위험한 상황에 처했던 후에 생명을 위협당하는 상황에서라면 사람들의 불안한 반응은 더욱 심해졌을 것이다. 이러한 상황들은 모두 주목할 만한 가치가 있다. 앞서 태자찬선대부 묘홍본에 대해 "신라 사절단 부사가 책봉사로 가 신라에 명을 전하기로 되어 있었으나 사신이 병들어 죽자 공이 그 예를 거행했다"[27]라 했는데, 이것으로도 이 문제를 설명할 수 있다. 『太平廣記』와 같은 다른 역사서에도 조정 또는 민간에서 신라로 가는 도중에 곤란을 겪은 일, 해류에 휩쓸려 다른 나라로 표류한 사건까지 다양한 일들이 기록되어 있다.[28] 이와 같은 일이 발생하는 데에

25) 위의 책 會昌37: "王事斯畢, 回櫓累程, 潮退反風, 征帆阻駐, 未達本國, 恐懼在舟. 夜耿耿而罔爲, 魂營營而至曙. 嗚呼! 險阻艱難, 備嘗之矣. 及其不測, 妖怪競生. 波濉瀁而滔天, 雲靉靆而蔽日. 介副相失, 舟楫差池, 毒惡相仍, 疾從此起. 扶持歸國, 寢膳稍微, 藥石無功, 奄至殂謝, 享年五十有三."

26) 王賽時, 「唐朝人的海洋意識與海洋活動」, 『唐史論叢』 總第8輯, 三秦出版社, 2006.

27) 周紹良·趙超 主編, 앞의 책 大中93.

더해 중당 이후 동아시아 국제 관계가 더욱 복잡해지면서 당의 신라에 대한 종주로서의 권리 행사에 어느 정도의 영향을 줄 수밖에 없었다. 또한 재당 신라의 볼모나 숙위가 신라로 파견되는 사신 행렬에 참가하기도 했는데, 이것은 그들이 그에 상응하는 능력을 지녔기 때문일 뿐만 아니라, 신라행에 대해 적극적인 태도를 지니고 있었기 때문이다. 물론 이를 통해 당나라 사신들은 결점을 보완하였으며, 더 나아가 중당 이후 당 조정의 신라 사신 파견과 교류에 활력소로서의 역할도 하였다. 이렇듯 會昌 원년과 天祐 원년 두 차례에 걸쳐 당은 신라에 숙위 金雲卿과 金文蔚을 사신으로 파견하였고, 元和 7년과 원화 15년, 寶曆 2년에는 각각 金沔, 金士信, 金允夫를 부사로 임명하여 신라로 파견하였다. 이는 매번 사신을 파견할 때마다 순조롭게 임무를 수행하도록 한 것일 뿐 아니라, 당이 종주국으로서의 권리를 행사함에 있어서 당 초기부터 지속적으로 실행해 온 볼모 제도가 여전히 유익했기 때문이다.

당의 사신이 장기간 신라에 머물렀던 문제를 살펴보자. 상식적으로 당에서 신라로 간 사절단은 비교적 짧은 기간 동안 弔問, 告哀, 册封의 임무를 완수하고 난 후 바로 돌아왔을 것이다. 그러나 특수한 상황하에서는 당의 사절단도 부득이하게 신라에 체류해야만 했다. 『朱公故夫人趙氏墓志銘』에는 조씨의 아들 환관 주조정은 "적장사로서 명을 받아 신라로 떠난 지 3년이 지났음에도 또 다시 마음이 아파 육시 예배를 드리며 저승에서 도움을 내리셔서 복으로 훗날 광영을 누리게 해 달라고 빌었다. 과연 신력이 맞아 떨어져 온전히 돌아왔다(奉命雞林三歲, 然復疚心疾首, 六時禮念, 冥期佑助, 以福後光)"고 기록되어 있다. 『崔廷墓志銘』에는 원화 7년(812)에 최씨에 대해 "때마침 신라왕

28) (宋)李昉 等, 『太平廣記』 卷481, 中華書局, 1985.

이 세상을 떠나, 국명을 전달하고 東夷(신라)에 조문을 갈 자를 선발하였다. 이에 擢拜公이 尙書職方員外郞 겸 禦史中丞이 되어 물고기 모양의 장식이 붙어 있는 주머니인 紫金魚袋를 하사 받고, 吊祭冊封使로 충원되었다가 1년 후 돌아왔다(會新羅王死, 選可以宣達國命撫柔外夷者, 由是擢拜公爲尙書職方員外郞, 攝禦史中丞, 賜紫金魚袋, 充吊祭冊封使. 期年而返)"고 기록하고 있다. 여기에서 期年은 곧 3년(1년으로 보는 견해도 있다)이다. 그의 부인 鄭氏의 묘지명에는 최정이 '樂浪國에 조제'의 사절로 충원되었다가 "3년 만에 돌아왔다"고 명확하게 기록되어 있다. 다시 말해 상술한 세 묘지명에는 모두 당 사신들이 신라로 갔다 돌아오는 데 3년의 시간이 걸렸다고 기록되어 있다. 전자에서는 사신으로 파견된 시기와 사행의 목적을 분명히 설명하지 않고 있으나, 후자에서는 '조제책립사'로 충원되었다는 사실을 분명히 기록하고 있다. 당 咸通 연간에 進士 李昌符는 「送人入新羅使(신라에 가는 사신을 전송하다)」라는 시에서 "계림 땅에 그대가 가려고 하자 책봉 조서 사신 수레 실어 보내네. 바닷길서 길 헤아리기 어려울 것이고 떠가는 배 돛 그림자 나부끼리라. 해질녘엔 고향 땅이 그리울 것이니 밀려드는 조수 보며 대궐 그리리. 짙은 안개 푸른 산을 가리고 있고 거센 파도 푸른 하늘 넘실거리리. 봄이라서 양 기운이 일찍 생기고 하늘은 멀리 祖洲(동해 바다의 섬, 신라를 가리킴) 접하였으리. 구심 속에 삼년 뒤를 기약하나니 서로서로 맞이하여 석교 오르리(鷄林君欲去, 立冊付星軺. 越海難計程, 征帆影自飄. 望鄕當落日, 懷闕羨回潮. 宿霧蒙青嶂, 驚波蕩碧霄. 春生陽氣早, 天接祖州遙. 愁約三年外, 相迎上石橋)"[29]라 하였다. 시의 마지막 두 구에서도 '3년'이라는 글자가 보인다. 당의 사신들은 어째서 긴 시간동안 신라에 머물러야 했으며, 3년이라는 짧지 않은 시간 동

---

29) 『全唐詩』 卷601 「李昌符」 「送人入新羅使」.

안 신라에 머물면서 무엇을 했을까? 吊祭와 册立의 사명만을 담당했다고 하기에는 체류 기간이 너무 길지 않은가? 이러한 의문에 대해서는 사료에 나타나는 증거가 부족하므로 만족스러운 답을 내리기는 어렵다.

4. '日本'이라는 국호가 출현하는 묘지명과 吳懷實의 묘지명

1) '日本'이라는 국호의 출현

'일본'이라는 국호와 관련하여 학계에서 주장하는 견해는 두 가지가 있다. 武則天이 칙령을 내려 봉했다는 것과 일본이 스스로 개칭했다고 하는 것이다. 전자는 『舊唐書』 권199 上의 「東夷·日本傳」과 『史記』 권2의 「夏本紀」에 대한 唐代 張守節의 「(史記)正義」에서 「括地志」를 인용한 것을 근거로 하며, 후자는 『唐會要』 권100의 「日本國」과 『新唐書』 권220의 「東夷·日本」을 근거로 한다. '倭'에서 '일본'으로 국호를 바꾼 원인에도 두 가지 설이 있다. 첫째는 일본의 지리적 위치가 '해에 가깝기(近日)' 때문이라는 것이고, 둘째는 '왜라는 이름이 우아하지 않아 싫어해서(惡倭名不雅)'라는 것이다. 여러 책에는 국호를 바꾼 시기가 모두 당 高宗 咸亨 원년(670) 전후로 기록되어 있다. 주요 사건은 일본이 당에 사신을 보내 高句麗를 토벌하여 평정한 것을 축하했던 일에 관한 기록이다. 高明士 교수는 668년 공포한 '近江令'에서 처음으로 바뀐 국호가 나왔다고 주장하였는데, 일설로 둘 만하다.[30] 역사서에도 상술한 일련의 기록이 있긴 하지만 '왜'에서 '일

30) 高明士, 「'日本'國號與'天皇'制的起源」, 『臺灣師範大學曆史學報』 第48輯(臺北), 2012.

본'으로 국호를 바꾼 구체적인 상황에 대해서는 더 명확한 해석이 필요하다. 20세기 말에 출토된 '三方唐人 묘지명'을 통해 문헌 사료의 기록을 증명할 수 있을 뿐만 아니라 이 문제를 더욱 분명히 할 수 있을 것이다.

1992년 대만대학의 葉國良 교수는 타이베이(臺北)의 한 골동품 가게에서 당나라 사람의 것으로 보이는 『杜嗣先墓志』를 발견하였는데, 묘지명에 '日本'이라는 두 글자를 보고 묘지명을 초록하였다. 그는 이에 대한 연구 논문을 1995년 『臺大中文學報』 제7집에 발표하였다.

徐州刺史 杜嗣先의 묘지명은 그 아들 維驥이 썼는데, 序는 있으나 銘은 없다. 이 묘지명은 그의 문집에는 보이지 않는다. 1992년, 타이베이의 골동품점 '寒舍'에서 原石과 그 처의 墓石이라는 이 보물을 발견하여 붓으로 초록했다. 묘지명은 28행이며, 각 행은 28자로 이루어져 있으며, '皇朝'와 '遺訓' 등의 글자 앞에 글자를 띄우는 隔字(挪抬)를 두었는데, 한 글자 또는 두 글자를 띄웠다. ……

묘지명에는 묘주와 일본의 遣唐使와 관련된 내용이 기록되어 있다.

또 황제의 聖明이 멀리까지 전파되어 일본에서도 내조하여 공과 李懷遠, 豆盧欽望, 祝欽明 등이 일본 사신을 대접하고 대화를 나누었다. (又屬皇明遠被, 日本來庭, 有勅令公與李懷遠、豆盧欽望、祝欽明等賓於蕃使, 共其話語.)

『구당서』 권199 上에도 이와 상응하는 기록이 있다.

長安(則天武后의 연호) 3년, 일본의 大臣 朝臣眞人이 방물을 조공하러 왔는데, 조신진인이란 중국의 戶部尙書와 같은 직위로, 進德冠을 쓰고 그 정상에는 꽃부리가 사방으로 너울거리고 자색 도포에 비단 띠를 둘렀다. 그는 학문을 좋아하여 능히 글을 지었고, 용모가 온화하고 행동거지에 기품이 있었으므로 무후가 인덕전에서 잔치를 내려 대접하고 司膳卿 벼슬을 제수하여 보냈다 (長安三年, 其大臣朝臣眞人來貢方物. 朝臣眞人者, 猶中國戶部尙書, 冠進德冠, 其頂爲花, 分而四散, 身服紫袍, 以帛爲腰帶. 眞人好讀經史, 解屬文, 容止溫雅. 則天宴之於麟德殿, 授司膳卿, 放還本國.)

묘지명에서는 장안 3년(702) 武周 조정에서 일곱 번째로 일본 견당사를 대접하는 상황을 묘사하였다. 碑刻 사료를 통해 '일본'이라는 국명의 출현과 묘지명의 시기가 702년으로 거슬러 올라갈 수 있음을 알 수 있다. 하지만 알려지지 않았기 때문인지 예귀량 교수의 연구 성과는 당시 학계의 충분한 주목을 받지 못했다. 이 논문은 후에 예 교수의 『金石續拾』(臺灣大安出版社, 1999)에 수록되었다.

2004년 10월, 西北大學 박물관에서는 『井真成墓志』를 소장하게 되었다. 이 묘주가 견당사의 수행원(학자들은 재당 일본 유학생으로 파악하고 있음)이라는 특수한 신분인데다 지금까지 발견된 유일한 재당 일본인 묘지명이었으므로, 이 묘지명은 중외 학계에 빠르게 알려졌다. 묘지명은 다음과 같다.

공은 성이 井, 자는 眞成으로, 국호는 日本이다. 재주가 뛰어나 칭송을 받았으므로 명을 □(받들어) 먼 나라에 오기에 충분했다. 상국으로 와서 예악을 따르고 의관을 따라 의관을 정제하고 □조(내조)하였으니 그 누가 대적하리오! 배움에 힘써 게을리 하지 않고 도리를 깨우침에 끝이 없었다. 인생은 □를 만나 (골짜기에 숨겼던)배가 옮겨지고 마치 사마가 달려 벽의 틈새를 지나는 것처럼 갑작스럽고 순식간에 저무는 법이다. 개원

22년 정월 □일에 관영에서 세상을 떠났으니 향년 36세였다. 황상께서 □(슬퍼하시고) 불쌍히 여기시어 공을 예우하여 正五品上 尙衣奉御에 추증되었으며 관□(사)에서 장사지냈다. 이해 2월 4일 萬年縣 滻水 □原에 하관하고 예를 갖추었다. (公姓井, 字眞成, 國號日本. 才稱天縱, 故能□命遠邦, 馳騁上國. 蹈禮樂, 襲衣冠, 束帶□朝, 難與儔矣! 豈圖強學不倦, 聞道未終, □遇移舟, 隙逢奔駟. 以開元廿二年正月□日, 乃終於官弟, 春秋卅六. [隔字] 皇上□傷, 追崇有典. 詔贈尙衣奉御, 葬令官□. 即以其年二月四日, 窆于萬年縣滻水□原, 禮也.)

묘지명의 기록에 따르면 묘주 井眞成은 開元 22년(734)에 세상을 떠났는데, 이에 대해 학계에서는 두 가지 주장이 있다. 하나는 정진성이 717년 당에 왔다는 설이고, 하나는 733년에 당에 왔다는 설이다. 하지만 정진성의 묘지명에 보이는 '일본'이라는 국호가 앞서 서술한 두 사선의 묘지명의 기록보다 늦다는 것은 학계에서 이미 사실로 인정받고 있다. 다만 정진성 묘지명이 발견되고 또 그 묘주가 일본인이라는 계기, 그리고 중·일 학계 및 여러 매체의 주목을 끌었던 것을 계기로 '일본'이라는 국호가 언급된 두 사선의 묘지명의 내용을 더 많은 사람에게 알리는 결과를 가져왔다는 것과 학계의 주목을 받는 주제 중 하나가 되었다는 점은 부인할 수 없다. 이 두 편의 묘지명, 특히 정진성 묘지명에 대한 관심은 범상치 않다. 拜根興의 통계에 따르면 정진성 묘지명과 관련된 특집 논문집으로는 일본 센슈대학(專修大學)과 중국 西北대학이 함께 편찬한 『遣唐使所見中國與日本』, 일본 『古代文化』 2005년 특집호, 후지타 유지(藤田友治)가 쓴 『遣唐使井眞成的墓志』 등이 있다. 뿐만 아니라 이 두 편의 묘지명은 2005년에서 2011년까지 중·일 학계의 지속적인 토론 주제였으며[31], 2011년 『社會科學戰線』 第7期에 吉林大學 古籍研究所 王連龍의 『百濟人〈禰

軍墓志〉考釋』(백제인 〈禰軍墓志〉에 대한 고찰)이 발표되면서 학계의 연구 방향을 되돌리는 결과를 가져왔다.

禰軍의 묘지명은 西安市 長安區 郭杜鎭에서 출토되었다. 도굴된 후 묘지석은 서안 문물상점에 떠돌았는데, 현재 이 안건은 모두 해결되어 묘지석은 서안시 文物保護考古研究院에서 소장하고 있다. 예군묘는 사실 같은 지역에 매장된 백제인 예씨 일족[32]묘지 중 하나인데, 예군묘지명에 '일본'이라는 국호 등이 있다는 이유로 학계의 주목을 받았다. 예군은 660년, 그 친동생 禰寔을 따라 참전했다가 배반하고 百濟王 扶餘 義慈王을 당군에 넘겼다. 묘지명에는 다음과 같이 기록되어 있다.

> 지난 顯慶 5년, 관군이 本藩(백제)을 평정하였을 때, 공은 일의 기미를 알고 변화를 짐작하여 병장기를 버리고 由余가 戎을 떠나고 (흉노의) 金日磾가 漢에 입조한 것처럼 공도 (당에) 귀순해야 함을 알고 있었다. 천자는 (공을) 칭송하고 명예 있는 지위에 발탁하여 右武衛滻川府折衝都尉를 제수하였다. (去顯慶五年, 官軍平本藩日, 見機識變, 杖劍知歸, 似由余之出戎, 如金磾之入漢. 聖上嘉歎, 擢以榮班, 授右武衛滻川府折衝都尉.)

예군은 당조에 투항한 후 장안으로 와서, 京城 '右武衛滻川府折衝都尉'에 제수되었다. 산천부는 지금의 서안시 동쪽 교외였으므로, 경성을 호위하는 중책을 맡은 것이다. 절충도위는 정4품 武官에 해당하는데, 여기에서 알 수 있는 것은 당 조정이 투항해 온 예군을 무척 신임했다는 것이다. 물론 이것은 예군의 동생 예식이 당 조정에서

---

31) 拜根興, 「杜嗣先墓志、井真成墓志與唐代中日關系研究」, 『陝西曆史博物館館刊』 總 第18輯, 三秦出版社, 2011.

32) 拜根興, 「唐代百濟移民禰氏家族墓志相關問題研究」, 『當代韓國』, 2012年 第2期.

左威衛大將軍의 관직을 맡았던 것과도 관련이 있다. 백제 장군이었던 예군은 당에 투항하기 전에 일본에 다녀온 적이 있었을 것이며, 이러한 까닭에 당 조정에서 예군을 일본을 왕래하는 교섭의 임무를 맡게 한 듯하다. 묘지명에는 다음과 같이 기록되어 있다.

> 그 무렵 日本의 잔당은 扶桑에 거하면서 誅罰을 피하고 있었다. 風谷의 옛 백성들이 盤桃를 거점으로 하여 견고하게 막고 있었다. 만이나 되는 기병이 들판을 가로지르고 蓋馬와 함께 먼지를 일으키고, 천 척이나 되는 배가 소란스럽게 파도를 일으키고 原虵를 도와 종횡무진하고 있던 상황이었다. 公께서 海左(海東)에서 계략을 펼치시고 瀛東(海東)에 귀감을 보이므로, 특별히 황제께서 살피시어 招慰使가 되었다. 公은 신하로서의 절조에 따라 목숨을 바치고 당의 사신을 찬양하며 두루 분주히 다녔다. (그 모습은)하늘을 달려서 바다를 건너는 蒼鷹과 같고, 높이 날아올라 산을 넘는 赤雀과 같았다. 강의 제방을 터뜨리자 天吳(水神)가 고요해지고 바람의 길을 뚫고 니구름의 길이 통하게 되었는데, 일행을 놓친 오리가 동행자를 찾는 것처럼 빨라, 하룻밤 만에 목적지에 도달할 정도였다. 그리하여 조정의 위엄을 잘 서술하고 설득하여, 이후 영원히 복을 누리게 한다고 타일렀다. 분수 넘치게 황제를 칭한 의자왕이 신하라 자칭하며 명망 있는 귀족 수십 인을 거느리고 唐에 가서 황제를 알현하였는데, 공께서는 그 공로로 특별히 은택을 입어 左戎衛郞將에 제수되었고, 오래지 않아 右領軍衛中郞將 겸 檢校熊津都督府司馬가 되었다. (于時日本餘噍, 據扶桑以逋誅. 風谷遺甿, 負盤桃而阻固. 萬騎亙野, 與蓋馬以驚塵. 千艘橫波, 援原虵而縱瀰. 以公格謨海左, 龜鏡瀛東, 特在簡帝, 往尸招慰. 公徇臣節而投命, 歌 (隔字) 皇華以載馳. 飛汎海之蒼鷹, 翥凌山之赤雀. 決河眥而天吳靜, 鑒風隧而雲路通. 驚□失侶, 濟不終夕. 遂能說暢 [隔字] 天威, 喻以禑福千秋. 僭帝一旦稱臣, 仍領大首領數十人將入朝謁, 特蒙恩詔授左戎衛郞將, 少選遷右領軍衛中郞將兼

檢校熊津都督府司馬.)

咸亨 3년(672) 11월21일, 예군의 동생 예식은 長安 高陽原에 묻히고, 바로 그 날 예군은 右威衛將軍에 임명되었으므로, 당 조정이 당에 공을 세운 예시 일족의 공로를 인정하고 보상하려 했음을 알 수 있다. 예군 본인은 儀鳳 3년(678) 2월 장안 延壽里 사저에서 사망하였으니, 향년 66세였다. 같은 해 10월 雍州 乾封縣 高陽里에 묻혔다. 이것은 한편으로는 묘지명이 작성된 것도 그 해 10월 이전의 상황임을 설명하고 있으며, 다른 한편으로는 의봉 3년 당시 왜국이 일본으로 국호를 바꾸었음을 당 조정과 일반 백성들이 모두 알고 있었으며 이러한 상황이 모두 일본에 사신으로 갔던 예군의 묘지명에 반영된 것임을 설명해 주는 것이다. 상술하였던 두 사선과 정진성의 묘지명에 '일본'이라는 국호가 등장한 시기와 비교해 보면 예군의 묘지명은 시기상 30년 가까이 앞선다. 이는 왜가 일본으로 국호를 바꾼 후 8년이 된 때로, 국호를 바꾼 후 몇 년 사이에 당 조정은 이를 공식적인 사실로 인정하였으며, 이를 상당수 백성들 또한 알고 있었던 것이다. 물론 여기에도 의문점이 발생한다. 첫째, 서기 670년 왜국은 당에 견당사를 보내 "고려를 평정한 것을 경하한다(賀平高丽)"고 하면서 국호를 바꾸는 문제를 언급하고 있는데, 당은 이에 대해 어떠한 태도를 보였는가? 白江口 전투 이후 일본이 당과 다시금 이전의 우호적인 관계로 돌아가기를 희망했다는 대전제하에 만일 일본이 정말로 스스로 국호를 바꾸었다면 당의 입장에서는 좋은 일이 아니었을까? 만약 기쁘게 여기지 않았다면 당 조정의 어느 특정 부서의 전문가였던 예군의 묘지명에서 개명 후의 '일본'이라는 국호가 발견된 동기에 대해 보다 심층적인 연구가 필요할 것이다.[33] 둘째, 만약 무측천이 국호를 하사한 것이라면 앞서 언급한 문제는 발생하지 않았을 것이며 당시 당과 일본의 관계가 이미 호전되었음을 설명해 줄 것이다.

작성되고 매장된 시기상 수십 년의 차이가 있지만 두 사선, 정진성, 예군의 묘지명은 문헌 사료에 '왜'가 '일본'으로 국호를 고친 것과 관련된 역사상의 사실을 증명해 준다. 예군 묘지명에 보이는 '일본'이라는 국호는 백제 이민자였던 예군이 당 조정을 대표하여 일본에 사신으로 파견되었음을 증명할 뿐 아니라 백강구 전투 후 당과 일본의 관계가 이미 호전되었음 또한 여실히 보여 준다. 물론 이것이 당시 조선으로의 당의 출병과 관계가 있는지 여부에 대해서는 보다 심층적인 연구가 필요할 것이다.

2) 吳懷實 묘지명과 일본과 신라의 '선후 경쟁(爭長)' 문제

吳懷實이라는 이름은 筆記소설 『安祿山事跡』과 徐浩가 짓고 顔真卿이 쓴 『多寶塔碑文』 및 『舊唐書』 권200의 「高尚傳」에 보인다. 특히 『續日本紀』 권19에 다음과 같은 기록이 있다.

> 丙寅일, 副使 大伴 古麻呂가 당에서 돌아왔다. 고마려는 '大唐 천보 12년 癸巳년 정월 초하루 癸卯일에 백관과 변방의 여러 나라들이 朝賀하였고, 천자가 蓬萊宮 含元殿에서 이들의 알현을 받았습니다. 그날 우리는 西畔의 두 번째인 吐蕃 다음에 섰고, 신라는 東畔의 첫 번째인 大食國 앞에 섰습니

33) 소홀히 할 수 없는 것은 함형 원년부터 당조가 이전 시기까지는 조선 내에서도 당과 협력 관계였던 신라를 상대로 7년간의 전쟁, '羅唐戰爭'을 치렀다는 점이다. 백강구 전투 후 팽팽했던 당일 간의 긴장감은 해소되었는데, 이 또한 '나당전쟁'과 관련된 것이 아니겠는가? 예군의 묘지명에 보이는 '일본'이라는 국호로 미루어 보아, 당이 만약 일본과의 관계 진전을 기쁘게 생각하고 그 국호를 위에서 인정하고 시행하여 일정한 범위 내에서 집행하고 사용한 것이 아니라면 분명 어려움이 있었을 일이었다. 나당전쟁과 관련된 것은 拜根興, 「論羅唐戰爭的性質及其雙方的交往」(『中國邊疆史地研究』, 2005年 第1期)와 「唐羅戰爭關聯問題的再探討」(『唐研究』總第16集, 北京大學出版社, 2010) 등을 참조한다.

> 다.'라고 상주하였다. 고마려는 이에 대해 '예부터 신라가 대일본국에 조공한지 오래되었는데, (신라는) 지금 동반의 대열에 서고 우리는 도리어 그 아래에 있으니, 이치상 맞지 않습니다. 이때 장군 오회실이 신의 불편한 기색을 알아차리고 신라 사신을 서반의 두 번째인 토번 다음에 두고 일본 사신을 동반의 첫 번째인 대식국 앞으로 배치하였습니다'라고 하였다. (丙寅, 副使大伴宿禰古麻呂唐國至. 古麻呂奏曰, '大唐天寶十二載, 歲在癸巳正月朔癸卯, 百官諸蕃朝賀, 天子於蓬萊宮含元殿受朝. 是日, 以我次西畔第二吐蕃下, 以新羅使次東畔第一大食國上.' 古麻呂論曰, '自古至今, 新羅之朝貢大日本國久矣, 而今列東畔上, 我反在其下, 義不和得. 時將軍吳懷實見知古麻呂不肯色, 即引新羅使, 次西畔第二吐蕃下, 以日本使次東畔第一大食國上.)

이것은 일본과 신라가 당 조정에서 '선후를 다툰(爭長)' 사건의 기록이다. 이에 대해 한국 학자 卞麟錫 교수는 이 사건 전체가 허구라는 주장을 내놓았고,[34] 일본 학자 야마오 유키히사(山尾幸久)도 변교수의 관점에 동의하였다. 이후 일본 학자 이케다 온(池田溫)은 이 사건에 대한 한일 학계의 연구 상황을 종합 서술하였으며,[35] 후쿠다 타다유키(福田忠之)도 이에 대해 토론한 바 있다.[36] 중국학자 왕샤오푸(王小甫) 교수의 논문에도 이에 대한 언급이 있다.[37] 여러 학자들은 사료

---

34) (韓)卞麟錫, 「中國唐代與新羅的關系: 兼論『續日本紀』所載'古麻呂抗議'」, 『大陸雜志』 總第32卷, 第9期, 1966年; (韓)卞麟錫, 「唐代 外國使 爭長의 研究: 『續日本記』所載의 所謂 古麻呂 抗議에 對하여」, 『亞細亞研究』 總 第10卷, 第4期, 고려대학교 아세아문제연구소, 1967; (韓)卞麟錫, 「從唐代外國使之爭長事例再論古麻呂抗議: 以批判 『續日本紀』相關史料爲主」, 『第一屆國際唐代學術會議論文集』(臺北), 1989.

35) (日)池田溫, 「論天寶後期唐朝、新羅與日本的關系」, 池田溫, 『唐研究論文選集』, 中國社會科學出版社, 1999.

36) (日)福田忠之, 「唐朝之東北亞諸國觀及東北亞諸藩國國際地位: 以唐代各國爭長事件爲中心」, 王小甫 主編, 『盛唐時代與東北亞政局』, 上海辭書出版社, 2003.

37) 王小甫, 「唐朝與新羅關系史論: 兼論統一新羅在東亞世紀中的地位」, 『唐研究』 第6卷, 北京大學出版社, 2001.

에 의거하여 당 조정의 朝賀 의식에 대해 변방의 여러 나라들의 자리 순서에 대해 각기 다른 연구를 진행하였고 각각의 결론을 도출하였으나, 그 중 주요 인물인 오회실에 대한 언급은 결코 많지 않다. 일본 학자 이시이 마사토시(石井正敏)는 「당나라 의 장군 오회실에 대하여(唐の「将軍呉懷実」について)」라는 논문에서[38] 사료에 등장하는 오회실을 전문적으로 다루고 있는데, 오회실이 당 玄宗 때의 유명한 권력가 高力士와 친밀한 관계에 있었으며, 監門衛將軍으로서 황제의 궐문을 지키는 주요 인사였을 수도 있다고 주장하였다. 당조 조하 의식의 규정에 따르면 주변 국가의 자리 배정을 담당하는 최고 책임자는 禮部尚書와 太常寺卿이며, 中書省 通事舍人과 禮部郎中, 太常丞이 주관하고 있었기 때문에, 구체적인 업무는 門下省 典儀와 太常寺 奉禮郎이 집행을 담당하고 있었다. 다만 천보 연간 말에는 환관 고력사가 당 현종의 총애를 받고 있던 관계로 환관의 세력이 왕조의 기관에까지 침투하고 있었으므로, 조하 의식의 집행 과정에 환관도 참여했는지의 여부는 연구해 볼 만한 문제이다. 새로 발견된 환관 오회실의 묘지명 또한 새로운 아이디어와 그 근거를 충분히 제공할 수 있을 것이다.

오회실의 묘는 2007년 서안시 서쪽 제3순환도로 공사 중 발견되었는데, 西安市 東凹里村에 위치하며 唐墓 M11호로 편성되었다. 같은 지점에서 출토된 것으로 환관 吳遊藝의 묘지명 등이 있다. 묘지석은 현재 서안시 文物保護考古研究院에 소장되어 있다. 묘지명에는 다음과 같은 내용이 있다.

천보 7년, 우리 영명한 군주의 깊으신 마음으로 두터운 은혜를 베푸시

---

38) (日)石井正敏, 「唐の「将軍呉懷実」について」, 『日本歴史』 總 第402集, 日本歴史学会, 1981.

어 연 땅의 할미새를 알아보시고 제후로 삼았듯이 龍顔을 보이시어 인장을 받아 雲麾將軍, 右監門衛將軍 兼 知內侍省事가 되셨다. 어진 황제 오래도록 번창하시어 천거해주신 은혜 기리며 보답하셨다. 이에 하늘에 제사 올리고 땅에 흠향하는 예를 행하여 연호를 새로이 공포하고 밤낮으로 보좌하여 촉촉이 은혜를 베푸시어 濮陽郡 開國公에 봉해지시고 食邑 이천 호를 받으셨다. 무릇 전후로 맡으신 관직이 아홉이고 봉읍을 더하신 것이 넷이니, 고귀한 관직과 현귀한 가문의 벼슬을 번성하게 하시고 종묘의 제사와 빈객의 자리 순서를 배치하는 소임에 힘쓰시며 지혜롭게 직무에 임하시고 노고를 더하시니 복을 얻어 나쁜 기운과는 멀어지셨다. …….(天寶七載, 我英主念悃之深至, 而渥恩之未遑, 識燕鴿以當侯, 開龍顔而授印, 遷雲麾將軍、右監門衛將軍、兼知內侍省事. 皇明久暢, 休應薦答. 於是郊天享地之禮敘, 崇號改年之渙擧, 幽明合贊, 雨露增濡, 進封濮陽郡開國公, 食邑二千戶. 凡前後歷位者九, 益封者四, 盛金章戟戶之秩, 專廟享敘賓之使, 役智增勞, 福謙反疾, …….)

먼저 상술한 이시이 마사토시의 논문을 통해 오회실이 監門衛將軍을 맡았을 가능성을 추측할 수 있다. 묘지명에도 천보 7년(749) 오회실의 직책이 雲麾將軍, 右監門衛將軍 兼 知內侍省事로 바뀐 사실이 분명하게 기록되어 있어, 元旦에 진행되는 朝賀라는 큰 의식에 오회실이 확실하게 그 현장에 있었다는 사실을 증명해 주고 있다. 둘째, 오회실이 환관 신분이었으며 환관을 관리하는 최고 직위를 담당했다는 것 또한 확인할 수 있다. 셋째, 묘지명에서 당시 오회실이 담당했던 구체적인 업무에 대해 인급한 것으로 "하늘에 제사올리고 땅에 흠향하는 예를 행하여 연호를 새로이 공포하고(郊天享地之禮敘, 崇號改年之渙擧)"와 "고귀한 관직과 현귀한 가문의 벼슬을 번성하게 하시고 종묘의 제사와 빈객의 자리 순서를 배치하는 소임에 힘쓰시며(盛金章

戟戶之秩, 專廟享敘賓之使)"라는 내용이 있는데, 이것은 모두 제사나 朝賀 의식에서 자리를 배치하는 것과 관련 있는 것인 듯하다. 넷째, 상술한 바와 같이, 천보 말기 환관의 세력이 왕조의 조직 내부까지 침투하였으며, 수많은 중대사에서 주요한 임무를 담당했다는 점이다. 뿐만 아니라 이렇게 오랜 세월에 걸쳐 일반적으로 인정된 국가 의식의 일부 관례는 조정 관료에 대한 황제의 신임도 하락으로 인해 황제의 대변인인 환관이 그 자리를 대신하여 통솔하게 되면서 이처럼 인위적인 면모를 갖게 된 것이다. 사실 이것은 그럴듯해 보이지만 실제로는 많은 문제점을 안고 있었다. 그러므로 이 시기의 역사 사건을 연구할 때에는 환관의 존재와 이로 인해 발생한 문제를 반드시 고려해야만 한다. 요컨대 환관 오회실 묘지의 출토는 천보 연간의 일본과 신라의 선후 경쟁 문제에 대한 학계의 최종 결론의 도출에는 근본적인 영향을 미치지는 못하였다. 하지만 이것을 통해 오회실이 당시 담당했던 관직을 통해 '古麻呂 抗議' 사건이 아주 근거 없는 이야기가 아닌 것은 알 수 있었다. 보다 많은 새로운 묘지명 사료가 발굴 출토되어 이 문제도 원만히 해결되기를 기대해 본다.

5. 결론

이상에서 새로 발견된 당나라 사람의 묘지명과 재당 신라인의 묘지명 및 사람들이 주목하지 않았던 碑刻 史料를 통해, 당 천보 연간과 대력 연간에 곤란과 좌절을 수차례 겪으면서도 바다를 건너 드나들었던 당과 신라 양국의 사신과 승려에 관한 사적, 그리고 문헌 기록에는 보이지 않는 당 후기 신라로 갔던 사신들의 자취, 묘지명에 보이는 '일본'이라는 국호의 경위, 천보 연간 말 신라와 일본의 선후 경쟁(爭長) 현상의 중요한 인물인 오회실의 묘지명 등에 대해 분석과 연구를 진행하여 拜根興의 견해를 제기하였다. 상술한 여러 묘지명 자료들이 유일하다는 관계로 학계에 새로운 인물의 견본과 소재를 제공하였다는 점에서는 성과가 있다고 하겠으나, 연구 과정에서 다른 사료를 더하여 고찰하고 서술할 필요가 있다. 그러므로 혹시 투론할 만한 부분이 있다면 여러 선생님들께서 기탄없이 가르침을 주시길 바라는 바이다. 당대 동아시아 국가 간의 문화 교류를 연구하고 과거 역사의 흔적을 찾으면서 어려움을 두려워하지 않고 국가를 위해 목숨을 바친 옛 사람들의 위대한 정신을 배웠으므로, 현실적으로 중요한 의의를 지니고 있다고 사료된다. 현존하는 문헌자료 외에 묘지명과 비각 사료 또한 중시되어야 할 자료들이다. 새로운 사료들이 끊임없이 발굴되어 당대 동아시아 문화 교류 연구에 더욱더 도움이 될 수 있기를 기대해 본다.

임진왜란과 바다를 건너간 전쟁포로, 굴절된 기억과 서사적 재구※

정출헌

(부산대학교)

1. 서론

임진년 봄, 부산에 들이닥친 일본군은 동아시아 삼국의 인민을 전쟁의 광기로 몰아넣었다. 수많은 병사가 전쟁터에서 죽어갔고, 힘없는 백성은 전란을 피해 전국으로 떠돌았다. 그러다가 전쟁포로로 잡혀 바다 건너 일본으로 끌려가기도 했다. 임진왜란·정유재란으로 잡혀간 조선의 전쟁포로는 대략 10만 명쯤 되는 것으로 보고되어 있다.[1)] 그 중 7,500명 정도가 귀환했을 뿐이니, 훨씬 많은 전쟁포로가

※ 본 논문은 한국고전번역원의 학술지 『민족문화』 제41집(2013)에 게재한 글을 수정·보완한 것임.

1) 임진왜란·정유재란 때 잡혀간 조선인을 俘虜, 俘人, 捕虜 등 다양하게 불렀지만, 1607년 제1차 回答兼刷還使가 가지고 간 禮曹參判의 書契에서는 被虜라 명시했다. 하지만 이 글에서는 임진왜란이 동아시아 삼국이 뒤얽혀 싸운 전쟁이었다는 점, 그리고 이들은 전쟁의 와중에 포로로 잡힌 사람이라는 점을 드러내기 위해 '전쟁포로'라 일컫기로 한다. 이때의 전쟁포로 숫자는 연구자에 따라 차이가 크다. 일본 측 연구에서는 2~3만 명으로 보는 반면,

고국으로 돌아오지 못했다. 그런 가운데 전쟁포로에 대한 애잔한 사연이 간혹 전해지기도 한다. 안토니오 꼬레아도 그런 인물이다. 1597년 무렵, 이탈리아의 상인 프란체스코 카를레티(Francesco Carletti)는 일본에 들렀다. 그때, 그곳에서 수많은 조선의 전쟁포로가 노예로 매매되고 있는 장면을 보았다. 카를레티도 어린아이 다섯 명을 샀다. 그런 뒤 고국으로 돌아가던 길에 네 명은 인도의 고아(Goa)에 내려놓고, 한 아이만은 이탈리아 피렌체까지 데리고 갔다. 아이는 자라 로마에서 살았는데, 그가 바로 안토니오 꼬레아다.

포로로 잡혀가서 지구 반대편, 당시 조선에서는 상상할 수도 없는 낯선 이국 땅 이탈리아에서 살아야 했던 안토니오 꼬레아야말로 전쟁이 남긴 아픈 상처이다. 그처럼 고국으로 돌아오지 못한 채 타국에서 생을 마감한 전쟁포로는 참으로 많았다. 정유재란 때는 포르투갈 상인의 노예선이 일본군 뒤를 따라다녔다고도 한다. 그래서 임진왜란을 奴隷戰爭으로 부르는 연구자도 있다. 도자기 장인을 대거 잡아간 사실도 그런 규정을 뒷받침한다. 지금 일본에서 陶神으로 추앙받고 있는 李參平(?~1655)은 정유재란 때 佐賀縣의 藩主 나베시마 나오시게(鍋島直茂, 1536~1618)에게 잡혀갔던 전쟁포로다. 도자기 장인으로 이름을 날린 沈壽官의 15대조 沈堂吉도 정유재란 때 잡혀갔던 인물이다.[2] 일본군은 조선의 문물과 장인을 닥치는 대로 탈취해 갔고, 그래서 도쿠토미 소호(德富蘇峰, 1863~1957)는 임진왜란을 '일본의 사치스런 해외유학'이라 일컫기도 했다.

물론 천신만고 끝에 돌아온 전쟁포로도 있었다. 그리고 그들 몇몇

조선 측 연구에서는 10만 명을 전후하는 것으로 본다. 최근 다양한 자료를 종합한 민덕기 교수는 88,700~143,700명으로 추산하기도 했다. 민덕기, 「임진왜란 중의 납치된 조선인 문제」, 『임진왜란과 한일관계』, 경인문화사, 2005, 369~367, 394~395쪽 참조.

2) 전쟁포로로 잡혀간 조선 도공에 대한 자세한 논의는 노성환, 「일본 사가현 아리타의 조선도공에 관한 일고찰」, 『일어일문학』 42집, 대한일어일문학회, 2009a 등을 참조할 것.

은 자신의 기구한 경험을 기록으로 남겼다. 여기서는 전쟁포로가 고국으로 돌아온 뒤 일본에서의 포로체험을 어떤 방식으로 기억하고 있는지 검토해 보고자 한다. 그런 작업을 통해 이들이 겪은 포로 생활의 편린은 물론, 일본에서의 포로체험이 어떤 방식으로 기억되거나 재구되고 있는지 확인하게 될 것이다. 때론 전란의 참혹함을 딛고 싹튼, 동아시아 삼국 인민의 희망과 연대의 가능성도 발견하게 될 것이다. 이 글에서 집중적으로 검토할 텍스트는 정유재란 때 잡혀갔다 돌아온 체험 기록인 姜沆(1567~1618)의 『看羊錄』과 鄭希得(1573~1623)의 『海上錄』이다. 또한 포로체험을 전해 듣고 이를 허구적 서사로 재현했던 趙緯韓(1567~1649)의 「崔陟傳」도 중요하게 다루고자 한다. 그 외에 자력으로 탈출한 魯認의 『錦溪日記』, 정희득과 함께 잡혀갔던 鄭慶得의 『萬死錄』과 鄭好仁의 『丁酉避亂記』도 논의에 필요한 경우 참고 자료로 활용될 것이다.

2. 남기지 못한 기억: 돌아오지 못한 전쟁포로에 대한 편린들

임진왜란 때 武威를 떨친 加藤淸正의 본거지 熊本州에는 그의 願刹 本妙寺가 있다. 그곳에는 지금도 조선인 포로 두 사람의 자취가 선명하다. 한 사람은 본묘사 경내의 淨池廟 한 쪽에 있는 무덤의 주인공 金宦이다. 비석 전면에 '朝鮮人金宦墓'라 새겨져 있다.[3] 가등청정에게 잡혀 온 그는 토목과 건축 분야에서 뛰어난 재능을 보여 熊本城를 짓는 일에 큰 기여를 했다고 전해진다. 행정·재정·회계 등에도

3) 加藤淸正은 함경도에서 衙前 鞠景仁의 반란으로 臨海君과 順和君을 사로잡았는데, 金宦은 그때 왕자를 모시고 있던 환관으로 추정되기도 한다.

능력을 보여 핵심 가신으로 지내다가 가등청정이 죽자 따라 죽었을 정도이다. 다른 한 사람은 본묘사 3대 주지였던 余大男이란 인물이다. 그는 진주성이 함락될 즈음, 하동 쌍계사에서 글공부를 하다 가등청정에게 잡혀왔다. 13살 어린 나이에 시를 지을 정도로 총명하여 가등청정의 사랑을 흠뻑 받았고, 일본 종군승려 日眞上人의 인도로 불교에 입문했다. 뒤에 이름을 日遙上人으로 바꾸어 본묘사 주지의 지위에까지 올랐던 것이다.[4)]

이들 가운데 余大男의 사연은 무척 흥미롭다. 부친 余天甲(또는 余壽禧)과 주고받은 편지가 현재 전하고 있다. 아들의 생존 소식이 부친에게 알려진 것은 선조 40년(1607) 제1차 回答兼刷還使를 따라갔던 河東 官員에 의해서였다. 그 뒤, 1617년 조선으로 탈출해 온 여대남의 친구 河終男은 그가 본묘사 주지로 있다는 사실을 전해 준다.[5)] 생존 사실을 알게 된 부친은 여대남에게 빨리 돌아오라는 편지를 부쳤다. 이에 대해 여대남은 자신을 거두어 준 主君의 은혜를 쉽게 저버리기 어려우니 조금만 기다려 달라는 답신을 보냈다. 그러면서 매 두 마리를 보내달라는 부탁도 함께 했다. 對馬島州와 肥後太守에게 귀국용 선물로 줄 심산이었다. 부친은 1622년 편지와 함께 매를 보내준다. 여대남은 1625년 1월, 가등청정을 이은 아들 가토 다다히로에게 간곡하게 부탁했지만 귀국은커녕 심해진 감시로 편지조차 어렵다는 답신만 보내왔다. 이후 소식은 끊어졌고, 결국 余大男은 1665년 79세의 나이로 죽어 本妙寺에 묻혔다.[6)]

---

4) 여대남에 대한 연구로는 민덕기, 「임진왜란에 납치된 조선인과 정보의 교류」, 『사학연구』 74호, 한국사학회, 2004; 노성환, 「일본 구마모토의 임란포로 여대남에 관한 연구」, 『일본어문학』 46집, 일본어문학회, 2009b 참조.

5) 하종남의 귀환 사실은 『備邊司謄錄』 광해군 9년 정월 을해조에 휴가(日向)로 잡혀갔다가 탈출한 晉州 儒生 愼應昌의 보고에서 확인된다. 민덕기, 위의 글, 194쪽 참조.

6) 본 묘사의 過去帖에는 그의 이름과 함께 '智德院法信 日遙父'와 '常德院妙信 日遙母'라는

이런 여천갑-여대남 부자간의 사연도 애절하지만, 여대남의 편지 말미에 덧붙어 있는 추신 내용은 안쓰럽기 그지없다. 첫 번째 편지 끝에는 "이 나라에서는 마음 통하는 친구가 없습니다. 다만 거창에서 잡혀온 李希尹, 진주에서 잡혀온 鄭逖, 밀양에서 잡혀온 卞斯徇, 산음에서 잡혀온 洪雲海, 부안에서 잡혀온 金汝英, 광양에서 잡혀온 李莊 등 대여섯 명과 아침저녁으로 고국 사정이나 자기 일에 대해 이야기하곤 합니다"라는 사연이 붙어 있고, 두 번째 편지 끝에는 "고국에선 어떤 분이 임금이 되셨고, 어떠한 분이 삼정승이 되셨는지 국내의 사정이 이것저것 궁금합니다. 서울은 지금도 변함없이 한양입니까? 그리고 금년은 萬曆 몇 년인지요? 언제나 북쪽을 향한 탄식을 금할 수 없습니다"라는 사연이 붙어 있다.[7] 포로로 잡혀 온 고국 사람과 망향의 설움을 달래고, 고국의 현실을 궁금해 하던 정경이 생생하다. 그건 일본으로 잡혀간 전쟁포로의 일반적 정서를 대변한다고 보아도 좋다. 일본에 잡혀갔던 또 다른 전쟁포로 鄭希得이 전하는 장면도 그러했다.

> 다리 위에서 河天極이란 이를 만났다. 阿波城 아래에는 긴 강이 흐르고 있는데, 그 강에 虹橋라는 다리가 있다. 다리 위에서 열 사람을 만나면 8~9명은 우리나라 사람이다. 河君은 진주의 이름난 집안 출신인데, 왜인에게 땔나무를 해주는 일을 하며 살았다. 우리나라 사람들은 달 밝은 밤이면 다리 위에 모여 어떤 사람은 노래를 부르고, 어떤 사람은 구슬프게 휘파람을 불었다. 어떤 사람은 마음속에 담아두었던 사연을 이야기하기

이름이 보인다. 일요상인 여대남이 부모의 위패를 모셔놓고 追善을 빌었던 자취이다. 노성환(2009b), 앞의 논문, 433쪽 참조.

7) 金聲翰, 「余大男」, 『日本のなかの朝鮮紀行』, 三省堂, 1986, 34~38, 42~44쪽; 노성환(2009b), 앞의 논문에서 재인용.

도 하고, 어떤 사람은 슬피 울며 통곡하기도 하다가 밤이 깊으면 흩어져 자기 거처로 돌아갔다.[8]

정희득이 阿波州의 虹橋에서 만난 진주 양반 河天極은 땔감 마련과 같은 천한 일을 하며 지내고 있었다. 다리에 모여든 조선 포로 대부분도 그런 일로 생계를 유지했을 터다. 고국을 떠나 만리타향에서 그렇게 천대받으며 지내던 그들은, 달 밝은 밤이면 하나 둘 다리 위로 모여 들었다. 함께 노래 부르거나 이야기로 회포를 풀고, 그러다가 설움이 복받치면 흐느껴 울다 밤 깊어 뿔뿔이 흩어졌던 그들. 전쟁포로의 辛酸한 삶이 눈에 선하다. 여대남도 주지의 지위에까지 올랐건만, 편지 말미에 덧붙인 사연으로 미루어볼 때 여느 포로들의 처지와 별반 다르지 않았던 것이다.

하지만 그들은 그런 포로체험을 기록으로 남기지 못한 채 이역에서 죽어 갔다. 물론 그들의 자취를 더듬어 볼 수 있는 기록이 전하기도 한다. 佐賀縣으로 잡혀와 대학자로 존경받던 洪浩然이 바로 그런 인물이다.[9] 그는 여대남이 말벗으로 지낸다고 했던 "山陰에서 잡혀 온 洪雲海"와 동일인물로 추정되기도 한다. 그런 홍호연의 삶은 그를 잡아간 나베시마 나오시게(鍋島直茂)의 행적인 「直茂公譜」, 홍호연의 6대손인 코 야스쯔네(洪安常)의 사돈 고가 세이리(古賀精里)가 쓴 「洪浩然傳」, 그리고 홍호연의 9대손 코 야스자네(洪安襲)가 작성한 「洪系圖」에 간략하게 남아 있다. 「直茂公譜」에 전하는 홍호연의 삶은 다음과 같다.

---

8) 鄭希得, 『海上錄』 선조 31년(1598) 3월 4일조. 『(국역)해행총재』 권8, 민족추진회, 1977의 번역을 참조하되, 표현을 적절하게 다듬어 인용한다. 이하 같다.

9) 김태준, 「일본 신유학의 발흥과 이퇴계의 영향」, 『임진란과 조선 문화의 동점』, 한국학연구원, 1977; 최관, 『일본과 임진왜란』, 고려대학교출판부, 2003.

진주성을 함락시키고 돌아갈 때 直茂公의 손에 12~3세로 보이는 어느 官人의 아들이 체포되어 왔다. 공이 불쌍하게 생각하여 그를 데리고 있다가 귀국할 때 함께 데리고 왔다. 그는 글씨가 능숙했다. 洪氏의 관인이었기에 浩然이라고 했다. 공은 깊은 친절심을 더해 佐賀城 아래에 두고 항상 자신의 곁에서 부렸다.[10]

일본으로 잡혀 온 홍호연은 교토의 五山에 가서 공부를 하고, 다시 사가현으로 돌아와 나베시마 나오시게의 아들 나베시마 가츠시게의 家臣으로 총애를 받았다. 그의 나이 78세 되던 해, 가츠시게의 부고를 받고서는 곧바로 사가현 阿彌陀寺에서 할복하여 목숨을 끊었을 정도다. 현재, 그의 유언이 적혀 있는 족자가 전한다. 거기에는 참을 '인(忍)'자를 가운데 크게 쓰고, 그 아래에 '참는 것은 마음의 보배요, 참지 못하면 몸의 재앙이 된다(忍則心之寶, 不忍身之殃)'라 씌어 있다. '扁舟意不忘'이라 쓴 글씨도 눈길을 끈다. 배에 실려 이국땅으로 잡혀와 견뎌야 했던 아픔과 처세의 다짐이 선연하다. 일본여인과 두 번씩 결혼하며 자식을 낳고, 일본 무사도의 윤리에 따라 殉死할 정도로 일본인처럼 살았던 그였다. 후손도 무사직을 이어받아 사가현의 명문가문으로 자리를 잡았다. 하지만 홍호연은 전쟁포로인 자신의 처지를 잠시도 잊지 않았던 것이다.[11]

이러한 여대남과 홍호연은 짤막한 삶의 편린이라도 남겼지만, 훨씬 더 많은 포로들은 돌아오지 못한 채 고국과 타국에서 모두 잊혀져 갔다.

---

10) 노성환, 「일본 사가의 조선포로 홍호연에 관한 연구」, 『일어일문학연구』 73집, 한국일어일문학회, 2010.

11) 위의 논문, 379~382쪽.

倭京에 도착한 이후에 와서 뵙는 자는 연달아 많았으나 돌아가기를 원하는 자는 매우 적었다. 15세 이후에 포로로 잡혀온 자는 본국 鄕土를 조금 알고 말도 조금 알아 돌아가고 싶어 하는 마음이 있는 듯하였다. 하지만 매번 본국의 생활이 어떠한가 물으며 양쪽에 다리를 걸치고 去就를 결정하지 못했다. 친절하게 말해 주고 되풀이해서 타일러도 疑惑을 푸는 자가 적었다. 10세 이전에 포로로 잡혀온 자는 언어와 행동이 왜인과 완전 같았다. 조선 사람이라는 것은 아는 까닭에 사신이 왔다는 말을 듣고 찾아와 보기는 했다. 하지만 故國을 그리워하는 마음은 조금도 없었다. 돌아가고 싶지만 결정을 내리지 못하고 망설이는 사람은 모두 품팔이꾼으로 고생하는 사람이었고, 생계가 조금이라도 넉넉하여 자리를 잡은 사람은 돌아갈 뜻이 전연 없었다. 듣기도 하고 보기도 하였는데, 마음과 태도가 가증스러워 풀 베듯 베어버리고 싶었지만 어찌할 수가 없었다.[12]

임진왜란이 끝난 뒤, 제2차 回答兼刷還使로 갔던 李景稷의 증언이다. 전쟁포로로 잡혀간 지 20년 쯤 지난 뒤, 그들 대부분은 고국으로 돌아가려 하지 않았다. 어릴 때 잡혀 온 사람은 말과 행동이 일본인과 같았다고 하니, 여대남과 홍호연도 그런 부류였을 것이다. 게다가 고국으로 돌아가도 천대를 당한다는 소문이 널리 퍼져 있던 터라 아무리 좋은 말로 달래도 많은 전쟁포로들은 의혹을 쉽게 풀지 않았다. 귀국한 전쟁포로가 환대는커녕 모진 학대를 받았던 것은 실제 사실이었다. 때문에 죽을 고생을 하던 궁핍한 전쟁포로만이 귀국을 망설일 뿐 제법 살 만한 자들은 돌아갈 마음을 내지 않았던 것이다. 鄭希得이 귀국하는 길, 내마도에서 만난 朴壽永도 그런 부류였다.

12) 李景稷, 『扶桑錄』 丁巳年(1617) 8월 22일조.

朴壽永의 집에 가서 보니, 처자를 얻어 가정을 꾸리고 살았는데 살림살이가 넉넉하였다. 자기는 漢陽 建春門 밖에 살았었다고 하는데, 이미 백발이 성성했다. 차를 끓여 내와 접대하는 것이 매우 정성스러웠다. 倭의 풍속에 손님이 오면 반드시 차를 끓여 대접한다.13)

포로생활을 마치고 돌아오던 정희득은 선조 31년(1598) 12월 21일 대마도에 도착하여, 이듬해 6월 29일 중국사신 河應潮와 汪洋의 배편으로 부산에 도착했다. 고국을 지척에 두고도 반년 넘게 대마도에 머물렀던 까닭은 對馬島主가 자리를 비웠다는 등 적당한 배편이 없다는 등 갖은 핑계를 대며 억류해 두고 있었기 때문이다. 양국 간의 講和에 애태우던 대마도 도주는 전쟁포로를 화해의 수단으로 활용하려는 것이었다.14) 이런 이유로 대마도에 한동안 머물 수밖에 없던 정희득에게 박수영은 대마도 사정을 알아보고 자기 생각을 왜인에게 전달하기 위해 요긴한 존재였다. 때론 마음을 털어놓는 知友이기도 했다. 박수영의 정성스런 대접을 받은 정희득은 다음과 같은 감사의 시를 지어주기도 했다.

自說當年住洛華	스스로 말하기를 서울에 살 때
建春門外是吾家	건춘문 밖이 바로 자기 집이었다 하네.
烹茶慰我三霜客	차 달여 나의 삼 년 客苦 위로하고
欲訴中情白髮多15)	속마음 털어놓으려는데 이미 백발이네.

박수영도 한양에서 禮賓寺 書吏로 있다가 대마도로 잡혀 온 전쟁

13) 정희득, 『해상록』 선조 32년(1599) 1월 5일조.
14) 『조선왕조실록』 선조 32년 기해(1599) 7월 14일.
15) 정희득, 『해상록』 권2 「박수영을 찾아보고」.

포로였다. 그런 공동 체험으로 이국에서의 만남은 여느 만남을 훨씬 넘어섰다. 굴종과 간난의 세월을 지내면서 백발이 되어버린 그들 모습이야말로 共感의 충분조건이 되었던 것이다. 실제로 박수영은 대마도에서 비교적 넉넉한 생활을 하고 있었지만, 처자식을 이끌고 탈출하려는 계획을 세운 적도 있었다.[16] 하지만 그 즈음 주저앉아 있었다. 딸린 가족이 많아 탈출이 쉽지 않기도 했거니와 탈출을 포기할 수밖에 없던 남모를 사정도 있었을 터다. 고국으로의 귀환은 간단한 문제가 아니었던 것이다.

3. 굴절된 기억: 귀국 포로에 대한 의혹과 자기방어

1) 많은 전쟁포로 가운데 일부는 고국으로 돌아왔다. 경로는 대략 세 가지였다. 첫째는 자력으로 탈출한 경우다. 錦溪 魯認은 정유재란으로 남원이 함락될 때 잡혀가 薩摩州에서 포로생활을 했다. 그러다가 1599년 3월 17일, 탈출에 성공하여 중국 杭州를 거쳐 1600년 정월 한양으로 돌아왔다. 그 과정이 자신의 문집 『錦溪集』의 「丁酉被俘」에 기록되어 있다. 둘째는 일본인의 도움으로 돌아온 경우다. 睡隱 姜沆은 정유재란으로 남원이 함락될 즈음 영광 논잠포구에서 잡혀가 伊豫州·大阪城·伏見城 등으로 옮겨 다니며 포로생활을 했다. 그러다가 1600년 5월 부산으로 귀국하여, 서울에 올라가 임금을 뵙고 고향 영광으로 돌아왔다. 그 과정이 『看羊錄』의 「涉亂事迹」에 기록되어

---

16) 박수영이 탈출을 도모했던 사정은 1598년 8월 5일, 전라병사 李光岳이 馳啓한 글에 자세하다. 전쟁포로였던 鄭成斤은 처자식을 데리고 도망 나와서 "朴壽榮이라는 자도 나올 뜻이 있었다. 하지만 가족이 많아 그믐밤이 되기를 기다려 탈출할 계획을 세우고 있다"라는 소식을 조정에 보고했다는 것이다. 『조선왕조실록』 선조 31년(1598) 8월 5일 참조.

있다. 月峰 鄭希得도 형 鄭慶得, 族姪 鄭好仁 형제 등과 함께 남원이 함락될 즈음 배로 피난을 가다가 阿波州로 잡혀가 포로생활을 했다. 그러다가 1599년 7월 20일 고향 남원으로 돌아왔다. 그 과정이 『海上錄』의 「海上日錄」에 날짜별로 기록되어 있다. 셋째는 조선에서 파견한 사신을 따라 돌아온 경우이다. 가장 먼저 四溟堂이 정세 탐지의 목적으로 일본에 다녀오면서 1,391명의 전쟁포로를 데리고 귀국했다. 그 뒤 조정에서는 세 차례 回答兼刷還使를 파견하여 수천 명의 전쟁포로를 데리고 왔다. 가장 많은 경우가 여기에 해당하지만, 이들의 인적 사항은 물론 이들이 남긴 포로체험의 기록도 전하지 않는다. 때문에 전쟁포로의 기억은 첫 번째와 두 번째 부류로 한정할 수밖에 없다.

이들의 포로체험 기록을 본격적으로 검토하기에 앞서 귀국포로들이 어떻게 처리되었는지 살펴볼 필요가 있다. 그때, 정희득이 대마도에서 만났던 朴壽永은 흥미로운 단서를 제공한다. 정희득이 고국으로 돌아온 뒤, 박수영도 고국 조선을 잠시 다녀갔다. 1604년 2월의 일이다. 대마도 승려 玄蘇의 편지를 가지고 온 일본 사신을 따라왔던 것이다.[17] 그즈음 대마도에서는 '하루빨리 강화를 하지 않으면 본토에서 군사를 일으켜 다시 침공할 것'이라는 소문을 흘리며 양국 간의 강화를 성사시키려 했다. 선조 37년(1604) 8월, 四溟堂을 探知使로 보내 일본의 진위를 파악하려 했던 것도 그 때문이었다. 사명당은 귀국길에 전쟁포로를 데리고 왔고, 박수영도 그때 가족과 함께 고국으로 돌아왔다. 하지만 귀국포로 대부분은 관가라든가 상전의 억압으로 고통을 받았는데, 가장 참혹한 경우로 박수영을 꼽아야 할 것이다.

---

17) "朴壽永은 鄕語를 잘하지 못하기 때문에 손수 이야기를 적어 올리니, 어여삐 보아 주기 바랍니다"라는 기록에서 박수영이 따라온 까닭을 짐작할 수 있다. 『조선왕조실록』 선조 37년(1604) 2월 23일 참조.

비변사에서는 박수영이 왜적에게 빌붙어 나라를 배반하였으니 엄하게 다스려야 한다며 잡아들였다. 죄목은 이러했다.

> 왜적이 물러갈 때에 이르러는 그들과 함께 바다를 건너가 謀主가 되어 의기양양하게 지내는가 하면 감히 우리나라에 上書하여 賊勢를 장황히 늘어놓으면서 온갖 수단으로 공갈하였습니다. 겉으로는 고국을 생각하는 것 같았으나 실제로는 공갈하고 모욕하는 처사였고, 그 내용이 몹시 悖慢스러워 이를 본 사람이 이를 갈면서 하나하나 들어 중국에 奏聞하기까지 하였으니 그 죄가 헤아릴 수 없습니다.[18]

박수영은 세 달 넘는 혹독한 고문 끝에 "어두운 밤에 처형하지 말고 내일 많은 사람이 보는 곳에서 처형하라"는 왕명으로 백주대낮에 저자거리에서 참형을 당했다. 아들 朴忠成도 아버지의 죄에 연루되어 이튿날 교수형에 처해졌다. 한양이 함락될 때 왜적에게 무고하여 죄 없는 백성을 죽게 만들었고, 왜적이 철수할 때 제 발로 따라 대마도에 갔으며, 일본의 위세를 등에 업고 온갖 공갈로 조정을 능멸했다는 죄목이었다. 하지만 고국으로의 탈출을 시도했다는 鄭成斤의 증언, 포로생활을 마치고 귀국하던 鄭希得을 물심양면 도와 준 사실, 무엇보다 사명당을 따라 가족들과 함께 귀국했다는 사실로 미루어 볼 때 박수영의 처벌은 석연치 않다. 무엇보다 "겉으로는 고국을 생각하는 것 같았으나 실은 공갈하고 모욕하는 처사"였다는 애매한 供招 사실이 그러하다. 첫 번째 刑問에서는 자신의 죄를 승복하지 않다가 두 번째 가서야 비로소 사복했다는 것으로 미루어볼 때, 혹독한 고문으로 덮어씌운 죄목이란 느낌을 지울 수 없는 것이다.

---

18) 『조선왕조실록』 선조 38년(1605) 9월 28일조.

박수영은 양국의 강화를 위해 진정으로 노력했지만, 조선 조정에서는 지난날 비위에 거슬리는 태도를 문제 삼아 附倭의 혐의로 처벌했던 것으로 판단된다. 禮賓寺의 書吏라는 낮은 신분도 한몫을 했겠지만, 당시 조정의 이런 태도는 사족이라고 해서 예외가 아니었다. 선조 34년(1601)에 귀국한 진주 士族 姜士俊도 모진 곤욕을 치러야만 했다. 그는 姜沆과 함께 포로로 잡혀 있는 동안 일본의 정세를 몰래 보고하기도 했다. 하지만 조정에서는 그의 귀환을 의혹의 눈길로 바라보았다. 무엇보다 80명이나 되는 대규모 인원이 함께 탈출했다는 사실이 믿어지지 않았다. 왜인이 보내주었음에도 불구하고 자기 힘으로 탈출한 양 꾸며댄다고 의심했던 것이다. 결국 비변사에서는 本道 巡察使에게 재조사하도록 하겠다는 최종 보고서를 올렸다.[19] 강사준이 어떻게 처리되었는지 확인되지 않지만, 재조사를 받으며 겪었을 곤욕은 짐작이 가고도 남는다.

사실, 姜士俊은 자력으로 탈출했던 것이 아니었다. 강사준이 귀국한 지 두 달이 지났을 때였다. 조선에 귀순하겠다는 의사를 담은 豊臣重明의 편지가 조정에 전달된다. 거기에 자신이 강사준 일행을 돌려보내 주었다는 사실을 자랑스레 밝혀 놓고 있는 것이다.[20] 앞서 언급했듯 鄭希得 일행도 대마도주가 보내 주어 귀국이 가능했었다.[21] 풍신수길이 죽고 난 뒤, 조선과의 강화가 절실했던 일본은 전

---

19) 『조선왕조실록』 선조 34년(1601) 4월 26일조.

20) 豊臣重明은 "이제 귀국 사람 余壽禧·姜士俊·姜天樞 등을 통하여 신의 마음을 아룁니다. 바라옵건대 너그러운 마음으로 살펴주소서"라고 밝히고 있다(『조선왕조실록』 선조 34년(1601) 6월 11일조). 참고로 강사준과 함께 귀국한 余壽禧는 앞서 살핀 日遙上人, 곧 余大男의 부친 余天甲이다. 부자가 함께 전쟁포로로 잡혀갔다가 부친만 먼저 귀국했던 것이다.

21) 정희득 일가가 귀환할 수 있었던 정황은 다음 기록에서 확인할 수 있다. "지난해 왜장이 전라도를 함락할 때 豊臣茂成이 귀국 사람을 잡아 왔었는데, 지난겨울에 무성을 떠나 陋島에 도착한 무리 柳澳(처 郭氏 및 처제)·鄭喜得·鄭慶得(子女), 鄭憕·朱顯男·鄭好仁·柳汝宏·柳汝寧·林得悌(妻)·柳興男·鄭好禮(여자 4인)를 지금 배편으로 보냅니다. 금후로 두 나라가 우호관계를 맺으면 떠나간 자나 도망간 자, 또는 이곳에 있는 자들을 반드시 배로 내보

쟁포로를 귀국시켜 주는 것으로 화해 분위기를 조성하고 있었다. 때문에 조선 조정에서는 일본의 정략적 의도로 귀국한 전쟁포로를 의혹의 눈초리로 바라볼 수밖에 없었다. 伏見城에서 귀국을 준비하고 있던 姜沆이 중국사신 河應潮 편에 보낸 「賊中封疏」조차 진짜인지 의심을 받았을 정도다. 조정에 보고된 封疏는 강항의 친필이 아니라 하응조의 謄書本이었고, 그 과정에서 있었을지 모를 添削 여부는 물론 베껴 쓴 까닭도 석연치 않았기 때문이다.[22] 전쟁이 끝나고 정희득·강사준·강항 등이 속속 귀국하고 있었지만, 그들에게 드리워진 의혹의 시선이 쉽게 거두어지지 않던 까닭이다.

2) 현재, 포로로 잡혀갔다 돌아와 자신의 체험을 기록으로 남긴 인물로는 魯認, 姜沆, 鄭希得, 鄭慶得, 鄭好仁 등이 있다. 이들은 모두 호남 지역의 士族으로 정유재란 때 南原城이 함락되면서 잡혀갔다 귀국했다는 공통점을 지니고 있다.[23] 일본군이 이들을 죽이지 않고 포로로 잡아간 까닭은 글을 아는 知識人이라는 이유에서였다. 魯認이 자신을 죽이지 않고 잡아가는 이유를 묻자 그들은 이렇게 대답했다.

> 건장한 사람은 사로 잡아가고 노약자는 코를 베어가니, 베어간 코의 多少로 포상하는 공의 高下가 정해진다. 그대는 건장한 사람일 뿐만 아니

낼 것인데, 이 사실 또한 예조 대인에게 진달하면 좋겠습니다." 『조선왕조실록』 선조 32년(1599) 7월 14일조 참조.

22) 강항이 의심 받았던 저간의 사정은 다음과 같았다. "중국인이 가지고 온 姜沆의 疏 1책은 그 문투와 언어를 보면 沆이 지었다는 것에 의심할 바가 없다. 하지만 그 字體를 보면 중국인이 쓴 것 같았다. 그리하여 중국인에게 물었더니, 그가 말하기를 '강항이 적중에 있으면서 이 소를 그곳에 있는 중국인 委官에게 전해 주어 그로 하여금 보내게 하였다. 때문에 위관이 먼저 돌아오는 중국인으로 하여금 그 소를 등서하여 가져가게 하고 眞本은 위관이 있는 곳에 두었다'고 하였다." 『조선왕조실록』 선조 32년(1599) 7월 19일조 참조.

23) 포로로 잡혀갔다 돌아온 이들 사족의 기록에 대한 전반적 고찰은 李埰衍, 『壬辰倭亂 捕虜實記 硏究』, 박이정, 1995 참조.

라 글을 아는 관리이므로 사로잡아가는 것이다.[24]

건장한 사람은 잡아가고 쓸모없는 노약자는 코를 베어가는 게 상례였던 것이다. 魯認은 포로로 잡혔을 당시 進士科에 합격하여 벼슬살이하던 29세의 건장한 젊은이였으니 마땅히 잡아갈 대상으로 분류되었다. 정희득·정경득 형제, 정호인·정호례 형제도 마찬가지였다. 조선의 지식인을 잡아간 일본인들은 자신이 감당하기 어려운 文治와 관련된 업무라든가 서책 베끼는 일들을 시켰다. 실제로 『간양록』과 『해상록』을 보면 강항과 정희득은 藩主와 그 주변인물이 요구하는 書冊 베끼는 일을 담당하거나 승려·문사들과 詩文을 수창하며 지냈던 사실이 확인된다.

이런 사족 출신 포로 가운데 강항은 단연 돋보이는 존재이다. 孟思誠을 5대조로 둔 혁혁한 가문에 문과 급제로 成均館典籍·工曹佐郞·刑曹佐郞 등 요직을 지내다가 잡혀갔거니와 포로생활을 하면서도 일본 유학의 開祖로 일컬어지는 후지와라 세이카(藤原惺窩) 및 그의 후원자였던 아카마쓰 히로미쓰(赤松廣通)와 빈번한 교류를 나눴다. 일본 성리학의 발전에 지대한 역할을 했다고 평가되는 까닭이다. 『看羊錄』과 『惺窩文集』을 비교해 보면, 강항이 일본 지식인들과 교유한 것이 사실로 확인된다. 후지와라 세이카(교유 당시에는 승려로서 舜首座로 불렸음)는 강항의 귀국에 결정적 도움을 주기도 했다.[25] 하지만 강항은 일본에 억류되어 있을 때 敵情을 탐지하여 조선에 보고하기도 했고, 그 공로를 인정받아 현종 9년(1668) 이조참의에 추증되기도 했다. 강

24) 魯認, 『錦溪集』 卷3 「丁酉被俘」: "年壯則生擒, 老弱則剖鼻, 剖鼻多少, 賞功高下. 公則非但年壯, 又解文官, 故俘去云."

25) 강항과 후지와라 세이카의 관계에 대한 기존 논의에 대한 비판적 검토는 김선희, 「일본 주자학연구에 대한 일고찰: 강항 연구를 중심으로」, 『일본문화연구』 30집, 동아시아일본학회, 2009를 참조할 것.

항하면 漢武帝 때 흉노에게 포로로 잡혀 있던 19년 동안 양을 키우며 절의를 지키다가 돌아온 蘇武를 떠올리는 것도 그 때문이다. 똑같이 포로생활을 마치고 귀국했지만 혹독한 고문을 당한 진주 사족 姜士俊과 달리 강항은 지조를 굽히지 않은 '忠節의 인물'로 기억되고 있는 것이다.

강항을 충절의 인물로 기억하게 만든 결정적 근거는 그가 남긴 『看羊錄』이었다. 1600년 4월 귀국한 강항은 일본에서의 포로생활을 기록한 뒤 '巾車錄'이란 제목을 붙였다. '죄지은 사람이 타는 수레'라는 뜻처럼, 강항은 스스로 죄인을 자처했다. 앞서 살펴본 바 있듯, 전쟁포로에 대한 의혹의 시선을 감안하면 그 정황을 쉽게 짐작할 수 있다. 하지만 강항의 문인 尹舜擧는 '巾車錄'의 제목을 '看羊錄'으로 바꿔 간행했다. 강항의 포로시절을 양 치는 노역에도 굽히지 않았던 蘇武의 충절에 비겼던 것이다. 1656년의 일이다. 다시 12년이 지난 뒤, 金長生·尹舜擧·李廷龜·宋時烈 등 당대 西人系 핵심 권력의 줄기찬 노력으로 현종 9년(1668) 參議로 추증되기에 이르렀다. 강항이 유력한 가문의 후예로서 기호학파의 거두 成渾·李珥의 제자가 아니었다면 불가능한 일이었을 것이다. "왜적에게 항복했다고 말하는 것은 지나치겠지만, 그에게 무슨 칭찬할 만한 節義가 있는가?"[26]라며 서인 주도로 이루어진 강항 추증 행위를 비판했던 史官의 평가에서 그런 사정을 짐작할 수 있다. "뛰어난 文章과 節行에도 불구하고 당시 사람들에게 배척을 받고 있었다"[27]는 한탄이 과장만은 아니었던 것이다.

---

26) 남인세력이 주도하여 편찬한 『현종실록』의 史評이다. 하지만 庚申大黜陟(숙종 6년, 1680)으로 권력을 탈환한 서인세력이 편찬한 『현종개수실록』에서는 이 사평을 빼어 버리는 대신 姜沆을 蘇武·文天祥의 충절에 적극 견주고 있다.

27) 尹拯, 『明齋遺稿』 제43권 「仲父童土府君行狀」(著作權者 民族文化推進會), 1732.

어찌 보면 포로로 잡혀갔다 돌아왔다는 사실은 절의를 목숨보다 중히 여겼던 조선시대 사대부에게 치욕적인 경력일 수 있다. 강항 자신도 자신의 행적에 대한 폄훼를 충분히 예견하고 있었다. 희망으로 부푼 귀국길에서조차 "평생 독서로 명분과 의리가 중함을 아노니 /뒷날 역사를 논하는 자 시비 많으리라(平生讀書名義重, 後來觀史是非長)"라고 읊조렸을 정도다. 귀국하자마자 자신의 포로생활을 기록으로 정리한 것도 시비를 염두에 둔 행위일 수 있다. 그때는 시비가 예감이 아니라 실감으로 다가오는 시대였다. 함께 포로생활을 하다 먼저 귀국한 강사준이 혹독한 조사를 받고, 강수영은 저잣거리에서 처형되는 참극이 횡행하는 시대였던 것이다. 그 점, 전쟁포로가 남긴 實記記錄을 살필 때 유념해야 할 사항이다. 지난 과거를 기억해낼 때, 누구든 자기변호의 태도가 크고 작은 굴절 현상을 일으키게 마련이다. 전쟁포로라는 굴욕적 경험에 대한 기억에서는 더욱 그러할 수밖에 없다.

강항의 『간양록』을 읽어 보면, 「涉亂事迹」에는 포로로 잡히기까지 分戶曹 李光庭을 도와 군량미 모으는 데 힘썼다든가 明軍 楊總兵이 물러간 뒤에도 의병 모으는 데 애썼다는 사실이 무척 자세하다. 가족과 함께 배를 타고 피난 가던 길에 李舜臣과 합세하려 했지만 沙工의 간계로 그러지 못했다는 사실도 애써 강조되어 있다. 무기력하게 도망을 가다가 포로로 잡힌 게 아니었음을 강조하는 것처럼 읽힌다. 뿐만 아니다. 포로로 잡혀가면서 몇 번이나 바다에 빠져 죽으려 했지만 매번 일본군이 건져내 죽지 못했다고 하는가 하면, 꽁꽁 묶여 죽고 싶어도 죽을 수 없던 상황이 강조되기도 한다. 밧줄에 묶여 생긴 손등의 흉터가 지금도 남아 있다는 사실을 특기하고 있는 것도 그런 부득이한 상황을 인정받고 싶었기 때문이다. 일본에서 목숨을 걸고 탈출하던 급박한 상황에서 적을 꾸짖는 글을 지어 성벽에 붙였다는 일, 豊臣秀吉의 묘 앞에 세운 黃金殿 편액 내용이 못마땅해 붓으로 지우고 다시 썼다는 일, 고국으로 돌아오지 않으려 하는 조선 포로를 향해 격문을 지어 띄웠다는 일에서도 자신의 절의를 돋보이게 만들려던 의도가 감지된다.

그런 까닭에 포로생활을 하며 불리하게 비칠만한 기억은 심각하게 굴절되거나 아예 기억에서 배제되기도 한다. 불리한 기억에 대한 자기방어의 기제가 작동하게 되는 것이다. 강항이 성주 아카마쓰 히로미쓰(赤松廣通)에게 『曲禮』·『小學』·『近思錄』 등 16종의 경서 및 성리학 텍스트를 필사하여 올린 手珍本이 최근 內閣文庫에서 발견되었다. 거기에는 '武卿'·'志完'이라는 강항의 別字와 別號가 적혀 있다. 이곳에서 蘇武의 절의를 떠올리며 조선인으로의 지조를 지키려던 올곧은 각오를 확인할 수 있다. 그런 반면 아카마스 히로미쓰에게 서적을 베껴 바치고, 그 대가로 받은 銀錢으로 생활하던 사실도 분명해졌다. 이런 활동은 일본의 주자학 성립에 크게 기여했다고 평가할 수 있겠지만, 자칫 附倭의 행위로 간주될 수 있는 혐의도 동시에 갖고 있다. 한시를 지어 달라는 왜인의 요구를 굳게 거절했다고 밝히고 있는 鄭好仁의 태도도 그런 시비를 의식한 결과이다.[28] 그런 점에서 『간양록』의 「涉亂事跡」은 자신의 포로체험을 있는 그대로 그려낸 '事實의 記錄'이라기보다 세심하게 배려된 '記憶의 敍事'라 부를 수 있다. 포로생활을 있는 그대로 보고하기 위한 목적보다 포로시절의 충절을 돋보이도록 만들려는 서사 전략이 강하게 드러나는 것이다.[29] 포로로 잡히기까지 의병으로 활동했던 경력, 포로로 잡힌 뒤에

---

28) 윤인현, 「해상록과 정유피란기 연구: 일본풍물 및 일본인 인식과 선비정신 중심으로」, 『한문학논집』 32집, 근역한문학회, 2011.

29) 이런 지적을 통해 조선의 官人이었던 강항의 의지와 신념을 자기방어의 행위라는 이름으로 폄훼하려는 것이 아니다. 강항이 일본에서 전쟁포로로 지내며 견지했던 올곧은 자세는 여러 기록에서 두루 확인되는 바, 그의 의지와 신념을 부정할 수 없다. 다만, 사대부로서

죽지 못한 정황, 일본에서 돌아오면서 당당하게 처신했다는 사실 등은 생생하게 기억되고 있는 반면, 포로로 지내면서 어떻게 생계를 꾸려갔는가는 흐릿하게 처리되거나 기억에서 아예 지워버린 까닭도 거기에 있다.30)

3) 전쟁포로로서의 경험에 대한 자기방어의 기제는 단순히 과거를 기억하는 단계에서만 작동되는 것이 아니다. 과거의 경험을 어떤 방식으로 세상에 드러낼 것인가, 즉 기억을 출판물로 公刊할 때도 작동된다. 과거를 기억하며 기록한 당사자, 그리고 그 기록의 진정성을 사회적으로 공인받으려는 뒷사람의 共助가 발휘되는 순간이다. 전남 靈光郡의 內山書院에 소장된 필사본 『간양록』과 현재 유통되고 있는 목판본 『간양록』 사이에는 편차는 물론 내용에도 일부 출입이 있다.31) 간행하면서 편차와 내용이 달라지는 까닭은 단순 오류를 바로잡은 결과일 수 있다. 하지만 귀국포로에 대한 당대 사회의 민감한 시선을 상기해 본다면, 충절의 행적을 돋보이게 만들고 시비의 여지는 없애 버리려던 배려의 가능성을 배제할 수 없다. 그런 사실은 鄭希得의 『海上錄』에서 보다 선명하게 드러난다. 『海上錄』의 처음 제목은 '萬死錄'이었다. 만 번 죽으려다 돌아온 자의 기록이라는 뜻이다. 그런데 曾孫 鄭德休가 원고를 정리하면서 제목을 '海上錄'으로 바꿔 정조 10년(1786) 간행했다. 하지만 그 초간본은 확인되지 않고,

---

는 치욕적이라 할 포로체험이 자신의 과거를 기억할 때 어떤 간섭과 영향을 주고 있는가를 살필 필요가 있다는 사실을 강조하고 있는 것이다.

30) 전란포로에 가한 조선사회의 차별적 시선, 그리하여 내면화하게 된 그들의 自責과 罪意識에 대한 논의는 김정신, 「임진왜란 조선인 포로에 대한 기억과 전승: '節義'에 대한 顯彰과 排除를 중심으로」, 『한국사상사학』 40집, 한국사상사학회, 2012를 참조할 것.

31) 邊東明, 「姜沆의 筆寫本 『看羊錄』 考察: 靈光 內山書院 所藏本을 中心으로」, 『아시아文化』 12호, 한림대학교 아시아문화연구소, 1996.

정희득의 6대손 鄭澗이 헌종 13년(1847)에 魏伯珪를 비롯한 京鄕의 유력 인사에게 추천의 글을 받아 다시 간행한 重刊本만 전한다.

이런 『海上錄』은 총 2권으로 구성되어 있다. 尹鳳朝의 序文, 趙斗淳의 序, 魏伯珪의 忠孝傳, 朴光一의 墓銘, 趙曮·魏伯珪·鄭德休·鄭澗의 跋文이 卷頭에 장황하게 이어진 뒤 권1의 본문이 비로소 시작된다. 유력 인물의 권위와 보증에 힘입어 『海上錄』을 중간하고자 했던 의도가 선명하게 드러나는 배치이다. 이런 유별난 배치는 권1과 권2의 수록 내용에서도 발견된다. 일반적인 문집의 경우, 먼저 詩篇을 싣고 뒤에 散文·雜錄을 배치한다. 하지만 『海上錄』에서는 「自賊倭中還泊釜山日封所 附日本總圖」, 「(日本)風土記」, 「(海上)日錄」과 같은 雜錄類가 권1에 실리고, 오언절구·오언배율·칠언율시와 같은 詩篇들은 권2에 실려 있다. 후손들이 볼 때, 先祖 鄭希得을 제대로 기억하기 위해서는 詩文보다 일본에서 겪은 체험의 기록인 雜錄이 훨씬 중요하다고 판단한 결과이다. 이런 구성 방식은 더듬어 보면 『간양록』의 영향을 받은 것이라 할 수 있다. 앞서 지적했듯 강항이 충절의 인물로 추증된 까닭은 『간양록』의 선별된 記述과 섬세한 配置, 그리고 그런 '서사적 기억'에 힘입은 국가적 포상의 결과였다. 姜沆과 權佖이 포로생활을 했던 경험은 같은데, 두 사람에 대한 후대의 평가가 달라진 것은 강항의 제자 윤순거가 편찬한 『간양록』이 세상에 유명해졌기 때문이라는 成大中의 증언은 그런 사실을 뒷받침한다.32)

鄭希得의 후손도 『간양록』의 그런 영향력을 잘 알고 있었다. 조정

32) 姜沆이 추증 받는 데 있어 『看羊錄』이 차지했던 비중은 절대적이라 할 수 있다. 성대중, 『청성잡기』 제5권 「醒言」: "姜睡隱沆, 於壬辰亂, 被虜入倭, 遇僧舜首座敎焉. 日本之文種始此, 而卒得其力以還, 著看羊錄, 書倭事甚精悉, 蓋聞於舜僧者也. 舜僧終返倫, 改名斂夫, 敎弟子甚多, 日本廟祀之, 並祀睡隱. 權菊圃佖, 以文吏, 從姜弘立, 深河之役, 弘立降虜, 而佖脫身逃還. 至鴨綠江, 不食數日, 目不能視, 嚥人矢而始覩, 竟得生還, 著姜虜傳, 最詳備, 亦看羊錄比也. 然沆以尹童土舜擧之師, 故看羊錄著於世, 姜虜傳則無稱焉. 氣節同, 事迹同, 著述同, 而其亦有幸之異耶."

에 올린 封疏, 일본의 情勢를 적어올린 보고, 그리고 포로생활을 기록한 「海上日錄」을 전면에 내세워 강항처럼 충절의 인물로 인정받고자 했던 것이다. 하지만 노력은 성사를 보지 못했다. 다만 함께 포로로 잡혀가다가 바다에 몸을 던진 모친·형수·부인·여동생 등 일곱 여인의 비극적 죽음만 숙종 7년(1681) 烈女로 인정받아 旌閭를 받는 데 그쳤을 따름이다. 정작 정희득 자신의 추증에는 실패했던 것이다.[33)]그의 좌절은 고종 20년(1883) 兵曹判書에 추증된 魯認[34)]과 좋은 대비가 된다. 魯認은 자력으로 일본을 탈출하여 중국을 거쳐 조선으로 돌아온 충절의 자취가 뚜렷했다. 그에 비해 정희득에게는 충절로 기릴 만한 행적을 찾아보기 어렵다. 강항처럼 의병으로 나서지도 않았고, 집안의 여인 일곱 명이 바다에 몸을 던져도 지켜보기만 했을 따름이다. 애초의 제목을 '萬死錄'으로 달았던 것처럼, 죽지 않고 살아 돌아온 까닭은 "죽지 말고 살아 돌아와 얼굴을 보게 하라"는 늙은 부친의 당부를 잊지 않은 때문이었다. 정희득의 귀국 과정은 '충절'의 행위보다 '효심'의 실천에 가까운 것으로 읽힌다.

실제로 부산에 도착한 정희득은 임금에게 올리는 封疏를 함께 귀국한 동료 편에 서울로 올려 보낸 뒤, 자신은 곧바로 부친과 자식이 기다리고 있는 고향 咸平으로 달려간다. 뿐만 아니다. 정희득의 일본 포로생활에서는 일본에 대한 적개심이라든가 군주를 향한 충성심은 그다지 느껴지지 않는다. 『海上錄』의 앞부분에 수록된 「忠孝傳」에서 드러나는 것처럼, 그의 귀국과정에서 가장 돋보이는 대목은 효성의 지극함이었던 것이다.[35)] 강항과 정희득의 다음 시를 비교해 읽어보

33) 전쟁포로로 귀환한 정씨 형제들의 이런 시도는 집요하게 진행되었다. 정희득과 함께 잡혀갔던 族弟 鄭好仁도 자신의 포로체험을 1613년 『丁酉避亂記』라는 제목으로 편찬했다. 그리고 鄭慶得은 동생 정희득의 『海上錄』을 거의 베끼다시피 하여 1904년 『萬死錄』을 간행했던 것이다.

34) 『승정원일기』 고종 20년(1883) 5월 8일(정해)조.

면, 그런 차이가 선명하다.

去歲玆辰捧御床	지난 해 이날에는 임금님 모시고
戴星先捧祝堯觴	아침 일찍 만수무강 기원하는 잔을 올렸건만
今年流落丹心在	올해엔 유락하여 충심만 있으니
一日愁隨一線長[36]	종일토록 근심만 하염없이 길어지누나.

父老群賢野水邊	여러 어르신들 들녘 물가에 모여 계시고
夕陽催報石鐺煙	석양은 돌솥에 연기 나길 재촉했었지.
去年行樂分明記	지난 해 행락 분명히 기억하는데
獨采天涯涕淚漣[37]	하늘가에서 홀로 쑥 캐며 눈물만 흘리네.

강항은 지난해 궁궐에서 임금 모시던 일을 그리워하고 있고, 정희득은 지난해 향리에서 父老 모시고 놀던 일을 그리워하고 있다. 정희득도 임금에 대한 충심이 없지 않았겠지만, 그걸 기록으로 남겨 표나게 강조하고 있지 않았다. 대신 그의 歸心은 언제나 가족과 친지가 있는 고향으로 표상된다. 과거에 급제하여 조정에서 관직생활을 하던 강항이 돌아갈 곳은 임금이 계신 朝廷인 반면, 향리에서 재지사족으로 지내던 정희득이 돌아갈 곳이란 부친이 기다리는 故鄕인 까닭이다. 강항이 "일편단심 돌아갈 마음, 한양뿐이라네(一片歸心漢陽水)"

35) 『해상록』의 서두에 실린 「충효전」은 정희득의 삶을 충과 효로 집약하고 있다. 여기에서 '효'란 물론 포로로 잡혀갔지만 부친의 당부를 잊지 않고 살아 돌아온 사실에 주목한 것이다. 반면 여기에서 '충'이란 군주를 향한 충절을 지켜 돌아온 사실을 가리키는 것이 아니다. 귀국 이후 仁穆大妃 폐비사건을 격렬하게 반대한 정희득의 정치적 행보를 '충'으로 일컬었던 것이다.

36) 『간양록』 「섭란사적」, 130쪽.

37) 『해상록』 권2 「德龍女今採艾爲湯憶舊遊」, 114쪽.

라고 읊조릴 때, 정희득은 “고향의 늦가을을 아득히 그리워하네(遙想故園秋色晩)”라고 읊조릴 만큼 두 사람의 歸處는 명확히 달랐다.

강항과 대비되는 정희득의 태도는 국가 이데올로기에 아직 덜 포획된 젊은 사족의 면모였을 지도 모른다. 정희득에게는 국가보다 가족이 더욱 절실하게 와 닿는 실체였던 것이다.[38] 강항이 군주에 대한 충절을 통해 사대부로서의 자기 정체성을 인정받고 싶었다면, 정희득은 효심의 실천을 통해 재지사족으로서의 자기 정체성을 인정받고 싶었다고 말할 수 있다. 충절과 효심, 이들 두 가지 덕목은 포로생활에 대한 주변의 시비를 잠재울 수 있는 거의 유일한 依支處였던 것이다.

4. 서사적 재구: 귀국 포로의 구술과 재구된 기억

조선 전역을 휩쓸었던 임진왜란·정유재란이 끝난 뒤, 잡혀갔던 전쟁포로들이 속속 귀국했다. 자력으로 탈출해 온 자, 일본의 화해정책으로 보내진 자, 그리고 조선에서 파견한 쇄환사가 데리고 귀국한 자. 1605년 四溟堂이 1,391명, 1607년 제1차 쇄환사가 1,418명, 1617년 제2차 쇄환사가 321명, 1625년 제3차 쇄환사가 146명을 데리고 왔다. 귀국포로의 숫자가 점차 줄어들었는데, 시간의 흐름과 함께 조정의 쇄환 의지도 시들해지고 포로의 귀환 의지도 줄어든 결과다.

---

38) 장미경, 「임란 피로자의 포로체험 한시 연구: 정희득을 중심으로」, 『한문교육연구』 20집, 한국한문교육학회, 2003. 하지만 강항과 정희득의 차이는 두 사람의 사회 정치적 입지의 차이에서 기인하는 바가 크겠지만, 자신과 뒷사람에 의해 은밀하게 추진된 ‘드러냄’과 ‘감춤’의 차이일 수도 있다. 강항은 포로시절에 지은 시를 『간양록』에 29수만 남겨둔 채, 자신의 문집 『睡隱集』에서는 완전히 지워버렸다. 문집에 실린 250여 수는 모두 귀국한 뒤, 정치권력에서 소외되어 은거하며 지은 것으로 채웠던 것이다. 반면에 정희득은 포로생활에서 지은 490여 수를 『해상록』에 모두 실어 감춤이 없이 드러내고 있다. 그런 시편에서 부친에 대한 효심과 귀국의 소망을 끊임없이 표출했던 것이다.

하지만 전쟁포로들이 겪었던 체험담은 다양하게 변주되며 떠돌았다. 일본으로 잡혀갔다가 流球·廣東·興元·呂宋 등지를 떠돌아다니다가 돌아온 진주의 사족 趙完璧은 奇談의 대표적인 인물이다. 그리고 전쟁포로의 귀국이 잦아들던 1620년 4월, 남원에는 전혀 뜻밖의 인물이 찾아들었다. 崔陟과 玉英 부부가 그들이다. 정유재란으로 남원이 함락될 즈음, 죽었거나 포로로 잡혀갔다고 여겨졌던 그들이 24년 만에 차례로 돌아온 것이다.

최척 부부의 기적 같은 귀국 소식은 세인의 관심을 끌며 전국으로 퍼져 나갔다. 柳夢寅은 『어우야담』에 「南原鄭生」이란 야담으로 거두었고, 趙緯韓은 「崔陟傳」이란 소설로 재현했다. 특히, 조위한은 癸丑獄事로 파직되어 1518년부터 1623년까지 남원에서 寓居하고 있을 때 최척에게 직접 들었다며 다음과 같이 밝혔다.

> 내가 南原의 周浦에 우거하고 있을 때 최척이 나를 찾아와 이와 같이 이야기하였다. 그리고 자기가 겪은 일의 전말을 기록하여 없어지지 않도록 해 달라고 부탁하였다. 나는 거절할 수 없어 대략 그 경개를 서술하였다. 1621년 윤2월 素翁 조위한은 쓰다.[39]

조위한은 최척 부부가 돌아온 지 1년쯤 지난, 1621년 윤2월 그들의 기구한 인생 역정을 들었던 것이다. 소설 작가가 작품 뒤에 붙인 후기를 곧이곧대로 믿는다면, 너무나 순진한 독자일 수 있다. 그럼에도 위의 후기는 왠지 소설적 장치로만 읽히지 않는다. 우선, 최척이 실존인물로 밝혀졌을 뿐만 아니라 소설 속의 일부 행적도 사실로 확인

39) 서울대도서관 소장 「최척전」 후기. 이상구, 『17세기 애정전기소설』, 월인, 1999, 24~25쪽 재인용.

되고 있기 때문이다. 최척은 소설에 그려진 것처럼, 남원에서 의병을 이끈 邊士貞(1529~1596) 휘하에 참여한 경력이 있던 인물이다.[40] 물론 그들 부부가 중국과 일본으로 흩어졌다가 돌아왔다는 기록이 확인되지 않는다는 점을 들어 작품에 그려진 포로체험 내용은 허구로 간주되기도 한다. 「최척전」에 그려진 내용은 작가 조위한이 최척의 구술을 그대로 기록한 것이 아니라 다양하게 떠돌던 전쟁포로들의 체험을 集積하여 창작한 허구적 서사로 보아야 한다는 것이다.[41]

그런 가능성을 완전 배제할 수는 없다. 하지만 후대 기록의 有無만 가지고 소설에 담긴 내용의 사실과 허구 여부를 판단하는 것은 옳지 않다. 임진왜란 때 순절하거나 포로로 잡혀갔던 인물을 등재한 『湖南節義錄』·『異域全節』 등에 이름이 없다고 허구로 볼 수는 없는 것이다. 최척 부부가 겪은 체험은 『異域全節』에 이름을 올린 강항·노인·정희득 등 18명과 사뭇 다르다. 최척이 비록 사족이라고는 해도, 혼사조차 제대로 치르지 못할 정도로 한미한 처지였다. 게다가 그는 전쟁포로로 잡혀간 것도 아니다. 삶의 의욕을 상실해 제 발로 명나라 군사 余有文를 따라 중국에 갔다가 돌아왔던 것이다. 강항·정희득과 다른 경우였으니 '異域'에는 해당될지 몰라도 '全節'과는 거리가 멀다. 더욱이 부녀자인 옥영의 자리는 애당초 고려되지도 않았다. 전쟁에 휩쓸려 타국에서 오랜 세월 고난을 겪다가 돌아왔지만, 그들의 귀국은 다른 전쟁포로들과 차이가 컸던 것이다.

중앙의 유력인사였던 조위한을 찾아와 "자기가 겪은 일의 전말을

40) 최척의 의병 활동 사실은 변사정의 『桃灘集』 권1 「倡義實蹟」에서 확인된다. 그곳에 '直長 崔陟'이란 이름을 올리고 있는데, 「年譜」 임진년조에는 '幼學 崔陟'으로 되어 있다. 종군 초기에는 幼學이었는데, 의병활동을 하는 도중 直長에 제수된 것으로 추정되기도 한다. 이런 생애 정보는 양승민, 「최척전의 창작동인과 소통과정」, 『고소설연구』 9집, 한국고소설학회, 2000에 의해 밝혀진 바 있다.

41) 양승민, 위의 글, 94쪽.

기록하여 없어지지 않도록 해 달라고 부탁"했다는 최척의 말에 씁쓸함이 짙게 배어 있던 것은 그런 까닭이다. 더욱이 그때는 절의를 지켜 귀국했다고 해도 이국에서의 포로생활을 의혹의 눈길로 바라보던 시절이었다. 최척의 경우는 말할 것도 없고, 부녀자인 옥영에게 드리워진 따가운 시선은 더더욱 말할 게 없다. 전쟁포로로 잡혀갔다가 24년 만에 돌아온 여인을 어찌 경이와 연민으로만 바라볼 수 있었겠는가. 사실, 「최척전」에서 가장 두드러진 인물은 여주인공 옥영이다. 지칠 줄 모르는 그녀의 歸鄕 의지는 강인한 조선 여성의 전형으로 여러 연구자에게 주목을 받은 바 있다.42) 하지만 그녀는 심할 정도로 자주 죽음을 시도했던 매우 '나약한' 여성이기도 했다. 왜적 頓于에게 잡혀가서는 몇 차례 바다에 빠져 죽으려 했고, 최척이 後金과의 전투에 동원되어 갈 때도 자결하려 했고, 귀국길에 중국해적을 만나 배를 빼앗겼을 때도 바다에 뛰어들려 했다. 하지만 그때마다 丈六尊佛이 나타나 "몸을 아껴 죽지 말도록 해라. 뒷날 반드시 좋은 일이 있을 것이다"라는 계시를 희망 삼아 죽지 않고 살아 돌아올 수 있었던 것이다.43)

그 점, 무척 중요하다. 돌이켜 보면 옥영이 보여 준 '삶의 포기'와 '삶의 재기'가 다섯 차례 반복되는 구조는 전쟁포로로 잡혀갔던 여성들이 겪어야 했던 辛酸한 현실을 고스란히 대변한다. 왜적에게 잡혀갔다 돌아온 여인들은 모두 죽지 못해 살아 돌아왔다고 말해야 옳다.

---

42) 옥영의 인물형상에 대한 이런 적극적 해석은 박희병, 「최척전: 16·7세기 동아시아의 전란과 가족 이산」, 『한국 고전소설 작품론』, 집문당, 1990을 비롯하여 열거하기 어려울 만큼 많이 이루어져 왔다.

43) 옥영의 빈번한 자살 시도가 갖는 의미에 주목한 연구는 강진옥, 「최척전에 나타난 고난과 구원의 문제」, 『이화어문논집』 8집, 이화여대 한국어문학연구소, 1986; 신해진, 「최척전에서의 '丈六佛'의 기능과 의미」, 『어문논집』 35집, 민족어문학회, 1996을 비롯하여 적지 않다. 다만 이 글은 옥영의 그런 면모에 주목하되, 포로로 잡혀갔다 귀국한 부녀자가 취할 수밖에 없던 자기방어 기제의 맥락에서 그 의미를 새롭게 읽어 보고자 한다.

安南에서 남편 최척을 만나지 못했다면 옥영은 끝내 돌아오지 않았을, 아니 돌아올 마음조차 내지 못했을 것이다. 하지만 남편과 가족의 생존을 확인하고, 결국 그걸 희망의 끈으로 삼아 천신만고 끝에 고국으로 돌아올 수 있었다.[44] 하지만 그런 기구한 인생 역정에도 불구하고 옥영은 귀국 이후 주변으로부터 훼절의 의심을 받았을 게 분명하고, 그런 부인을 감싸주지 않으면 안 되는 최척 또한 견디기 힘들었을 게 분명하다. 장육존불의 빈번한 등장을 '희망의 서사'로 읽을 수 있겠지만, 반대로 죽지 않고 살아 돌아온 아내에 대한 '변명의 서사'로도 읽을 수 있는 대목이다.

그런 맥락에서 볼 때, 「최척전」의 전체 줄거리와 어긋난 것처럼 보이는 작품 서두의 장황한 婚事障碍 삽화도 납득이 된다. 의병에 동원되어 돌아오지 못하는 최척과의 혼약을 파기하려는 모친의 강압에 맞서 옥영은 자결로 자신의 의지를 지켜낸다. 최척에게 구혼하는 과정에서 '정절과 신의'를 지키겠다던 다짐을 목숨 걸고 실천한 구체적 사례였던 것이다. 또한 24년 만에 살아 돌아온 아내 옥영이 어떤 여자였던가를 주변 사람들에게 확인시켜주고 싶던 서사적 伏線이자 변호의 前提이기도 했다. 하지만 아무리 심지가 곧은 여자라도 왜적의 강압 속에서 자기 몸을 지켰다는 점을 납득시키기 위해서는 또 다른 장치가 필요했다. 왜적을 피해 연곡사로 도망갈 때 옥영에게 男裝을 시켜 훼절에 대비했다는, 그리하여 옥영을 잡아간 頓于조차 여자인 줄 몰랐다는 '서사적 트릭'의 차용이 그것이다.

조위한이 작품 후기에서 밝혔던 것처럼 「최척전」이 최척의 구술에

44) 권혁래, 「최척전에서의 '유랑'의 의미」, 『국어국문학』 150집, 국어국문학회, 2008; 최기숙, 「17세기 고소설에 나타난 여성 인물의 유랑과 축출, 그리고 귀환의 서사」, 『고전문학연구』 38집, 한국고전문학회, 2010에서 옥영의 귀국에서 차지하는 가족과 집의 의미를 주목한 바 있다.

기본적으로 의존하고 있는 것이라면, 그의 구술에도 귀국한 포로들이 자기 체험을 기억할 때 작동시켰던 자기방어 기제가 같은 방식으로 작동되고 있었다고 보아야 한다. 그럼에도 불구하고 최척 부부가 겪어야 했던 전쟁체험은 절의의 포상은커녕 연민과 경이 이상을 넘기 어려웠다. 그런 까닭에 흩어졌던 가족의 해후라는 대단원에 주목하여 최척 부부의 재회를 행복한 결말로만 읽어서는 안 된다. 표면적으로는 행복한 결말구조를 취하고 있음에도 불구하고 최척 부부가 겪어야 했던 삶의 역경 하나하나가 비극적으로 읽히는 것[45]은 물론, 전쟁에 휘둘려 꽃다운 청춘시절을 몽땅 날려버린 채 만리타국을 전전하다가 백발이 되어 돌아와 얼싸안고 흘린 '감격의 눈물'이야말로 비극의 극점이다. 우리는 남북이산 가족의 재회에서 그런 장면을 실감나게 보아왔던 바다. 더욱이 최척 부부에게 가해지는 주변의 의혹은 가혹할 정도로 집요하였으니 이보다 더한 비극이 있을 수 있겠는가.[46]

조위한을 찾아와 자신의 포로체험을 구술하던 최척의 모습은 그래서 한없이 쓸쓸하게 보인다. 부부가 재회한 지 불과 1년도 지나지 않은 '행복한 시절'이었음에도 불구하고. 다행히 최척의 중·노년기 삶을 엿볼 수 있는 짤막한 사연이 鄭泰齊(1612~1669)의 『菊堂排語』에 남아 있다. 최척의 문장 솜씨가 뛰어났다는 일화 두 개가 그것이다. 하나는 그의 시가 널리 회자되고 있다는 것이고, 다른 하나는 그의 시풍이 南原府 儒生의 작품과 현격하게 달랐다는 것이다. 모두 최척이 詩作에 능했다는 단순 평가일 수 있다. 하지만 梁慶遇(1568~?)가 "이러이러한 점은 문장가의 솜씨가 아니면 지을 수 없으니, 결코 남

---

45) 양승민, 앞의 글, 99쪽.

46) 정출헌은 밀양지역의 한 유력한 집안에 대해 이야기할 때, 임진왜란 때 며느리가 일본에 잡혀갔다 돌아왔던 집이라는 사실을 들어 은근히 비하하는 것을 들은 바 있다. 지금까지 이어지고 있는 그런 기억을 감안할 때, 그 당시의 상황이 어떠했을까를 짐작하기란 어렵지 않다. 이 글의 문제의식을 갖게 된 것은 그때의 충격적 경험에서 비롯되었다.

원 儒生의 작품이 아니네"라고 극찬했던 것은 왠지 예사롭지 않게 읽힌다.[47] 소설에 그려져 있듯, 20년 넘는 기간 동안 중국 남방에서 생활하며 그곳 문사들과 시문을 주고받으며 지낸 최척의 作詩 수준과 품격은 조선 변방인 남원 선비들의 作風과 확연히 구분될 법하기 때문이다. 더욱이 그 당시 인구에 회자되고 있다던 최척의 다음 시도 흥미롭다.

佳人唱流連之詞,	佳人이 流連之詞를 노래함에
今日今日又今日.	오날이 오날이 또 오날이.
醉客續慇懃之意,	醉客이 은근한 정으로 이어받아
一盃一盃復一盃.	한 잔 드세 한 잔 드세 또 한 잔 드세.

최척이 지었다는 「落葉會序」의 한 구절이다. 낙엽이 쓸쓸히 떨어지는 가을날, 벗들과의 모임에서 부르던 최척의 노래에는 삶의 흥겨움보다는 처연함이 짙게 느껴진다. 기구한 인생 역정을 겪고 난 사람만이 느낄 수 있는 허무의 밑바닥이 감지되는 것이다. 그건 삶의 난관을 겪을 때마다 보였던 작품 속 최척의 모습과 무척 닮아 있다. 최척은 가족이 모두 왜적에게 죽은 줄 알고 삶의 의욕을 잃어 余有文을 따라 중국으로 가고, 후원자였던 여유문이 죽자 다시 삶의 허무를 느껴 蛾眉山으로 신선술을 배우러 떠나려 했다. 그러다가 모든 것을 포기한 채 朱佑를 따라 강남 지역을 정처 없이 떠돌아다니던 품성의 인물이었다. 옥영의 강인함과 달리 체념은 오랫동안 타국생활을 하

47) 정태제, 『菊堂排語』: 翌日, 余往見問之曰, 此作似不新奇, 而何過許至此也. 梁又讀下一遍曰, 如此如此, 非文章手不能野, 決非府儒生之作, 光夫不可瞞云. 始知霽湖爲具眼也. '霽湖'는 양경우의 호인데, 조위한과 절친한 친구로서 폐모론에 반대하여 1618년부터 남원에서 조위한과 절친하게 지내다가 1623년 인조반정으로 함께 서울로 돌아갔다. 정태제와 양경우 모두 남원에서 최척을 만나보고, 그의 비범한 글재주를 알게 되었던 것이다.

며 최척의 몸에 배인 일종의 習俗과도 같은 것이었다. 그렇다면 일본으로 잡혀간 전쟁포로들이 고국을 그리워하며 자주 불렀다는 '오날이'48) 가락에 실어 연거푸 들이키던 최척의 술잔은 울울한 귀국이 몰고 온 상심의 몸짓 또는 과거에 대한 회한의 설움이었는지 모른다.

이상에서 살펴본 것처럼, 「최척전」은 고전소설사의 맥락에서 읽을 때보다 전쟁포로들이 희망과 불안이 교차되는 마음을 품고 속속 귀환했던 17세기 전반의 시대적 맥락과 연계하여 읽을 때 그 의미가 보다 적실하게 다가온다. 「최척전」에서 벌어진 기적 같은 사건의 연속이 서사적 장치이든 아니든, 또는 최척 부부의 역정이 실제 체험이든 아니든 많은 사람들은 그걸 사실로 받아들이며 감동했다. 최척 부부가 겪은 파란만장한 체험과 극적인 귀국-재회는 죽다 살아난 전쟁포로라면 정도 차이가 있을 뿐 모두 유사한 경로를 밟았을 것이기 때문이다. 작가 조위한의 탁월한 서사적 재현 능력도 충분히 인정해야 되겠지만, 「최척전」이 주는 깊은 감동은 바로 이런 전쟁포로들의 원체험이 담지하고 있던 삶의 진정성으로부터 가능했던 것이다. 유몽인은 『어우야담』에 「南原鄭生」이란 글로, 이원명은 『동야휘집』에 「歷三國一家團聚」란 글로, 李民宬은 『敬亭集』에 「題崔陟傳」이란 글로, 兪晩柱는 『通園文藁』에 「記崔陟事」란 글로, 金鎭恒은 『廮山全書』에 「최척전」이란 제목으로 거듭 옮겨 적고, 급기야 국문으로까지 번역되어 보다 많은 사람들에게 읽혔던 근거이다.

48) 이는 임진왜란 포로로 끌려간 陶工들이 늘 불렀다는 노래인데, 지금까지도 일본 가고시마현의 玉山神祠에서 무슨 뜻인지도 모르고 구전된 대로 부르고 있다고 한다. 내용은 이러하다. "오날이 오날이소서, 매일에 오날이소서. 저물어지지도 새지도 말으시고, 매양에 晝夜長常에 오날이 오날이소서."

5. 결론

이역만리에 끌려갔다 천신만고 끝에 돌아온 전쟁포로들은 모두 기구한 사연을 간직하고 있었을 것이다. 강항과 정희득은 자신이 겪은 아픈 시절을 『간양록』과 『해상록』에 빼곡하게 기록해 두었다. 하지만 그들에 비해 열악한 처지에 있던 최척 부부가 겪은 사연은 훨씬 파란만장했다. 전쟁으로 말미암아 온가족이 뿔뿔이 흩어지는 과정과 다시 재회하는 과정이 「최척전」에 훨씬 곡진하게 그려져 있는 까닭이기도 하다. 물론 최척과 옥영이 삶을 포기하지 않고 살아 돌아올 수 있었던 내적 동력은 '국가'가 아니라 '가족'이란 점도 눈여겨 볼만한 대목이다. 최척 부부의 행로에서 군주에 대한 충 이데올로기는 물론 근대 민족국가 이데올로기도 거의 감지할 수 없는 것이다. 실제로 그들은 동아시아 삼국이 벌인 전쟁으로 뿔뿔이 흩어져 떠돌아다니면서도 비극을 초래한 敵國을 원망하지 않는다. 그렇다고 故國을 그다지 그리워하지도 않는다. 최척 부부는 군주의 聖恩이 두루 미치는 故國으로 돌아온 것이 아니라 가족이 있는 故鄕으로 돌아온 것일 뿐이다.[49] 향촌의 재지사족이었던 정희득이 보여 준 귀환의 동력도 그러했었다. 그런 맥락에서 최척 부부가 타국에서 만났던 중국과 일본 인민의 형상은 무척 흥미롭다.

주우는 돈우를 만나 백금 세 덩이를 주고 옥영을 사서 데려오려고 하였다. 그러자 돈우가 얼굴을 붉히며 말했다. "내가 이 사람을 얻은 지 이제

49) 조선시대에는 家와 國이 유학의 원리에 의해 동일한 조직유형과 관리방식으로 운영되었고, 그런 점에서 國은 家의 확대판이라 할 수 있다. 하지만 구체적 현실 속에서 이들 둘이 개개인에게 차지하는 의미는 조금씩 달랐다. 동일한 논리로 운영되던 國과 家는 개인의 상황에 따라 크고 작은 균열을 일으키기도 했던바, 그 미묘한 지점을 섬세하게 읽어 내는 작업이 필요하다.

4년 되었는데, 그의 단정하고 고운 마음씨를 사랑하여 친자식처럼 생각해 왔습니다. …내가 비록 어리석고 무디기는 하지만 진실로 木石은 아닙니다. 그런데 어떻게 그의 몸값을 받아서 먹고 살 수 있겠습니까?" 돈우는 즉시 주머니에서 은자 10냥을 꺼내어 전별금으로 주었다.50)

최척 부부가 안남의 한 항구에서 기적처럼 만났을 때였다. 그동안 최척을 가족처럼 보살펴 주던 중국 상인 朱佑는 기적 같은 재회를 성사시켜주기 위해 자기돈 들이는 것을 전혀 아까워하지 않았다. 백금 세 덩이를 선뜻 내어 준다. 전쟁포로 옥영을 노예로 부리던 일본 상인 頓于도 마찬가지였다. 옥영의 몸값을 받기는커녕 은 10냥을 내어주며 최척 부부의 만남을 축하한다. 국가와 민족을 넘어서서 보여준 이런 태도는 전쟁의 광기에 휘둘렸던 삼국의 인민들이 몸으로 깨달은 인간애와 연대감에 다름 아닐 터다.51) 이런 장면은 조위한이 억지로 만들어 낸 소설적 허구가 아니었다. 앞서 살핀 강항과 정희득의 귀환에도 이처럼 타국 인민의 연민과 공감이 크게 기여하고 있었다.

[1] 다음날 다시 바다를 건너 伊豫州의 長崎에 도착하여 육지에 올랐다. 허기와 피로가 심해 열 걸음 걷다 아홉 번 넘어질 정도였다. 여섯 살 먹은 딸은 혼자 걸을 수 없어 처와 조모가 번갈아 업고 냇물을 건너다 물에 자빠졌는데 힘이 없어 일어나질 못했다. 강가에 있던 왜인이 눈물을 흘리며 부추겨 일으키며 말했다. "아, 심하구나. 太合께서는 이런 사람들을 잡아다가 어디에 쓰려는 것인가? 어찌 하늘이 무섭지 않으랴?" 급히 집에

50) 조위한, 「최척전」, 222쪽.

51) 「최척전」의 이런 면모에 주목한 성과로는 다음 논문이 참조가 된다. 김현양, 「최척전: 희망과 연대의 서사」, 『열상고전연구』 24집, 열상고전문학회, 2007; 진재교, 「越境과 敍事: 동아시아의 서사 체험과 이웃의 記憶: 崔陟傳 독법의 한 사례」, 『한국한문학연구』 40집, 한국한문학회, 2010.

가서 기장밥과 마실 것을 가져다가 우리 집 식구를 먹여주니 그제야 겨우 눈과 귀가 열리는 듯했다.52)

[2] 배에 올라 덕룡, 여금, 즐비 등과 헤어졌다. 왜인들과 우리나라 사람들이 담처럼 에워쌌는데, 계집종들이 뱃전을 두드리며 통곡하다가 헤어졌다. 이런 광경을 보던 사람들은 손뼉을 치며 안타까워했다. 이날 십리쯤 가다가 외딴 마을에 도착하여 묵었다.53)

[1]은 姜沆이 긴 航海 끝에 일본에 도착하여 어린 딸이 지쳐 쓰러졌을 때, 지켜보던 일본인이 밥과 차로 굶주림을 면하게 해 주었다는 대목이다. [2]는 鄭希得이 함께 귀환하지 못하는 어린 딸과 헤어질 때 그를 지켜보던 일본인과 조선인이 함께 슬퍼했다는 대목이다. 물론 전쟁포로로서 겪어야 했던 타국에서의 고난과 모멸이 없을 수는 없었을 터다. 그럼에도 위에 그려진 장면에서는 나와 남의 경계를 발견하기 어렵다. 굶주려 쓰러진 자를 부축해 주고, 생이별하는 가족을 안타까워하던 그들에게서 국가와 국가 간의 적대나 차별을 찾아볼 수 없는 것이다. 생존을 위한 처절함을 목도하면서 갖게 된 憐憫, 전쟁이 불러일으킨 참혹함을 경험하면서 갖게 된 公憤이 만들어 낸 공감과 연대의식의 발로에 다름 아닐 것이다. 동아시아 삼국의 인민들이 죽고 죽이며 벌인 그 전쟁도, 따지고 보면 대다수 인민의 의지와는 무관한 소수 권력층의 야욕이 불러일으킨 비인간적 야만의 극

52) 강항, 『간양록』: "翌日又渡一海, 泊伊豫州之長崎, 舍船登陸. 飢困已甚, 十步九顚. 小女年六歲不能自行, 與妻及妻母更負, 負渡一川, 頓臥水中, 無力不能起. 岸上有一倭人垂涕扶出曰: 噫其甚矣. 大閤俘致此人等, 將欲何用. 豈無天道哉? 急走其家, 取稷糠茶飮, 以饋吾一家, 耳目始有聞見."

53) 정희득, 『해상록』: "登船, 留別德龍,女今,有莊非等. 倭徒及我國之人觀者如墻, 婢子等扣船痛哭而別. 觀者抵掌嗟嘆. 是日行十里許, 到泊孤村."

치였을 따름이다. 그리하여 동아시아 삼국이 뒤얽혀 싸운 임진왜란이라는 참혹한 전쟁은 역설적이게도 국가와 민족의 차별을 넘어서는 희망과 연대의 서사를 연출하기도 했던 것이다.

참고문헌

강진옥, 「최척전에 나타난 고난과 구원의 문제」, 『이화어문논집』 8집, 이화여자대학교 한국어문학연구소, 1986.

姜 沆, 『看羊錄』, 신호열 외 역, 『국역 海行摠載』 권2, 민족추진회, 1974.

권혁래, 「최척전에서의 '유랑'의 의미」, 『국어국문학』 150집, 국어국문학회, 2008.

김선희, 「일본 주자학연구에 대한 일고찰: 강항 연구를 중심으로」, 『일본문화연구』 30집, 동아시아일본학회, 2009.

김정신, 「임진왜란 조선인 포로에 대한 기억과 전승: '節義'에 대한 현창과 배제를 중심으로」, 『한국사상사학』 40집, 한국사상사학회, 2012.

김태준, 「일본 신유학의 발흥과 이퇴계의 영향」, 『임진란과 조선 문화의 동점』, 한국학연구원, 1977.

김현양, 「최척전: 희망과 연대의 서사」, 『열상고전연구』 24집, 열상고전문학회, 2007.

노성환, 「일본 구마모토의 임란포로 여대남에 관한 연구」, 『일본어문학』 46집, 일본어문학회, 2009.

______, 「일본 사가의 조선포로 홍호연에 관한 연구」, 『일어일문학연구』 73집, 한국일어일문학회, 2010.

______, 「일본 사가현 아리타의 조선도공에 관한 일고찰」, 『일어일문학』 42집, 대한일어일문학회, 2009.

민덕기, 「임진왜란에 납치된 조선인과 정보의 교류」, 『사학연구』 74호, 한국사학회, 2004.

______, 「임진왜란 중의 납치된 조선인 문제」, 『임진왜란과 한일관계』, 경인문화사, 2005.

변동명, 「강항의 필사본 〈간양록〉 고찰: 영광 內山書院 소장본을 중심으로」, 『아시아문화』 12호, 한림대학교 아시아문화연구소, 1996.

신해진, 「최척전에서의 '丈六佛'의 기능과 의미」, 『어문논집』 35집, 민족어문학회, 1996.

양승민, 「최척전의 창작동인과 소통과정」, 『고소설연구』 9집, 한국고소설학회, 2000.

윤인현, 「해상록과 정유피란기 연구: 일본풍물 및 일본인 인식과 선비정신 중심으로」, 『한문학논집』 32집, 근역한문학회, 2011.

이채연, 『임진왜란 포로실기 연구』, 박이정, 1995.

장미경, 「임란 피로자의 포로체험 한시 연구: 정희득을 중심으로」, 『한문교육연구』 20집, 한국한문교육학회, 2003.

진재교, 「越境과 敍事: 동아시아의 서사 체험과 이웃의 記憶: 崔陟傳독법의 한 사례」, 『한국한문학연구』 40집, 한국한문학회, 2010.

鄭希得, 『海上錄』, 이상형 외 역, 『국역 海行摠載』 권8, 민족추진회, 1977.

趙緯韓, 「崔陟傳」, 이상구, 『17세기 애정전기소설』, 월인, 1999.

최 관, 『일본과 임진왜란』, 고려대학교출판부, 2003.

최기숙, 「17세기 고소설에 나타난 여성 인물의 유랑과 축출, 그리고 귀환의 서사」, 『고전문학연구』 38집, 한국고전문학회, 2010.

박엽(朴燁)에 대한 기억의 재구성과 그 의미※

: 1623년 處刑 前後부터 1864년 官職 回復 前後까지의 기록을 대상으로

엄태웅

(강원대학교)

1. 서론: 중국소설 애호가이자 허균의 친구 박엽

유몽인(柳夢寅, 1559~1623)의 『於于野談』과 정태제(鄭泰齊, 1612~1669)의 「天君演義」 서문, 김휴(金烋, 1597~1639)의 『海東文獻總錄』에서 공히 언급하는 稗說集이 있다. 『鍾離葫蘆』가 그것인데, 明나라에서 출현하였을 것이라 추정하기는 했으나 얼마 전까지 그 실체를 확인할 수 없었던 이 작품집이 최근 한국 아단문고에서 발견되었다.[1] 최용철은 조선의 패설에 일정한 영향을 끼쳤으리라 추측되던 『종리호로』를 발굴·소개하고 중국 소화와의 관련 양상을 고찰, 이 작품집의 형성 동인까지 밝혀 그 성과를 학계에 제출했다.[2]

※ 이 원고는 '우리어문학회'의 학술지 『우리어문연구』 45집(2013년 1월 간행)에 실린 것을 일부 수정한 것입니다.

1) 최용철, 「朝鮮刊本 中國笑話 鍾離葫蘆의 發掘」, 『중국소설논총』 16, 한국중국소설학회, 2003.

2) 김준형, 「鍾離葫蘆와 우리나라 稗說문학의 관련 양상」, 『중국소설논총』 18, 한국중국소

최용철의 논의로 인해 『종리호로』에 대한 연구가 촉발되면서 그간 이 패설집이 조선에 수용되어 존재했음을 증명하던 위 문헌들 속 『종리호로』에 대한 언급들이 새롭게 조명을 받기 시작했다. 김준형은 『종리호로』와 조선 패설문학의 영향 관계를 고찰하는 과정에서 이 자료집의 국내 수용 및 간행의 주체가 당시 평안도 관찰사였던 박엽(朴燁, 1570~1623)일 것이라고 보았다.

금년 봄에 새로 간행된 중국 책 중에 70여 편의 소설을 수록한 책이 있는데, 제목은 『종리호로』이다. 關西 지방 觀察使로부터 들여온 것이다.[3]

그 후에 스스로 다음과 같이 썼다.

『絶纓三笑』는 명나라 사람의 웃음의 도구다. 예전에는 네 본이 있었는데, 지금 내가 더하고 깎아 그 셋은 버리고 하나만 취하여 이름을 『종리호로』라 하였다. 무릇 78편의 이야기는 (…중략…). 天啓 壬戌(1622)년에 笑山子가 箕城의 可村에서 쓰다.[4]

이미 김준형이 언급한 바와 같이 위 두 기록을 통해 『종리호로』가 1622년 초봄에 평안도 관찰사로 추정되는 笑山子에 의해 평양에서 간행된 책이며, 그 안에는 78편의 이야기가 들어 있었다는 것을 알게 되었다.[5] 김준형은 이에 1622년 당시 평안도 관찰사가 박엽이라는

설학회, 2003, 131~132쪽 참조.

3) 今年春新刊中原書七十小說, 目曰鍾離葫蘆, 自西伯所來. 최용철, 앞의 글에서 재인용. 최용철이 언급한 것처럼 이 원문은 유탁일의 『한국고소설비평자료집성』(아세아문화사, 1994, 77쪽)에서 가져왔다.

4) "自書其後曰: 絶纓三笑明人之笑具也. 舊有四本, 今余增損筆削, 去三而爲一, 名之曰鍾離葫蘆, 凡七十八說…. 天啓壬戌春, 笑山子, 壽(書?)于箕城之可村."

5) 김준형, 앞의 글, 134쪽.

인물임을 확인하고 笑山子라는 필명을 쓰는 인물이 그일 것이라 추정한 것이다.

이러한 김준형의 논의를 통해 조선조 패설문학에 적지 않은 영향을 끼친 『종리호로』의 수용 및 간행 주체가 박엽이라는 사실이 확인되었지만, 그럼에도 박엽이라는 인물이 그 외에 다른 문학적 활동을 한 흔적을 찾을 수 없기 때문에 간행 주체 규명의 의의가 크게 부각되지 못한 측면이 있다. 그런데 박엽은 오히려 의외의 기록에서 확인된다.

> 세상에 전해지는 말에 의하면, 「水滸傳」을 지은 사람의 집안이 3대 동안 聾啞가 되어 그 應報를 받았는데, 그 이유는 도적들이 바로 그 책을 높이 떠받들었기 때문이라고 한다. 그런데 許筠과 朴燁 등은 그 책을 너무도 좋아한 나머지 적장의 별명을 하나씩 차지하고서 서로 그 이름을 부르며 장난을 쳤다고 한다. 그런가 하면 허균은 또 「수호전」을 본떠서 「홍길동전」을 짓기까지 하였는데, (…중략…) 허균 자신도 반란을 도모하다가 伏誅되기에 이르렀으니, 이것은 농아보다도 더 심한 응보를 받은 것이라고 하겠다.[6]

허균과 「홍길동전」을 언급할 때 주되게 인용되는 택당 이식(李植, 1584~1647)의 글이다. 주지하듯 이 글은 역사소설이 지니고 있는 허구성을 질타하기 위해 작성되었다. 중국의 사례를 前述하고 조선의 경우에도 중국 연의소설을 선호하며 그것을 모방해 소설을 창작했다가 처형을 당한 경우가 있다고 하며 허균과 그의 작품 「홍길동전」을

---

6) "世傳, 作水滸傳人, 三代聾啞, 受其報應, 爲盜賊尊其書也. 許筠朴燁等好其書, 以其賊將別名, 各占爲號以相謔, 筠又作洪吉同傳. (…중략…) 筠亦叛誅, 此甚於聾啞之報也."(『택당집』「택당선생별집」 15권 〈雜著〉 散錄)

들고 있다.

그런데 흥미로운 것은 이때 허균과 더불어 「수호전」을 즐기며 작품 속 적장의 별명을 하나씩 차지하고서 서로 그 이름을 부르며 장난을 쳤다는 인물이 바로 박엽이라는 사실이다. 실제로 둘은 붕우 관계로서 허균의 『惺所覆瓿藁』에도 박엽과 함께 했던 몇몇 일화가 기록되어 있다. 지금까지 고전소설 연구에서 수차례 인용되었음에도, 허균이 지니고 있는 비중 때문에 허균이라는 이름과 「홍길동전」에만 주목을 하였지, 허균과 함께 「수호전」을 즐겨 읽었다고 하는 박엽이 관심의 대상이 되지는 못했다. 물론 이 기록에도 불구하고 여전히 박엽에 대한 기록이 많은 것은 아니기에 그에 대한 평가를 단정 짓기는 어렵지만, 그가 「수호전」을 즐겨 읽었으며 조선 패설문학에 적지 않은 영향을 끼친 『종리호로』의 수용과 간행에 관여한 사람이라면 적어도 그가 당시 패설이나 소설에 조예가 깊었다고 보는 것은 무리가 아닐 것이다.[7)]

만약 박엽과 관련한 기록들이 온전하게 남아 있었다면 고전소설사에서 박엽이 지니는 위치가 달라졌을 가능성이 높다. 그러나 박엽과 관련한 기록들은 찾아보기가 쉽지 않다. 이유인즉 그는 1623년 仁祖反正 직후 虐政의 죄목을 얻어 곧바로 처형되었고, 그 뒤로도 한동안 악독한 관리의 대명사처럼 인식되면서 관련 기록이 그리 많이 남지 못했기 때문이다.

비록 「수호전」에 대한 남다른 관심이나 『종리호로』 수용·간행 등과 같이 박엽의 문학 향유 양상에 해당되는 것은 아니지만, 그를 거론하고 있는 역사 기록이나 문학작품 속 흔적을 찾아보는 것은 그리

7) 후에 박엽 일화를 소개하며 자연스럽게 제시가 되겠지만 박엽은 중국어에도 능통한 편이었다고 한다. 따라서 중국 소설의 수용에 관심이 많았으리라 추정해 볼 수 있다. 『종리호로』의 수용 주체가 박엽이라는 김준형의 논의는 이러한 근거를 통해서도 뒷받침될 수 있다.

어렵지 않다. 그의 존재는 당시 인조반정과 명·청 교체라는 대내외적 정치 상황 속에서 비교적 중요하게 인식되었기 때문이다.

그런데 흥미로운 사실은 그에 대한 기억이 시기적으로 큰 차이를 보인다는 점이다. 그의 처형을 전후로 한 기록에서는 더없이 악한 인물로 묘사되는데 반해, 두 세기가량이 지난 시점의 몇몇 패설적 성격이 강한 서사에서는 그가 구국의 영웅으로까지 추앙받게 된다. 이 글에서는 박엽과 관련한 역사 기록 및 서사 기록을 망라하여 그에 대한 기억의 변모 양상을 구체적으로 살피고, 어떠한 이유에서 박엽에 대한 기억이 극단적으로 전환되었는지 고찰해 보고자 한다.[8]

2. 박엽 처형 기록 실종의 의미

박엽이라는 인물이 처음 등장하는 서사문학 작품은 1624년 奏請사행단의 여정을 기록한 사행록 「花浦朝天航海錄」이다. 이 당시 조선의 對明 使行은 海路를 통해 이루어졌다. 강성해진 後金이 遼東을 점거하게 되면서 조선 사신들은 요동반도를 지나가는 육로를 포기하고 대신 해로사행을 택할 수밖에 없었다.[9] 해로는 여러 측면에서 육로에 비해 위험했기 때문에 배를 타고 명나라로 떠나는 조선 사신단 본인들은 물론이거니와 이들을 배웅하는 가족과 친지들 또한 해로를

8) 박엽과 관련해서는 이승수의 연구가 선구적이며 유일하다. 이승수는 '역사의 기록', '야담의 형상', '일상의 증언'이라는 세 층위를 통해 박엽 관련 문헌 기록 속 그에 대한 평가들이 어떠한 차이를 드러내는지 구체적으로 살폈다. 이를 통해 권력에 의해 일방적으로 폄하된 박엽이라는 인물이 민간의 기록과 구술을 통해 재평가될 수 있는 가능성을 제시하였다. 이승수, 「葯窓 朴燁論」, 『민족문화연구』 47, 고려대학교 민족문화연구원, 2007.

9) 海路使行은 1621년(광해군 14년) 柳澗 일행부터 1637년(인조 15년) 金堉 일행까지 모두 20여 차례 이루어졌다. 박현규, 「17세기 전반기 대명 해로사행에 관한 행차 분석」, 『한국실학연구』 21, 한국실학학회, 2011.

택할 수밖에 없는 현실을 개탄했다. 더욱이 당시 해로를 택할 수밖에 없는 이유가 후금 세력의 南下 때문이라는 사실은 그들을 쉽게 분노케 했다.

그런데 이러한 예외적인 경험은 사람들의 호기심을 불러일으키기 충분했다. 주지하듯 유료사행이 경우도 이구에 대한 追體驗이 대상으로 인구에 회자되기 일쑤였다. 하물며 평생 한 번 경험하기 어려운 해로사행에 대한 호기심은 어떠했겠는가.

이러한 관심은 1624년 주청사행을 다룬 사행록이 다수 출현했다는 점을 통해 확인된다. 1624년 奏請使 이덕형(李德泂, 1566~1645)을 위시한 조선의 사신들은 바다를 건너야 하는 위험을 무릅쓰고 명 황제에게 조선 인조의 즉위에 대한 誥命과 冕服을 주청하기 위해 사행길에 오른다. 이 해로사행을 다룬 사행록은 현재까지 5종의 이본이 전해지고 있다. 「花浦朝天航海錄」, 「朝天錄一云航海日記」, 「슈로됴텬녹」, 「됴텬녹」, 「竹泉行錄」 등이 그것이다.[10] 전자 두 작품은 한문으로, 후자 세 작품은 한글로 작성되었다. 「화포조천항해록」은 임금과 조정에 올리기 위해 서장관의 자격으로 사행에 참여했던 홍익한(洪翼漢, 1586~1637)이 기록한 공식 보고문으로서 18세기 초에 간행되었고, 「조천록일운항해일기」는 19세기 들어 홍익한의 글과 그 외 한글본들을 참조하여 종합한 작품이며, 나머지 한글본들은 「조천록일운항해일기」를 전후하여 출현한 것으로 보인다.[11]

이들 이본은 표기체계에 따라 성격이 확연히 구분된다. 기본적으로 한문본은 한문본끼리, 한글본은 한글본끼리 비슷한 모습을 보인다. 그리고 한문본이 여정을 사실 그대로 기술하는 데 충실했다면,

10) 조규익, 『17세기 국문 사행록 죽천행록』, 박이정, 2002, 15~16쪽. 각 이본에 대한 소개 및 설명은 이미 이 책에서 제시된 바 있으므로 생략한다.

11) 위의 책, 21~41쪽 참조.

한글본[12]은 그 여정을 흥미 혹은 전달하고자 하는 메시지 중심으로 축약·재구성하고자 노력했다고 볼 수 있다.[13] 한문본은 사실 중심, 한글본은 이야기 중심인 셈이다.

실제로 한문본 두 이본을 비교해 보면 사실을 중심으로 했고, 후행본이 선행본을 참고했다고 볼 수 있는 근거가 자주 등장하기 때문에 내용상의 큰 차이가 확인되지 않는다. 그런데 박엽과 모문룡 등 당시 조선과 중국의 장수에 대한 기록과 관련하여 미세하지만 그냥 지나칠 수 없는 차이가 있다.

우선 당시 椵島에 머무르고 있었던 명나라 장수 毛文龍과의 만남에 대한 서술 차이이다. 「화포조천항해록」은 모문룡과의 만남에 대한 서술이 비교적 상세한 반면, 「조천록일운항해일기」는 비슷하기는 하나 그 내용이 약간 생략되어 있다(8월8일). 또한 椵島를 지나 산둥반도 登州로 향하는 길에서 마주친 모문룡의 軍糧에 대한 서술도 전자에는 기록이 되어 있지만 후자에는 전혀 등장하지 않는다(8월15일). 두 이본 사이에 모문룡에 대한 인식의 차이가 존재하는 것은 아닌지 의심하게 되는 대목이다.

이보다 더 큰 차이는 조선 장수 박엽의 처형에 대한 언급 유무에서 확연히 드러난다. 「화포조천항해록」에는 박엽이 평안도 관찰사로 지내면서 虐政을 거듭하여 새롭게 왕위에 오른 인조에 의해 바로 처형되었다는 언급이 보인다. 이 당시 사신단은 廣鹿島로 들어가기 위해

12) 「죽천행록」은 落帙本으로 초반부에 해당하는 海路使行 부분이 없다.

13) 이에 한문본과 국문본을 비교해 보면, 한문본보다 국문본이 인조반정의 정당성을 보다 강조하고 주청사행의 성사를 보다 낙관한다고 정리할 수 있다. 특히 국문본 초반부를 보면—한문본에 나타나는—인조반정이 명나라로부터 인정받지 못할 것이라는 불안감은 전혀 찾아보기 어렵게 된다. 인조반정은 당연히 공인받을 수 있는 사안이며, 심지어 인조반정의 정당성을 보다 확실하게 부각하기 위하여 과거 정권의 倫紀의 부재를 지적하기까지 한다. 엄태웅, 「1624년 奏請 使行錄의 변이 양상과 그 의도: 한문본 「조천록」과 국문본 「됴텬녹」을 중심으로」, 『동아시아고대학』 25, 동아시아고대학회, 2011, 201~202쪽.

며칠을 고생하였으나 풍파를 만나 당도하지 못하고 그 앞 바다 어떤 섬에서 날씨가 좋아지기만을 기다리고 있었다. 이때(8월18일) 기록을 보면 명나라 관리 두 명이 사신단을 방문하여 위로하며 다음과 같이 말한다.

맑음. 역풍이 아직도 거세므로 섬에서 머물렀다.

저녁나절 千摠 張應泰, 答應官 周之楨 등이 名帖을 보내 위로하고, 장응태가 말하기를,

"내가 연전에 毛督府의 幕下에서 오래 있었으므로 귀국의 사정을 익숙히 알고 있습니다. 朴燁이 平安觀察使로 있으면서 私慾을 자행하매, 백성이 살 도리가 없고 重鎭이 거의 버려진 땅이 되었는데, 貴國의 新王이 하루 아침에 그를 참형에 처하니, 중국 사람들도 오히려 시원히 여기어 그 聖明을 모두 칭송하거늘, 하물며 귀국 臣民이야 말할 것이 있겠습니까? 이러한 광포한 자를 가차 없이 참형에 처하였으니, 왕이 평소 영명하다 일컬어짐을 어찌 믿지 않으리까?"

하기에, 내가 대답하기를,

"법령을 밝혀 사람의 耳目을 새롭게 한 것은 다만 細鎖한 일인데 어찌 운운할 것이 되겠소?"

하니, 張應泰 등이 한동안 탄복하다가 明日 다시 만나기로 기약하고 물러갔다.14)

張應泰는 자신이 모문룡의 幕下에서 오래 지내어 조선의 사정을

14) "(十八日, 庚子) 晴. 逆風猶壯, 留島中. 日晡, 千摠張應泰, 答應官周之楨等, 送名帖迎勞之. 應泰因言曰, "俺年前, 久在毛督府幕下, 熟諳貴國事情. 朴燁觀察關西, 恣行胷臆, 民不堪命, 重鎭幾爲棄地. 貴新王一朝斬之, 華人猶以爲快,咸服其聖明, 況貴國臣民乎? 若此暴戾狂子, 誅殛不貸, 王之素稱聖明, 豈不信然?" 余對曰, "明法審令, 一新人耳目, 此特其餘事奚足云云?" 應泰等嗟歎良久, 辭去期以明日更會."(『화포조천항해록』)

잘 안다고 하면서, 평안도 관찰사로 있던 박엽이 인조에 의해 참형에 처해진 것에 대해 중국 사람들도 칭송한다고 말하고 있다. 이러한 명 관리의 말에 서장관 홍익한은 법을 올바르게 시행하여 사람들에게 준법의 중요성을 환기시킨 것은 당연한 것이며 특별하게 생각할 행동이 아니니 군이 놀라며 말할 필요가 없다고 답한다. 박엽의 처형은 올바른 판단이었다는 확신이 전제되어 있다. 실제로 광해군에게 총애를 받았던 박엽은 인조반정 직후 모문룡을 지키지 않고 오랑캐를 끌어들였다는 죄목, 그리고 백성들을 가혹하게 착취하여 塗炭에 빠지게 했다는 죄목으로 즉각 처형되었다.15)

그런데 후대 이본인 「조천록일운항해일기」에는 박엽에 대한 기록이 등장하지 않는다. 박엽에 대한 언급의 유무는 그저 한 일화의 출입의 문제로 끝나지 않는다. 그와 관련한 이야기가 사라진 것은 보다 더 의도적인 행위일 수 있다. 왜냐하면 박엽은 17세기 前半期 중국과 조선, 그리고 중국의 明과 後金, 조선의 光海君과 仁祖 사이에 놓여 있던 갈등의 입체적 양상을 함축하고 있던 인물로서 그의 죽음은 1624년 사행에서 충분히 거론될만한 화제이기 때문이다. 다음과 같은 관련성이 이를 증명한다.

우선 그가 후금과 조선의 관계를 대변하는 인물이라는 점을 들 수 있다. 박엽은 후금의 남하로 요동길이 막히고 조선의 北方이 위협받던 시절에 평안도 관찰사를 지낸 인물이기 때문이다. 평안도 관찰사로서 그는 누르하치와 긴장 속 대치와 화해를 반복하는 등 시기적으로 꽤나 중요한 외교적 위치에 있었다.

또한 그가 명과 조선의 관계를 보여 주는 인물이라는 점도 생각해

15) 양승민, 「『요해단충록』을 통해 본 명청교체기의 중국과 조선」, 『고전과 해석』 2, 고전문학한문학연구학회, 2007, 105쪽.

볼 필요가 있다. 당시 평안도는 對明 해로사행의 출발지였고, 평안도 앞바다 椵島에는 명나라 장수 모문룡이 주둔하고 있었다. 다시 말해 평안도 앞바다는 당시 명과 조선의 교류가 이루어지는 소통로였으며, 모문룡 군대의 주둔으로 그곳 자체가 명·조선 관계의 핵심을 보여 주는 장소가 되었던 것이다. 이 과정에서 박엽은 조선 사행단 및 명나라 장수인 모문룡과 깊은 관계를 맺게 된다.

아울러 모문룡 세력이 후금 세력의 남하에 따라 자신들의 근거지를 옮겨야 하는 절박한 상황에 있었다는 점에서 당시 명과 후금 사이의 갈등을, 광해군이 폐위되고 인조가 즉위하자마자 곧바로 평안도 관찰사에게 대명의리와 학정을 명분으로 참형을 내린 점은 광해군과 인조 사이의 갈등을 보여 주는 것이다.

요컨대 이 모든 갈등 관계의 한 가운데 박엽이 있었다. 앞서 김준형이 언급한 기록에서도 그가 명나라 서적 수용에 관여했다고 나와 있는데 이러한 기록 또한 그가 외교적으로 중요한 위치에 있었다는 것을 말해 준다. 여하간 동아시아의 중층적이고 입체적인 갈등의 양상이 모두 박엽과 함께 설명될 수 있는 것이다.16) 따라서 朝鮮·明·後金 사이에서 평안도라는 지역과 박엽이라는 인물이 놓인 위치를 볼 때, 한 이본에서 박엽을 언급했다면 이를 참고한 다른 이본에서 박엽이 등장하는 것은 그리 어색한 일이 아닐 것이다. 그럼에도 「조천록일운항해일기」에는 전혀 언급이 없다. 두 한글본에서도 마찬가지로 언급이 없다. 이는 우연이라고 보기 어렵다. 어떠한 이유에서건 일부러 싣지 않았을 가능성이 높다고 봐야 할 것이다. 그렇다면 왜 「조천록일운항해일기」에는 박엽에 대한 이야기가 빠져 있는가? 박엽 처형

16) 결국 1627년 청 태종이 明과 朝鮮의 관계를 끊을 목적으로 椵島를 공격해서 毛文龍을 쫓아내는 일명 椵島事件이 발생하게 된다. 이로 미루어 보더라도 당시 平安道가 朝鮮·明·後金에게 지정학적으로 얼마나 중요하게 인식되었는지 알 수 있다.

의 이야기가 실종된 것은 무엇을 의미하는가?

3. 處刑 前後의 부정적 기억들

박엽이 처형되던 당시를 전후로 하여 국가의 공식 기록에 등장하는 박엽에 대한 평가는, 「화포조천항해록」에서 명나라 관리 장응태, 주지정과 조선 서장관 홍익한이 나누던 대화의 맥락과 일맥상통한다.

> 사신을 보내어 朴燁·鄭遵을 베게 하였다. 【박엽은 6년간 관서 지방에 방백으로 있으면서 탐학한 짓으로 재물을 수탈하고 끝없이 사치와 욕심을 부려 개인이 지니고 있는 재물이 내탕고의 재물보다 더 많았으며, 一路에 해독을 끼쳐 마을이 폐허가 되었다. 정준은 鄭造의 아우로서 제일 먼저 폐모론을 주장하였고, 의주에 있을 때 탐학한 짓을 한 것이 박엽에게 다음 갔었는데, 許廷式·南以興·尹守謙과 함께 五賊이라고 칭하였다. 제장들은 이 두 사람이 서쪽 변방에 있으면서 스스로 의심하여 변란을 일으킬까 염려하여 제일 먼저 참형할 것을 계청하였는데, 상이 도원수 한준겸에게 비밀히 유시하여 베게 하였다. 박엽이 죽은 뒤에 평양 백성들이 관을 꺼내어 시체를 가루로 만들고 그가 타고 다니던 말까지 죽였는데, 그의 처자식은 겨우 모면하였다.】[17]

> 都元帥 韓浚謙에게 하유하여 평안감사 朴燁과 의주부윤 鄭遵을 境上에서 처형하게 하였으며, 또 여러 道의 調度使 金純·池應鯤·金忠輔·王明恢·

17) "遣使誅朴燁[平安監司], 鄭遵[義州府尹]. [燁, 鎭關西六年, 貪虐掊克, 窮奢極欲, 私藏財寶, 富於內帑, 流毒一路, 邑里丘墟. 鄭遵, 以造之弟, 首爲廢母之論, 在義州, 貪虐亞於燁. 與許庭式·南以興·尹守謙, 號爲五賊. 二人在西邊, 諸將慮其自疑爲亂, 首啓請誅, 上密諭都元帥韓浚謙誅之. 燁死後, 平壤人取棺磔尸, 竝殺其所乘駿馬, 妻子僅以身免.]"(『광해군일기』, 15년(1623) 3월 13일자) 양승민, 앞의 논문, 105쪽 참조.

> 權忠男·李文賓 등을 처형하라고 명하였다.
>
> 박엽은 성품이 혹독하고 처사가 패려하였다. 柳德新의 사위로서 궁중과 결탁하였다. 일찍이 수령이 되어 사사로이 헌상하여 아첨하였고, 평안감사가 되어서는 영합하여 총애를 굳히기 위해 못하는 짓이 없었다. 기이한 완호품을 날로 궁중으로 실어 들였으며, 의복과 유식을 법도에 지나치게 사치하게 하고 징세를 혹독하게 하며 사람 죽이기를 초개처럼 쉽게 하여 한 도가 텅 비게 됨으로써 그 원한이 골수에 사무쳤다. 그가 梟示되는 날에 이르러서는 한 도의 백성들로서 서로 경하하지 않는 자가 없었으며, 심지어 그의 관을 쪼개고 시신을 난도질하는 자가 있었다고 한다.[18)]

『광해군일기』와 『인조실록』의 1623년 3월13일 기록에는 공히 박엽의 처형에 대한 언급이 있다. 서술의 차이는 있지만 두 기록 속 박엽에 대한 평가는 한결같다. 내용인즉 박엽이 재물욕이 강하여 백성들을 수탈했으며, 광해군에게 잘 보이기 위해 갖은 아부를 마다하지 않았고, 사람들을 쉽게 죽여 백성들로부터 원망을 크게 샀다는 것이다.

이 정도면 당시와 같이 왕조가 교체되어 정치적으로 긴박한 상황이 아니라 하더라도 포악한 벼슬아치로 비판받으며 斬首를 면하기 어려웠을 것이다. 그런데 이 지점에서 의문스러운 것은, 위와 같은 죄목들이 나열되어 있음에도 불구하고 실제로 그가 어떠한 악질적 행위를 했는지 구체적으로 언급하고 있는 문구는 없다는 점이다. 위 실록의 기록만 봐도 '재물을 수탈하고 끝없이 사치와 욕심을 부렸다'

---

18) "下諭于都元帥韓浚謙, 誅平安監司朴燁·義州府尹鄭遵于境上. 又命誅諸道調度使金純·池應鯤·金忠輔·王明恢·權忠男·李文賓等. 燁賦性鷙酷, 行事悖戾, 以柳德新女壻, 附托宮禁, 曾爲守令, 以私獻取媚. 及爲平安監司, 逢迎固寵, 無所不至, 奇技玩好之物, 日輸宮掖, 衣服飮食, 僭侈無度, 徵斂暴刻, 殺人如芥, 一道赤立, 怨入骨髓. 及其梟示之日, 一道之民, 莫不相慶, 至有剖棺臠屍者云."(『인조실록』 1년(1623) 3월 13일).

라든가, '성품이 혹독하고 처사가 패려하며, 궁중과 결탁했고, 사사로이 아첨했다'는 등의 추상적인 표현들뿐이다. 그나마 '기이한 완호품을 날로 궁중으로 실어 날랐다'는 표현 정도가 그 구체적 내용을 궁금하게 할 뿐, 다른 표현들은 죄를 주기 위한 의례적 언사에 지나지 않는다는 느낌을 받게 된다. 실록과 같은 국가 기록에 관찰사의 죄상이 조목조목 나오는 것을 기대할 수는 없다 하더라도, 가령 수탈한 재물이나 궁궐에 상납한 완호품이 대략 어느 정도인지는 서술할 수 있다.[19] 그러나 박엽의 죄목에서는 이러한 표현을 찾아보기 힘들다.

더욱 의문을 증폭시키는 것은—죄상은 구체적으로 나와 있지 않은 반면—학정을 자행한 박엽의 이미지는 비유적인 형태로 빈번하게 그리고 반복적으로 사용되었다는 점이다. 박엽을 처형하고 비난했던 근본적인 이유에 대해서는 논하지 않으면서, 박엽에 대한 비판적 인식만이 계속해서 재생산되고 있는 형국이다. 심지어 박엽에 대한 비판적 인식을 세상에 널리 알리기 위해 일부러 누명을 씌워 처벌했다는 생각까지 들게 한다. 무언가 정치적으로 이용을 당한다는 느낌을 지울 수 없다.

이러한 양상은 『광해군일기』에 기록된 박엽에 대한 언급을 통해서 확인할 수 있다. 주지하듯 『광해군일기』는 인조반정에 의해 권력을 잡은—정반대의 입장인—西人 세력이 집필했다. 따라서 역사 기술에

19) 비슷한 시기 박엽이 교유했던 친우이자 당대 문제적 인물이었던 허균의 죄목은 이에 비하면 상당히 자세하기에 비교가 될 만하다. "허균은 (협박하여 공초를 받지 못하게 하고) 단지 기준격의 전후 소·중에 나타난 흉모의 곡절과, 김윤황을 사주하여 흉격을 화살에 매어 경운궁 가운데 던지게 한 것과, 남대문의 흉방에 대해서 하인준이 허균이 했다고 이른 것, 몰래 승도들을 모아 난을 일으키려고 모의한 것, 산에 올라가 밤에 소리쳐서 도성의 백성들을 협박하여 나가게 한 것, 琉球의 군대가 원수를 갚으러 와서 섬에 숨어 있다고 한 설 등이 모두 허균이 한 것이라고 전후의 흉모에 대해 윤황과 하인준이 일일이 승복한 죄인데, 허균은 아직 승복하지 않았으므로 결안할 수 없다면서 붓을 던지고 서명하지 않으니, 좌우의 사람들이 핍박하여 서명케 하였다."(『광해군일기』 10년(1618) 8월 24일)

있어 그들의 주관이 개입되었다고 의심할 수밖에 없다. 실제로 박엽과 관련한 기록을 보면 이러한 생각이 더 강해진다. 광해군 원년(1609)에 등장하는 기록부터 박엽은 사사로운 이익을 취한 존재이며 잔학하고 난폭한 자로 묘사된다. 박엽을 문제적 인물로 묘사하고 있는 것이다. 그런데 박엽을 비판하는 기록물의 전후 맥락을 보면 애초 이 기록은 박엽을 비판하기 위한 것이 아니었던 것으로 보인다. 원래는 박엽을 칭송하는 기록이거나 그저 객관적인 내용을 담은 기록인데, 거기에 부정적인 해석을 덧붙인 듯한 인상을 받는다.

사헌부가 아뢰기를,

(…중략…) 요즈음 爵賞이 너무 외람되니, 평산 부사 朴燁이 산성을 대강 완성시키고 군량을 마련하여 저축하기는 하였지만, 신하의 직분 상 당연히 해야 할 바입니다. 이것을 가지고 당상관으로 加資하는 것은 안 됩니다. 용강 현령 韓汝淑이 水賊을 포획하기는 하였으나 기록할 만큼 특별히 계책을 마련하거나 조치한 공로가 없으니, 역시 함부로 당상관으로 가자하는 것은 불가합니다. 모두 개정하도록 명하소서." 하니 답하기를,

"나의 이번 일은 김거병에게 사사로이 한 것이 아니고, 실로 옛사람이 駿馬의 뼈를 사들인 뜻을 본받은 것이니, 번거롭게 논의하지 말라. 그리고 朴燁이 성을 쌓고 군량을 저축한 것과 韓汝淑이 수적을 조처하여 잡은 것에 이르러서는 당연히 포상해야 할 바이며, 한 자급을 더해준 것은 외람된 일이 아니다. 윤허하지 않는다." 하였다.

사신은 논한다. 김거병은 앞서 경기 수사가 되었을 적에 별다른 실적이 없었을 뿐만 아니라 탐욕스럽고 모람되며 윗사람 잘 섬기는 것을 일로 삼았고, 朴燁이 성을 쌓고 군량을 저축한 것은 모두 백성을 속여 이익을 취해서 하였으며, 韓汝淑이 水賊을 포획한 것 또한 표류하다 窘迫하게 된 기회를 틈탄 것이니, 무슨 취할 만하다거나 포상할 만한 실상이 있겠는가.[20]

韓孝純을 行上護軍으로, 尹暉와 朴燁을 行副護軍으로, 〈崔有源을 副司直으로〉 삼았다.【孝純은 용렬하고 비루하며, 사나운 처에게 쥐여 사는 자이다. 尹暉는 탐욕을 부리고 남에게 아첨하는 자이고 朴燁은 잔학하고 난폭한 자이니, 윤휘는 鄙夫이고 박엽은 酷吏이다. 최유원은 사실과 다르게 곧은 것처럼 꾸미지만 행동이 바르지 않아, 밤중에 유희분의 문하에 출입함으로써 주상의 은혜를 입게 되었다. 그러나 어버이가 살았을 때에 봉양하고 돌아간 다음에 제사지내는 점에 있어서는 지극 정성을 다하였다.】[21]

인용문에는 성을 쌓고 군량을 저축한 박엽의 훈공을 인정하여 광해군이 품계를 올리려(加資) 하자 사헌부에서 반대를 하는 내용이 수록되어 있다. 결국 광해군의 뜻대로 박엽의 품계를 올려주게 되지만 史臣은 이를 상당히 부정적으로 평가하고 있다. 한편 아래 인용문에는 박엽이 行副護軍으로 임명을 받은 것을 비롯하여 몇몇 인물의 임명 사항이 기록되어 있는데, 그 뒤에 피임명자들에 대한 비판적 내용이 상세히 기술되어 있다. 이러한 사실들로 볼 때 인조반정의 주역인 서인 세력이 정권을 장악한 이후에 집필하기 시작한 『광해군일기』의 서술에는—광해군 집권 당시와는 다른—서인 세력의 주관적 판단이 강하게 자리 잡고 있음을 짐작해 볼 수 있는 것이다.

이러한 의심을 떨쳐버릴 수 없는 또 다른 이유는 그 이후의 기록에서도 확인된다. 『광해군일기』의 기록을 따르면 광해군 4년(1612) 이후 줄곧 司憲府·司諫院·三司 등에서는 광해군에게 박엽의 파직·삭직 혹은 治罪를 청한다. 그저 한두 차례의 요청으로 그치지 않고 광해군 8년(1616) 7월 23일부터 9월 10일까지 끊임없이 간언을 한다.

20) 『광해군일기』 1년(1609) 11월 22일.
21) 『광해군일기』 2년(1610) 12월 22일.

심지어 광해군이 그 일에 대해서는 다시 논하지 말라는 말을 여러 차례 하게 만든다. 그러다가 9월 10일이 되어 다른 관리의 파직 요청을 하느라 박엽의 삭직 요청은 그만두게(停啓) 된다.[22] 결국 박엽을 끌어내리겠다는 의지를 철회한 것은 아니라는 말이다. 그 뒤에도 1623년 박엽이 처형을 당하기 전까지 탄핵·파직 등의 요구는 계속된다. 기록만 놓고 보면 그가 정치적으로 어떻게 살아남을 수 있었는지 의아할 정도이다.

반면 같은 기간 박엽의 다른 기록에서는 그의 훌륭한 면모가 드러난다.

전교하였다.

"지난번에 황해 감사의 서장을 보니 평산 부사 朴燁이 성을 쌓고 식량을 저축한 공로가 컸다. 지난날 비변사의 계사에 박엽의 재능과 국량은 兵使로 적합하겠지만 平山에 바야흐로 산성의 역사가 있어 바꿀 수 없다고 말했었다. 그런데 지금은 평산의 산성 역사가 이미 완수되었고 앞으로 또 黃州에 성을 쌓는 거사가 있으니, 박엽을 황해 병사로 임명하여, 한편으로는 칭찬하여 장려하는 뜻을 보이고 한편으로는 황주의 일을 책임지고 완성하도록 하는 것이 어떠하겠는가? 이 뜻을 다시 비변사에 물으라."[23]

비변사가 아뢰기를,

"의주의 성을 완성한 공로는 박엽이 으뜸이고 이홍주도 그 공로가 박엽보다 못하지 않습니다. 상께서 재량하시는 것이 어떻겠습니까?" 하니, 모

22) 박엽의 삭직 요청만 보아도 7월 23·24일, 8월 1·2·3·4·5·6·10·11·12·15·16·17·18·19·20·23·24·25일, 9월 5·6·9일 등 7월 말에서 9월 초까지 끊임없이 제기된다.

23) 『광해군일기』 1년(1609) 11월 9일.

두 가자하라고 전교하였다.[24)]

비변사가 아뢰기를,

“평양성은 안에 산이 있고 밖은 강으로 둘러싸여 있습니다. (…중략…) 城子의 경우 더 높이 쌓을 수도 있고 더 내어 쌓을 수도 있으며, 성을 지키는 기구로 말한다면 朴燁의 재능으로서 그것을 마련하는 데 무슨 어려움이 있겠습니까. 성이 보존되면 같이 살 수 있고 성을 잃으면 같이 망한다는 뜻을 朴燁에게 엄한 말로 하유하소서. 이렇게 하는 것이 마땅하겠기에 감히 아룁니다.” 하니, 답하기를,

“아뢴 대로 하라. 병사를 일으킨 지 4년이 되었는데 무슨 일을 하고 있다가 이제야 비로소 이렇다 저렇다 하는가. 일을 담당한 신하들은 죄책을 면하기 어려울 것이다. 빨리 각별히 조처하여 천연의 요새를 헛되이 버리는 일이 없도록 하라.” 하였다.[25)]

이 외에도 몇몇 자료에서 확인이 되는 바와 같이[26)] 박엽은 성을

24) 『광해군일기』 10년(1618) 8월 14일.

25) 『광해군일기』 13년(1621) 12월 29일.

26) 「평안 감사 박엽에게 자모성 방비를 중지하고 평양성 방비에 힘쓸 것을 명하다」 왕이 평안 감사 박엽에게 하유하였다. “천하의 지세로 말하면 반드시 방어할 수 있는 곳이 있는데 남송의 樊襄 같은 곳이 그렇다. 평양은 지리적으로 우리나라에서 제일 유리한 곳이니 반드시 방어할 수 있는 곳이라는 것은 의심할 바 없다. 싸움이 벌어진 지 4년이 되었는데 조치를 취할 생각은 없고 성이 너무 넓다는 핑계로 한갓 慈母山城에만 매달리고 있으니 이것은 벌써 경중과 완급을 잃어버린 꼴이다. 자모산성은 대로에서 30여 리나 떨어져 있는데, 적이 어찌 탄탄한 대로를 두고 먼 길로 돌아 궁벽하게 자모성을 공격하겠는가. 자모성을 지키는 일은 빨리 중지하고 그곳에 나누어 보낸 군사와 무기들을 빨리 평양으로 옮기도록 하라. 成川鎮管에 소속된 군사도 또한 적지 않은데 이 군사를 이미 다른 곳에 동원하지나 않았는지 모르겠다. 南兵使 成佑吉을 이미 성천에 가 있도록 명하였으니 북로를 차단하는 일은 우길이 담당할 수 있을 것이다. 성천에 속한 군사는 평양으로 옮기고 3개 현의 군사도 또한 동원하여 소속시키도록 하라. 그리하여 감영에 배속된 모든 군사와 백성이 한 몸이 되어 성을 지키다가 얼음이 풀리기를 조금 기다려 성을 내다 쌓아 반드시 방어할 곳으로 만드는 일을 절대로 그만둘 수 없다. 경은 이것을 잘 알아 착실히 준행하여 만전을

쌓는 데에 수완이 좋았던 인물이다. 파직·삭직·治罪·탄핵 등의 단어가 난무하던 기간에 한편으로는 성을 쌓고 방비하는 데 탁월한 능력을 지녔다며 칭송을 받았던 자가 박엽이다. 따라서 국경을 포함하고 있으며 성벽 방비가 절실한 평안도에 박엽이 관찰사로 임명받은 것은 어쩌면 너무나 당연한 일이었던 것이다. 실제로 그는 성벽 구축 및 성 방비에 뛰어난 능력을 보이며 조선의 변방을 효과적으로 방어하였음은 물론, 오랑캐 사신을 참수하여 그 술책을 꺾어버리자고 청하기도 했고,[27] 광해군의 명에 따라 鎭江에서 미천보로 도망쳐온 모문룡을 다시 조선 皮島로 숨을 수 있도록 도와주기도 했다.[28]

위와 같은 기록들을 감안할 때, 앞서 박엽에게 부여되었던 죄목과 포악한 관리의 이미지는 사실이 아닐 가능성이 높다. 주지하듯 박엽은 광해군과 인척 관계의 가까운 인물이면서 동시에 武將이었기 때문에, 인조반정으로 권력을 장악한 서인 세력들에게는 부담스러운 존재였을 가능성이 높다. 그래서 박엽의 문제점들을 실상보다 과장하고 이를 빌미로 박엽을 처단했을 것이라 추정해 볼 수 있을 것이다.

한편 평안도 관찰사를 인조반정 직후 처단한 사실도 같은 맥락에서 생각해 볼 수 있다. 명나라 황제로부터 誥命과 冕服을 奏請받아 대외적으로 왕위를 인정받기 위한 인조 정권의 정치적 제스처일 수 있다는 것이다. 명과 후금 사이에서 소위 중립외교를 펼쳤던 광해군에 비교해 볼 때 인조 자신은 정치·외교적 입장에서 근본적으로 차이가 난다는 점을 보다 명확하게 보여줌으로써, 명나라와의 의리를 재확인함은 물론 황제를 안심시키고 하루빨리 조선 국왕으로 공인을

기하도록 힘쓰라."(『광해군일기』 14년(1622) 1월 5일)

27) 『광해군일기』 14년(1622) 2월 30일.

28) 『광해군일기』 14년(1622) 1월 4일. 이 문장 속 박엽 관련 기록은 양승민, 앞의 논문, 105~106쪽 참조.

받고 싶은 의지를 나타낸 것으로 해석할 수 있다.

그 진실이 무엇이든 박엽은 왕실의 기록 속에서 줄곧 역적의 이름으로 기억되었다. 심지어 그의 죽음이 억울하다며 일부 옹호하는 발언을 했던 조태억(趙泰億, 1675~1728)은 조정으로부터 의심을 받고 결국은 자신의 발언을 철회하며 관직에서 물러나기를 청하기도 했다.[29] 그러던 박엽은 死後 200년이 훌쩍 지나 高宗代에 와서 다시금 관직을 회복하게 된다.[30] 이는 그에 대한 평가가 역적의 이미지로 끝나지 않고 새로운 국면을 맞게 되었다는 것을 의미한다. 실제로 비슷한 시기 박엽을 소재로 한 서사문학 작품들은 그를 긍정적인 시선에서 바라보고 있다. 그에 대한 긍정적인 기억들에 대해 절을 달리하여 살펴보도록 하겠다.

4. 18세기, 긍정적 기억의 조짐들

앞 절 후반부에서 짧게 언급한 바와 같이 박엽은 고종 원년(1864)에 이르러 관직을 회복하게 된다. 그리고 비슷한 시기의 문헌들 속에서 그 이전과는 전연 다른 평가가 확인된다. 이러한 변화의 조짐은 다소 시기를 거슬러 올라가서 18세기 후반 이덕무(李德懋, 1741~1793)의 「耳目口心書」에서 확인되며, 이중환(李重煥, 1690~1756)의 『擇里志』를 통해 보다 구체적인 면모가 드러난다.

---

29) 『조선왕조실록』 숙종 33년(1707) 7월 6일조; 『승정원일기』 숙종 33년(1707) 7월 7일조; 『승정원일기』 숙종 33년(1707) 7월 12일조.

30) 「박엽 등은 모두 죄명을 삭제하고 관직을 회복하라는 전교」 전교하였다. "죄인 朴燁·柳孝立·吳挺昌·趙載翰·李德師·崔載興·柳成模·朴相老·韓後翼·洪量海·李東馨·愼宜學은 모두 죄명을 삭제하고 관직을 회복하라."(『승정원일기』 고종 1년(1864) 7월 11일)

朴曄(朴燁의 誤記인 듯: 필자)의 자는 叔夜니, 사람됨이 호걸스러웠다. 어릴 때 공치기를 좋아했으며 재간이 있어 귀신같이 일을 헤아렸다. 일찍이 神人을 만났는데 박엽에게 고하기를, "천 사람을 살리면 잘 죽을 수 있다." 한 것을 천 사람을 죽이라는 말로 잘못 듣고 殺戮을 자행했다. 광해군을 섬겨 10년 동안 평안 감사가 되기를 허락받아 8년을 지냈다. 계해년에 인조가 靖難한 뒤 사신을 보내어 죽였다. 박엽이 죽인 사람이 무려 9백 9십 9명이었는데, 마지막 사람에게 刑을 가할 적에 큰 아이 하나가 대동강 가로 지나가고 있었는데 박엽이 머리를 돌려 꾸짖어서 물로 들어가라 하니 아이가 피하지 못하고 물에 뛰어들어 죽었으므로 천명을 채웠다.

威令이 西道에 행하여져서 建州의 오랑캐가 창궐했으면서도 감히 우리나라에 침범하지 못한 것은 박엽의 힘이었다. 일찍이 刺客을 보내 건주 오랑캐 추장의 모자에 있는 구슬을 훔쳐와 番市(오랑캐 시장)에다 팔았는데 오랑캐가 이로부터 두려워하여 복종했다. 죽음에 임하여서 탄식하기를, "왜 나를 10여 년만 살려 두지 않는가." 했으니, 정축년의 환란(1637, 병자호란을 의미)을 미리 알았던 것 같다.[31]

이덕무의『青莊館全書』중「이목구심서」에 수록된 박엽의 이야기이다. 이 기록에서도 박엽의 포악한 면모는 등장한다. '천 사람의 목숨을 살리면 잘 죽을 수 있다'는 神人의 말을 '천 사람을 죽여야 잘 죽을 수 있다'로 잘못 알아듣고 결국은 참형을 당하기 전까지 실제로 천 명을 죽였다는 일화가 소개된다. 물론 이는 박엽을 부정적으로

---

31) "朴曄字叔夜, 爲人豪擧. 少時善蹴踘, 有幹能, 料事如神. 嘗遇神人, 告曰, "活千人可善終." 誤以爲殺千人, 恣行殺戮. 事光海君, 許爲平安監司十年, 凡八年癸亥. 仁祖靖難, 遣使誅之. 曄殺人凡九百九十, 方臨刑, 大同江邊, 有大童過之, 曄回首叱之使入水, 童不敢避, 蹈波而死, 乃滿千矣. 威令行於西道, 建虜猖狂, 不敢加兵於我者, 曄之力也. 嘗遣刺客, 偸建酋帽珠, 賣於番市, 虜由是慴服. 臨死嘆曰, "何不活我十餘年." 盖逆覩丁丑之難也."(『청장관전서』제53권,「이목구심서」6)

평가하는 내용이다. 그러나 그 뒤의 내용과 관련을 지어 생각해 보면 이러한 박엽의 부정적 행위를 꼭 비난하기 위한 의도는 아닌 것으로 파악된다.

이어지는 내용에서는 박엽이 강성한 오랑캐에 맞서 조선을 지킨 훌륭한 장수로 묘사되고 있다. 박엽은 자객을 보내 오랑캐 추장의 모자에 있는 구슬을 훔쳐 시장에 내다팔아 후금 세력으로 하여금 두려워 복종하게 만들었다고 기록되어 있다. 또 박엽이 죽기 직전 자신을 좀 더 살려두어야 한다는 언급을 한 것에 대해 이덕무는 아마도 박엽이 병자호란이라는 참화를 예상했고 이를 방비할 사람은 본인이라고 생각했기 때문이라고 설명했다. 이는 분명 박엽의 직접 발화라기보다는 10여 년 뒤 오랑캐로부터 치욕을 당한 후대인들의 바람이 강하게 투영되어 이야기를 만드는 과정에서 추가된 발화일 것이다. 즉 그가 살아있었다면 청나라로부터 입은 크나큰 피해를 면할 수도 있었으리라는 기대감이 서술 이면에 자리 잡고 있는 것이다.

결국 이덕무의 박엽에 대한 언급은 그를 비판하기 위한 것이라기보다는 그의 잘못에 대해 해명하고 그의 업적을 부각시키기 위한 것으로 봐야 한다. 이러한 맥락에서 수많은 사람을 죽이게 된 이유가 神人의 말을 잘못 알아들었기 때문이라는 말의 의미는—그의 죄를 전면 부정하는 것은 아니더라도—그가 본질적으로 악행을 저지르는 나쁜 인물은 아니며, 다만 神人의 말을 오해한 데서 큰 화가 미치게 된 것이라고 변명하는 것으로 해석될 수 있다.

더욱이 '천 명의 사람을 살릴 수 있는 존재였을 것'이라는 아쉬움은 후반부에서 '박엽 사후 오랑캐가 창궐하여 조선이 치욕을 당했던 기억'과 맞물려 박엽에 대한 더욱 진한 아쉬움으로 극대화된다. 위 인용문은 결국 豪傑 박엽이 神人의 말을 잘못 알아들어 나쁜 짓을 저지르기는 했으나 오랑캐의 남하를 저지하는 큰 공로를 세운 인물로서, 만약 그가 몇 년 만 더 살아있었다면 병자호란이라는 아픈 기억을 만들지 않을 수 있었다는 의미로 받아들여야 한다. 박엽의 부정적 기억에 대해 변명하고, 박엽에 대해 긍정적 기억이 형성되어가고 있음이 확인된다.

이러한 긍정적 기억의 조짐은 해당 지역을 직접 조사하여 기록한 이중환의 『택리지』를 통해 보다 구체적으로 드러난다.

평양 동쪽은 成川府이다. 松讓王國이었는데 주몽에게 합병된 지역으로 고을 관아는 강가에 있다. 光海君이 壬辰倭亂 때 종묘와 사직의 신주를 받들고 성천부에 와 피란하였다. 광해군은 즉위하자 부사 朴燁에게 客館 옆 降仙樓를 크게 수리하게 하였다. 樓閣이 300여 칸이나 되고 지음새가 굉장하여 팔도 누각 중에 으뜸이다. 강선루 앞에 紇骨山 12봉이 있으나 돌빛이 아담스럽지 못하고, 강이 얕고 빠르며 들판 또한 비좁아 평양보다 훨씬 못하다.

광해군은 박엽의 재능을 높이 사 평양 감사로 발탁하였다. 그때 만주에서는 난을 꾸며 서쪽 방면에 일이 많았으나, 박엽의 재주와 슬기를 신임하여 무릇 10년 동안이나 벼슬을 갈지 않았다. 박엽은 재물을 많이 써서 첩자를 잘 이용하였다. 한 번은 지방을 순시하다가 龜城에 도착하였는데, 마침 淸兵이 성을 포위하였다. 그런데 그날 밤에 胡人 하나가 성을 넘어 박엽의 침소에 들어와 그의 귀에다 무엇을 말하고 갔다. 다음날 아침 박엽이 사람을 시켜, 술을 가지고 가서 청병을 먹이도록 하였다. 또 쇠고기로 긴 꼬치적을 만들어 청국 군졸들에게 나누어주게 하였는데, 남지도 모자라지도 않고 군졸의 수와 같았다. 청나라 장수가 크게 놀라고 괴이하게 여겨 박엽을 신이라 하며, 곧 강화한 다음 포위를 풀고 가버렸다.

계해癸亥년에 박엽의 裨將 한 사람이 틈을 타 귀띔하기를,

"지금 조정은 패할 것입니다. 공은 지금 임금이 총애하는 신하이니 반

드시 화를 당하게 됩니다. 그러니 청국과 내밀히 결탁하였다가, 만약에 조정에 일이 벌어지거든 이 지역을 청국에 바치고 일부는 떼어서 공이 차지한다면 자립하기에 넉넉할 것입니다만 그렇지 않으면 화를 면하기 어렵습니다." 하였다.

이에 박엽은 "나는 문관이다. 어찌 나라를 배반하는 신하가 되겠는가." 하고 듣지 않았다. 그 사람은 곧 박엽을 버리고 도망쳤고 얼마 후 인조반정으로 박엽은 任所에서 죽임을 당했다.[32]

이중환의 기록에서 박엽은 누각을 아름답게 수리한 관리, 외교적으로 불안한 시기에 평안도 지역 국경 방비를 훌륭히 수행한 탁월한 관찰사, 나라를 배반하지 않은 심지 곧은 신하로 묘사된다. 이 기록에서는 박엽에 대한 어떠한 부정적 평가도 찾아볼 수 없다. 더욱이 이 기록이 당시 이중환이 실제로 평안도 지역에 가서 그곳의 지리와 인문을 수집하여 서술되었다는 점에 주목할 필요가 있다. 비록 100여 년 이상 흐른 시점이긴 하지만, 박엽을 참형으로 내몬 학정의 기억이 정작 해당 지역을 답사한 기록에 등장하지 않는다는 것은 그의 죄목이 어쩌면 허위로 만들어진 것일 수 있다는 강한 추측을 낳게 하는 것이다. 이후 19세기에 접어들면 그에 대한 그리움은 더욱 강화된다. 그리고 보다 적극적으로 박엽에 대해 긍정적인 기억들을 남기

32) 이중환, 이익성 역, 『택리지』, 을유문화사, 2006, 38~39쪽. "平壤東爲成川府, 卽松讓王國, 爲朱蒙所倂邑, 治在江上, 而光海壬辰時奉顧社主, 避亂於府中. 及卽位, 使府使朴燁大修降仙樓於客館傍, 樓爲三百餘間, 結構宏壯, 爲八道樓觀之首. 前有紇骨山十二峯, 然石色不雅, 江旣淺駛, 野又狹隈, 視平壤逈不及矣. 然光海以燁爲能擢爲平安監司. 時値滿洲作梗, 西路多事, 燁有才諝, 光海倚以爲重, 凡十年不遷. 燁多用貨善用間, 巡到龜城, 適淸兵圍城, 夜半有一胡人踰城入燁寢所, 附耳語而去. 明朝燁令人持酒往犒, 又以牛肉作長串炙領於軍卒, 不贏不縮, 恰當軍數, 胡將大驚怪以爲神也, 卽講和解去. 癸亥, 間燁裨將一人請間說, "以朝廷將敗. 公主上寵臣, 必與其禍, 不如暗與淸結, 若朝廷有事, 則納地劃據, 足以自存. 不然則難乎免矣." 燁曰, "吾文官也. 豈可作叛臣." 不聽其人, 卽棄燁而逃, 未幾仁祖反正卽發, 使斬燁於任所."

게 된다.

5. 19세기, 긍정적 기억으로의 재구성

19세기에 들어서면 고종에 의해 관직에 복귀하게 되는 1864년을 즈음하여 이원명(李源命, 1807~1887)의 『東野彙輯』(1869)과 홍직필(洪直弼, 1776~1852)의 『梅山集』(1866) 등을 통해 박엽에 대한 호의적인 평가들을 확인할 수 있다.[33] 이 시기 박엽에 대한 호의적인 평가는 비단 그의 평안도 관찰사 재임 기간에만 머무르지 않고 삶 전반으로 확대된다. 몇 개의 항으로 나누어 살펴보자.

1) 일상 속 비범한 면모

숙야는 장수로서의 지략이 있어 천문과 지리, 병학과 술수에 모두 능통하였다. 젊을 적에는 또래 청년들과 잘 어울려 놀았다. 하루는 청년들이 어떤 집에 모여 있는데, 뜰 안에 갑자기 바깥에서 더운 물이 지붕을 넘어 날아 들어와 의관에 쏟아졌다. 청년들이 놀라고 괴이하게 여겨, "필시 박숙야가 온 게로다." 하고 나가 본 즉, 박엽이 행랑채 바깥 길에 서서 지붕 위로 오줌을 갈기고 있었다.

엽의 외가가 충청도 목천 고을에 있어 서울과는 이백 리 남짓 떨어져 있었다. 소매 속에다 밥 한 그릇을 넣고 느지막이 소매를 저으며 길을 떠나면, 날이 채 저물기도 전에 당도하였다. 그 길 가는 모습이 빠르지도 않고 느리지도 않아 다른 행인들과 다른 점이 없었으나 다만 바람결에 옷자락 스치는 소리가 날 따름이었다.[34]

---

33) 두 자료의 글은 강효석(姜斅錫, 생몰년미상)의 『大東奇聞』(漢陽書院, 1926)에 한데 묶여 있다. 이 글은 이를 참조로 하였다.

『東野彙輯』 속 그를 소개하는 글의 초반부에는 그의 일상에서 드러나는 비범한 면모가 보인다. 박엽이 어릴 적부터 천문·지리·병학·술수 등 여러 면에서 탁월한 능력을 갖고 있었으며 매우 많은 양의 소변을 보았다는 일화가 등장하고, 이어서 충청도 외가까지 단숨에 다녀오는 빠른 이동 능력을 갖고 있다고 말한다. 소변과 관련한 설화는—조선 명종 때의 의적 安壽와 관련하여 충청남도 천안에 전해져 내려오는 이야기처럼—장수의 비범한 능력을 강조하기 위해 첨가되곤 하는데 이 이야기가 박엽의 일화에도 들어가 있다.[35] 한편 빠른 이동 능력은 주지하듯 도가의 술법에서 비롯된 축지법을 연상시킨다. 임진왜란 때의 서산대사와 사명당이라든가, 홍의장군 곽재우, 의병장 김덕령 등도 축지법과 관련한 일화로 유명한 인물이다. 즉 유명한 장수의 기본 덕목과 같은 축지법의 능력이 박엽의 일상 속 비범한 면모로도 추가된 것이다. 『梅山集』에도 그의 뛰어난 면모가 자세히 서술되어 있다.[36] 더욱이 『梅山集』에서는 그의 효행까지 강조한

34) "叔夜有將略하야 悉通天文地理와 兵學術數하니라 少時에 從諸少年遊할새 一日에 少年이 咸聚某家러니 庭中에 忽見熱水自外飛流過屋하야 瀉于衣冠하니 衆少年이 驚怪之曰 必朴叔夜來로다 出門觀之하니 燁이 立廊外路上하야 放溺過屋矣라 燁의 外家在木川하야 距京二百餘里라 袖飯一器하고 晩에 揮袂而去하야 日未昏而至하니 其行이 不疾不徐하야 無異於諸路人하고 只聞衣裾隨風有聲而已러라." 『東野彙輯』(강효석 편, 이민수 역, 『大東奇聞』 中, 명문당, 2000, 222~223쪽)

35) 안수는 조선 명종 때의 의적으로 그의 비범한 능력과 관련한 증거물들이 충청남도 천안시 동남구에 전해져 내려오는데 그 중 안수가 오줌을 누었던 바위가 크게 패여서 이를 '장수오줌눈자국'이라고 명명하였다 한다. 『한국지명총람』 충남 편 참조.

36) "박엽이 나서부터 총명하고 재주가 빼어났으며 하는 말마다 사람들을 놀라게 만들었다. 조부 박응천(朴應川, 생년미상~1581)이 한번은 등불을 들이라 하고는 엽에게 시를 지어보라 한 적이 있었는데, 즉시 대답해 말하기를 '등불이 방안에 드니 밤이 바깥으로 나가네'라고 하였다. 또 한 번은 이웃 아이들을 따라 최유원(崔有源, 1561~1614) 공의 집에서 놀았는데, 마침 그가 외출하였기에 벽 위에다가 크게 쓰기를, '주인은 산 위의 산이요 손님은 입안의 입이로다'라고 하였다. 최공이 돌아와 누구 짓이냐고 묻자 아이들은 모두 겁이 나서 감히 대답을 못하고 있는데 엽이 자신이 했노라고 하였다. 崔公이 시를 보고 마음속으로 許與하고, 물음에 사실대로 대답하는 것을 보고는 더욱 기특하게 여겼다. 점차 커가면서 호걸스럽고 분방하여 틀에 구속되지 않고 남들을 업신여기니 여러 젊은이들이 두려워

다.[37] 요컨대 19세기에 전승된 이야기들을 통해 그는 어릴 때부터 충효의 면모를 지닌 훌륭한 인물로 그려지게 된다. 그에 대한 긍정적 기억들이 그의 어린 시절의 모습부터 재구성하기 시작한 것이다.

2) 후금 세력을 압도하는 장수의 면모

물론 그의 삶에서 가장 중시되는 것은 후금 세력을 잘 방어했다는 점이다. 앞서 확인했듯 후대인들은 그가 남하하는 후금 세력을 효과적으로 막아낸 인물로 기억했기 때문이다. 박엽은 심지어 후금 세력을 압도하고 지도하는 존재로 묘사된다.

> 郡邑을 다스림에 미쳐서는 위엄과 명령이 몹시 높아서 관청 일이 그 자리에서 결정되고, 광해군의 동서로서 關西伯이 된지 10년에 위엄이 온 도에 떨쳤고, 북쪽 오랑캐도 또한 그를 두려워하여 감히 국경을 넘어오지 못하였다.[38]

明나라 將士들이 장기간 국경에 머물면서 박엽이 중국말에 익숙하고

하고 기세에 눌리어 감히 대들지를 못하였다(燁이 生而聰穎이 絶倫하야 出語에 輒驚人이러라 祖應川이 嘗夜呼燈하고 命燁賦詩하니 應口而對曰 燈入房中夜出外라 하고 又從隣兒하야 遊崔公有源家할새 値其出하야 大書壁上曰主人山上山이오 客子口中口라 하니 崔公이 歸問한대 群童이 皆畏不敢對어늘 燁曰 吾所爲也로라 崔公이 見詩而心許하고 及問에 以實對하니 益奇之러라 稍長에 豪橫不羈狎侮하니 諸少年이 慴(+)伏無敢抗焉이라)." 『梅山集』(강효석 편, 이민수 역, 앞의 책, 219쪽)

37) "어머니의 병이 위독하자 엽이 손가락을 잘라 피를 내어 올려 소생시킨 일도 있었다. 임진란이 일어나자 사람들이 모두 길짐승이나 날심승처럼 숨어버렸는데, 엽도 조모를 업고 피란길에 올랐다가 여러 번 위급한 상황을 겪고 가까스로 살아남을 수 있었다(母病革에 燁이 進指血而甦하다 壬辰亂作에 人皆鳥獸竄하니 燁이 負祖母하고 避兵備經危亂得免하다)." 『梅山集』(강효석 편, 이민수 역, 위의 책, 219쪽)

38) "及治郡邑에 威令甚峻하야 官事立辦하고 以光海之同壻로 爲關西伯十年에 威振一路하고 北虜亦畏之하야 不敢越境이러라" 『東野彙輯』(강효석 편, 이민수 역, 앞의 책, 223쪽)

글을 잘 짓는 것을 보고는 늘 시를 주고받으며 혀를 차며 칭찬하였다. 정유(1597)년 문과에 올라 1618년 평안도 관찰사가 되어 명령하면 시행하고 막으면 그침으로 기강이 바로 잡히니 遠近이 모두 그 위엄에 복종하였다. 명나라 사람들이 그가 지방을 잘 다스린다는 말을 듣고는 우리나라 사람들을 만날 때마다, "박엽으로 하여금 이곳에 오래 있게만 하면 조선에는 서쪽의 오랑캐를 돌아다볼 걱정이 없으리라."고 했다 한다.[39]

『동야휘집』과 『매산집』에서 공히 평안도 관찰사의 직무를 훌륭히 수행한 박엽을 칭송하고 있다. 칭송하는 이들은 비단 조선 사람들에 머무르지 않고 명나라 사람들까지 포함된다. 그가 국경 방비를 잘하여 오랑캐 걱정을 덜었다는 내용이다. 이에 더하여 그가 후금 세력을 방어하면서 신이한 능력을 발휘한 이야기들이 등장한다.

임술(1622)년에 建州의 여진족이 동쪽 땅을 빼앗고자 하여 압록강 북쪽에 군사를 주둔시키니, 박엽도 군사를 거느리고 전진한대, 오랑캐들이 박엽임을 소문 들어 알고 이내 말하기를,

"우리가 사냥하려고 이르렀을 뿐이다." 하고는 드디어 군대를 이끌고 가버렸다.

그는 적을 염탐하는 일에 귀신같아서 오랑캐의 동정과 허실을 낱낱이 모르는 것이 없이 늘 직접 눈으로 보는 듯하였고, 때로는 오랑캐 두목의 붉은 투구를 훔쳐 와 금으로 장식하여 되돌려주는 일도 있었으니 적들이 귀신이라 여길 정도였으며, 엽이 살아있는 동안은 내내 다시는 그 욕심을

39) "明朝將士久駐國境에 見燁이 嫺華語하고 且善屬文하야 每有酬唱에 嘖嘖稱賞이러라 丁酉에 登文科하고 爲平安道觀察使하야 令行禁止하니 遠近이 服其威러라 明朝人이 聞其治行하고 每見我人이면 輒曰 使朴燁으로 久於此면 國無西顧之憂云이라 하더라.)" 『梅山集』(강효석 편, 이민수 역, 위의 책, 220쪽)

드러내지 못하였더라.[40]

홍직필은 오랑캐들이 박엽을 보는 즉시 겁을 먹고 도망을 갔다는 일화를 소개하면서, 그가 적의 동정을 매우 구체적으로 파악하고 있었고 심지어는 적장의 투구를 훔쳐와 금장식을 한 후 되돌려 주는 일화가 있을 정도로 뛰어나고 신이한 능력을 보였다고 말한다.

후금 세력을 상대하는 조선 장수로서의 뛰어난 능력은 이원명의 기록에서 보다 흥미롭게 서술된다.

일찍이 裨將를 불러 술과 안주를 주면서 말하기를 "너는 이것을 가지고 中和 駒峴으로 가서 기다리고 있으면 반드시 두 사람의 건장한 사나이가 채찍질하며 말을 타고 지나갈 것이니 내 말로 전하기를 '너희들이 우리나라에 왕래하는 것을 아무도 모르는 줄 알지만 나는 이미 알고 있다. 행역이 참으로 괴롭겠기로 술과 안주를 보내는 것이니 취하게 마시고 속히 돌아가도록 하라.'고 하라." 하니, 幕客이 즉시 가서 기다리자 과연 두 사람이 지나므로 박엽의 말로 전하니 두 사람이 서로 돌아보면서 실색하여 말하기를, "장군은 신인이로다. 우리들이 어찌 감히 다시 오리오." 하고는 술을 마시고 사라지니 이들은 곧 용골대와 마부대로 몰래 우리나라에 잠입하여 허실을 정탐함이었는데 박엽만이 그 사실을 알았던 것이다.[41]

---

40) "壬戌에 建虜謀東搶하야 屯兵於江北하니 燁이 亦擁兵而前한대 虜聞知爲燁하고 乃曰 吾爲遊獵而至耳라 하고 遂引去하다 神於譏詗하야 虜之動靜虛實을 無不通曉하야 常若目擊하고 或潛取虜酋紅兜하야 飾金而還之하니 虜以爲神하야 終燁之世世토록 不復逞其志러라."『梅山集』(강효석 편, 이민수 역, 위의 책, 220~221쪽).

41) "嘗呼幕裨하야 給以酒肴曰 汝持此하고 往中和駒峴留待則必有二健夫執策而過者리니 以吾言으로 傳諭曰 汝輩之來往我國을 謂人莫之知而吾則已知之라 行役良苦하리니 爲送酒肴하야 可一醉而速歸也하라 幕客이 卽往而待之하니 果有二人之過者어늘 以燁言으로 傳之하니 二人이 相顧失色曰 將軍은 神人也라 吾輩何敢更來리오 因飮酒而去하니 此는 卽龍骨大馬夫大潛來我國하야 爲探虛實而燁獨知之러라."『東野彙輯』(강효석 편, 이민수 역, 위의 책, 223쪽).

조선 군병을 염탐하러 온 적장에게 박엽은 裨將을 통해 본인이 이미 적장들의 움직임을 알고 있으며 정탐을 하러 오느라 수고가 많았다고 위로까지 해 준다. 이에 적장들은 박엽의 신이한 능력에 놀라 아연실색하며 사라진다. 여기서 중요한 것은 그 적장이 바로 '용골대'와 '마부대'라는 사실이다. 주지하듯 용골대와 마부대는 병자호란 당시 조선을 침입하여 조선 왕실에 굴욕을 안긴 장수이다. 앞서 병자호란이 일어났을 때 박엽이 존재하지 않음을 탄식한 이들의 원망과 바람이 19세기 이원명의 기록에 반영되어 있는 것이다.

다음과 같은 일화도 당시 사람들의 원망과 바람을 반영하여 그에게 신이한 능력을 부여한 사례라 하겠다.

> 또 한 번은 총애하는 기생에게 이르기를, "오늘 밤에 네가 나를 따라가서 좋은 구경거리 하나를 보겠느냐." 하니 기생이 쾌히 응낙하였다. 밤이 되자 엽이 검푸른 노새에 타더니 앞에다 기생을 태우고 주단으로 자기 몸에다 기생의 허리를 묶었다. 눈을 뜨지 말라고 주의를 주고는 채찍을 휘둘러 쏜살같이 달리니 두 귀에 바람소리만 들릴 뿐이었다. 한 곳에 이르러 눈을 떠서 보라 하는데, 서리가 덮인 광막한 큰 들판에 달빛이 희미하게 비치고 있었고, 군영 막사는 하늘에까지 잇닿아 있었고 등불이 휘황하게 빛났다. 이에 기생에게 장막 속에 숨어 있으라 하고 박엽이 의자에 혼자 꼿꼿이 앉아 있으려니, 잠시 후 징 소리가 나면서 몇 리에 걸쳐 철기가 성난 파도처럼 길게 줄을 지어 몰려 왔다. 대열을 벌이어 진형을 갖추고는 두 패로 갈리어 용력을 과시함이러니 가운데 있는 한 장수는 팔 척이나 되는 키에 머리엔 푸른 깃을 꽂은 붉은 투구를 쓰고 몸엔 용무늬 갑옷과 검은 상의를 입고 있었으며 손에는 별 무늬가 새겨진 보검을 잡고 있었다. 그 자가 장막을 헤치고 들어오더니 웃으면서 말하기를, "네가 과연 왔구나. 오늘밤에 먼저 검술을 시험하여 자웅을 가리는 게 좋겠다."

하자 박엽이, "좋다."고 응수했다.

이에 칼을 집고 의자에서 내려 와 들판 위에 마주 보고 서서는 둘 다 공격하는 자세를 취했다. 얼마 뒤 두 사람은 한 줄기 흰 무지개로 변하여 구름 덮인 하늘로 솟구쳐 들어갔는데, 단지 공중에서 서로 칼 부딪는 소리만이 들려 왔으며 가끔 붉은 번갯불이 번쩍이더니, 마침내 그 장수가 땅에 떨어져 고꾸라지자 엽이 이내 공중에서 날아 내려와 오랑캐 장수의 가슴통에 걸터앉더니, "어떤가." 하고 소리쳤다. 그러자 그는, "장군의 신이한 용력을 만 명이라도 당해내지 못할 것을 오늘 더욱 잘 알게 되었소이다. 어찌 다시 장군과 우열을 다투겠소." 라고 대답했다. 박엽이 웃으며 일어나 같이 장막 안에 들어가 서로 술잔을 들어 권하고선 각자 몇 잔을 취하도록 마시고 나더니, 그 장수는 작별을 고하고 떠났다. 그러나 一里를 못 가서 갑자기 대포 소리가 한 방 울리자 포연과 화염이 하늘에까지 뻗치더니 저들 한 부대의 떼 지어 있던 병사와 말들이 운무 속으로 말리어 들어가고 땅 위에 있던 자들도 역시 모조리 풍비박산이 되어버렸다. 아까의 장수가 다시 혼자 말을 달려오더니 돌아가는 길을 열어 주십사고 애결하자, 박엽은 웃으며 돌아갈 수 있게 허락해 주었다. 그리고는 기생을 불러 같이 노새를 타고 올 때처럼 돌아왔는데, 그 때까지도 하늘은 아직 밝지 않음이더라. 무릇 박엽이 싸운 그 장수는 곧 오랑캐 장수인 누루하치였으며, 그 곳은 곧 그들이 무술을 연마하던 장소였다.42)

42) "又謂孌妓曰 今夜에 汝隨我而一壯觀乎아 妓曰 敬諾하나이다 至夜에 燁이 騎靑騾'하고 置妓于前하야 以紬緞으로 束其腰繫于身上하고 戒使闔眼하고 因加策疾馳하니 但兩耳에 有風聲이라 到一處하야 使妓開眼視之하니 大野曠漠하고 霜月이 朦朧하고 帷幕이 連天하고 燈燭이 煒煌이라 乃使妓로 隱伏於帳中하고 燁이 兀然坐榻上이러니 少焉에 有鳴鑼+聲하고 鐵騎彌亘數里하야 勢如怒潮長驅而至하야 擺列陣形하고 投距賈勇이라가 中有一將이 身長이 八尺이오 頭戴翠羽紅兜하고 身穿繡蟒黲襖하고 手執星文寶劍하고 披帷而入笑曰 汝果來乎아 今夕에 先試劒術하야 以決雌雄이 可矣니라 曰 諾다 因杖劒下床하야 對立於平原之上하야 共爲擊刺之狀이러니 未幾에 兩人이 化爲白虹一道하야 聳入雲宵하야 但聞空中에 錚錚相搏聲하고 時有紫電이 閃閃而將墜仆'於地어늘 燁이 乃自空飛下하야 據坐胡將之胸腹曰 如何오 答曰 今日에 益知將軍之神勇이 萬夫莫當이니 何可復與爭衡이리오 燁이

박엽은 어느 날 늦은 밤에 갑자기 총애하는 기생을 데리고 이름 모를 들판에 가서 본인과 버금가는 장수와 대결을 펼친다. 그 대결에서 결국 박엽이 손쉽게 승리를 하자 장수는 승복을 하고 돌아가게 되고, 돌아가는 길에 닥친 고난 또한 박엽이 손쉽게 해결해 준다. 그런데 흥미로운 것은 패하여 돌아가는 장수가 바로 누르하치로 설정되어 있다는 점이다. 적어도 이 일화 속에서 박엽은 중원을 장악한 누르하치를 손바닥 위에 두고 마음대로 요리한다.

앞서 살펴보았듯 박엽은 용골대와 마부대가 염탐하러 오자마자 그 사실을 알아챈 뒤 오히려 술과 안주로 회유하여 돌려보낸다. 이를 기록한 이원명이나 이 이야기를 향유하는 사람들에게 박엽은 용골대나 마부대와 같은 일개 장수를 상대할 존재가 아니었던 것이다. 그들에게 박엽은 후금의 우두머리였던 누르하치와 비견될 수준의 인물이다. 둘의 대결이 금세 끝나버린 것으로 보아 심지어 누르하치조차도 박엽에게는 우열을 오래 다툴만한 인물이 아니라고 여긴 듯하다.

현실적으로 박엽의 장수로서의 면모를 평가할 때에는 후금 세력 남하를 효과적으로 막았다는 점 정도만이 고려의 대상이 된다. 그러나 시간이 흐른 뒤에는 그가 남하를 계획한 후금 세력을 압도하며 마치 만주 일대를 호령한 인물처럼 그려지고 있다. 어느새 신이한 능력의 장수가 되어 있는 것이다. 이렇듯 19세기에 들어 박엽의 장수로서의 면모는 단순히 후금을 방어하는 수세적인 입장을 넘어서 오히려 후금 세력을 호령하고 압도하는 입장으로 탈바꿈한다. 당대인들의 상상 속 장수의 이미지가—살아있었다면 당대인들 스스로에게

笑而起하야 同入帳中하야 酌酒相勸하니 各痛飮幾盃訖에 彼將이 告別起去어늘 未及一里許하야 一聲砲響에 烟焰이 漲天이러니 彼兵一隊連人帶馬捲入雲霧中하고 其在地上者亦皆風飛雹散하니 彼將이 復以單騎馳到하야 乞開歸路어늘 燁이 笑而許之歸하고 乃呼妓共騎驟하고 如來時而還歸하니 天猶未曙矣러라 盖彼將은 卽胡將奴花哈赤而此處는 卽其演武之場也러라."『東野彙輯』(강효석 편, 이민수 역, 위의 책, 223~225쪽).

당대인들의 이상을 가장 잘 반영했으리라 생각되는—박엽에게 투영된 것이다. 그가 처형되던 당시 그의 죄목에 후금 세력과의 결탁이 거론되었다는 점을 감안하면 이러한 기억과 이미지의 변화는 200여 년 이상의 간극이 만들어 낸 아이러니라 할 수 있다.

3) 절의를 지키는 충신의 면모

박엽이 처형되던 당시의 기록에는 박엽이 인조반정에 대하여 어떻게 반응하고, 또 자신의 처형 소식에 대해서 어떻게 받아들였는지 나와 있지 않다. 그는 학정을 저지른 관리였고, 인조가 집권을 하게 되자 그에게 죄목을 씌워 처형했다는 기록이 전부이다. 오히려 그가 처형된 뒤에 고을 백성들과 그에게 원한을 품은 자들이 몰려들어 그의 시신을 훼손했다는 내용이 강조되어 나타난다.

그런데 19세기 기록에는 박엽이 처형되던 상황이 상당히 구체적인 정황과 함께 소개된다.

> 계해(1623)년 인조반정이 일어나고 내부의 혼란도 점차 안정되었으나 여러 사람의 뜻이 위태롭게 여기고 의심스러워하였다. 여러 훈신들이 이르기를, "박엽의 부인이 폐위된 왕(광해군)과 인척 관계가 되니 능히 폐주에게 사사로운 정이 없을 수 없을 것이다." 라고 하고, 또 박엽의 위세와 명성이 너무 큰 것을 우려하여 말하기를, "박엽이 법을 집행함이 잔혹하고 西道 일대를 위세로 제압하니 지금 처치하지 않으면 앞으로 다가올 후환이 두렵다." 라고 하여 사람을 함부로 죽였다는 죄를 씌워 마침내 賜死하게 되었다.
>
> 이 때 도원수 한준겸이 평안도 중화군에 군영을 차려두고 있었는데, 조정에서 도원수인 한준겸에게 명령하여 완전 무장한 군사를 동원해 박

엽을 체포케 하니 한공이 말하기를, "숙야가 어찌 무장한 기병들을 기다려서 죽을 사람인가." 하였다. 박엽은 그 변고를 듣고도 조금도 동요함이 없다가, 원수가 보낸 전령을 보고야 그제야 뜰 아래로 내려와 어명을 받았으나 아직껏 이미 仁祖가 反正한 것을 알지 못하고 金吾郎에게 이르기를, "원컨대 죄명이나 듣고서 죽고자 하오." 하자 금오랑이 반정이 일어났음을 말하니, 엽이 탄식하기를, "여러 功臣들이 어찌 차마 나를 이 참혹한 지경에 이르게 하는가." 하였다. 형을 당할 즈음에 사람을 시켜 그 아내에게 이르기를, "내가 짐짓 죄가 없는데도 이 지경에 이르게 된 것은 자못 부인이 왕과 인척인 때문일 따름이오." 라고 알리고, 또 자기가 관리했던 군량의 출납부를 도원수의 군영으로 보내었으니, 아마도 자신이 죽고 난 뒤 함부로 백성들의 재산을 착취했다는 오명이 있게 될까를 염려한 때문이었다. 마침내 재촉하여 목에 밧줄을 매고 줄을 잡아당기게 하여 죽었다.

김신국이 대신 평안도 관찰사로 임명되자 백성들에게 박엽에 대한 사사로운 원수를 갚을 것을 허락하였다. 이에 원한을 품었던 집안에서 떼를 지어 들고 일어나 난동을 부렸는데 하지 않는 짓이 없었다. 한공이 군량 출납부를 보고 눈물을 흘리며,

"숙야처럼 나라를 위해 열심히 일한 사람도 끝내 재앙을 면치 못했구나."

하고는 난동을 일으킨 자들의 우두머리를 목 베었다. 조정에서도 이 사정을 알고 신국에게 죄를 내리고 박엽이 고향에 묻히는 것을 허락하였다.[43)]

---

43) "癸亥仁祖反正時에 內亂이 稍定而衆志危疑하야 諸勳臣이 謂燁之夫人이 與廢主로 爲姻親하니 不能無私於廢主라 하고 又慮威名太盛하야 乃曰 燁이 用法이 殘酷하고 威制西路하니 今不置辟이면 恐有他虞라 하야 以濫殺人命으로 爲罪하야 竟賜死할새 時에 都元帥韓浚謙이 開府中和라 命元帥하야 發甲兵捕燁하니 韓公曰 叔夜豈待甲騎而死者哉아 燁이 聞變不動이라가 見元帥傳令하고 始下庭受命而猶不知已爲仁祖改玉하고 謂金吾郎曰 願聞罪名而死하노라 郎이 爲言改玉한대 燁이 歎曰 諸功臣이 豈忍致我於此極耶아 臨刑에 使人謂其妻曰 吾故無罪而至此者는 殆以夫人故耳라하고 又取管餉錢穀簿하야 使遣元帥營하니 蓋慮身沒而有所乾沒之名也라 遂促令繫頸하야 引索而絶하다 金藎國이 代爲觀察使에 許民報仇하니 於是에 怨家群起하야 構變無所不至라 韓公이 見錢穀簿하고 流涕曰 爲國家任事如叔夜而亦不免於禍乎아 遂誅首亂者하니 朝廷이 聞之하고 亦罪藎國而許其歸葬하다." 『梅山集』(강

이 기록에서 박엽의 처형은 그가 만약 인조반정이 일어났다는 소식을 듣게 될 경우 발생할 수 있는 새 정권의 위협을 미연에 방지하기 위해 새로운 권력 집단이 황급히 조치를 취하면서 시행된 것으로 설명되고 있다. 그래서 평안도 일대에서 위세를 떨치던 그에게 일부러 '사람을 함부로 죽인 죄'를 씌워 처형하기에 이르렀다는 것이다. 심지어 기록에서는 이때 박엽을 체포하러 온 도원수 한준겸조차 그가 처형되어서는 안 된다는 주장을 하며, 처형이 된 뒤에도 그의 죽음을 애도하였다고 되어 있다. 또 시신을 훼손하려던 무리의 우두머리를 죽였다고 기록되어 있다. 한편 그는 죽음을 앞에 두고 자기가 관리했던 군량의 출납부를 꺼내 자신의 결백함을 주장하기도 하였다. 1623년 그가 처형되던 당시 죄목으로 상정되었던 학정과 부정축재의 죄목에 대해서 반박이라도 하려는 듯 이야기가 전개되고 있다. 이 내용만 봐서는 박엽이 과연 학정을 저지른 관리인가 의심이 갈 정도이다. 다음의 기록도 마찬가지이다.

계해(1623)년 삼월에 仁祖가 反正한 뒤, 박엽이 등불 아래 홀로 앉아 칼을 어루만지며 탄식하고 있는데 창밖에서 기침 소리가 들렸다. 박엽이 물었다. "누구냐." "아무개올시다." "무슨 일로 왔는고." "공은 장차 어떤 계책을 세우시렵니까." "나에겐 정해둔 계책이 없으니 어디 자네에게 물어보세." "상책과 중책과 하책이 있으니 청컨대 이 중에서 택하십시오." "무엇이 상책인고." "군사를 일으켜 스스로를 방어하고 북으로 금나라와 내통하십시오. 그러면 임진강 서쪽은 조정의 국토에서 떨어져 나올 것이며, 또 아래로 尉佗처럼 황제를 칭할 수 있을 것입니다." "무엇이 중책인가." "급히 병사 삼만 명을 동원하여 제가 그들을 거느리고 서울로 진격하

효석 편, 이민수 역, 위의 책, 220~221쪽).

게 하신다면 누가 이길지 알 수 없습니다.” “하책은 무엇인고.” “공은 대대로 나라의 녹을 받은 신하이니 순순히 나라의 명을 받드는 것이 가한 것입니다.”

박엽이 한참을 깊이 생각하다가 한숨을 쉬고 탄식하며 말했다. “나는 하책을 따르겠노라.” 그러자 그는 “그러면 저는 이제부터 종적을 감추겠습니다.” 하고는 간 곳을 알지 못했다. 어떤 사람은 그가 용골대였다고도 말한다. 박엽이 조정으로부터 사형의 명을 받을 적에, 온 조정에서 모두 그가 예사로운 사람이 아니라 하고 겁을 내어 감히 명을 집행하러 가려는 자가 없었다.

구인후(具仁垕, 1578~1658)가 예전에 그의 막하에 있어보아 박엽의 사람됨을 익히 알기에 자청하여 평안도로 내려갔다. 박엽이 원수를 진 집안이 많아 그 사람들이 한꺼번에 칼을 들고 쳐들어오자, 구인후가 엄하게 그들을 막고서 시신을 관에 넣고 염을 하여 이송하였다. 상여가 중화군에 이르자, 마침 구인후가 御營大將으로 임명되어 먼저 서울로 돌아가게 되었다. 이 틈에 원수진 집안에서 쫓아와 관을 빼개고 시체를 들어내어 마디마디 잘라버리고 가버렸으니, 이는 곧 千人의 연고임에서라. 박엽이 소시 적에 운수를 점쳐보았더니, 천인을 죽여야 자신이 살 수 있다는 점괘가 나온 일이 있었다. 千人은 바로 具仁垕의 어릴 적 이름인데도 엽이 그 사실을 미처 모르고 애꿎은 사람을 무수히 죽여 천 명을 채우고자 했으니 어찌 그리 어리석었던가.44)

---

44) “癸亥三月에 仁祖反正後에 燁이 獨坐燭下하야 撫劒發嘆이러니 窓外에 有咳嗽聲이라 問誰也오 對曰 某也로라 曰 胡爲而來오 曰 公이 將何以爲計오 曰 吾無定算하니 試問於汝하노라 對曰 有上中下策하니 請擇於斯하라 曰 何謂上策고 曰 擧兵自衛하고 北通金人則臨津以西는 非朝家之有也오 且下不失尉佗之計也니라 曰 何謂中策고 曰 急發兵三萬人하야 使吾將之하야 鼓行而東則勝敗를 未可知也니라 曰 何謂下策고 曰 公은 世祿之臣也라 順受國命이 可矣니라 燁이 沈吟良久에 喟然嘆曰 吾從下策하리라 曰 小的은 從此逝矣라하고 仍不知處하니 或傳此是龍骨大云이러라 燁이 受後命時에 擧朝皆其非常하야 無人敢去어늘 具仁垕曾在幕下하야 熟知燁性이라 乃自請下往하니 燁이 多讐家하야 諸人이 一時持刀而

이 글에서도 그가 죽음을 맞이하는 과정이 자세히 서술되어 있다. 그는 정치적 격랑 속에서 자신의 목숨을 부지하기 위해 자신의 원칙을 어기는 행위를 하지 않고, 죽음을 순순히 받아들이는 인물로 그려졌다. 그리고 그의 비범한 면모는 이미 조정에 널리 알려진 터였기에 그 누구도 형을 집행하러 가겠다고 선뜻 나서지 못했다고 덧붙이고 있다. 박엽은 이 글에서 나라를 위해 한 몸을 헌신하고 소신에 어긋나는 행동을 하지 않는 절의의 형상으로 묘사되고 있는 것이다.

그를 부정적으로 인식하게 만든 일화에 대해서도 나름의 변명을 덧붙이고 있다. 사형 집행 후 그의 시신을 훼손하려는 사람들이 많았던 정황과 千人을 살해한 그의 악행을 연결시켜 나름의 이유를 들고 있다. 그의 시신을 훼손하려던 사람들은 곧 그가 살해한 千人과 관련이 있는 사람들이라는 것이다. 그런데 千人을 살해한 이유는 그가 본질적으로 나쁜 성품을 지니고 있어서가 아니라 소싯적에 점친 운수의 내용을 잘못 이해했기 때문이라는 것이다. 결과적으로 운수의 내용을 잘못 이해한 과오로 인하여 사람을 많이 죽일 수밖에 없었고, 그에 따라 그의 시체를 훼손하려는 이가 많았던 것이지 그가 학정을 해서 그런 것은 아니라는 이야기이다. 이는 기본적으로 박엽의 과오를 인정하는 것이기는 하지만, 그 과오가 그의 나쁜 성품에서 기인하는 것이 아니라 다른 외부적인 요인에 의한 것임을 말하고자 하는 의지로 볼 수 있다. 아마도 세월이 꽤 흘러 『동야휘집』이 간행되던 당시의 사람들은 그의 악행을 보고 놀라긴 하겠지만, 이미 꽤 오래전 일이라 이원명의 변명을 듣고 한편으로는 박엽도 어쩔 수 없는 선택

入하니 仁屋并嚴防之하고 棺斂治靷하야 行到中和하야 仁屋除御將先還이러니 讐家追至하야 破棺出屍하고 寸寸絶斷以去하니 此卽千人之故也러라 燁이 少時에 推數則殺千人이라야 乃生이라하니 千人은 卽仁屋小字而燁이 多殺不辜하야 欲充千人之數하니 何其愚也오." 『東野彙輯』(강효석 편, 이민수 역, 위의 책, 225~226쪽).

을 한 것이라며 두둔할지 모른다. 아마 저자가 의도한 바는 독자들의 이러한 감정이 아니었을까 싶다.

그가 실제로 고을의 백성들을 많이 처형했는지, 자신의 재산을 늘리기 위해 부정한 방법을 저질렀는지 이제 와서 그 진실은 정확히 알 수 없으며 또한 그게 중요한 문제도 아니다. 중요한 것은 일방적으로 비난의 화살을 맞던 그가 200여 년이 흐른 뒤에 이와 같이 정반대의 이미지로 복원되었다는 점이다. 19세기의 기록은 그의 지난 허물까지도 조목조목 짚어가며 그를 변호하고 있다. 과연 어떤 이유에서 그에 대한 기억이 변화하게 되었는가.

6. 역사적 평가의 현재성

이렇듯 박엽에 대한 기억은 死後 시간이 지날수록 긍정적인 이미지로 변모하였다. 18세기 중반 이전까지 박엽에 대한 언급이 여전히 부정적이다가, 고종대에 와서 관직이 복원된 것을 보면 아마도 이 사이에 박엽을 재평가하게 되는 어떤 특별한 계기가 있었던 것일지 모른다. 앞서 언급했지만 흥미롭게도 고종의 관직 복원과 긍정적인 기록들은 시기적으로 유사하다.

그렇다면 박엽은 왜 재평가되었는가. 이와 관련해서는 현재까지 살펴본 자료에서 직접적인 이유를 확인할 수 없었다. 대신 박엽을 긍정적으로 바라보는 기록들이 어디에 방점을 찍고 그를 칭찬하는지 주목하여 그 이유를 우회적으로 해명해 보자. 다른 여러 측면에서 박엽에 대한 긍정적인 평가들이 새롭게 등장했지만, 결국 그 출발점이자 방점은 박엽이 호걸로서 후금의 우두머리인 누르하치와 유력한 부하인 용골대·마부대를 자신의 무예와 機智로 제압하고 혼을 냈다는 점에 있다. 19세기 조선은 흔히 이전 시기에 비해 漢族 중심의 中華主義的 가치 질서를 추구하는 소중화 의식이 약화되는 시기로 규정되곤 한다. 그러나 실상은 이렇게 단일하지 않았다. 한편에서는 오히려 대명의리론이 관념적 체계 속에서 강화된 형태로 표출되면서 충효와 같은 준세보편의 당위적인 가치들이 보다 더 강조되기도 했다.[45]

이를 증명할 수 있는 한 사례로 「朴燁傳」이 수록되어 있는 洪直弼의 『梅山集』 51권의 구성을 살펴보자. 「朴燁傳」을 前後로 해서 입전된 인물들은, 홍경래의 난에 공을 세운 인물, 효종의 북벌을 위해 발탁한 인물, 유배되어 숨을 거둔 단종을 따라 목숨을 끊은 인물, 오랑캐에게의 패배를 인정하지 못하고 부끄러워하며 살던 인물, 효자 및 열녀 등이다. 다시 말해 중화주의적 질서를 중시하는 인물이거나 충효를 지키기 위해 노력했던 인물들로 이들이 문집의 한 권 속 동일한 맥락에 놓여 있는 것이다.[46] 이를 통해 보더라도 박엽이 다시 호명되어 긍정적으로 부각된 이유가 무관으로서 그의 중화주의에 기반을 둔 정치·외교적 역량, 더 엄밀히 말해서 그가 만약 살아남았다고 가정했을 경우 그가 발휘했을 중화주의에 기반을 둔 정치·외교적 역량에 대한 기대치와 관련이 있음을 알 수 있다.

아마도 사람들은 박엽 死後 혼란을 거듭했던 북방 영토의 정세를 보면서 斬刑을 당한 박엽을 떠올렸을 것이고, 그가 재임하던 당시가 상당히 혼란할 수 있는 시기임에도 비교적 안정적이었음을 상기하며 박엽에 대한 재평가를 하기 시작했을 것이다. 그러나 국가적 차원에

45) 엄태웅, 「방각본 영웅소설의 지역적 특성과 이념적 지향」, 고려대학교 박사논문, 2012, 214~219쪽.

46) 「朴燁傳」이 수록되어 있는 洪直弼의 『梅山集』 51권 속 '傳'들을 순서대로 소개하면 다음과 같다. 「贈統制使諸公傳」, 「宋將軍傳」, 「上東民傳」, 「姜瑗傳」, 「朴燁傳」, 「兵使楊公傳」, 「孝子吳公傳」, 「金庾彦傳」, 「清溪朱公小傳」, 「進士徐錫麟傳」, 「丁希泰傳」, 「愍貞嬪楊氏傳」, 「李烈女傳」, 「趙烈女傳」, 「妓瓊春傳」.

서 박엽에 대한 평가가 바뀌지 않는 이상 박엽에 대한 새로운 입장을 공식적으로 개진하는 것은 위험천만한 일이었을 것이기에, 박엽에 대한 이야기는 구비전승의 차원에서 사람들의 입을 통해 전해졌으리라고 본다. 그리고 구비 전승된 이야기, 즉 국가 기록에 나타난 이미지와 사뭇 다른 박엽의 이야기는, 사회가 그의 긍정적인 면에 동의하고 납득할 수 있게 된 19세기 어느 시점부터 사람들의 문헌 기록에 남을 수 있게 되었던 것이라 하겠다.

이렇듯 박엽에 대한 이미지가 정반대로 바뀌다보니, 혹 박엽을 폄하하는 기록이 그 당시까지 남아 있었다면 사람들은 그 이야기를 부정하거나 문제 삼았을 것이다. 문제제기 차원에서 꺼냈던 1624년 사행록 이본 중에서 후대본들에 박엽의 일화가 생략된 것은 바로 전승자들이 박엽에 대해 「화포조천항해록」의 인식과는 전혀 다른 입장을 보였기 때문일 것이다. 그렇다면 다른 입장을 보인 이들은 어떠한 사람들이었을까?

박엽을 긍정하는 기록들을 보면 그것이 사실에 입각한 내용이라기보다는 구전의 과정에서 향유자들의 상상력이 가미되어 민담의 형태를 보이고 있는 내용임을 알 수 있다. 결국 구비전승의 문화에 익숙한 독자 계층들이 박엽에 대해 긍정적인 이미지를 갖고 있었기 때문에 이러한 자료가 문헌설화의 모습으로 남겨질 수 있었던 것이다. 실제로 박엽 이야기는 최근까지 설화로 전승되었다.[47] 요컨대 언문낭독 문화를 즐겼던 계층과 구비 전승을 하던 계층들은 공히 박엽에 대해 전향적인 생각을 하게 되었던 것이다. 물론 이 두 계층은 상당부분 교집합을 형성하고 있었을 것이다. 이는 19세기 중반에 비교적 계층적으로 낮은 부류의 사람들도 저항이나 개혁의 가치보다는 옛

47) '한국구비문학대계'에서 19세기의 기록들과 유사한 채록 정보를 확인할 수 있다.

질서를 회복하는 中華主義的 사고방식에 더 가까웠음을 보여 주는 것이다. 요컨대 19세기에도 여전히 강력한 힘을 발휘하고 있었던 중화주의적 가치질서는 계층을 망라한 비교적 넓은 범위에 퍼져 있었으며, 그 강력한 힘은 200년이 훨씬 지난 한 장수의 죽음과 평가를 새롭게 기억하게 만들었다. 한 장수의 사후 평가가 지향적으로 변하는 모습을 통해 우리는 조선후기 이념적 지형도가 어떠했는지 그 일면을 조망할 수 있으리라 생각한다.

7. 결론: 역사의 서사, 서사의 역사

이 글은 광해군 시절에 평안도 관찰사를 지내며 그 능력을 인정받다가, 1623년 인조반정 직후 서인 세력에 의해 처형된 朴燁이라는 인물이 누구이며, 그에 대한 평가가 시간의 흐름에 따라 극단적인 변화를 보이는 이유가 무엇인지 살펴보았다. 박엽은 기존 연구에서 중국소설인 『종리호로』를 수용 및 간행한 주체로 소개된 바 있으며, 그간 주목을 받지는 못했으나 허균과 함께 중국소설을 탐독하던 친구이기도 했다. 이는 그가 패설 및 소설 등에 상당한 관심을 갖고 있었음을 증명하는 것이다.

그런데 안타깝게도 그의 문학적 관심에 대한 추가적인 기록을 찾아보기 힘들다. 이유인즉, 광해군 때에 평안도 관찰사를 하던 그가 인조반정 직후 반대파인 서인 세력에 의해 즉각 처형되었기 때문이다. 처형 직후 박엽에 대한 기록은 모두 부정적인 내용 일색이었다. 재물을 탐하고 포악한 관리로 군림하여 고을 백성들의 원망이 하늘을 찌를 듯했기에, 그의 시신을 훼손하려는 이들이 적지 않았다는 기록이 자주 등장한다. 아울러 그가 평안도 관찰사로서 방비를 제대로 하지 못해 내내 불안했다는 혐의도 한몫을 더했다. 박엽에 대한 평가가 철저히 부정적인 내용 일색으로 채워졌던 것이다.

그러던 그에 대한 기억은 18세기에 들어 전환을 맞는다. 이덕무의 기록에서는 그를 애써 변명하며 장점을 부각시키려는 노력이 보이고, 이중환의 『택리지』에서는 평안도 지역 백성들이 그에 대한 기억을 상당히 긍정적으로 전승하고 있다는 점이 확인되었다.

19세기에 들어서는 매우 적극적으로 그의 삶 전체를 비범하고 신이한 내용으로 재구성하기 시작한다. 그의 죽음이 특히 안타까웠던 것은 그가 죽은 뒤 10년이 조금 넘은 시점에 병자호란이라는 치욕을 당했기 때문이었다. 이에 사람들은 그의 비범한 면모에 후금 오랑캐의 장수 용골대와 마부대, 오랑캐의 우두머리 누르하치를 등장시켜 그를 그들 위에 군림하는 존재로 설정하였다. 이는 박엽이 19세기 당시 사람들의 내면에 잠재해 있던 중화 질서 회복의 염원을 가장 잘 실현할 수 있는 존재로 상상되었기 때문이다. 생존하여 실제 역사의 과정에 등장했던 인물들이 대개 만주족 세력으로부터 뼈아픈 상처를 입은 상황에서, 박엽과 같은 인물이 일찌감치 처형되었기 때문에 우리가 속수무책으로 당할 수밖에 없었고, 그렇기 때문에 박엽과 같은 존재가 절실히 요청된다는 바람은, 실현하지 못한 욕망에 대한 일종의 분출구 역할을 했던 것이다. 요컨대 19세기에 들어 보다 강화된 중화주의적 가치를 견지했던 이들에게 박엽과 같은 인물이 새롭게 기억되고, 이에 따라 박엽이라는 인물의 삶 전체가 백성들의 기억 속에서 새롭게 재구성되는 결과를 가져온 것으로 볼 수 있다. 이러한 이념적 요구에 따라 박엽은 처형 직후에는 중화주의의 배반자로 낙인 찍혔다가 나중엔 오히려 중화주의의 수호자로 추앙받는 흥미로운 변모 양상을 보이는 것이다.

참고문헌

『광해군일기』

『東野彙輯』

『梅山集』

『숙종실록』

『승정원일기』

『인조실록』

『청장관전서』

『택당집』

『한국지명총람』

『화포조천항해록』

강효석 편, 이민수 역, 『大東奇聞』 中, 명문당, 2000, 219~226쪽.

김준형, 「鍾離葫蘆와 우리나라 稗說문학의 관련 양상」, 『중국소설논총』 18, 한국중국소설학회, 2003, 131~152쪽.

류탁일, 『한국고소설비평자료집성』, 아세아문화사, 1994, 77쪽.

박현규, 「17세기 전반기 대명 해로사행에 관한 행차 분석」, 『한국실학연구』 21, 한국실학학회, 2011, 117~148쪽.

양승민, 「『요해단충록』을 통해 본 명청교체기의 중국과 조선」, 『고전과 해석』 2, 고전문학한문학연구학회, 2007, 93~119쪽.

엄태웅, 「1624년 奏請 使行錄의 변이 양상과 그 의도: 한문본 「조천록」과 국문본 「됴텬녹」을 중심으로」, 『동아시아고대학』 25, 동아시아고대학회, 2011, 201~250쪽.

______, 「방각본 영웅소설의 지역적 특성과 이념적 지향」, 고려대 박사논문, 2012, 214~219쪽.

이승수, 「葯窓 朴燁論」, 『민족문화연구』 47, 민족문화연구원, 2007, 137~173쪽.
이중환, 이익성 역, 『택리지』, 을유문화사, 2006, 38~39쪽.
조규익, 『17세기 국문 사행록 죽천행록』, 박이정, 2002, 15~41쪽.
최용철, 「朝鮮刊本 中國笑話 鍾離葫蘆의 發掘」, 『중국소설논총』 16, 한국중국소설학회, 2003, 267~306쪽.

동쪽 끝에서 교남(交南)까지※

: 17세기 일본 체류 조선인 趙完璧의 安南행

王鑫磊

(復旦大學)

1597년, 조완벽이라는 조선 선비가 정유왜란 당시 포로가 되어 일본으로 끌려갔다. 그 후 일본 상선을 따라 세 차례 바다를 건너 안남(베트남)을 왕래하면서 당시 안남의 여러 가지 상황을 목격하게 되었다. 1607년, 조완벽은 조선통신사를 따라 조선으로 돌아왔고, 주변 사람들에게 자신의 경험과 견문을 이야기하였다. 이러한 경험과 견문은 이수광 등 조선의 학자들에 의해 기록되었고, 그 문집은 후세까지 전해지게 되었다. 이것이 바로 조완벽 사건의 줄거리이다.

※ 이 글은 복단대학 '985工程' 제3기에 추진한 인문 과학 연구 프로젝트 '주변에서 중국 보기'의 단계적 성과임.

1. 조완벽 사건의 역사적 문헌, 流傳 배경 및 관련 연구

오늘날 볼 수 있는 조완벽의 안남행과 관련된 문헌은 주로 17세기 조선 문인들의 문집에 기록된 것이다. 몇몇 한국 학자들은 조완벽 본인도 자전적 『조완벽전』을 써서 자신의 안남 경험을 기록한 적이 있다고도 하지만, 이 문헌은 이미 失傳되었다. 따라서 전달의 성격을 띤 동시대 조선 문인들의 기록이 사실상 이 일을 연구하는 후대 사람들의 가장 원시적인 자료가 되었다. 이수광(李晬光, 1563~1628)의 『趙完璧傳』,[1] 정사신(鄭士信, 1558~1619)의 『趙完璧傳』[2]과 이준(李埈, 1560~

1) 이수광(1563~1628), 본관은 全州, 字는 潤卿, 號는 芝峰, 諡號는 文簡이다. 조선 太宗 李芳遠의 아들인 敬寧君 李裶(비)의 5대손으로, 國姓이다. 1585년에 문과에 급제하여 承文院에서 副正字가 되었으며, 成均館 典籍, 禮曹佐郎, 吏曹正郎, 弘文館 校理, 兵曹參議, 成均館 大司成 등의 관직을 역임하였다. 1608년 光海君이 집권한 후, 한사코 거절하고 출사하지 않으며 광해군의 弊政을 직언하고 상소를 올린 일로 명성이 자자했다. 仁祖反正(1623년) 후, 다시 弘文館 提學, 吏曹參判, 司憲府 大司憲, 工曹判書 등을 역임하였으며, 당시 "中興 정치에 대한 章疏로는 이수광을 뛰어넘는 자가 없었다(中興章疏, 無出其右者)"라고 평가되기도 하였다. 마지막으로 吏曹判書를 지내다가 졸하였고, 大匡輔國崇祿大夫、議政府領議政으로 추증되었다. 44년간 관직에 있으면서 宣祖, 광해군, 인조의 세 임금을 모셨고, 임진왜란, 光海亂政, 인조반정, 丁卯虜亂 등 중대한 역사적 사건들을 몸도 겪었다. 1590년 聖節使 書狀官, 1597년 進慰使, 1610년 冠服奏請使 副使를 맡아 명나라에 세 차례나 사신으로 다녀왔으며, 사행 기간 중 안남, 유구, 暹羅의 사신들과 교유를 맺었다. 그는 詩文으로 이름났는데, 『芝峯集』 31권이 남아 있다. 그가 지은 시문은 멀리 안남으로 전파되어 한때 큰 인기를 끌었다. 이수광의 생평과 관련된 정황은 다음의 문헌을 참조할 수 있겠다. ① 『朝鮮王朝實錄·仁祖實錄』 권19 仁祖 6年 12月 26日條, 太白山史庫本(影印本), 제34冊, 312쪽. ② 張維가 쓴 李晬光行狀, 이수광 『지봉집』, 부록 권1(한국: 민족문화추진회 編, 『韓國文集叢刊』 제66冊, 景仁文化社, 1990, 318~323쪽), 장유의 『谿谷集』 권15 「行狀五首」(앞서 인용한 『한국문집총간』 제92冊, 248~253쪽). ③ 이준이 쓴 李晬光行狀, 이준의 『蒼石集』 권18 「行狀」(『한국문집총간』 제64冊, 547~580쪽). ④ 李敏求(이수광의 둘째 아들)가 쓴 「李晬光行狀」, 이민구의 『東州集』 권6 「行狀」(『한국문집총간』 제94冊, 350~359쪽), 이수광 『조완벽전』, 이수광의 『지봉집』 권23 「雜著」(『한국문집총간』 제64冊, 252~254쪽).

2) 정사신(1558~1619), 본관은 清州, 자는 子孚, 호는 梅窓 또는 神谷이다. 1582년 문과에 급제하였다. 禮曹正郎, 弘文館 修撰, 掌吏院 判決事 등의 관직을 역임하였다. 1610년 賀冬至使에 임명되어 사신으로 명나라에 갔다. 그 생평은 정사신의 『梅窓集』 권5 「附錄·行狀」(『한국문집총간』 續編 제10冊, 464~466쪽)을 참조하며, 정사신의 『조완벽전』은 『매창집』 권4 「傳」(『한국문집총간』 續編 제10책, 462~463쪽)에 수록되어 있다.

1635)의 『記趙完璧傳見聞』[3])이다. 이 세 작자의 기록에 따르면, 그들은 모두 자신이 들었던 조완벽 사건을 전달한 것이다. 그 중, 이준과 정사신은 모두 자신이 김윤안(金允安)[4])이라는 사람으로부터 이 사건을 들었다고 분명히 언급하고 있는데, 김윤안의 소식의 근원지가 바로 조완벽 본인이다.[5]) 이수광의 경우, 그의 『조완벽전』에 자신이 어떻게 이 사건을 알게 되었는지에 대한 언급은 없지만 그와 이준, 정사신 두 사람과 대단히 친밀했던[6]) 것으로부터 추측해 보면 이 두 사람으로부터 들은 것임이 틀림없다. 이 세 가지 문헌은 편폭이 일정하지 않은데, 이수광이 쓴 것이 1613자로 가장 길고, 그 다음 정사신이 쓴 것이 1125자이며, 이준이 쓴 것이 가장 짧아 537자에 불과하다. 내용상으로는 중복되는 부분이 있으나 각각 중점을 두고 있는 부분이 다르므로 서로 참고하고 보충할 부분이 상당하다. 그러므로 조완벽 사건의 자초지종을 전면적으로 이해하려면 이 세 문헌을 비교하며 읽

---

3) 이준(1560~1635), 본관은 興陽, 자는 叔平, 호는 蒼石 또는 酉溪, 시호는 文簡으로, 柳成龍의 문인이다. 1591년 문과에 급제하였으며, 工曹參議, 承政院 右承旨, 吏曹參判, 弘文館 提學 등의 관직을 역임하였다. 1604년 奏請使 書狀官에 임명되어 사신으로 명나라에 갔다. 그의 생평은 蔡濟恭『樊岩集』 권39「行狀·蒼石先生李公行狀」(『한국문집총간』 제236冊, 199~213쪽 참조하며, 이준의 『記趙完璧見聞』은 『蒼石集』 권12 「雜著」(『한국문집총간』 제64冊, 446쪽)에 수록되어 있다.

4) 김윤안(1562~1635), 본관은 順天, 자는 而靜, 호는 東籬로, 유성룡의 문인이다. 1612년 문과에 급제하였으며, 司宰監 直長, 大丘 府史 등의 관직을 역임하였다. 그의 생평은 그의 문집인 『東籬集』 권5 「附錄·行狀」(『한국문집총간』 續編 제12冊, 85~87쪽)을 참조한다.

5) 이준은 "김이정(김윤안)이 趙生에게 이 일을 듣고 나에게 매우 상세히 이야기해 주었다. 다르기는 하지만 이해할 수는 있으므로 일을 전달하여 사관이 기록할 수 있도록 적어둔다(金君而靜, 聞此事於趙生, 語餘甚詳, 異而識之, 下一轉語, 以備史氏之采取)"고 기록하고 있다(앞서 인용한 이준의 『기조완벽견문』, 『한국문집총간』 제64冊, 446쪽 참조). 정사신 또한 "이 일은 金直長 윤안이 말한 것이다"라고 기록하였다(앞서 인용한 정사신의 「조완벽전」, 『한국문집총간』 續編 제10冊, 463쪽 참조).

6) 이준과 정사신은 모두 이수광의 문집에 跋文을 썼다. 이수광의 『지봉집』 권8에 수록된 「安南國使臣唱和問答錄」 아래에 이준과 정사신 두 사람의 쓴 跋文이 있다(『한국문집총간』 제66冊, 91쪽 참조). 또 그에 앞서 이준이 이수광을 위해 행장을 쓴 일도 언급하고 있어, 이수광, 이준, 정사신 세 사람의 관계가 밀접했음을 알 수 있다.

는 것이 가장 좋을 것이다.

사실 조완벽 사건이 이 세 사람의 손을 거쳐 서술되고 전해진 과정에서 언급하지 않을 수 없는 한 가지 원인은 이수광이라는 인물에게 있다. 그것은 그가 쓴 『조완벽전』의 편폭이 가장 길어서가 아니라, 조완벽이 안남에 가서 보고 들은 것 중에서 사건 하나가 이수광과 관련이 있기 때문이다. 조완벽은 안남에 있을 때 안남의 지식인 사이에서 뜻밖에도 이수광의 詩詞가 매우 유행하고 있는 것을 발견하였다. 이 詩詞들은 이수광이 1597년 명에 사신으로 갔던 기간에 안남 사신 풍극관(馮克寬)[7]과 주고받았던 작품으로, 풍극관의 손을 거쳐 안남까지 전해졌던 것이다. 이러한 소식은 조완벽을 통해 조선에 전해졌고 바로 유림들 사이에서 화제가 되었다. 당시 조선인들에게 있어서 멀고 먼 안남의 상황보다는 조완벽의 말이 바로 그 시대 조선의 인물이 관련된 새로운 사건이었으므로 사회에서 분명히 더욱 빠르게 전달되었을 것이고 더욱 널리 영향을 주었을 것임은 어렵지 않게 상상해 볼 수 있다. 김윤안이 이준과 정사신 두 사람에게 조완벽의 일을 이야기한 것은 아마도 이러한 원인 때문이었을 것이다. 사실, 이후 '지봉의 시가 먼 나라까지 전파된' 것(지봉은 이수광의 호이다)은 줄곧 조선인들에게 흥미로운 이야깃거리가 되었고,[8] 이수광 자신도 이 일을 회고할 때 감격해 마지않았다.[9] 이수광의 생평을 기록한 모든

7) 풍극관(1528~1613), 본관은 安南 後黎朝 山西 石室縣 馮舍鄕이며, 자는 弘夫, 호는 毅齋, 별호는 敬齋이다. 1580년 진사에 급제하였으며, 都給事中, 鴻臚寺卿, 工部右侍郎 역임하였다. 1597년 사신으로 명나라에 갔다. 그 후 戶部, 工部尙書를 역임하였고, 梅郡公이라는 작위를 받았다. 저서로 『使華手澤詩集』, 『言志詩集』, 『馮太傅詩』 등이 있다. 그의 생평은 『越南漢文燕行文獻集成(越南所藏編)』(復旦大學校 文史硏究院·성균관대학교 東亞學術院 合編 제1책, 復旦大學出版社, 2012, 57쪽, 解題)에 보인다.

8) 예를 들면 조선 후기의 저명한 학자인 李德懋는 『淸脾錄』에서 "지봉시가 먼 나라에까지 전파된" 것을 주제로 하여 이 사건을 전문적으로 기록하였는데, 여기에서 조완벽에 대해서도 언급하고 있다(이덕무, 『靑莊館全書』 권35, 『한국문집총간』 제258冊, 60~62쪽 참조).

9) 이수광 『지봉집』 권16 「續朝天錄」에 "정유년, 북경에 갔을 때 안남 사신 의재 풍극관을

문헌에서 거의 예외 없이 모두 이 사적을 기록하고 있다.[10] 조완벽 사건이 당시에 유전되면서 이수광의 사적에 크게 의존하였음은 부인할 수 없다. 조완벽이 안남에 가서 보고 들은 것 중에 이수광과 관련된 이야기가 없었다면, 그의 안남에서의 경험이 후대에 알려질 가능성은 아마 크게 줄어들었을 것이다. 조완벽은 어디까지나 그저 지위가 낮고 무시당할 수 있는 하층 선비였으므로 그 말과 저술은 사람들의 관심을 불러 모으기 어려웠을 것이기 때문이다. 이는 그가 직접 쓴 『조완벽전』이 결국 失傳된 것과 같은 이치이다.

그러나 조완벽의 사건은 이수광과 그의 벗들에게 전해지면서 상황이 달라졌다. 그들은 모두 당시 조선 최고의 지식인들이었고, 세 사람 모두 중국에 사신으로 갔던 경력을 가지고 있었으며, 국제 지식에 대해 어느 정도 이해하고 있었다. 특히 이수광은 안남의 사신과 직접적으로 만난 적이 있었던 사람이었다. 따라서 그들은 조완벽 사건을 통해 전달된 더욱 가치 있는 정보, 다시 말해서 당시 절대 다수의 조선인이 이해하지 못하는 안남의 정보를 민감하게 의식할 수 있었다. 정사신과 이준 두 사람이 조완벽의 傳記를 썼다고 한다면 자신의 벗을 치켜세우려는 의도를 약간은 담고 있었을 것이다. 그렇다면 이수광의 『조완벽전』의 중점은 방향을 달리하여 안남과 관련된 정황에 대해 서술하고 있다. 이것은 또 이수광의 『조완벽전』을 연구자들이 가

만났는데, 이별할 때 시를 주고 받았다. 근년에 조선 사람으로 조완벽이라는 자가 왜의 포로가 되어 왜의 상선을 따라 안남에 갔다고 한다. 그 나라사람들 중 부족한 이 사람의 시를 읊고 질문하는 이들이 꽤 있었다고 한다. 후에 조완벽이 조선으로 돌아와 이 이야기를 전해 주었다. 안남은 우리나라에서 만 리나 떨어져 있어 지금껏 통호한 적이 없다. 게다가 멀고 험한 바닷길을 가야 하므로, 이 일이 또한 신기하다(丁酉赴京時, 遇安南使臣馮毅齋克寬, 留詩爲別. 頃年本國人趙完璧者陷倭中, 隨商倭往安南. 其國人頗有誦鄙詩而問之者. 後完璧回本國, 傳說如此. 夫安南去我國累萬里, 曆世莫通, 況海路之險遠乎, 事亦奇矣).”라고 했던 것을 참조한다(『한국문집총간』 제66冊, 157쪽).

10) 앞서 인용한 「李睟光行狀」 각주 1) 및 시문집 「序跋」(위의 각주 9)을 참조한다.

장 중시하는 이유이기도 하다. 조완벽 사건은 이수광의 사적 덕분에 끊임없이 전파될 수 있었고, 다른 한편으로는 이수광의 『조완벽전』이 존재했기 때문에 이 사건이 경적 및 문헌에 기록되어 끊임없이 후인들에 의해 인용되고 전달되어[11] 지금까지 전해질 수 있었던 것을 알 수 있다.

조완벽 사건의 유전 과정은 역사적 사건의 기록과 보존이라는 일반적인 상황을 구체적으로 드러낸다. 다시 말해 사건의 실제 경험자와 기록을 보존하는 사람이 일치하지 않는 경우가 종종 있다는 점이다. 대부분의 경우 역사적 사건은 전달의 방식을 통하여 보존된다. 이렇게 한 가지 과정은 또 종종 적절한 기회와 인연에 의지하게 되는데, 이른바 적절한 기회와 인연이라는 것 모두 확률이 매우 적기 때문에 역사가 보존되는 경우는 매우 적지만 바로 이러한 점 때문에 더욱 진귀한 것이다.

조완벽 사건에 대한 연구 성과는 한국과 일본 모두 적지 않다. 많은 한일 학자들은 조완벽 사건에 나타난, 조선·일본·월남 삼국의 관계사라는 관점에서 논의를 전개했다. 예를 들면 한국학자 김태준(金泰俊)은 「壬辰亂과 朝鮮文化의 東漸」이라는 글에서 조완벽 사건을 조선과 일본의 관계사의 범주에 넣고 논의를 전개했다.[12] 일본 학자

---

11) 후인들이 조완벽의 사건을 인용하고 옮겨 적은 예로는 다음과 같은 것들이 있다. ① 安鼎福(1712~1791), 『木川縣志』(1817)에 이수광의 『조완벽전』이 수록되어 있다. 다만 일부 글자에 차이가 있다(안정복, 『목천현지』, 국립중앙도서관, 장서번호: 古2738~4). 일본학자 巖生成一는 1954년에 이 문헌을 토대로 하여 「安南国渡航朝鮮人趙完壁伝について」를 썼다(『朝鮮学報』 卷6, 日本: 朝鮮学会, 1954.08, 1~12쪽). ② 李志恒(생졸년 미상), 『漂舟錄』(1756)에서는 조완벽 사건을 개괄적으로 서술하고 "지봉유설에서 본 이야기(出芝峰類說異聞)"라고 하여 주석을 달아 출처를 밝히고 있다(이지항, 『표주록』, 한국: 民族文化推進會 편, 『(國譯)海行摠載』, 探求堂, 1975, 제3冊, 원문, 69쪽). ③ 李圭景(1788~1856), 『五洲衍文長箋散稿』에서 木棉, 地桑, 孔雀 등 사물의 속성을 소개하면서 이수광의 『조완벽전』에 기록된 안남에서의 견문을 인용하였다(이규경, 한국: 古典刊行會 編, 『오주연문장전산고』(上·下編), 東國文化社, 1959, 상편 496쪽, 432쪽, 하편 550쪽).

가타쿠라 미노루(片倉穰, かたくら みのる)는「朝鮮とベトナム日本とアジア: ひと·もの·情報の接触·交流と対外観」이라는 글에서 조완벽 사건을 언급하고 있는데, 고대 조선·일본과 안남 삼자의 관계를 토론하는 데에 중점을 두고 있다.[13] 일본 학자 이와오 세이치(岩生成一, いわお せいいち)의 글「安南国渡航朝鮮人趙完壁伝について」[14]에서는 조완벽 사건을 소개하며, 그 속에 나타나는 일본과 안남의 관계를 집중적으로 토론하였다. 이외에 孫燦植의「『趙完壁傳』을 통해 본 芝峯 李睟光의 越南 認識」[15]과 같이 고대 조선인의 월남 인식의 관점에서 논술하고 있는 경우도 있다. 또 權赫來의「『조완벽전(趙完壁傳)』의 텍스트와 문학적 의미 연구」[16] 및 趙家元의「이수광『조완벽전』의 서사적 특징」[17]과 같이『조완벽전』의 원문과 문학성을 분석한 경우도 있다. 상대적으로 중국 연구자들은 조완벽의 일을 거의 언급하지 않고 있다.

12) 金泰俊,『壬辰亂과 朝鮮文化의 東漸』, 韓國硏究院, 1977, 제6장에서 조완벽 사건을 언급하였다.

13) 앞서 인용한 片倉穰의「朝鮮とベトナム日本とアジア: ひと·もの·情報の接触·交流と対外観」, 제2장「『趙完壁伝』研究」참조.

14) 岩生成一,「安南国渡航朝鮮人趙完壁伝について」,『朝鮮学報』第6輯, 日本: 朝鮮学会, 1954, 1~12쪽 수록.

15) 孫燦植,「『趙完壁傳』을 통해 본 芝峯 李睟光의 越南 認識」,『고소설연구』제21집, 한국: 고소설학회, 2006, 215~247쪽 수록.

16) 權赫來,「『조완벽전(趙完壁傳)』의 텍스트와 문학적 의미 연구」,『어문학』제100집, 한국: 어문학회, 2008, 205~234쪽 수록.

17) 趙家元(音譯),「『조완벽전(趙完壁傳)』의 텍스트와 문학적 의미 연구」,『문창어문논집』제48집, 문창어문학회, 2011, 1~40쪽 수록.

2. 조완벽이 바다를 건너 안남으로 간 경험 및 견문

1) 조완벽에 대하여

앞서 서술한 여러 판본의『조완벽전』의 기록에 근거하고 후대 학자들의 고증을 더하면 조완벽의 생평과 정황에 대해 다음과 같이 이해할 수 있다.

조완벽은 조선시대 중기 진주(晉州: 지금의 한국 경상남도 진주시) 사람이다. 기록에 따르면 "약관의 나이에 丁酉倭變(1597년)을 겪었다"[18]고 하였다. 옛 사람들은 스무 살이 된 남자를 약관이라 불렀으므로, 그가 태어난 해는 대략 1567에서 1577년 사이인 것으로 추측되며, 卒年은 미상이다.[19] 조완벽은 1597~1598년 '정유왜란' 중에 왜구

18) 이수광,『趙完璧傳』, 252쪽 참조.

19) 학자들이 조완벽의 생평을 연구하는 데 있어서 다음과 같은 에피소드 하나가 있다. 조선시대 科擧 명단인『國朝文科榜目』의 기록에 따르면 1549년에 進士 급제자 중 '趙完璧'이라는 이름을 가진 사람 중에 그 출생지가 진주 백천이고 "자가 중국"이라는 기록이 있긴 하지만 이 자료는『조완벽전』중의 "약관의 나이에 정유왜변을 겪었다"는 기록과는 시간상 부합되지 않으므로 의문으로 남겨둔다. 또 정사신의 기록에 따르면 조완벽은 掌令을 지낸 河晉寶의 종손녀 사위다(앞서 인용한 정사신의『조완벽전』, 462쪽에 보인다). 하지만『國朝文科榜目』에 하진보는 1555년에 진사가 되었다고 기록되어 있으므로, 바다를 건너 안남으로 간 조완벽은 1549년에 급제한 조완벽이 될 수 없다. 이 두 사람은 同鄕이면서 동성동명의 다른 두 사람일 뿐이다. 관련 연구로 앞서 인용한 가타쿠라 미노루의『朝鮮とベトナム日本とアジア: ひと·もの·情報の接觸·交流と對外觀』第二章 및 權赫來의「『조완벽전(趙完璧傳)』의 텍스트와 문학적 의미 연구」, 208쪽을 참조한다. 이러한 우연이 출현한 것에 대해 지나치게 의식할 필요가 없으며, 문제는 다만 戰國時代 趙나라의 藺相如가 秦나라 昭襄王이 열다섯 개의 城과 和氏璧이라는 普玉을 바꾸자고 하여 진에 사신으로 갔다가 소양왕이 거짓말을 하고 있다는 것을 알고, 그 구슬을 빼앗기지 않고 무사히 가지고 돌아왔다는 '完璧歸趙'의 전고에서 나온 '조완벽'이라는 이름에 있다. 이것은 바로 이른바 '성과 이름에 의미를 연결하는(姓名連意)' 현상으로, 顧炎武도『日知錄』에서 다음과 같이 언급한 바 있다. "옛 사람들 중에 이름을 지을 때 그 의미를 성까지 연결하여 지은 자는 극히 드물다. 陳王道, 張四維, 呂調陽, 馬負圖 등과 같은 근대 사람들의 이름이 榜目에 한 번씩은 나오는데, 이와 같은 이름이 거의 절반을 차지한다(古人取名連姓爲義者絕少, 近代人命名, 如陳王道·張四維·呂調陽·馬負圖之類, 榜目一出, 則此等姓名幾居其半)." 조선의

의 포로가 되어 일본 京都로 끌려갔다. 일본에 도착한 후, 처음에는 일본인의 노예로 살았으나, 후에 한자를 안다는 이유로 일본 상인 스미노쿠라 료이(角倉了以, すみのくらりょうい)에 의해 고용되었다.[20] 잇따라 세 차례(1604, 1605, 1607년) 일본의 슈인센(朱印船)을 따라 안남으로 행상을 다녀오고,[21] 그 사이 呂宋(필리핀의 루손)에도 한 차례 다녀왔다. 조완벽이 안남에 머무르면서 안남의 고관 文理侯 鄭剿 및 여러 유생들과 왕래하였으며, 그곳에서 조선인 이지봉(이수광)의 시문이 유행하고 있다는 사실을 알게 되었다. 세 차례에 걸쳐 안남을 왕래하였으므로 그는 안남의 풍속과 인정에 대해서도 깊이 관찰하였다. 안남에 있을 때, 관원 문리후 정초가 조완벽에게 일본에 돌아가지 말고 안남에 머물면서 중국에서 조선으로 돌아갈 기회를 찾으라

상황도 마찬가지였다. 李德懋는 그의 문장에서 고염무의 이 말을 인용하고 조선의 "趙完璧이나 河一淸과 같은 부류는 너무 많아 헤아릴 수 없을 정도로 어디에서나 만나볼 수 있는(趙完璧、河一淸之流, 到處相逢, 指不勝屈)" 현상을 비판하고 있다(『青莊館全書』卷54「盎葉記」「姓名連意」, 『韓國文集叢刊』第258冊, 494~495쪽). 사실 중국의 문헌 기록에 보이는 조완벽이라고 불리는 사람도 적지 않다. 예를 들면 元代『通鑒源委』의 작자로 조완벽(趙軍榮,『趙完璧'通鑒源委'聲類研究』, 湖南科技學院學報, 2008年 第7期, 212쪽)이라 불리는 자가 있었고, 明代에도 조완벽이라 불렸던 사람의 저서『海壑吟稿』가『四庫全書』에 수록되어 있으며(張靜,「明人趙完璧生卒年考」,『江海學刊』, 2010年 第4期, 60쪽), 임진왜란 기간에도 조완벽이라는 명나라의 관원이 출현한다(이 사람의 관직은 吏部 都給事中이었는데,『明史紀事本末』第62卷 '援朝鮮'條『朝鮮王朝實錄』宣祖 31年 9月 28日의 기록과 宣祖 32年 2月 19日의 기록에 모두 보인다). 그러나 여러 종류의 조선시대 문헌을 살펴본 결과 비슷한 시기 조완벽이라 불렸던 조선인은 여기에서 언급한 두 사람 외에도 대략 4명이 더 있다. 종합해서 말하자면 조완벽이라는 이름의 "姓名連意" 특징을 살펴보고 晉州 白川 趙氏가 조선 조씨의 名門이라는 사실을 더하면, 그 중 10년 전후로 출현하는 두 명의 조완벽은 사실 평범한 일인 것이다.

20) 여러 판본의 『조완벽전』에는 모두 그의 일본 고용인이 누구인지 언급하지 않고 있다. 하지만 일본 학자 岩生成一는 당시 일본의 대외무역 상황 및 관련 문헌에 대해 연구한 결과 조완벽을 고용하여 안남에 오가게 했던 사람은 분명 당시 일본의 해외 통상을 특허하는 朱印狀을 가진 무역선인 슈인센[朱印船]을 장악하고 있던 豪商 스미노쿠라 료이[角倉了以]일 것이라 하였다(岩生成一, 앞의 글, 4~5쪽).

21) 赵完璧이 연이어 세 차례 안남에 갔던 시기에 대한 고증은 岩生成一, 위의 글, 4쪽을 참조한다.

고 권유하기도 하였다. 하지만 조완벽은 안남 사람을 믿을 수 없다고 생각하고 있었기 때문에 이 권유를 받아들이지 않았다.[22] 1607년, 당시 조선과 일본이 다시 사이가 좋아졌으므로 조선에서는 사절을 파견하여 일본에 전쟁기간 포로가 된 이들을 석방하여 돌려보낼 것을 요구하는 국서를 보냈고, 마침내 고용주와의 계약이 해지된 조완벽도 아울러 그해 일본에 다녀간 조선의 '回答 兼 刷還使' 呂佑吉과 慶暹 등의 일행과 함께 조선으로 돌아왔다.[23] 귀국 후 조완벽은 안남에서의 견문을 주변 벗들에게 이야기했고 이는 널리 알려졌다. 그러나 정사신이 그에 대해 "전과 같이 안정을 되찾아 본업에 힘쓰며 살아가고 있다(安居奠業復如初)"고[24] 기록한 것을 제외하면, 그 본인의 이후의 상황은 사료에는 더 이상 나타나지 않는다.

---

22) "문리후가 조생을 보고 말했다. '당신이 본국으로 돌아가고 싶으면 여기서 주국으로 쇄환이 되도록 할 수 있소. 그러면 거기서 돌아갈 방도가 생길 것이오. 당신은 여기 머물러 있는 것이 좋겠소.' 조생 또한 그의 말을 따르고 싶었다. 하지만 그 나라 사람들 성질이 미덥지 않고 또 본국과의 거리가 매우 멀다는 말을 듣고 그만두었다(文理侯謂生曰: 你欲求還本國, 自此刷還於中朝, 可以轉解, 你須留此. 生欲從其言, 而見其國人多詐難信, 又聞距本國甚遠不果云)."(이수광, 『조완벽전』, 252쪽)

"안남 사람들은 조완벽을 보고 자기 나라에 도망쳐 있으면 나중에 중국을 통해서 조선으로 돌아가게 해 주겠노라고 권했으나 아무래도 미덥지 않아 끝내 따르지 않았다고 한다((安南人)其見完璧也, 有勸以逃着此國, 使之通中國以回朝鮮云. 而見其多詐難信, 終不肯從云)."(정사신, 『조완벽전』, 463쪽)

23) "조생은 정미년(1607)에 여우길 등이 회답사로 갔을 적에 주인에게 간절히 사정하여 본국으로 돌아올 수 있었다(生至丁未年回答使呂佑吉等入往時, 哀告主倭, 得還本土)."(이수광, 『조완벽전』, 252쪽)

이 부분에 관해서는 여우길과 함께 회답사 副使로 갔던 慶暹의 기록을 통해 증명할 수 있다. 慶暹의 『海槎錄』 閏6月 初1日條에 "포로가 되었던 진주 사인 조완벽은 영리하며 믿을 만한 사람으로, 諭文을 한 차례 보내어 招諭하여 쇄환하게 하였다(被虜晉州士人趙完璧, 伶俐可信人也, 給諭文一度, 使之招諭刷還)"이라 기록되어 있다(『(國譯)海行總載』 第2冊, 原文, 49쪽).

24) 정사신, 『조완벽전』, 463쪽.

2) 고용되어 슈인센에 오른 일과 바다에서의 경험

조완벽은 포로의 신분으로 일본에 끌려가 일본인의 노예가 되었다. 이수광은 그에 대해 "일본인의 노예로서 일이 매우 고되었다. 고향땅이 그리워 언제나 도망쳐 돌아갈 뜻을 품었다"고 기록하였고, 정사신도 그를 "일본인에게 부림을 당해 심부름꾼 노릇을 했으니 우리나라의 노비와 같은 신세였다"고 하였다. 이를 통해 처음 일본에서의 그의 생활이 상당히 고생스러웠음을 알 수 있다. 몇 년 후 상황이 호전될 조짐이 보였다. 이수광의 말과 같이 당시 일본인들은 "본디 목숨을 가볍게 여기고 이익을 중시하는 터라 장사로 본업을 삼고 배를 말안장으로 삼았다. 멀리 바다 밖의 남방 여러 나라에 진출하여 가지 않는 곳이 없었"다. 정사신 또한 당시 일본인들 가운데 "안남국에 가서 무역을 하여 큰 이익을 얻고자 하는 자"들이 있었다. 이에 더해 정사신은 또 일본인이 안남과 무역을 하려면 반드시 두 가지 조건을 갖추어야 했는데, "반드시 바다에 익숙하여 候風을 잘하는 자와 글을 쓸 줄 알아 의사소통할 수 있는 자를 중국의 浙江에서 구한 이후에야 함께 태우고 출항했다"고 언급하고 있다. 기록에 따르면 조완벽의 고용주가 된 일본 상인은 이미 항해 기술이 뛰어난 절강 사람을 먼저 구하여 첫 번째 조건을 갖추고 있었으나, 글을 쓸 줄 알고 의사소통할 수 있는 사람을 찾지 못하여(여기에서 글을 쓸 줄 알고 의사소통을 한다는 것은 당연히 한자를 이해하는 것을 가리킨다) 난감해 하고 있었다. 조선의 사족(士族) 출신으로서의 조완벽은 어릴 때부터 글을 배웠고 '글을 알고 이해'한다는 이유로 강요를 받아 출항하게 된 것이다. 정사신의 기록에 따르면 일본 상인은 또 조완벽에게 "맹세하는 글을 써서 굳게 약속하였다. 안남을 다녀온 후에는 가고 싶은 데로 가도록 너를 길이 방면해 줄 것"이라고 하였다. "조완벽은 고국으로 돌아가고 싶은 마음이 간절했던 터라 죽음을 무릅쓰고 따라가기로 하였다." 따라서 "절강 사람과 함께 배를 타고 안남국으로 향했다."[25)]

조완벽이 고용되어 슈인센에 오른 기록에서 재미있는 이야깃거리가 상당한 것을 발견할 수 있다. 예를 들어 당시 일본 상인이 간절히 무역을 하고자 했던 것, "바다 밖의 남방 여러 진출하여 가지 않는 곳이 없다"는 것, 그리고 안남과의 무역으로 큰 이익을 얻는다는 등에 관련된 기록은 당시 번창했던 일본의 대외무역의 상황을 어느 정도 반영하고 있다. 그런데 일본인이 출항할 때 반드시 먼저 중국의 절강 사람을 구하여 배에 태워야 한다는 것은 적어도 그 당시 일본인이 해외 무역을 하고자 하는 의지는 강했지만 항해 기술이 여전히 부족했다는 사실을 말해 준다. 사실 이수광의 『조완벽전』에는 당시 일본인이 반드시 "중국인 중 바닷길에 익숙한 자를 船主로 삼는다" 고 기록한 것 외에도 "倭船은 작아서 큰 바다로 운행하기 어려우므로, 백금(은) 80냥으로 唐船을 구입하는데, 이 배에는 180여 명이 탈 수 있다"고[26)] 기록하였다. 이러한 상황을 통해 당시 일본인의 항해 기술이 부족했던 것은 사람에만 이유가 있는 것이 아니라, 하드웨어, 즉 선박이라는 요소 또한 이와 같았기 때문임을 알 수 있다. 역으로 생각하면 당시 중국의 원양 항해 기술의 수준이 상당히 높았음을 짐작할 수 있다. 일본인이 안남에 무역을 하러 가려면 반드시 한자를 이해하는 사람과 함께해야 한다는 점은 당시 동아시아 전역 더 나아가 아시아 지역에서 '같은 문자를 쓰는' 현상을 반영하고 있는 것이

25) 이수광, 『조완벽전』, 252쪽; 정사신, 『조완벽전』, 462쪽.

26) 이수광, 『조완벽전』, 253쪽. 일본 학자 이와오 세이치도 일본 문헌을 분석하여 『조완벽전』에 기록된 이러한 정황이 사실과 일치함을 제기했다. 당시 일본의 대외 무역에 사용되었던 슈인센은 주로 중국의 福建 일대에서 건조되었는데, 일본 문헌 중에도 이 슈인센의 크기와 규모에 대해 언급하고 있으며, 이는 『조완벽전』에서 180명을 수용할 수 있다는 기록과 부합된다(岩生成一, 앞의 글, 5쪽 참조).

다. 이 사건에서 일본 상인이 고용한 한문 번역가는 중국인이 아니라 한자를 잘 아는 조선인이었다는 사실이 더욱 희극적이다. 사실 일본인이 임진왜란 중에 포로가 된 한자를 아는 조선인을 해외 무역에서 한문 번역을 담당하는 사람으로 이용한 상황은 절대 특별한 현상이 아니다. 중국 문헌 중에도 연해에서 박격된 일본 표류 상선에 번역을 담당하는 조선인이 있었다는 기록이 있다.27)

안남에서 돌아온 후 고국으로 돌아갈 수 있다는 기대를 품고 조완벽은 위험을 무릅쓰고 먼 바다를 항해하는 여정에 올랐다. 하지만 나중에 일본 고용주는 이랬다저랬다 하면서 전혀 약속을 지키지 않았고 그 일은 뒷전으로 밀려났다.28) 지금 볼 수 있는 『조완벽전』에는 그의 바다에서의 경험이 모두 일정한 편폭으로 기록되어 있는데, 그 중 이수광과 정사신의 기록이 특히 자세하다. 이러한 항해 노정, 항해 기술 및 바다에서의 기이한 견문 등을 포함하는 기록은 고대 아시아 해역 및 해역에서의 활동을 이해하는 데 흥미로운 자료를 제공해 준다.

27)『皇明神宗皇帝實錄』萬曆 37年(1609年) 5月 2日條: “표류하다 복건 小埕에 들어온 왜인선이 있었는데, 수군이 漳港 및 仙崎까지 그들을 추격하였다. 포로로 잡은 이들은 27명이었는데, 통역해 보니 일본 상인이 이역에 장사를 가다 풍랑을 만나 표류한 것이라 하였다. 그들 중에 조선 사람은 지난해 일본에 포로로 잡혀 팔린 자였는데, 다음으로 呂宋과 西番에 갈 계획이라고 하였다. 이들 중에는 미리 스스로를 팔아 심부름꾼이 되기도 하였고 어떤 자는 배에 타 조선으로 돌아갔다.”(岩生成一, 「安南國渡航朝鮮人趙完壁伝について」, 7쪽에서 재인용).

28) 정사신, 『조완벽전』, 463쪽: “조완벽이 일본으로 돌아오자 그의 주인은 약속을 어기고 방면해 주지 않았다. 그리고 다시 안남으로 가기를 강요하여 재차 약속 문서를 작성하였다. 조완벽은 부득이하게 다시 안남을 다녀오게 되었으나 이번에 돌아왔을 때도 역시 방면해 주려고 하지 않았다(完璧旣回日本, 其主倭者背盟不放, 又要再往安南, 更成盟文爲約. 完璧不得已再往, 及還又不肯放去).”

(1) 항해 노정

여러 문헌 중에서도 항해 노정에 대한 이수광의 기록이 가장 자세하다.

> 안남은 일본에서 바닷길로 3만 7천리나 떨어져 있다. 薩摩州(사츠마슈)에서 출항하면 중국의 漳州, 廣東 등지를 거쳐 안남의 興元(흥옌)縣에 당도한다.[29]
>
> 조생은 이런 말을 하기도 했다. 바닷물은 서쪽은 높고 동쪽은 낮다. 廣東에서 70리 거리에 있는 바다 가운데 鷄龍山이 있는데, 산은 아주 높고 험하며 땅은 온통 나지막하다. 계룡산 동쪽으로 물이 꺾여 흐르기 때문에 배로 가기에 매우 위험하다. 반드시 계룡산 안쪽으로 통과해야 하며, 그렇지 않으면 쓸려 가서 동쪽 바다까지 가야 멈출 수 있었다. 대개 물의 형세가 이처럼 사납고 급했다. 일본에서 주야로 40일 또는 50~60일을 항해해야만 비로소 안남 땅에 닿을 수 있었다. 돌아올 때는 물의 흐름을 따라서 항해하기 때문에 밤낮으로 15일이면 일본 땅에 닿을 수 있다. 큰 바다에서 항해를 하자면 바람을 이용해야 하므로 매년 3, 4, 5월이라야 갈 수 있고 6월 이후에는 갈 수 없었다.[30]

일본에서 안남까지의 해로 여정과 항해 노선에 관해는 다음과 같이 기록하였다. "안남은 일본에서 바닷길로 3만 7천 리다. 살마주(사

---

29) 李晬光, 『趙完璧傳』, 252쪽: "安南去日本海路三萬七千里, 由薩摩州開洋, 曆中朝漳州、廣東等界, 抵安南興元縣."

30) 이수광, 『조완벽전』, 253쪽: "生又言海水西高東下. 距廣東七十里, 海中有鷄龍山, 山極高峻, 地皆淺灘. 鷄龍山之東, 水折而東走, 舟行甚艱, 必由山內以過, 不然則漂流至東海乃止. 蓋水勢悍急如此. 自日本晝夜行四十日或五六十日始達安南, 還時則順流十五晝夜可抵日本矣. 大海中舟行以風便, 故每三、四、五月可行, 六月以後不得行舟."

츠마슈)에서 출항하면 중국의 장주, 광동 등지를 거쳐 안남의 홍원(홍옌)현에 당도한다." 항해 시간에 대해서도 다음과 같이 상세히 기록하고 있다. "일본에서 주야로 40일 또는 50~60일을 항해해야만 비로소 안남 땅에 닿을 수 있었다. 돌아올 때는 물의 흐름을 따라서 항해하기 때문에 밤낮으로 15일이면 일본 땅에 닿을 수 있다. 큰 바다에서 항해를 하자면 바람을 이용해야 하므로 매년 3, 4, 5월이라야 갈 수 있고 6월 이후에는 갈 수 없다." 이를 통해 당시 일본과 안남 간의 해로는 가는 여정과 돌아오는 여정에 필요한 시간이 반 이상 차이가 났던 것을 알 수 있다. 주지하다시피 고대에는 주로 바람의 힘을 빌려 범선으로 항해했고, 풍향이 배의 속도에 결정적인 영향을 미쳤으며, 이외에 해류도 매우 중요한 요소였으므로 가고 돌아옴에 소요되는 시간이 다른 것은 지극히 당연한 일이었다. 그런데 이수광은 당시 기록에서 이미 "큰 바다에서 항해를 하자면 바람을 이용해야 한다"는 것을 제시하면서 동시에 조완벽이 가고 오는데 걸리는 시간이 다르다고 한 원인 중 하나는 "바닷물은 서쪽은 높고 동쪽은 낮기" 때문이라고 언급하였다. 이것은 지금의 관점으로 보자면 과학적인 부분은 떨어지지만 당시 사람들의 바다에 대한 인식을 대략 반영하고 있는 것이다. 이외에도 이수광은 이 항로가 "매년 3, 4, 5월이라야 갈 수 있고, 6월 이후에는 갈 수 없다"고 언급하였는데, 이것은 실제로 아시아 해역의 계절풍 문제를 반영하고 있다. 이뿐만 아니라 그는 또 다음과 같이 기록하고 있다. "廣東에서 70리 거리에 있는 바다 가운데 鷄龍山이 있는데, 산은 아주 높고 험하며 땅은 온통 나지막하다. 계룡산 동쪽으로 물이 꺾여 흐르기 때문에 배로 가기에 매우 위험하다. 반드시 계룡산 안쪽으로 통과해야 하며, 그렇지 않으면 쓸려가서 동쪽 바다까지 가야 멈출 수 있었다." 이것은 중국 동남연해 일대의 해류 문제를 말하고 있는 것이 분명하다.

(2) 항해 기술

상대적으로 정사신의 기록에는 항해 기술과 관련된 내용이 훨씬 많다.

> 절강 사람이 늘 선상에서 풍향을 관측하는 五緉扇 및 日影臺를 이용하여 바람의 방위를 잡았으며 밤에는 별자리를 보고 방위를 분간했다. 절강 사람은 어느 방향으로 해서 어느 나라로 가는 길을 雲南, 閩浙, 寧波, 일본, 南蠻, 조선, 耽羅 등지까지 손바닥을 들여다보듯 환히 알고 있었다. 또 바다 밑의 흙 색깔로 어느 지방인지를 알아냈다. 항상 긴 닻줄 끝에 철추를 매달고 철추 밑에 찰밥을 붙여 긴 밧줄을 이어서 아래로 내리면 곧장 3백, 4백 길 아래까지 닿는다. 철추 아래로 묻어 나온 흙을 살펴서 혹은 검고 혹은 흰 것으로 그 지역이 어딘지 알아내는 것이다.[31]

여기에서 언급한 풍향을 관측하는 오량선과 일영대 및 밤에는 별자리를 보는 일 등은 항해 중에 풍향과 방위의 변별을 돕는 기구이자 기술이다. 물론 기구와 기술보다 더 중요한 것은 역시 경험이었다. 배 위의 절강 사람은 "운남, 민절, 영파, 일본, 남만, 조선, 탐라 등지까지 손바닥을 들여다보듯 훤히 알고 있는" 것이야말로 항해의 성공을 보장하는 가장 중요한 요소인 것이다. 하지만 상술한 것들보다, 기록하는 사람이 가장 흥미를 느꼈던 부분은 '바다 밑 흙 색깔'로 방위를 분별하는 절강 사람의 기술이었던 듯하다. 정사신이 이 부분을

---

31) 정사신, 『조완벽전』, 462쪽: "浙江人常於船上, 持候風五緉扇及日影臺. 夜則看星象以分方位, 及由某方向某國之路, 如雲南閩浙寧波日本南蠻朝鮮耽羅之屬, 了然指掌. 又以海底沙土之色, 辨其爲某地某方. 常以長繩懸鐵錘, 於錘下塗粘糊飯, 繫長繩而下, 或至直下三四百餘把者, 看其錘底所粘出沙土或壚或白, 以辨其地方焉."

상세히 기록하였을 뿐 아니라 이수광과 이준 역시 항해기술과 관련된 내용을 많이 적지는 않았으나 모두 약속이라도 한 듯 이 점을 언급하고 있다.[32] 이는 분명 그들이 보기에 이 기술이 비교적 신기했기 때문일 것이다. 이 기술에 있어서는 정사신이 자세한 사정까지도 가장 많이 언급하고 있으며, 그 구체적 방법이 "긴 닻줄 끝에 철추를 매달고 철추 밑에 찰밥을 붙여 긴 밧줄을 이어서 아래로 내리면 곧장 3백, 4백 길 아래까지 닿으면" 철추 아래로 흙이 묻어나온 다는 것도 포괄하여 언급하고 있다. 뿐만 아니라 절강 사람이 바다 밑 흙의 색깔이 혹은 검고 혹은 흰 것으로 방위를 알아내는 것까지 언급하였다. 이러한 방법의 근거가 무엇인지, 어떻게 분별하는 것인지에 대해서는 알 수 없으나 일본 학자 이와오 세이치의 말에 따르면, 이러한 방법이 일본의 항해 사료의 기록에도 많다고 하였다.[33] 이를 통해 그 방법이 당시에 비교적 보편적으로 사용되던 경험적 항해 기술임을 알 수 있다.

(3) 바다에서의 견문

조완벽 사건의 기록자로서 '흙을 건져 색을 보고 방위를 분별하는' 방법이 신선하긴 했지만, 조완벽이 말한 다른 해상 견문과 비교해 보면 그야말로 초라하기 그지없는 것이었다. 이 절에서는 이수광, 정사신, 이준 세 기록자가 하나도 예외 없이 모두 기록한 내용, 바로

---

32) 이수광은 "또 밧줄을 아래로 드리워 갈고리로 바다 밑 흙을 끌어올려서 그 색깔을 보아 방위와 원근을 분별하였다(又用繩索垂下, 鉤出水底土, 以其色辨方位遠近)"(이수광, 『조완벽전』, 253쪽)고 기록하고 있고 이준은 "바닷길을 잘 아는 중국 사람과 동행하였는데, 갈고리로 바다 밑 흙을 끌어올려서 그 색깔을 살펴 방위를 분별하였다(有華人之鮮事者同在行中, 鉤出水底土, 視色而辨方焉)"(이준, 『記趙完璧見聞』, 446쪽)고 기록하고 있다.

33) 岩生成一, 앞의 글, 6쪽 참조.

조완벽이 '바다에서 용을 만난' 기이한 견문을 언급하고자 한다. 정사신의 기록에 따르면, 조완벽은 바다 위에서 선장이 그에게 해 주던 괴이한 이야기를 듣곤 했다. 예를 들면 바다에서는 때로 '여인의 형상과 비슷한 괴물'을 만날 수 있는데, 이 여인의 모습을 한 바다 괴물은 "예로부터 전하는 말에 따르면 이는 漢나라 때 물에 빠져 죽은 귀신"이다. 마주치면 "반드시 유밀과나 국수, 떡, 등 것으로 제사를 지내고 바다에 던져야만 배가 전복되는 화를 면할 수 있다". 또 바다에서는 항상 고래를 마주칠 수 있는데, 그 상황을 "큰 고래가 바다를 가로질러 물을 뿜어 하늘에 퍼지는 것을 본다"고 묘사하고 있다. 이러한 상황에서의 대처법은 "닻을 내려 배를 멈추고 있다가 그치기를 기다린 후에 지나가는" 것이다. 그런데 바다 괴물과 고래 같은 것은 용에 비교하면 그저 작은 무당이 큰 무당을 만난 것쯤으로 여길 수 있다. 선장의 말에 따르면 "남해에는 늘 안개가 자욱하고 비가 오기 때문에 바다 속에는 큰 용이 많다고 한다. 바다에 있는 용은 필시 어떠한 물건에 기대 몸을 걸쳐야만 구름을 얻어 변신하고 승천하기 마련이라고 한다. 그러한 경우, 용이 배 위에 몸을 걸치면 배는 분명 번복될 수밖에 없는 까닭에 뱃사람들은 용이 다가오는 것을 보면 기겁하여 얼굴이 하얗게 질린다". 하지만 용이라고 해서 대처법이 아주 없는 것은 아니다. 용을 물리치는 방법은 "생닭 50~60마리를 불에 태워 냄새를 풍기고 그것을 찢어 뱃머리에서 바다로 던지면 용이 물 밑으로 사라지므로 재난도 사라지게 된다". 그러므로 당시 먼 바다를 항해하던 배에서는 반드시 "항상 닭 수백 마리를 싣고 항해해야만 했다".[34]

당연히 이 부분을 기록할 때는 바다 괴물, 고래, 심지어 용과 관련

---

34) 정사신, 『조완벽전』, 462쪽.

된 이러한 일은 그저 전해들은 수준으로 남겨두고, 항해 중 무료한 시기에 선장의 이야깃거리였을 뿐인 이 내용을 생략하지 않았다. 가장 신기한 것은 조완벽의 말대로 그가 직접 용을 만났다는 것이다. 정사신은 "조완벽이 안남국을 두 번 왕래하는 사이에 청룡을 한 번 만났는데, 비늘을 번쩍이고 꿈틀거리며 다가올 때 이와 같이 제를 올려 물리쳤다고 했다"고[35] 기록하고 있으며, 이수광과 이준도 조완벽이 '바다에서 용을 만난' 경험을 생생하게 기록했다.[36] 더욱이 이수광은 선원이 일반적인 방법으로 용을 쫓지 못하자 총포 수십대로 일제히 사격하고 난 후에야 쫓을 수 있었다는 세세한 내용까지 묘사하고 있다.[37] '바다에서 용을 만난' 이 이야기는 지나치게 황당무계

---

35) 정사신, 『조완벽전』, 462쪽: "完璧之再往來也, 適一遇青龍, 其鱗甲光芒, 蜿蜒來去也. 其禳之如許云."

36) 이수광은 "하루는 수십 보 안의 거리에서 검푸른 용이 갑자기 나타 뱃사람들이 모두 아연실색하였다. 이윽고 검은 안개가 공중에 펼쳐지고 오색 무지개가 나타나더니 우박이 떨어지고 파도가 용솟음쳤다. 배가 위아래로 흔들려 거의 전복될 지경에 이르기를 서너 차례나 하였다. 대개 용이 솟구쳐 하늘로 오르려다가 떨어지기 때문이라는 것이다. 뱃사람들은 매양 용을 만나면 급히 유황이나 닭털을 태우는데 용이 그 냄새를 싫어해서 피해 간다고 했다. 이날도 다급한 판에 닭 수십 마리를 산 채로 잡아 불 속에 던져 태웠다. 그래도 용이 배에 접근해 와서 사람들은 어찌할 바를 몰라 화포 수십 정에 장전을 해서 일시에 발사하니 용이 그제야 물속으로 사라져 마침내 위기에서 벗어날 수 있었다(一日, 數十步外, 有蒼龍奄至. 舟人失色. 俄而黑霧漲空, 有五色虹覆之, 雨雹交下, 波濤騰湧如沸. 舟上下震蕩幾復, 如是者三四. 蓋龍奮迅欲升空而未能故也. 舟人每遇龍則輒爇硫黃及鷄毛, 龍惡其臭避去. 是日倉卒, 取數十活鷄投火燒之. 龍又將逼舟, 舟人計沒奈何. 以銃炮數十, 一時齊發, 龍忽沒水去, 遂得脫云)"라고 기록하였으며(이수광, 『조완벽전』, 253~254쪽), 이준은 "하루는 저 멀리 수십 보 너머를 바라보고 있는데, 흰 거품이 하늘에 흩어지더니 비늘이 번쩍번쩍 빛을 내며 꿈틀꿈틀 다가왔다. 용은 배에 몸을 걸치고 쉬려고 하는 듯했는데, 이것은 아마도 용이 바다 속에서 힘껏 뛰어올라 하늘로 올라가려고 하였으나 힘이 부족하였기 때문이었던 것으로 보인다. 이 용은 일행들이 모두 깜짝 놀라 생닭을 태워 수십 마리를 던지고 난 후에야 물러섰다(一日, 望見數十步之外, 白沫灑空, 鱗甲閃閃, 漸見蜿蜒而前, 若欲跨行舟而偃息者, 蓋龍自海中欲奮迅騰空, 而未易致力故也. 一行愕眙, 煨活鷄累十投之, 乃避去)"(이준, 『기조완벽견문』, 446쪽)라 기록하고 있다.

37) 화포를 쏘아 용을 물리쳤다는 이수광의 기록은 의심스러운 부분이 있다. 현대 연구자들은 일반적으로 이준과 정사신이 조완벽의 사건을 먼저 듣고 난 후 이수광에게 말해 준 것이라고 추측한다. 하지만 이준과 정사신의 기록은 모두 닭을 태워 용을 물리쳤다는 것에

한 일이 분명하지만, 일반적으로 조완벽 사건을 연구하는 학자들은 모두 이 용을 고래 같은 대형 바다 생물로 여기는 경향이 있으나, 그것은 분명 바다 위의 자연 현상이었을 것이다. 海龍卷은 바다에서 발생하는 회오리바람으로, 그 모습 때문에 고대의 항해자들은 이러한 자연 현상을 용으로 상상했을 가능성이 매우 높으며, 많은 과학 연구에서 중국의 남해 일대는 그 특수한 자연 조건으로 인해 해룡권이 많이 발생하는 지대임을 제기하였다. 사실, 조완벽이 만난 것이 용인가, 고래인가, 아니면 바다의 회오리바람인가 하는 이 문제에 대해서는 깊이 토론할 필요가 없다. 생각해 보아야 할 것은 당시에 조완벽이 자신이 본 것을 용으로 여겼는데, 전달하는 사람도 아무런 의심이 없었다는 점이다. 이 배후의 문제는 무엇인가? 한마디로 말하자면 현대의 인지 수준으로 옛 사람들의 생각을 추측해서는 안 된다는 것이다. 특히 역사 연구에 있어서는 더욱 그러하다. 이외에도 '바다에서 용을 만난' 이 이야기의 존재는 대략 상술한 이수광의 사적과 마찬가지로 조완벽 사건이 후대에 전해지는 데 일정한 이바지를 했다고 사료된다.

3) 安南에서의 견문

조완벽은 일본 상선을 타고 50여 일 동안의 항해 끝에 결국 안남에 당도했다.[38] 조완벽이 안남에서 보고 들은 것은 현존하는 여러 『조

서 그치고 있을 뿐 화포를 쏘아 용을 물리치는 내용은 기록에 없다. 그렇다면 화포를 쏘아 용을 물리쳤다는 기록은 또 어디에서 온 것일까? 이것은 이수광이 『조완벽전』을 쓰기 위해 조완벽에게 그 상황을 다시 알아본 것이거나 문학성을 가미한 자신의 창작물일 것이나 고증할 수 없는 문제이다.

38) 정사신, 『조완벽전』, 462쪽: "배로 50여 일을 가서 안남국 변경에 당도했다(舟行五十餘日, 乃達安南國界)."

완벽전』의 가장 핵심적인 기록으로, 대략 세 가지 내용으로 다음과 같이 요약할 수 있다.

(1) 安南에 유행한 李芝峰의 詩

앞서 조완벽 사건의 유전에 대해 서술하면서 조완벽이 이수광(이지봉)의 시문이 안남에서 유행하던 것을 발견한 것을 이미 언급한 바 있다. 사건의 구체적인 과정은 아래와 같다.

> 文理侯 鄭勦라는 이가 환관으로 권력을 잡고 있었다. 나이는 80세였으며, 그가 사는 집은 굉장히 호사스러웠다. 그 지방 사람들은 대체로 지붕을 띠로 덮는데 문리후 집만은 油灰를 써서 기와를 이었으며, 공작 깃털로 짠 생초로 휘장을 둘렀다. 어느 날 조생이 초청을 받고 문리후 집으로 갔더니, 높은 벼슬아치 수십 사람이 둘러 앉아 잔치를 벌이고 있었다. 그네들은 조생이 조선 사람이란 말을 듣고 다들 친절하게 대접하며 술과 음식을 실컷 먹도록 했다. 포로가 된 연유를 묻고는 말했다. "왜인들이 귀국을 폭력적으로 침략했다는 것은 우리도 들었소." 저들은 자못 동정하며 딱하게 여기는 기색을 보였다. 이내 책 한 권을 꺼내 보이며 말했다. "이것은 귀국 사람 이지봉의 시라오. [지봉은 곧 나, 수광의 호이다. 그 시는 내가 정유년 중국에 사신으로 갔을 적에 안남 사신을 만나 주었던 것이다.] 당신은 고려 사람이니 이지봉을 당연히 아시겠지요?" 조생은 본디 시골 사람으로 젊은 나이에 포로가 된 터라 이름으로 부르지 않고 지봉이라 일컬은 까닭에 지봉이 누구인지 몰랐다. 그들은 모두 의아해했다. 조생이 그 책을 읽어 보니 고금의 명작들이 수백 편 수록되어 있는데, 그 첫머리에 "조선국 사신 이지봉의 시"라 쓰여 있고, 글자마다 朱墨으로 批點이 찍혀 있었다. 또한 그 시편에서 특히 "산은 기이한 형상으로 솟아

상아가 많이 나고(山出異形饒象骨)”라는 한 聯을 가리키면서 “이곳에 象山이란 지명이 있으니 더욱 묘하군요.”라고 말하며, 서로 칭송하기를 마지않았다. 며칠 후 조생은 또 그곳의 한 선비의 초청을 받아 성대한 대접을 받았다. “귀국은 禮義之邦으로 일컫는데 우리나라도 다르지 않습니다.” 그 자리에서 선비는 조생에게 여러 가지로 위로하는 말을 했다. 대화를 나누는 사이에 선비가 또 책 한 권을 꺼내 보이며 말했다. “이것은 귀국의 재상 이지봉의 작품이라오. 우리나라 유생들은 너나없이 초록해서 외운답니다. 당신도 한번 보시오.” 조생은 당시의 처지가 조석을 생각할 여유가 없었으므로 자세히 살필 베낄 마음이 일지 않아, 紙筆을 청해 그 중 몇 편만을 베껴 배로 돌아왔다. 그 후 학교의 유생들을 보니 과연 이 책을 가지고 있는 자가 많았다.[39]

조완벽이 조선인이라는 일이라는 이유로 안남인들은 그가 온 것에 매우 흥미가 있었던 것 같다.[40] 현지의 고관 문리후 정초도 일부러

---

39) 이수광, 『조완벽전』, 252쪽: “(安南)有文理侯鄭剿者, 以宦官用事, 年八十, 居處甚侈, 地多茅蓋, 而唯文理侯家用瓦, 瓦縫用油灰, 以孔雀羽織綃爲帳. 一日文理侯招生, 生至則有高官數十人列坐飮宴. 聞生爲朝鮮人, 皆厚待之. 且饋酒食. 問其被擄之由曰, 倭奴之侵暴貴國, 俺等亦聞之, 頗有憫惻之色. 仍出一卷書示之曰, 此乃貴國李芝峰詩也. [芝峰即睟光號, 詩即睟光丁酉奉使中朝時, 贈其國使臣者也.] 你是高麗人, 能識李芝峰乎? 生以鄕生, 年少被擄, 又不斥名, 而稱芝峰, 故不省芝峰爲誰某. 眾歎訝久之. 生閱過其書, 則多記古今名作無慮累百篇. 而首題曰“朝鮮國使臣李芝峰詩”, 皆以朱墨批點. 且指其中“山出異形饒象骨”一聯曰: 此地有象山, 所以尤妙. 相與稱賞不已. 既數日, 儒生等又請致于其家, 盛酒饌以餉之. 因言貴國乃禮義之邦, 與鄙國同體, 慰諭備至. 談間出示一書曰: 此貴國宰相李芝峰之作, 我諸生人人抄錄而誦之, 你可觀之. 生自以朝夕人, 無意省錄, 且請紙筆, 只傳寫數篇而還舟. 厥後見學校中諸生, 果多挾是書者.”

이 사건에 대한 이수광의 기록이 가장 상세하다. 예를 들면 문리후 정초라는 이 인물은 이수광의 기록에만 보일 뿐, 정사신과 이준의 기록에는 언급되어 있지 않다. 이와오 세이치의 연구에 따르면 문리후 정초는 안남의 역사에 등장하는 실존인물이며, 당시 안남 會安省 興元縣(趙完壁 등이 당도했던 곳)에서 안남의 대외무역 사무를 전문적으로 담당하던 관리라고 하였다(岩生成一, 「安南國渡航朝鮮人趙完壁伝について」, 4~6쪽). 따라서 이 인물의 출현으로 조완벽 사건의 신뢰도가 어느 정도 향상되었다.

40) 이준, 앞의 책, 446쪽: “조생이 조선 사람이란 말을 듣고 앞 다투어 조생을 보러 왔다(聞

그를 초대하여 주연에 참가시키기까지 하였다. 연회석상에서 그들은 조완벽의 경험 및 그와 관련된 전쟁 상황에 대해 이야기하였는데 이것으로부터 당시 안남인들이 조선에 발생한 사건에 대해 이해하고 있었음을 알 수 있다. 동시에 조완벽이 조선인이었기 때문에 안남인들은 그에게 현지에 전해진 조선인의 시집『조선국사신이지봉시』를 보여 주었다. 유감스러운 것은 조완벽이 나이가 어리고 견식이 짧아 당시 이지봉이 어떤 사람인지 알지 못하였다는 점이다. 심지어는 당연히 이지봉이 아마도 조선의 옛 사람일 것이라고 생각하기도 하였다. 하지만 그는 안남 유생들이 이지봉의 시문을 앞다투어 베껴 쓰고, 학교의 모든 유생들이 '이 책을 가지고 있는 자가 많았던' 것에 깊은 인상을 받았다. 그래서 고국으로 돌아오자마자 다른 이에게 이 일을 말했고, 그제야 그 이지봉이 당대의 명신 이수광임을 알게 되었다. 당시에 이수광은 이미 광해군에게 직간을 한 것으로 명성을 떨쳤고, 그 지위 역시 이미 일이 품의 반열에 있었다.

이수광의『조완벽전』에는 안남인이 자신의 詩作을 전송하고 있는 것에 대해 다만 "산은 기이한 형상으로 솟아 상아가 많이 나고" 이 한 구절만을 언급하고 있다. 그러나 정사신과 이준은 시문의 내용에 대대 어떤 부분은 상세하게 또 어떤 부분은 간략하게 기록하였다.41)

生爲東國人, 爭來見)."

41) 정사신은 "안남 선비가 이지봉의 시를 외웠다. '중역(이중 통역)으로 군왕을 배알하네. 한나라 때 銅柱標가 세워진 곳이요, 주나라 때 공헌하던 越裳國이로다. 산이 기이한 형상으로 솟아 호골이 풍요롭고 땅에 영기가 서려 龍香이 생산되네.' 처음과 끝 세 구절을 전하지 않았던 것은 조완벽이 글을 이해하지 못해서 듣고도 자세히 알 수 없었던 것이 아니겠는가? 또 '상아가 풍요롭다'의 象자를 虎자로 바꾸어 외웠는데 전송하는 과정에서 잘못 전해진 것이 아니겠는가?((安南人)仍誦芝峰所作, '遠憑重譯謁君王. 提封漢代新銅柱, 貢獻周家舊越裳. 山出異形饒虎骨, 地蒸靈氣産龍香'等. 末句首尾三句則不傳之. 豈完璧粗解文, 聞之不能詳耶? 且饒象骨之象字, 以虎字傳誦云, 豈亦誦之者之訛耶?)"라 하였다(정사신,『조완벽전』, 463쪽). 정사신은 조완벽이 말한 시문에 처음과 끝 세 구절이 누락되었음을 문제 삼았으며 그 중에는 또 틀린 글자도 있었다. 하지만 이준은 이 시를 완전하게 기록하고

詩作의 전문은 이러하다.

萬里來從瘴癘鄉,	만리나 먼 瘴氣 많은 고장에 와서
遠憑重譯謁君王.	중역(이중 통역)으로 군왕을 배알하네
提封漢代新銅柱,	한나라 때 銅柱標가 세워진 곳이요
貢獻周家舊越裳.	주나라 때 공헌하던 越裳國이로다
山出異形饒象骨,	산이 기이한 형상으로 솟아 상아가 풍요롭고
地蒸靈氣產龍香.	땅에 영기가 서려 龍香이 생산되네
即今中國逢神聖,	이제 중국의 신성한 황제를 만나
千載風恬海不揚.	좀처럼 얻기 어려운 태평성대 누리누나

이수광은 이 시가 그가 "丁酉년에 사신으로 중국에 갔을 때 안남의 사신에게 준 것"이라고 하였고, 이준도 "이 시는 공이 북경을 방문했을 때 안남 사신 풍극관을 객사에서 만나 서로 주고받은 것"이라고 하였다.[42] 1597년에 이수광은 이미 정3품의 관직을 제수받았고, 成均館 大司成과 承政院 右承旨 등의 직책을 맡았다. 그는 進慰使 신분으로 명나라에 사신으로 갔고, 그 기간에 안남 사신 풍극관과 자주 왕래하였는데, 그들이 주고받은 詩作이 두 사람의 문집에 모두 수록되어 있다.[43]

있다. 이것은 이준 자신이 보충하여 넣은 것이 분명하다(위의 책, 446쪽).

42) 이준, 위의 책, 446쪽: "詩即公聘上國時遇安南使臣馮克寬於逆旅, 相與酬唱者也."

43) 당시 이수광이 풍극관에게 준 시는 모두 두 수이다. 앞서 인용한 시 외에 다른 한 편은 "듣건대 그대의 집 구진에 있다 하니, 물길 산길 일만여 리구려. 의관과 제도 다르다 말하지 마소, 문자를 가져 시서를 함께 하지 않는가. 백치 받친 뒤부터 오랑캐 지방과 통했었는데, 지금 포모 바치러 상여타고 조회왔네. 염주를 돌아다보면 돌아갈 길 먼데 누가 다시 지남거를 만들어주려나(聞君家在九真居, 水驛山程萬里餘. 休道衣冠殊制度, 卻將文字共詩書. 來國獻雉通蠻徼, 貢爲包茅覲象輿. 回首炎州歸路遠, 有誰重作指南車)". 풍극관이 화답한 시도 역시 두 수가 있다. "이역이 다같이 예의의 나라에 귀의하니, 기쁘게도 오늘 함께 입조하게 되었구려. 조회하는 반열에는 온 나라의 관이 잇달았고 관광으로는 순임금의 문물을 보겠

(2) 安南의 國情, 풍속과 물산

정보의 전파라는 관점에서 보면 지봉의 시가 안남에서 유행했다는 것은 조완벽이 가지고 온 대량의 안남 정보들 중에서 극히 작은 일부분에 지나지 않는다. 고대 조선인들이 안남에 대한 인식을 높여줄 수 있는 진정한 정보는 여러 『조완벽전』에서 집중적으로 기록하고 있는 안남의 국정, 풍속, 물산 등에 관한 내용이다.

안남의 국정과 관련하여 이수광의 기록에는 다음의 두 가지가 언급되어 있다. 첫째는 조완벽이 도착한 항구도시 홍원(홍옌)현이 당시 안남의 수도였던 '東京(통킹, 하노이)'에서 80리 거리에 있었다는 지리적 개념이고, 둘째는 당시 안남은 "나라가 둘로 나뉘어 있었는데, 하나는 안남국이고 다른 하나는 交趾國이었다. 서로 전쟁을 벌이고 있었으나 승패가 결정되지 않은 상태였다"는[44] 안남의 국내 정치 상황이다. 정사신은 안남에서 시행되는 과거제도의 상황에 대해 "향거는 우리나라 지방 고을에서 시험을 보여 서울로 올려 보내는 것과 비슷했다"라고 언급하였으며,[45] 이준은 안남의 "시서를 익히는 교육과

네. 궁정에서 잔치 베푸니 황제의 은택 젖었고 돌아가는 소매에는 천향의 향내 풍기네. 군자라야 진군자를 알아보는 법, 요행히 시로 칭찬을 받았구려(異域同歸禮義鄉, 喜逢今日共來王. 趨朝接武殷冠冔, 觀國瞻光舜冕裳. 宴饗在庭沾帝澤, 歸來滿袖惹天香. 唯君子識眞君子, 幸得詩中一表揚)", "어디에서나 안거하고자 하지만 편치 않았건만 예로 맞아주고 진심으로 대해 주니 기쁘기 그지없어라. 그대와 나 비록 나라는 다르나 연원은 같은 성현의 경적에 있으리. 교린에는 신뢰가 근본이니 덕으로 나아가 깊이 헤아려 공경히 가마를 만드노니. 기억하리라 그대가 가마 타고 돌아가는 날 동남쪽에서 오색 운거 보았던 것을(義安何地不安居, 禮接誠交樂有餘. 彼此雖殊山海域, 淵源同一聖賢書. 交鄰便是信爲本, 進德深惟敬作輿. 記取使軺回國日, 東南五色望雲車)" 이 시들은 모두 이수광의 『芝峰集』 卷8 「安南國使臣唱和問答錄」에 수록되어 있으며(『韓國文集叢刊』 第66冊, 85쪽), 馮克寬의 『使華手澤詩集』과 『梅嶺使華手澤詩集』에도 수록되어 있다(復旦大學文史研究院·成均館大學東亞學術院 合編, 『越南漢文燕行文獻集成(越南所藏編)』 第一冊, 65~66쪽, 98~100쪽).

44) 이수광, 『조완벽전』, 252쪽: "國內中分爲二, 一安南國, 一交趾國, 互相爭戰, 未決勝負."

45) 정사신, 『조완벽전』, 463쪽: "鄉擧則如我國之鄉邑都會試取, 以送于王都云."

관제 법도는 대략 중국의 것과 비슷했다"라고 언급하였다.[46] 이외에 이수광은 『조완벽전』에서 "그곳은 기후가 매우 온난하다", "날씨는 낮엔 뜨겁고 밤에는 서늘하다" 등과 같이 현지 기후 조건에 대해서도 기록하였다. 아울러 안남의 농경상황에 대해서도 "벼농사는 정해진 철이 없이 3월 중에 처음 심는가 하면 거의 익어 가는 곳도 있으며, 추수를 하는 곳도 있다"고 기록하고 있다.[47]

여러 판본의 『조완벽전』에는 안남의 사회 풍속과 인정에 대한 언급을 기록한 것도 상당하다. 예를 들면 이수광은 "그 나라 사람들은 남녀 모두 머리를 풀어 흩뜨리고 맨다리로 신발을 신지 않는데, 벼슬하는 사람들도 다 마찬가지였다"고 하였고,[48] 정사신은 안남인이 맨발에 익숙한 원인에 대해 "대개 이 나라는 땅이 진흙이나 자갈이 없이 부드러운 흰모래로 덮여 있는 데다 기후가 겨울에도 봄처럼 따뜻한 까닭에 맨발로 다녀도 발이 상할 우려가 없다"라고 제시하고 있다.[49] 또 이수광은 치아에 칠을 하는 안남인의 관습 및 장수하는 사람이 많은 현상에 대해 "어른들은 이빨에 검은 칠을 하였다. 이 나라는 장수하는 사람이 많아, 어떤 노인은 머리가 하얗게 셌다가 다시 누렇게 되었고 치아가 어린아이처럼 돋아났다고 하였다. 이른바 黃髮兒齒이다. 그분의 나이를 물으니 120세라 하였다. 백세가 넘은 노인이 종종 있었다"라고 언급하고 있다.[50] '黃髮兒齒'의 이야기는 "이미 복을 많이 받으시어 머리도 누렇고 이도 새로 나셨다네"라는 『詩

---

46) 이준, 앞의 책, 446쪽: "習詩書之教, 官制法度, 略倣中朝."

47) 이수광, 『조완벽전』, 253쪽: "其地甚煖. ……水田耕種無時, 三月間, 有始耕者、有將熟者、有方穫者. 日候晝熱夜涼."

48) 이수광, 『조완벽전』, 252쪽: "其國男女皆被髮赤脚, 無鞋履, 雖官貴者亦然."

49) 정사신, 『조완벽전』, 463쪽: "蓋其國土無泥滓無石塊, 只有軟白沙, 冬暖如春, 故跣行不傷足."

50) 이수광, 『조완벽전』, 252~253쪽: "長者則漆齒. 其人多壽, 有一老人髮白而復黃, 齒則如小兒, 所謂黃髮兒齒者也. 問其年則百有二十, 其過百歲者比比有之."

經·魯頌·閟宮』의 구절로, 장수를 형용하는 데 사용된다. 조완벽은 월남에서 정말로 머리카락이 흰색에서 다시 누런색으로 변하는 어르신을 보았던 것이다. 뿐만 아니라 이수광은 "풍속이 독서를 숭상하여 향촌에는 늘 항상 학당이 있는데, 왕왕 글 읽는 소리가 들린다. 아이들은 다든 唐代 李瀚이 엮은 아동 학습 교재『蒙求』와『陽節潘氏論』를 외웠고 더러는 시문을 익히기도 한다", "글자를 읽는 방식은 입술을 붙여서 소리를 내는 合口聲을 사용하는데, 우리나라에서 글자를 읽는 것과 유사하다", "종이가 무척 귀하여 서적들은 모두 중국에서 간행된 唐本이다", "조총 다루기를 좋아하여 어린아이까지도 총을 쏠 줄 알았다" 등 안국의 사회 상황을 다루기도 하였다.[51]

이외에 정사신은 안남의 여인들이 무역에 열심인 현상을 기록하고, 이것은 안남의 남자가 매년 초에 처첩에게 어느 정도 돈을 주고, 처첩들은 사고파는 활동에 종사하여 생활을 개선시키기 때문이라고 지적하였다.

> 또 이 나라에선 남자들이 처첩을 많이 거느리는데, 부유한 자들은 수십 명에 이르기도 했다. 매년 초봄에 남편 되는 사람이 처첩들에게 금이나 은 약간 냥을 나누어 주어 장사 밑천을 삼도록 했다. 여자들은 남편에게 받은 금과 은으로 그해가 다 갈 때까지 사고파는 행위를 일상으로 했다. 그래서 여자들이 이국의 상선이 들어왔다는 말을 들으면 높은 벼슬아치의 처첩들까지 다 가마를 타고 온 집안의 자녀와 권속들을 거느리고 와서 줄지어 앉아 있다. 일본인들과 값을 흥정하는데 혹은 처녀를 보여주고 폐백을 구하기도 했다. 이네들이 출입할 적에는 앞뒤로 호종을 많이 세워

51) 이수광, 『조완벽전』, 253쪽: "俗尙讀書, 鄕閭往往有學堂, 誦聲相聞. 兒童皆誦蒙求及陽節潘氏論, 或習詩文", "其讀字用合口聲, 與我國字音相近", "但紙最貴, 書籍則皆唐本", "喜習鳥銃, 小兒亦能解放".

행차가 자못 성대했다.[52]

월남의 여인들이 무역 활동에 참가했던 상황과 관련하여, 조선의 제주도민들이 안남으로 표류한 것을 기록한 문헌인 『晝永編』을 통해서도 그 증거를 찾을 수 있다. 당시 제주도 표류민들이 안남인들에게 죽임을 당할 위급한 처지였는데, 그들을 위해 보증인을 세우고 곤경에서 구제한 것은 바로 "비단 옷을 입고 노리개를 휘날리던" 여인들이었다.[53]

안남의 물산과 관련된 기록은 이수광의 『조완벽전』에만 보일 뿐이다.

바다가 가까운 곳임에도 해산물은 풍족하지 않다. 과일은 귤과 여지 외에 별다른 것이 없다. 곶감을 그들에게 주었더니 무엇인지 알지 못했다. 오직 檳榔만을 늘 씹는데 푸른 잎사귀에 싸서 씹는 것이었다. 그것이 무슨 나무의 잎인지는 알 수 없었다. (小說 『古今說海』에 '남방 사람들은 빈랑을 먹는데, 扶留藤과 함께 씹으면 떫지 않다.'고 하였는데, 아마도 이것일 것이다.) 빈랑나무는 높이가 여러 길로 쭉 곧고 대나무처럼 마디가 있으며 입은 파초와 비슷했다. 목화는 나무가 높고 큰데 밭머리 곳곳에 서 있다. 꽃은 크기가 작약꽃만 하며, 실을 뽑아 베를 짜면 매우 견고하다. 뽕나무는 벼나 보리처럼 매년 밭에다가 가꾸어 잎사귀를 따서 누에를 먹이는데, 絹紗가 풍족해서 귀천의 구분 없이 다들 입는다. 목이 마르면 사탕수수를 먹는다. 밥은 배고프지 않을 정도로만 먹으며 늘 소주를 마시는 것 같았다. 沈香가루로 기름을 짜서 몸과 얼굴에 바른다. 체형은 멧돼지 같고 색

52) 정사신, 『조완벽전』, 463쪽: "且其國男子多畜妻妾, 豪富者多至數十. 每年春初, 其夫分與金銀若干兩於其妻妾, 使爲買賣資. 其妻妾以其金銀爲終年售納之業以爲常. 故其妻妾聞異國賈舶來至, 則雖卿相之妻妾, 必皆乘屋轎, 盡率一家子女眷屬以來列坐, 與倭人論價, 或示其處女, 求面幣. 其出入, 多從衛前導, 甚盛矣."

53) 鄭東愈, 『晝永編』 四卷四冊, 首爾: 國立中央圖書館, 藏書號: 古091-7, 第二冊, 2쪽 참조.

> 이 검푸른 물소가 있다. 집에서 사람들이 가축으로 길러 쟁기질을 시키고 잡아먹기도 한다. 날씨가 무척 덥기 때문에 낮에는 소들이 물속으로 들어가 있다가 해가 진 후에 밖으로 나온다. 물소는 뿔이 아주 큰데 지금 黑角이 그것이니, 왜인들이 무역해 들여오는 것이다. (『(新)五代史』에서 '占城(참파 왕국)에 水兕가 있다'고 하였는데 이른바 水牛가 외뿔소(兕)가 아닌가 한다.) 코끼리는 오직 老撾(라오스) 지방에서 생산되는데 象山이라 불리는 곳이다. 길이가 가장 길어 5~6척이나 되는 德象이 있다. 국왕은 코끼리를 사육하는데 70마리 정도 되며 행차를 할 적에 코끼리를 탄다. 코끼리 중에는 사람처럼 절을 하며 무릎을 꿇는 놈도 있다. 공작새, 앵무새나 흰 꿩, 자고새 그리고 후추 등이 많이 산출된다.[54]

여기에서 다룬 안남의 상황은 다음과 같다. 안남은 비록 바닷가에 위치하고 있으나 해산물이 결코 많지 않다. 안남에서 나는 과일의 종류는 비교적 단일하다. 귤과 여지가 있을 뿐이다.[55] 안남인은 빈랑을 씹어 먹는 것을 좋아한다. 빈랑의 식용 방법과 빈랑나무의 형태에 대해서도 기록하였다. 안남에서는 도처에서 목화수(목면나무)의 일종을 볼 수 있다. 이 나무는 꽃이 매우 커서 작약과 유사하며, 이러한

---

54) 이수광, 『조완벽전』, 253쪽: "地雖濱海, 海産不敷. 果則橘荔子外, 無他雜果. 饋以乾柹則不識之. 唯常喫檳榔, 以青葉同食, 未知爲何物也. (小說曰, 南人食檳榔, 以扶留藤同咀, 則不澁云. 蓋此物也.) 檳榔樹高數丈, 聳直如竹有節, 葉似芭蕉. 木花樹甚高大, 田頭在處有之, 花大如芍藥, 績而作布甚堅韌. 桑則每年治田種之如禾麥, 摘桑以飼蠶. 絲絹最饒, 無貴賤皆服之. 渴則啖蔗草. 飯則僅取充腸. 常飲燒酒. 用沈香屑作膏塗身面. 有水牛, 形如野豬, 色蒼黑, 人家畜養, 作耕或屠食. 以日氣熱, 故晝則牛盡入水, 日沒後方出. 其角甚大, 即今黑角, 倭奴貿取以來. (五代史云占城有水兕, 所謂水牛, 疑即兕也.) 象則唯老撾地方出焉, 謂之象山, 有德象, 其牙最長幾五六尺. 國王畜象至七十頭, 出則騎象. 象有拜跪如人者. 孔雀、鸚鵡、白雉、鷓鴣、胡椒亦多産焉."

55) 하지만 마찬가지로 이수광은 『조완벽전』에서 "2~3월에 수박이나 참외 등이 나온다(二三月有西瓜甜瓜等物.)"라고 하였으므로, 두 가지가 모순되는 것으로 생각할 수 있다. 사실 옛 사람들은 박과 식물과 과일의 개념을 명확하게 구분하고 있었으나 현대인들은 과일이라고 인식하기 때문일 가능성이 있다.

나무로 매우 질긴 옷감을 만들 수 있다. 안남인은 뽕나무를 밭에서 가꾸었다. 다시 말해 地桑을 심는데 일반 뽕나무보다 수확량이 훨씬 많았기 때문에 안남의 양잠업이 발달하게 되었다. 명주실의 생산량도 많아서 안남인은 귀천을 막론하고 모두 명주실로 지은 옷을 입는다. 이외에 몸체가 큰 물소, 남아시아의 특산물인 코끼리 및 공작, 앵무새, 흰 꿩, 자고새와 같은 동물들에 대해서도 언급하면서 안남에서 후추가 많이 난다고 덧붙이고 있다. 여기에 기록된 안남의 여러 특산물의 상황은 안남의 상황에 대한 객관적 묘사일 뿐만 아니라 이후 조선인들이 받아들이고 인식하게 될 지식 자원이 되었다. 예를 들어 후대의 조선 학자 李圭景은 일종의 백과사전이라 할 수 있는 『五洲衍文长笺散稿』라는 책에서 이수광의 『조완벽전』의 관련 기록을 인용하여 목면, 지상, 공작 등 사물의 속성에 대한 소개를 보충하기도 하였다.

> 交阯 安定縣의 목면은 높이가 한 길 남짓이고, 中原 嶺南의 목면은 높이가 여러 길이다. 봄에 붉은 꽃이 피는데, 攀枝의 종류이다. 우리나라 동쪽 嶺南 晉州府 사람 趙完璧이 왜에 포로로 끌려가 安南國에 간 적이 있는데, 그때 보았던 목화는 나무가 상당히 높고 컸으며 밭머리 곳곳에 서 있었고, 꽃은 크기가 작약꽃만 하며 실을 뽑아 베를 짜면 매우 견고하다고 하였다.
>
> 『趙完璧傳』을 읽어보니, 조완벽은 晉州 사람으로, 표류하여 안남국에 들어갔으나 결국 살아 돌아와 그 나라의 풍속에 대해 많은 것을 전해주었다. 안남국에서는 뽕나무를 심었는데, 밭에 심어 벼나 보리처럼 매년 밭에다가 가꾸어 잎사귀를 따서 누에를 먹이는데, 견사가 풍족하여 귀천의 구분 없이 다들 입는다. 밭에서 자라는 뽕나무는 일반 뽕나무보다 백배나 높고 크므로, 조완벽의 말을 알만하다.

『趙完璧傳』에서 조완벽은 丁酉倭亂을 겪고 포로가 되어 일본으로 끌려갔고 상인을 따라 이리저리 다니다 안남국까지 갔으나 결국 살아 돌아왔다. 그의 말에 따르면 안남에는 공작이 많다고 하였다. 안남 사람 문리후 정초의 집에 공작 깃털로 짠 생초로 휘장을 둘렀다고 할 정도였으니, 그 상황을 알만하였다.[56)]

4) 呂宋, 琉球와 日本에 관한 견문

이수광의 『조완벽전』은 조완벽의 안남에서의 견문 이외에도, 여송, 유구와 일본의 상황에 대해서도 언급하였다. 그 내용은 정사신과 이준의 기록에는 모두 나타나지 않는다.

조생도 저들을 따라서 呂宋國(지금의 필리핀 루손)에 간 적도 있었다. 여송국은 서남쪽 바다 가운데 있는데 여러 진기한 물화가 많이 생산되며 사람들은 대부분 승려처럼 머리를 깎았다. 유구(오키나와)는 땅이 매우 협소하다. 그곳 사람들은 모두들 상투를 옆으로 틀어 올리고 두건을 착용했으며, 칼이나 총 같은 무술에 힘쓰지 않는다. 薩摩(사츠마)에서 3백 리 떨어진 곳에 硫黃山이 있는데 멀리서 바라보면 산 빛이 온통 노랗고 5~6월이 되면 으레 연기와 화염이 올라온다.[57)]

---

56) 이 세 가지의 자료는 각각 李圭景의 『五洲衍文長箋散稿』(上·下編)(東國文化社, 1959), 上編 496쪽, 432쪽, 下編 550쪽에 보인다.
上編 496쪽: "交阯安定縣有木棉, 高丈餘. 中原嶺南木棉樹高數丈. 春開紅花. 即攀枝之類. 我東嶺南晉州府人趙完璧, 俘於倭, 入安南國. 見棉樹甚高大, 田頭在處有之, 花大如芍藥, 績而作布, 甚堅韌云."
432쪽: "愚嘗閱『趙完璧傳』, 完璧即晉州人也, 漂入安南國, 竟得生還, 多傳彼國之俗云. 其國種桑, 每年治田, 種之如禾麥, 摘葉以飼蠶, 故一歲八蠶, 而桑自不貴, 絲絹最饒, 無貴賤皆服之. 其田桑之利, 百倍於高大之桑. 足可知矣."
下編 550쪽: "我東『趙完璧傳』, 完璧丁酉倭亂, 俘入日本. 隨商轉地安南國, 竟生還. 言安南多產孔雀, 國人文理侯鄭剿家, 以孔雀羽織綃爲帳, 其土產可知也."

57) 이수광, 『조완벽전』, 253쪽: "生亦嘗隨往呂宋國, 國在西南海中, 土多寶貨, 人皆髡髮爲僧.

이수광은 조완벽이 일본 상선을 따라 세 차례 안남을 왕복한 것 외에도 항해하여 여송국에 한 차례 다녀온 적이 있다고 하면서, 그 "나라는 서남쪽 바다 가운데에 있는데 여러 진기한 물화가 많이 생산되며 사람들을 대부분 승려처럼 머리를 깎았다"고 하고 있다. 이는 일본 학자 이와오 세이치도 매우 중요하게 본 부분으로, 일본의 문헌 중에 그 당시 상선이 南洋 지역과 무역을 했다는 자료가 지극히 적기 때문이다. 만약 『조완벽전』의 내용이 확실하다면, 17세기 일본 상인이 남양 무역 활동을 시작했다는 새로운 증거를 제공하는 것이다.[58] "유구는 땅이 매우 협소하다. 그곳 사람들은 모두들 상투를 옆으로 틀어 올리고 두건을 착용했으며, 칼이나 총 같은 무술에 힘쓰지 않는다"라고 한 것처럼 유구는 조완벽이 안남과 여송으로 항해할 때 지나갔던 곳이었으므로 간단히 그 인상만을 남기고 있다. 유구 사람들에 대해 "상투를 옆으로 틀어 올리고 두건을 착용했다"고 한 것과 "칼이나 총 같은 무술에 힘쓰지 않는다"라는 묘사는 다른 자료에 보이는 고대 유구의 상황과 기본적으로 모두 부합한다. 이외에 마찬가지로 안남과 여송을 왕래하는 도중에 조완벽은 "살마에서 3백 리 떨어진 곳에 유황산이 있는데 멀리서 바라보면 산 빛이 온통 노랗고 5~6월이 되면 으레 연기와 화염이 올라온다"고 했다. 유황산이 가리키는 것은 일본 살마 반도 이남의 화산섬으로, 지금은 유황도라고 부르며 일본 가고시마(鹿兒島縣) 관할이다.

이수광의 『조완벽전』에는 일본의 상황에 대한 기록도 있으나 두 구절뿐이다.

琉球地方甚小, 其人皆偏髻着巾, 不習劍銃諸技. 距薩摩約三百里有硫黃山, 遠望山色皆黃, 五六月常有煙焰."

58) 岩生成一, 앞의 글, 7쪽.

일본에 있을 때 보니 경도에 徐福祠가 있는데, 중국 秦나라 때의 方士 徐福의 후예라는 이가 주관하고 있었다. 불법을 배워 행했고 食邑은 받지만 국정에 참여하지는 않았다. 또 일본인들은 우리나라의 서적을 매우 귀하게 여겨 보배처럼 여기는 자가 많았으며, 안남인들도 많은 재물을 들여 구입했다.59)

여기에서는 두 가지 일을 이야기했다. 첫째는 조완벽이 일본 경도에서 서복사를 본 것이다. 아울러 이 서복사가 "서복의 후예가 주관하고" 있었으며, "불법을 배워 했다"는 것은 이 서복사가 불교의 영향을 받은 흔적인 듯하다. 그리고는 서복의 후예가 일본에서 "식읍은 받았으나" 국정에 참여하지 않았음을 언급하였다. 둘째는 일본인이 조선 서적을 귀하게 여겼고, 안남인도 일본인으로부터 앞다투어 구입하려 했다는 것이다. 예로부터 일본인이 서적의 수집과 보존을 중시했던 것은 모두 주지하는 사실이다. 17세기 전후 일본과 조선 사이의 왕래는 중국과의 왕래에 비하면 훨씬 밀접하고 빈번하였다. 따라서 조선은 한문서적을 구할 수 있는 중요한 통로였고, 이 기록은 이러한 상황을 잘 반영하고 있는 것이다. 안남인들이 일본인으로부터 고가로 책을 샀다는 이 기록은 당시에 한문서적이 일본에서 안남으로 전해지는 경로가 존재했음을 나타낸다.

조완벽이 1597년 일본에 와서 1607년 돌아가기까지 기간은 10년에 달한다. 그가 일본에서 생활한 시간은 안남을 왕래한 시간보다 훨씬 길다고 할 수 있으므로, 상식적으로 그의 일본견문은 안남의 견문보다 훨씬 풍부할 것이다. 하지만 『조완벽전』에서 일본의 상황

59) 이수광, 『조완벽전』, 253쪽: "在日本時, 見京都有徐福祠, 徐福之裔主之, 學浮屠法, 有食邑, 不預國政. 且倭人最重我國書籍, 多寶藏之, 安南人亦以重貨."

과 관련하여 볼 수 있는 것은 겨우 이 짧디짧은 두 마디의 내용뿐이다. 기록자의 편애가 사실 이해하기 어려운 것은 아니다. 사람은 늘 자신이 모르는 것에 대해 더 큰 흥미를 가지기 때문이다. 17세기의 조선인의 입장에서 보면 장기간 무역 관계가 있어서이든, 양국 간 사절이 왕래하여 소식을 전달했기 때문이든, 혹은 전쟁 기간에 지피지기를 목적으로 정보를 염탐하였기 때문에서든, 모두 인근 일본에 대해 충분히 이해하고 있었다. 그러나 아득히 먼 안남이라는 나라에 대해서 조선인이 아는 바는 거의 없어 신비감을 갖고 있었으므로, 조완벽 사건에 대한 그들의 관심이 안남의 소식 부분에 집중되고 일본에 대해선 크게 관심을 두지 않았던 것이 당연하다. 연구자들은 문헌상으로 더 많은 자료를 제공받기를 바라서는 안 되고 문헌에 나타나는 약간의 실마리라도 다행스러워해야 한다. 이러한 태도를 견지하고 『조완벽전』에 남아 있는 여송, 유구, 일본에 대한 소량의 자료를 살펴보아야 할 것이다.

3. 여론(餘論)

“무릇 안남은 우리나라에서 수만 리나 떨어져서 예로부터 통하지 못하였다. 더구나 바닷길로 멀고 험함에 있어서랴! 조생은 동쪽 끝에서 저 交南의 땅에 닿기까지 험난한 풍파를 넘어 남만의 나라로 항해하여 만 번 죽을 고비를 넘기고 살아서 온전히 돌아왔다. 실로 전고에 없던 일이다”라고 했던 이수광의 말처럼 조완벽이 멀리 안남으로 간 경험은 이수광의 말처럼 당시의 조선인들이 보기에도 매우 믿기 어려운 일이었다. 이수광은 “(『論語·衛靈公』에서)공자께서 말씀하시길 ‘말이 진실하고 행동이 돈독하면 야만의 땅이라도 갈 수 있다’고 하셨으니 조생과 같은 사람이 아마도 여기에 해당할 것이다"라고 하여 조완벽을 상당히 높게 평가하였다. 더욱 흥미로운 것은 주인공 조완벽의 이름이 전국시대 조나라의 인상여와 관련된 完璧歸趙의 전고에서 나왔으며, 그 경험 또한 완벽귀조의 뜻과 암암리에 통한다는 점이다. 과연 이수광도 말하고자 하였다. "조생은 이름이 完璧이니 참으로 자기 이름의 뜻을 저버리지 않은 사람이라 할 수 있겠다."[60] 때로 역사는 이러한 우연의 일치로 인해 흥미로워진다. 이러한 흥미로운 작은 사건은 우리로 하여금 몇 가지 큰 문제에 대해 생각해 보도록 한다.

1) 조완벽 사건과 임진왜란 포로 연구

16세기 말에 발생한 임진왜란은 중국, 일본, 조선 삼국의 역사적 운명에 영향을 끼친 중대한 사건으로 평가되고 있으며, 이와 관련된 연구 성과가 매우 많은 상황이다. 지속적으로 깊은 연구가 진행되면서 일부 연구자의 관심이 전쟁 자체에서 전쟁이라는 배경하에 이루어졌던 사람들의 왕래와 문화교류로 점차 옮겨가고 있다. 통계에 따르면 임진왜란 중에 노예가 되어 일본으로 간 조선인은 약 10만 명인데, 전쟁 후에 여러 경로를 통해 일본으로 돌아온 사람은 겨우 6천~7천이다. 포로로 일본에 남은 사람 중 적지 않은 이들이(도자, 의료, 금속 공예 등과 같은) 특정한 기술을 가진 장인들과 어느 정도의 문화 수준을 가진 선비였다. 이들은 조선과 일본 간의 기술과 문화 교류에 있어 중요한 중개자가 되었다.[61]

60) 이수광, 『조완벽전』, 254쪽: "生名爲完璧, 抑可謂不負其名者歟."
61) 金泰俊, 앞의 책 참조.

포로가 된 이들과 관련된 다량의 문헌도 끊임없이 발굴되어 연구되고 있다. 한국학자의 통계에 따르면 임진왜란 당시 포로가 된 사람들과 관련된 자료는 다음과 같다. 실제 역사를 기록한 문헌으로는 姜沆의 『看羊錄』, 魯認의 『錦溪日記』, 鄭希得의 『海上錄』, 鄭慶得의 『萬死錄』, 鄭好仁의 『丁酉避亂記』 등이 있고, 傳記적 성격을 띠는 문헌으로는 『白義士傳』, 『姜沆傳』, 『趙完璧傳』, 『申起金傳』, 『東萊梁敷河傳』, 『樸節士傳』 등이 있으며, 『崔陟傳』, 『周生傳』, 『衛慶天傳』, 『南允傳』, 『李翰林傳』, 『壬辰錄』 등과 같은 소설이 있다.[62] 이 글에서 언급한 『조완벽전』은 이 중 하나일 뿐이다. 흥미로운 것은 이 중에서 소설 『崔陟傳』에는 최척 부부가 포로가 된 뒤 헤어지고, 이후 일본 상선의 행상을 따라갔다가 안남에서 다시 상봉하는 이야기가 나온다는 점이다. 『최척전』은 비록 허구적 작품이지만, 그 안에 나타나는 일본 상선과 안남이라는 요소는 아마 조완벽 사건의 전파와 관계가 없지 않을 것이다. 결론적으로 임진왜란 당시 포로가 된 사람들과 관련된 연구에서 조완벽 사건이 보여 주는 것은 빙산의 일각에 불과하다. 현재 점점 더 많은 문헌 단서가 수면 위로 올라와 이 주제에 대한 넓고 넓은 연구 공간을 제공해 주고 있다.

2) 조완벽 사건을 통해서 본 해양 교통과 인적 교류

조완벽의 안남행을 가능하게 한 언급하지 않을 수 없는 중요한 조건이 해상 교통이라는 방법이었다는 것에 주의해야 할 필요가 있다. 조완벽이 조선에서 일본에 갈 때, 일본에서 세 차례 안남을 오갈 때,

---

62) 鄭出憲의 「임진왜란의 상처: 전쟁 포로의 고통의 기억과 희망을 넘어」(2012년 한국 高麗大學校 民族文化研究院과 中國 海洋大學校 韓國研究中心에서 공동으로 개최한 '海洋과 동아시아 文化交流' 國際學術會議 發表論文) 참조.

더 나아가 유구와 여송에 다녀오고, 마지막으로 조선에 돌아올 때, 이 모든 과정은 해상 교통을 통해 이루어졌다. 이를 통해 17세기 아시아 해역에서 해상 교통으로 도달할 수 있었던 지역적 범위와 아시아 각국의 사람들이 해양을 매개로 빈번하게 교류했던 상황에 대해 더욱 직관적 인상을 받을 수 있음을 의심할 여지가 없다.

역사상 조선과 안남 간의 인적 교류와 관련된 기록은 매우 적다. 그러나 관련 정황을 제시해 줄 문헌이 전혀 없는 것은 아니다. 예를 들면 17세기에 안남 상인이 조선의 제주도에 표류한 적이 있고,[63] 제주도의 관리와 백성들도 안남에 표류한 적이 있다.[64] 이 두 사건도 마찬가지로 모두 해양을 매개로 하여 발생한 것이다. 통상적인 인식으로 조선과 안남의 거리는 매우 멀기 때문에 양자가 직접적으로 관계가 발생했을 가능성은 매우 낮다. 사실 조선시대에 들어온 이후, 양자 사이에 국가적 외교나 상업 무역 등으로 인적 교류가 이루어졌던 상황은 매우 적다. 그러나 해양이라는 매개 및 해상 교통이라는

---

63) 1612년, 안남과 중국 南京의 일부 상인들이 제주도에 표류했다. 배 안에 많은 금은보화를 발견한 제주도의 관리들은 상인들을 모두 죽이고 재물을 약탈해 갔고 나중에는 배를 전소하고 이 일을 왜구가 한 짓이라 허위 보고하였다. 이 일은 『朝鮮王朝實錄·光海君日記』 卷50 光海君 四年 二月 初 十日條에 기록되어 있다(太白山史庫本(影印本), 第27冊, 316쪽).

64) 1687년, 제주도 사람 金泰璜 등이 楸子島(지금의 濟州島 北濟州郡 楸子島) 근해에서 풍랑을 만나 표류하다 31일 만에 安南 會安郡 明德府에 이르렀다. 후에 그 중 다섯 사람이 당시 안남국의 수도 升龍으로 와서 황제 黎熙宗(黎維祫)을 알현하였고, 안남 국왕이 錢米를 주어 糊口하게 하였다. 조선 사람이 귀국하기 전에 안남 국왕은 조선 국왕에게 공문을 써 주었다. 중국 상인 朱漢源과 뱃사람 陳乾 등이 조선 사람들을 본국으로 돌려보내 주었다. 조선으로 돌아오는 상선은 1688년 8월 7일에 출발하여 寧波府와 普陀山을 거쳐 12월에 제주도에 도착하였다. 이 일은 『朝鮮王朝實錄·肅宗實錄』 卷20 肅宗 十五年 二月 十三日條에 기록되어 있다(太白山史庫本(影印本), 第39冊, 158쪽). 이외에 조선 사람 鄭東愈(1744~1808)의 『晝永編』에 그 당시 표류 사건이 상세하게 기록되어 있다. 이 책은 1,788자로 이루어져 있는데, 표류의 경위를 기록하고 있을 뿐 아니라 안남의 풍송 등에 대해서도 기록하고 있는데, 그 중 일부 내용은 『조완벽전』과 서로 증거가 될 수 있겠다(鄭東愈, 앞의 책, 1~10쪽). 그 당시 표류 사건과 관련하여 일본 학자 가타쿠라 미노루가 전문적으로 연구한 바 있다(片倉穰, 『朝鮮とベトナム日本とアジア: ひと·もの·情報の接觸·交流と對外觀』, 東京: 福村出版, 2008, 第三章, 「濟州島吏民のベトナム漂流記錄」 참조).

경로의 존재는 양자가 관계를 맺었을 가능성을 제공한다. 최근 들어 동아시아 해역에서 표류한 사람들에 대한 적지 않은 연구를 통해 해양을 매개로 형성된 인적 교류라는 중요하면서도 풍부한 지향성을 제공해 주고 있다. 제주도에 사람이 표류한 사건 및 조완벽 사건과 유사한 사건들은 분명 아시아 해역에서 인적 교류가 이루어진 역사에 대한 이해를 넓혀주는 훌륭한 사례라 하겠다.

3) 등장하지 않은 존재[65]: 조완벽 사건에 나타난 중국이라는 요소

현대 학자들은 일반적으로 모두 조완벽 사건에 반영된 내용을 감안하여 조선과 안남 관계사를 연구하고 있다. 또한 그 안에서 일본을 언급하고 있기 때문에 어떤 학자들은 이것을 통해 임진왜란이라는 배경하의 조선과 일본의 관계, 또는 일본과 안남의 상업무역 교류를 연구한다. 중국학자들이 이 사건에 별로 관심을 두지 않는 것은 이 사건과 중국이 관련이 없다고 여기기 때문인 듯하다. 지금까지의 연구 성과가 이미 적은 것은 아니지만 이 사건의 배후에 있는 또 다른 토론 가능한 화제를 대부분 놓치고 있는데, 바로 중국이라는 요소이다.

표면적으로 조완벽의 모든 경험은 중국과 직접적인 관계가 없다. 하지만 상세한 연구를 통해 이 사건에 여전히 적지 않은 중국의 그림자가 존재함을 발견할 수 있다. 첫째 일본의 슈인센이 중국에서 생산되었고 배에 탄 사람도 중국 절강사람이었다는 기록은 사실 당시 중국의 조선 기술과 항해 기술이 아시아 해상 교통을 지탱하는 중요한 요인이었음을 반영한 것이라는 점이다. 둘째는 조완벽이 언급한 "안

65) 復旦大學文史研究院 '交錯文化史' 讀書班에서 이 글을 읽은 적이 있는데, 당시 토론 중에 葛兆光 교수가 중국을 "등장하지 않은 존재"라고 한 바 있다. 이 글을 수정하면서 이러한 관점을 빌렸음을 밝혀둔다.

남에 유행한 이지봉의 시"와 관련된 사건에도 배후에 분명히 중국의 요소가 있다. 이수광과 풍극관의 시문 교류는 줄곧 조선과 안남의 관계사, 또는 양자 간의 문학교류사의 중요 사례로 여겨졌다. 그러나 사실상 이 교류가 원래 중국이라는 중간 고리를 통해 실현되었다는 것을 반드시 이해해야 한다. 조선과 안남 사신이 朝天이나 燕行 使行의 활동을 통해 중국에서 만나 교류한 비슷한 사례는 셀 수 없이 많다.[66] 조선과 안남 양국은 중국을 매개로 하여 문학 교류에서 그치지 않고 기타 여러 방면의 정보도 이러한 경로를 통하여 빈번하게 교환하였다. 마지막으로 가장 근본적인 것은 조완벽이 고용되어 상선에 오른 것은 그가 한자를 알았기 때문이라는 것이다. 이수광의 시가 안남에서 유행한 것도 안남에서도 한자를 사용했고 한자를 익혔으며 한시를 좋아했기 때문이다. 이수광은 그의 시에서 "의관과 제도 다르다 말하지 마소, 문자를 가져 시서를 함께 하지 않는가(休道衣冠殊制度, 卻將文字共詩書)"라고 하였으며, 풍극관 또한 "그대와 나 비록 나라는 다르나 연원은 같은 성현의 경적에 있으리(彼此雖殊山海域, 淵源同一聖賢書)"라고 화답하였다. 두 사람의 시구가 모두 '같은 문자를 쓰는' 현상을 가장 잘 설명하고 있다고 하겠다. 그러므로 조완벽 사건에 중국이 직접적으로 등장하지는 않지만 항해 기술의 관점이나 정치 문화 교류의 중개라는 관점, 한자와 한문 사용의 관점에서 사실상 '등장하지 않은 존재'로 이해할 수 있을 것이다.

중국이 '등장하지 않은 존재'였던 특수한 상황에 대해 이해하려면 반드시 역사 인식 시각의 전환을 촉구해야 한다. 다시 말해 과거에

66) 예를 들면 1458년 조선 사신 徐居正과 안남 사신 梁鵠, 15世紀 하반기 조선 사신 曹伸과 안남 사신 黎時擧, 1481년 조선 사신 洪貴達과 안남 사신 阮文質 및 阮偉, 1496년 조선 사신 申從濩와 안남 사신 武佐, 1760년 조선 사신 洪啟禧와 안남 사신 黎貴惇, 1789년 조선 사신 徐浩修와 안남 사신 潘輝益 등 모두 시문을 교류한 적이 있다(姜東燁, 「조선시대 동남아시아문학과의 교류연구」, 『淵民學志』 第8輯, 首爾: 淵民學會, 2000, 63~130쪽).

중국과는 당연히 무관하다고 생각해 왔던 역사 자료에 대해 새로 평가해야 할 필요가 있다. 예를 들면 조선 왕조 시기의 通信使 문헌은 조선에서 일본에 파견한 사신단에 대한 기록이다. 직관적으로 본다면 단지 조선과 일본의 관계를 반영한 역사 자료일 뿐 중국과 무관하거나 관계가 많지 않아 보이지만, 만약 '등장하지 않은 존재'라는 관점에서 본다면 그 속에는 사실 중국과 관련된 내용을 상당히 담고 있는 것을 발견할 수 있다. 지금의 국내 학계를 전면적으로 살펴보면 통신사에 관한 연구는 매우 적다. 그나마 있는 약간의 논문도 단지 통신사 활동에 대해 개괄적으로 소개하고 있을 뿐, 구체적 문헌에 대해 심도 있는 분석을 진행한 연구는 거의 없는데, 대단히 유감스러운 일이 아닐 수 없다.

한국의 학자들과 교류할 때 중국이 '등장하지 않은 존재'라고 언급하자 바로 격렬한 질문을 받았다. 한국 학자들은 이 말에 중국의 영향을 지나치게 과장하는 위험이 있다고 여겼는데, 이러한 반응 또한 사실일 리가 있다. 중국학자들이 국가적 자만주의적 입장인 것인지, 한국 학자들이 민족주의적 입장인 것인지에 대해서 논쟁하지 않겠다. 한발 물러서 이야기하자면 '등장하지 않은 존재'라는 표현 방법의 주요 청중은 중국의 역사 연구자들이고 그 목적 또한 하나이다. 중국 역사 연구자들의 주의를 일깨워서 자신과 무관하다고 당연하게 여기지만 사실은 자신을 알 수 있는 높은 참고 가치를 지닌 역사 자료를 등한시하지 말자는 의도인 것이다.

결론적으로 17세기 초에 발생한 조완벽 사건은 비록 지극히 개별적인 사례 중의 하나이지만, 한 폭의 매우 거대한 장면을 제공하였다. 그 안에는 조선, 안남, 일본, 유구, 여송 그리고 '등장하지 않은 존재' 중국이 있다. 이를 통해 아시아의 많은 국가와 지역 사이에 해양이라는 매개를 통해 형성된 여러 관계를 직접적으로 보거나 연상할 수 있다. 뿐만 아니라 이 사건을 통해 임진왜란, 조천사행, 통신사 활동, 슈인센 무역 등 몇 가지의 역사적 상황을 연결할 수 있다. 따라서 이와 유사한 사건에 대해 나라별 역사나 국가 간 관계사의 시각에서 진행하는 연구에서 빠트리는 부분이 많으므로 반드시 더욱 넓은 시각으로 고찰해야 한 필요가 있다고 사료된다. 이를테면 해역사나 이 시아사의 시각이라면 아마 더욱 적합할 것이다. 이것이 조완벽 사건의 연구를 통해 얻게 된 가장 큰 깨우침이라 하겠다.

附 录

『趙完璧傳』(李睟光)67)

趙生完璧者, 晉州士人也。弱冠, 値丁酉倭變, 被擄入日本京都, 卽倭皇所居。爲倭服役甚苦, 思戀鄕土, 常有逃還之志。倭奴輕生重利, 以商販爲農, 以舟楫爲鞍馬, 海外南番諸國無遠不到。以生曉解文字, 挈而登舟, 自甲辰連歲三往安南國。安南去日本海路三萬七千里, 由薩摩州開洋, 歷中朝漳州、廣東等界, 抵安南興元縣。縣距其國東京八十里, 乃其國都也。國內中分爲二, 一安南國、一交趾國, 互相爭戰, 未決勝負。有文理侯鄭勷者, 以宦官用事, 年八十, 居處甚侈, 地多茅蓋, 而唯文理侯家用瓦, 瓦縫用油灰, 以孔雀羽織綃爲帳。一日文理侯招生, 生至, 則有高官數十人列坐飮宴。聞生爲朝鮮人, 皆厚待之, 且饋酒食。問其被擄之由曰:倭奴之侵暴貴國, 俺等亦聞之。頗有憫惻之色。仍出一卷書示之曰:此乃貴國李芝峯詩也。芝峯卽睟光號。詩卽睟光丁酉奉使中朝時, 贈其國使臣者也。你是高麗人, 能識李芝峯乎? 生以鄕生, 年少被擄, 又不斥名, 而稱芝峯, 故不省芝峯爲誰某。衆歎訝久之。生閱過其書, 則多記古今名作, 無慮累百篇。而首題曰朝鮮國使臣李芝峯詩, 皆以朱墨批點。且指其中山出異形饒象骨一聯, 曰:此地有象山, 所以尤妙。相與稱賞不已。旣數日, 儒生等又請致于其家, 盛酒饌以餉之。因言貴國乃禮義之邦, 與鄙國同體, 慰諭備至。談間出示一書曰:此貴國宰相李芝峯之作, 我諸生人人抄錄而誦之, 你可觀之。生自以朝夕人, 無意省錄, 且請紙筆, 只傳寫數篇而還舟。厥後見學校中諸生, 果多挾是書者。文理侯謂生曰:你欲求還本國, 自此刷還于中朝, 可以轉解, 你須留此。生欲從其言, 而見其國人多詐難信, 又聞距本國甚遠不果云。其國男女皆被髮赤脚無鞋履, 雖官貴者亦然。長者則漆齒。其人多壽, 有一老人髮白而復黃, 齒

67) 李睟光, 『趙完璧傳』, 『芝峰集』 卷23 「雜著」(『韓國文集叢刊』 第64冊, 252~254쪽).

則如小兒, 所謂黃髮兒齒者也。問其年則百有二十。其過百歲者比比有之。且俗尙讀書, 鄕閭往往有學堂, 誦聲相聞。兒童皆誦蒙求及陽節潘氏論, 或習詩文。其讀字用合口聲, 與我國字音相近。但紙最貴。書籍則皆唐本也。且喜習鳥銃, 小兒亦能解放。其地甚煖。二三月有西瓜甜瓜等物。水田耕種無時。二月間, 有始耕者, 有將熟者, 有方穫者。日候晝熱夜涼。地雖濱海, 海産不敷。果則橘荔子外無他雜果。饋以乾柹則不識之。唯常喫檳榔, 以靑葉同食, 未知爲何物也。小說曰:南人食檳榔, 以扶留藤同咀, 則不澁云。蓋此物也。檳榔樹高數丈, 聳直如竹有節, 葉似芭蕉。木花樹甚高大, 田頭在處有之, 花大如芍藥, 績而作布甚堅韌。桑則每年治田種之如禾麥, 摘桑以飼蠶。絲絹最饒, 無貴賤皆服之。渴則啖蔗草。飯則僅取充腸。常飮燒酒。用沉香屑作膏塗身面。有水牛, 形如野猪, 色蒼黑, 人家畜養, 作耕或屠食。以日氣熱, 故晝則牛盡入水, 日沒後方出。其角甚大, 卽今黑角, 倭奴貿取以來。五代史云占城有水兕, 所謂水牛疑卽兕也。象則唯老撾地方出焉, 謂之象山, 有德象, 其牙最長幾五六尺。國王畜象至七十頭, 出則騎象。象有拜跪如人者。孔雀、鸚鵡、白雉、鷓鴣、胡椒亦多産焉。生亦嘗隨往呂宋國, 國在西南海中, 土多寶貨, 人皆髡髮爲僧。琉球地方甚小, 其人皆偏髻着巾, 不習劍銃諸技。距薩摩約三百里有硫黃山, 遠望山色皆黃, 五六月常有煙焰。在日本時, 見京都有徐福祠, 徐福之裔主之, 學浮屠法, 有食邑, 不預國政。且倭人最重我國書籍, 多寶藏之, 安南人亦以重貨求之。生又言海水西高東下。距廣東七十里, 海中有鷄籠山, 山極高峻, 地皆淺灘。鷄籠山之東, 水折而東走, 舟行甚艱, 必由山內以過, 不然則漂流至東海乃止。蓋水勢悍急如此, 自日本晝夜行四十日或五六十日始達安南, 還時則順流十五晝夜可抵日本矣。大海中舟行以風便, 故每三四五月可行, 六月以後不得行舟。又倭船小, 不能駕大海, 以白金八十兩購唐船, 船中人共一百八十餘名。而唐人之慣習海程者爲船主。用指南針以定東西。又用繩索垂下, 鉤出水底土, 以其色辨方位遠近。其所見奇怪之事甚多。而海中见游龙, 寻常出没。一日, 数十步外, 有苍龙奄至。舟人失色。俄而黑雾涨空, 有五色虹覆之, 雨雹交下, 波涛腾涌如沸。舟上下震荡几覆, 如是者三四。盖龙奋迅欲升空而未能故也。舟人每遇龙, 则辄爇硫黄及鸡毛, 龙恶其臭避去。是日仓卒, 取数十活鸡投火烧之。龙又将逼舟, 舟人计没奈何。以铳炮数十, 一时齐发, 龙忽没水去, 遂得脱云。生至丁未年回答使吕祐吉等入往時, 哀告主倭, 得還本土。其老母及妻俱無恙。亦異事也。夫安南, 去我国累万里, 自古不通, 况海道之窵远乎。生由东极抵交南, 历风涛之险, 行蛮貊之乡, 冒万死得一生, 以至全还, 乃前古所未有者也。孔子曰:言忠信, 行笃敬, 虽蛮貊之邦行矣。若生者, 庶几近之矣。且生名为完璧, 抑可谓不负其名者欤。

『趙完璧傳』(鄭士信)[68]

趙完壁者, 晉州士族人也, 故掌令河晉寶之姪孫女壻也。丁酉之變, 爲倭所搶, 以歸于日本, 服役使喚, 如我國之奴屬焉。倭之欲行商于安南國獲大利者, 必求得浙江人老於海善候風者及解文通意者與偕, 然後乃行。完璧之主倭, 旣得候風人, 而未得解文人, 方以言語莫通爲患, 完璧素於晉州學文者也, 粗解文理, 主倭要與完璧行, 爲盟文以約曰:往來安南之後, 則永放汝任其所之云。完璧志切返國, 不避死乃從之。與浙江人同浮海向安南國。海路不知其幾千里, 大洋茫茫, 了無島嶼止泊之處。浙江人常於船上, 持候風五緉扇及日影臺, 夜則看星象以分方位, 及由某方向某國之路。如雲南閩浙寧波日本南蠻朝鮮耽羅之屬, 瞭然指掌。又以海底沙土之色, 辨其爲某地某方。常以長繩懸鐵錘, 於錘下塗粘糊飯, 繫長繩而下, 或至直下三四百餘把者, 看其錘底所粘出沙土或壚或白, 以辨其地方焉。海中水色或青或白, 或赤如血色, 或黑如墨汁。其黑處甚惡云。如遇海恠, 必祭以油蜜果麪餠等物, 擲波上以去, 然後得免覆沒。行至一處, 候風人曰此處無乃是乎, 疑訝

68) 鄭士信, 『趙完璧傳』, 『梅窓集』 卷4 「傳」(『韓國文集叢刊』 續編, 第10冊, 462~463쪽).

之間, 舟已行過。忽见波上似有妇人形作恠之状, 候风者大惊, 卽致祭祈祷。则恠物卽因忽不见, 得免患焉。自古相传此是汉时漂溺之鬼云。见横海长鲸喷波涨天, 则卽下碇住船, 以竢其止然后乃过。而候風者以爲此則易爲耳, 如見龍來則噴水約一丈許, 而舟人每驚惶褫魄。盖南海常多雾雨, 海中多大龙, 龙之在海中者, 必靠某物上拄其身, 然后得云变化升天。其例也龙挂着船上, 船必覆没。故舟人见龙之来, 则错愕失色, 其禳法必以生鸡五六十首, 炮焊出臭, 礫投船头海波, 然后龙乃潜遁无患。故舟中常畜鸡数百首以行。完壁之再往来也, 适一遇青龙, 其鳞甲光芒, 蜿蜒来去也。其禳之如许云。舟行五十餘日, 乃達安南國界。見其俗皆被髮跣行。蓋其國土無泥滓無石塊, 只有軟白沙, 冬暖如春, 故跣行不傷足。且其國男子多畜妻妾, 豪富者多至數十。每年春初, 其夫分與金銀若干兩於其妻妾, 使爲買賣資。其妻妾以其金銀爲終年售納之業以爲常。故其妻妾聞異國賈舶來至, 則雖卿相之妻妾, 必皆乘屋轎, 盡率一家子女眷屬以來列坐, 與倭人論價, 或示其處女, 求面幣。其出入, 多從衛前導, 甚盛矣。見處處有愛誦芝峯詩。士人問完壁曰何國人乎? 完壁對以朝鮮人, 爲倭所搶, 驅使而來。士人曰:儞是朝鮮人, 則儞知東國李芝峯乎?完壁前此未嘗聞知, 故以實對。其士人曰:李芝峯儞國文章人也, 爾之不知何也? 仍誦芝峯所作:遠憑重譯謁君王, 提封漢代新銅柱, 貢獻周家舊越裳, 山出異形饒虎骨, 地蒸靈氣產龍香等。末句首尾三句則不傳之。豈完壁粗解文, 聞之不能詳耶? 且饒象骨之象字, 以虎字傳誦云, 豈亦誦之者之訛耶?且國俗盛文風, 見其家家講誦不絶。鄉擧則如我國之鄉邑都會試取, 以送于王都云。且其國之人, 外似溫順而心實狡詐多貪慾。其見完壁也, 有勸以逃着此國, 使之通中國以回朝鮮云。而見其多詐難信, 終不肯從云。完壁旣回日本, 其主倭者背盟不放, 又要再往安南, 更成盟文爲約。完壁不得已再往, 及還又不肯放去。傍隣之倭, 以其再失信不祥, 物議騰沸, 主倭不得已放之, 以故完壁得自由鳩聚銀兩, 圖回本國鄉土。其母與妻俱無恙, 今方安居奠業復如初。此事金直長允安而靜云。

『記趙完璧見聞』(李埈)[69]

秀才趙完璧, 晉陽人也。丁酉之亂, 没倭中。嘗隨商倭, 再往安南國, 卽古越裳氏界也。所經海水有五色之異, 奇詭之物, 朝暮見伏無常, 不可殫記。一日, 望見數十步之外, 白沫灑空, 鱗甲閃閃, 漸見蜿蜒而前, 若欲跨行舟而偃息者, 蓋龍自海中欲奮迅騰空而未易致力故也。一行愕眙, 煨活鷄累十投之, 乃避去。大洋茫茫, 莫可端倪。有華人之鮮事者同在行中, 鉤出水底土, 視色而辨方焉。越重溟冒層濤, 如附桔槔而下上。水行五十日, 方到彼岸。國俗被髮涅齒, 其性柔順, 習詩書之敎, 官制法度, 略倣中朝。聞生爲東國人, 爭來見, 以一律誦而告曰:此乃爾國李芝峯作也。其詩曰:萬里來從瘴癘鄕, 遠憑重譯謁君王, 提封漢代新銅柱, 貢獻周家舊越裳, 山出異形饒象骨, 地蒸靈氣產龍香, 卽今中國逢神聖, 千載風恬海不揚。生意謂芝峯是異代人, 謾不致省。後數年回本國, 具以事語人, 始知所謂芝峯乃今春官亞卿李公睟光所自號, 而詩卽公聘上國時遇安南使臣馮克寬於逆旅, 相與酬唱者也。豈謂適然而遇, 咳唾餘屑, 散落銅柱之表, 人之寶之, 不啻若九苞一毛自絳霄而墜也。噫! 世之人嘔心肝詠月露, 欲托此而名不朽者何限。而風聲過耳湮没無聞, 況望傳播於重譯之鄕, 使人雋永之不已耶。彼之有意而所不可得者, 公無爲而得之有餘, 是何以而致也。詩曰:鼓鍾于宮, 聲聞于外。言有其實則其應甚異也。以此而推, 安知公前後朝天之作, 不竝被天墀管絃, 以鳴吾東大雅之盛也。金君而靜, 聞此事於趙生, 語余甚詳, 異而識之, 下一轉語, 以備史氏之採取。萬曆辛亥暮春, 興陽姓某識。

69) 李埈, 『記趙完璧見聞』, 『蒼石集』 卷12 「雜著」(『韓國文集叢刊』 第64冊, 446쪽).

삼번(三藩)의 난을 둘러싼 일본과 조선의 정보 교섭

陳波

(中國南海硏究協同創新中心)

청초 강희제가 번진 철폐에 착수한 사건은 삼번과 대만의 鄭經 연합의 기병을 야기하였으며, 명 왕실 부흥의 기치를 내걸고 장강 이남의 광대한 영토를 신속하게 점령하였으며 청 왕조 통치의 합법성을 심각하게 위협하였다. 화이의 질서가 바뀔 가능성이 있는 비상시국에 대응하기 위해 조선, 일본, 류큐 등 동아시아의 여러 나라들은 중국의 정세에 대해 관련된 정치적 군사적 정보를 최대한 수집하였다. 그 중에서도 특히 대대로 도쿠가와(德川) 막부의 최고 교육관을 담당했던 林氏 일가가 편찬한 해외 정보집 『화이변태』가 대표적이다.[1)]

1) 이 글은 2013년도 國家社會基金靑年項目 "'唐船風說書' 譯註 및 연구"의 단계적 성과임. 대대로 강호 막부의 유학 관리 출신인 林恕(1618~1680) 및 그의 아들 林鳳岡(1644~1732)은 직무의 편의를 이용해 "풍문보고서"를 계속해서 편집하여 『화이변태』와 『崎港商說』에 수록하였다. 『화이변태』의 序言에서 편집자의 바람(의도)을 명확하게 볼 수 있다. "朱氏가 사슴을 잃은 것은 우리나라 正保 연간의 일이다. 그 후로 30년 즈음에 福州와 漳州의 商船이 長崎를 왕래하였는데 강호 막부까지 전해지는 말이 있었다. 그 중에는 공적인 문건으로 알게 되는 것은 문건을 읽고 그것을 아뢰고 의논하였는데, 우리 집안에서 참여하지 않는 자가 없었다. 그 초안은 反古堆에 남아 있었으나 망실된 듯하므로 순서대로 서술하고 책자

『화이변태』는 권2에서 권7까지 삼번의 난에 관련된 대량의 풍문보고서를 수록하고 있는데, 그 중에는 중국선의 풍문보고서가 위주를 이루고 있으며, 조선과 류큐의 소량의 풍문보고서도 함께 수록하고 있다. 그 밖에 소량의 한문 문서도 수록하고 있다. 南明 시기에 비해서 『화이변태』에 기록된 삼번의 난의 기록은 매우 풍부하다. 게다가 이 시기의 풍문보고서는 이후 시기의 것에 비해 크게 달랐다. 정치, 군사 및 외교 등의 방면에 대해 무척 상세하면서도, 중국선 자체의 상황에 대해서는 묘사가 많지 않으므로, 삼번의 난을 연구하는 데 굉장히 진귀한 해외 문헌이라고 할 수 있다. 하지만 이전의 『화이변태』에 대한 연구는 중국선 무역 등의 영역에 지나치게 편중되어 있으므로 이 시기의 풍문보고서를 이용한 삼번의 난 자체에 대한 연구는 뜻밖에도 매우 제한적이다. 陳波가 아는 바에 따르면 단지 마츠우라 아키라(松浦 章)의 「東アジア世界を巡る「三藩の乱」の情報」[2]와 호소야 요시오(細谷良夫)의 「三藩の乱をめぐって: 呉三桂の反乱と楊起隆朱三太子事件」의[3] 두 편의 논문만이 삼번의 난 초기 단계와 관련된 정보의 해외 전파에 대해 비교적 상세한 연구를 진행하였다.

『화이변태』에 수록된 삼번의 난과 관련된 풍문보고서는 상당히 긴 편폭을 차지하고 있다. 임서는 『화이변태』 卷首의 서문에서 "延寶 2년(1674) 甲寅 6월 8일"이라고 적고 있는데, 이때는 삼번의 난이 발생한 지 대략 반년 후에 해당되는 시기이다. 康熙 12년 12월 丙辰(21

에 수록하여 이를 『화이변태』라 하였다." 임서·임봉강의 『화이변태』(東京: 東方書店, 1981년 重印版) 권수의 서문이다. 『화이변태』와 관련하여 근대를 대표하는 연구 저작으로는 松浦章의 『海外情報からみる東アジア: 唐船風説書の世界』(大阪, 清文堂出版, 2009)와 孫文의 『唐船風說: 文獻與曆史-〈華夷變態〉初探』(商務印書館, 2011)이 있다.

2) 원래 『關西大學東西學術研究所紀要』 第46號(1987)에 기재되어 있었으나 후에 마츠우라 아키라(松浦 章)가 저술한 『海外情報からみる東アジア: 唐船風説書の世界』의 第三章에 수록되었다.

3) 『戦争と平和の中近世史』(日本曆史研究會 編, 東京: 青木書店, 2001)에 수록되어 있다.

일)에 오삼계는 정식으로 군대를 일으켰고, 강희 13년 4월 26일 福州에서 출항하여 5월에 장기에 도착한 복주의 두 범선은 오삼계와 정경이 군대를 일으켜 청에 반기를 든다는 격문을 일본에 가지고 왔으며, 6월 4일 격문을 막부의 老中인 久世大和守가 있는 곳에 보내고, 다음날 임서에게 和寫를 맡겼다. 6월 6일, 강호 막부는 기밀회의를 열고 雅樂頭, 美濃守, 大和守, 但馬守, 播磨守 등 막부의 다섯 大老가 자리하여 임서의 아들 임봉강이 친히 해석하여 읽어 주는 격문의 내용을 들었다.[4] 임서는 이틀 후에 지금까지 전해지는 『화이변태』의 서문을 썼으므로, 이때 『화이변태』는 여전히 편찬 과정에 있었던 것이 분명하다. 이는 또한 삼번의 난이 도쿠가와(德川) 막부 고위층의 관심을 불러일으켰다는 사실을 설명해 주기도 한다. 이 글에서는 『화이변태』에 남아 있는 조선의 풍문보고서를 중심으로 하여, 조선 사료를 결합하고 일본과 조선 사이에 삼번의 난에 관련된 정보의 수집과 교환 상황 및 그 변화 과정을 전개해 보고자 한다.

1. 對馬의 倭書

삼번의 난이 발생한 첫 번째 시기는 마침 조선의 사은사와 동지사가 입경하였을 때였다. 조선 사신은 소식을 들은 후 신속히 '別單'의 형식으로 오삼계가 병사를 일으킨 일 및 耿精忠과 尙可喜 두 藩의 동향을 보고하였다. 오삼계는 강희 12년 12월 21일에 정식으로 군사를 일으켰고, 楊應龍의 난은 이틀 후에 발발했는데, 12월에 조선 사신

4) 『華夷變態』 卷3 「吳三桂檄」·「鄭錦舍檄」·「二番福州船風說」·「改定吳檄和解」·「改定鄭檄和解」, 53~68쪽.

이 북경에 왔을 때 직접 목격한 경성의 혼란스러운 정황을 다음과 같이 묘사하고 있다. “성문을 들어서자 곳곳에 군막을 설치하고 군대를 잠복해두었으며 거리에는 활과 화살을 들고 긴 칼을 허리에 찬 무리들이 대오를 이루어 내달리고 있었는데, 분명 놀라 떠들썩한 모습이었다.” 여기저기 수소문해 보니 “어떤 사람이 스스로를 숭정황제의 셋째 아들이라고 부르며 여러 왕 및 여러 장군들의 휘하들을 결속하여 각각 흰색 모자를 쓰고 붉은색 띠를 매고 품에 화약을 숨겨서 이달(念)[廿] 3일에 성 안 여러 곳에 방화할 것을 기약하였다. 사람들이 기일이 되었을 때 고발하였으므로 그 도당을 체포하고 모두 주살하였다. 이른바 朱三太子가 몇 번 도피하였음을 알고 지금 물색하여 현상금을 걸어 체포하였다고 하였다.”5) 조선 사신은 심지어 湖廣 總督 蔡毓英이 변란을 보고한 密本을 얻을 방법을 강구하고 있었는데, 이때 얻은 정보의 정확도가 상당히 높았을 것이라는 사실을 짐작해 볼 수 있다. 강희 13년(顯宗15년) 3월 2일에 謝恩使 金壽恒이 파견한 역관이 漢城에 도달하여 오삼계가 반란을 일으킨 사건을 보고하였는데, 이것이 바로 조선이 처음 정식으로 알게 된 ‘삼번의 난’의 소식이었다.6) 오삼계가 반란을 일으켰다는 소식이 조선에 들어온 뒤, 조선의 임금과 신하들은 크게 흥분하였다. 儒生 羅碩佐와 趙顯期가 잇따라 상소를 올려 “천하의 事變이 눈앞에 바싹 다가왔다”고 여기며 “이 기회를 틈타 군사를 훈련하고 식량을 비축한다면 크게는 원수를 갚아 수치를 씻을 수 있을 것이고 작게는 나라를 편안히 하고 백성을 보호할 수 있을 것”이라고 하였다.7) 오래지 않아 대신 尹鑴 또한 밀

5) 『同文彙考』 補編 卷2 「使臣別單·謝恩兼冬至行書狀官李宇鼎聞見事件」, 首爾: 韓國國史編纂委員會, 1978年, 1578~1580쪽.

6) 『朝鮮王朝實錄』 卷22 顯宗 十五年 三月 丙寅, 首爾: 韓國國史編纂委員會, 1973年, 第37冊, 61쪽.

7) 『朝鮮王朝實錄』 卷22 顯宗 十五年 五月 乙卯, 第37冊, 65쪽.

소를 올려 현종에게 기회를 틈타 북벌하여 孝宗이 이루지 못한 뜻을 이룰 것을 재촉하였다. 막 조선 유생들의 감정이 격앙되었을 무렵, 현종이 붕어하고 肅宗이 어린 나이로 재위를 이었다. 윤휴는 중용되는 기회를 얻어 계속해서 북벌을 주장하였고, 조선이 실행해야 할 세 가지 책략을 제시하였다. "북벌이 첫 번째요, 저 바다 건너 대만의 鄭錦과 내왕하는 것이 두 번째요, 북방(청나라)과 화친을 끊는 것이 세 번째이다." 그러나 영의정 許積은 조선의 국력이 약해진 지 오래되었으므로 함부로 대사를 일으켜서는 안 된다고 하였고, 기타 대신들도 이에 동의하였다.[8] 삼번의 반란이라는 새로운 형국에 직면하여 조선 대신들은 두 파로 나뉘었다. 윤휴(1617~1680)[9] 등의 유생 출신들을 대표로 하는 유파는 의리라는 관점에서 청조와의 경계선을 분명히 긋고, 삼번과 정경에게 호의를 나타냈다. 영의정 허적(1610~1680)[10] 등 실무 대신들을 대표로 하는 유파는 국가의 안전과 이익을 보장하는 관점에서 고려하여, 군대를 일으키지 않고 시기를 기다리며 형세의 발전상황을 관망할 것을 주장했다. 그러나 실제로 두 유파간의 근본적인 원칙에는 분기점은 없었으나 다만 책략에 있어서 다른 점이 있을 따름이었다. 이때까지 조선이 굴욕적으로 청조를 섬긴 것이 벌써 수십 년이었지만, 仁祖 연간에 겪은 城下之盟의 굴욕적인 역사의 기억은 이미 조선 군신의 골수에까지 스며들었던 터였다. 그것과 상대적으로 그들은 再造之恩의 明朝에 강한 그리움을 가지고 있었

8)『朝鮮王朝實錄』卷2 肅宗 元年 二月 丁酉, 第38冊, 244쪽.

9) 尹鑴는 字는 希仲이고 號는 白湖이다. 孝宗과 肅宗 朝에 벼슬을 지냈으며, 南人派의 수령으로서 西人派의 정신적 領袖였던 宋時烈(1607~1689, 字는 英甫, 號는 尤庵)과 불목하여 庚申換局(1680) 이후 宋時烈이 조정으로 돌아와 尹鑴를 '讒賊'이라 부르기도 하였으며, 윤휴는 이후 결국 사사되었다.

10) 윤휴와 함께 남인파의 수령으로서, 경인환국(1680) 후 송시열로부터 배척을 받아 사사되었다.

다. 게다가 삼번이 復明의 기치를 내걸었으므로, 조선의 군신은 자연스럽게 그것의 성공을 낙관하였고, 더욱이 이러한 정서는 강 건너 불구경하는 듯한 일본과는 비교할 수 없을 정도였다.

그러나 격앙된 이상은 엄혹한 地緣 정치의 현실 앞에서 실행될 때 종종 엉망이 되는 법이다. 삼번의 반란이라는 새로운 형국을 맞아 조선은 반드시 이미 오래 전에 싹튼 不臣의 마음을 조심스럽게 감추어야만 했고, 다른 한편으로는 일찍이 조선 국토를 유린하면서도 경계심을 늦추지 않았던 일본에 대해서도 늘 정보의 위협을 방비해야 했다. 일본은 강희 13년(1674) 甲寅 5월 삼번의 난에 대한 정보를 얻고 6월에 강호에 보고하였으며, 같은 해 7월 대마주 태수는 일본이 얻은 정보를 조선 東萊府使에게 알렸다.

> 동래부사 權大載가 雲南과 貴州의 守將 平西王 吳三桂가 지난해 겨울 의병을 일으켜 四川의 守將 張部院을 살해하여 湖廣 九府 및 陝西의 절반을 얻었습니다. 오삼계는 平南王, 靖南王, 東(亭)[寧], 錦舍에게 격문을 전하여 그들과 연합하였습니다. 평남과 정남이 모두 병력을 연합하였고, 금사도 10만의 병력과 배 9백 척으로 바다와 육지가 합세하여 6월에 南京을 공격하기를 기약하였습니다. 남경의 형세로는 필시 당해낼 수 없을 것이라고 하였습니다. 崇禎의 셋째 아들은 금년 정월 1일에 즉위하여 연호를 周啓라 하였습니다. 황자가 바로 甲申년에 세 살이 되는 아들로, 후궁 周氏와 田氏 두 사람과 大監王이 평서왕과 함께 하게 하여 감추고 보호하려 했던 것이라고 합니다. 倭人이 말한 역관 등의 공문을 통해 원인을 급히 아뢰니다.[11]

11) 『邊例集要』 卷17 「雜條」 甲寅 七月, 490쪽: "府使權大載時, 雲貴守將平西王吳三桂, 上年冬起義兵, 殺四川守將張部院, 因得湖廣九府及陝西之半. 傳檄於平南王、靖南王、東(亭)(寧)錦舍, 與之連謀. 平南、靖南皆連兵相應, 錦舍亦以十萬兵、九百艘, 海陸合勢, 期以六月, 進

사실 같은 해 3월 조선의 군신은 삼번의 반란과 관련된 정보를 이미 정식으로 알고 있었다. 그러나 당시 조선은 아직 삼번이 모두 군사를 일으킨 것인지 확신하지 못하고 있었는데, 일본은 같은 해 5월 오삼계와 정경의 격문 및 복주의 두 번선 선원의 구술을 얻어 비교적 상세히 알게 된 것이다. 일본이 조선에 삼번의 난의 정보를 알렸던 것은 양국 사이에 '交隣' 관계가 존재했기 때문이며, 서로 정보를 교환하는 것 또한 '교린'이라는 명분에 반드시 포함되는 의미였기 때문이다.

일본은 획득한 정보를 조선에 알리면서 동시에 조선에서도 삼번의 난의 소식을 알아보았다. 예를 들어 조선의 史籍 『邊例集要』 卷17 「雜條」 乙卯(1675) 윤5월條의 기록에 따르면

> 왜인 관리 한 사람이 오삼계의 일과 남북 소식을 탐문하려고 하였습니다. ……이른바 남경과 북경 두 경성을 포위한 자는 오삼계의 형세를 생각하여 필시 남경에 바싹 접근하였을 것이라 하였습니다. 오래도록 소식이 없다가 이번에 서간으로 이렇게 말하였으므로, 이 일을 아룁니다.[12]

오삼계가 남경과 북경 두 서울을 포위한 소식을 일본에서 어떻게 알게 되었는지에 대해서는 『화이변태』 권3 「朝鮮傳說」에 기록되어 있다.

取南京. 南京形勢, 必不能抵擋是如爲旀. 崇禎第三子, 以今年正月元旦即位, 年號周啟, 皇子即甲申三歲之兒, 而周氏、田氏二人及大監王奉與平西王, 潛藏保護這也是如. 因倭人所言譯官等手本處, 緣由馳啟."

12) 『邊例集要』 卷17 「雜條」 乙卯閏 五月, 490쪽: "頭倭一人,欲探吳三桂事情及南北聲息. ……所謂圍南北兩京者, 想其吳三桂之形勢, 必當進逼於兩京, 而久無所聞, 玆以書簡是如云云, 事啓."

(乙卯 正月 十六日) 唐國(명나라)의 큰 부락이 오삼계의 손에 들어가고 이미 남북 두 경성 포위를 목전에 두고 있었으며 남경은 이미 대부분이 점령당한 상태였다. 만약 남경이 함락되면 북경의 달단왕 또한 경성에 살기 어려울 것이며 달단 본국으로 쫓겨날 수도 있는 상황이었다. 예컨대 목전에 얻게 된 소식에 따르면 달단군과 여러 외국의 군대가 크게 돕고 있으므로 북경의 달단왕은 멸망의 화를 면하게 될 것이며 오삼계가 홀로 이러한 상황을 직면하게 되므로 북경은 약간 안정될 것이라고 하였다. 풍문에 따르면 달단군이 패전할 가능성이 있으며, 그 해에 승부가 결정될 것이라고 하였다.13)

여기에서 중요한 점은 이러한 소문이 조선 조정의 경로로 알게 된 것이 아니라는 것이다. 풍문보고서 말미의 부연설명에 따르면, 대마주 태수는 이 풍문보고서와 함께 삼번과 청조 군대의 공수 형세도 한 폭을 막부의 大老였던 酒井氏 雅樂頭와 稻葉氏 美濃守에게 바쳤다. 대마주 태수 平義眞은 막부의 지시를 받은 뒤 윤5월에 조선 정부에 사신을 파견하여 소식을 알아보았으며 서간은 6월 3일 조선의 수도로 보내졌다. 편지의 대략은 다음과 같다.

명나라의 옛 신하 오삼계가 先帝의 어린 아들을 받들어 외로운 皇子를 세워 명나라를 회복할 계책을 오랫동안 품고서 箚子를 여러 곳에 나누어 보내 훌륭한 장수를 통솔하고 節義를 짊고 의병을 일으켜서 바야흐로 創業과 守成의 功을 세우고자 하여 지금 이미 남경과 북경의 두 서울을 포위

13) 『華夷變態』 卷三 「朝鮮傳說」, 100쪽: “(乙卯正月 十六日)唐國大部落入吳三桂之手, 目前已進圍南北兩京, 南京已攻占大部. 如南京失陷, 北京之韃王亦難城居, 或將撤往韃靼本國. 如根據目前獲知的消息, 因蒙古軍及諸外國軍大舉入援, 北京韃王大概無滅亡之患, 吳三桂獨自面臨如許情勢, 北京乃得以稍安. 據風聞, 韃靼軍可能戰敗, 或在當年決出勝負.”

했다고 합니다. 그러나 우리 대마도는 하늘과 땅을 달리하여 전투의 어지러운 정황을 자세히 알지 못하고 있습니다. 귀국은 국토가 靺鞨과 가깝고 길이 中原과 통하고 있으므로, 전란의 여파가 귀국의 변방에는 미치지 아니하였는지 알지 못하겠습니다.14)

대마주 태수 平義眞이 보내온 서신으로 조선의 정국은 더욱 뒤숭숭해졌다. 여러 대신들은 이 서신을 어떻게 처리할 것인가의 문제를 놓고 의견이 분분하였는데, 윤휴는 '일본을 매개로 하여 정금과 통해야 한다'하였고 廟堂에서는 '왜의 서신으로 청나라에 통고해야 한다'고 서로 다투어 결정하지 못하였다.15) 한쪽에서는 만약 서신을 청조에 알리면 원래부터 조선을 믿지 않았던 청조가 조선의 不臣之心을 더욱 의심할 것을 염려했다. 그러나 동시에 일본을 안정시켜 일본이 길을 빌리는 명목으로 나라를 망하게 하거나 혹은 중원의 정권탈취 등의 망령된 생각과 주장을 하지 않도록 해야 했다. 앞서 언급한 청조가 조선의 충정을 의심할까 하는 염려에서 나온 것으로 禮曹參議 南天漢이 6월에 일본에 보낸 답서에 다음과 같은 내용이 보인다.

장기에서 전하는 商船들의 소식에 베풀어주시는 은혜에 더욱 감사드립니다. 滇寧과 閩越 지방에서 군사를 일으킨 일 또한 장기에서 전했던 것이었습니다. 그러나 중국의 남쪽 지방과 북쪽 지방은 길이 먼데다 군사 작전과 같은 기밀한 일 또한 외부로 알려지지 않고 여기저기서 소문만 무성하여 대체로 사실적인 정황이 매우 적습니다. <u>다만 우리 사신들 중 북쪽</u>

---

14) 『朝鮮王朝實錄』 卷4 肅宗 元年 六月 庚申 第38冊, 287쪽: "大明舊臣吳三桂, 輔翊先帝幼子, 久懷立孤, 丕運恢復之籌, 分箚倡良將, 杖節擧義兵, 方欲樹創業守成之功, 而今業已圖南北兩京. 各天異地, 未詳鬪亂情形. 貴國地近靺鞨, 道通中原, 不知干戈餘殃, 無及邊徼耶?"

15) 『朝鮮王朝實錄』 卷4 肅宗 元年 六月 庚申 第38冊, 287쪽: "尹鑴欲因日本通錦, 廟堂欲以倭書告淸, 相爭不決."

에서 돌아온 사람이 모두 '燕京 저잣거리에는 사람들이 태연한 모습이고 남경과의 교통도 끊이지 않고 소통된다.'고 했고, 弊國에도 다행히 별다른 警報가 없으며 변방이 별고 없이 편안하므로 귀국이 근념함이 미친 덕분일 따름입니다.[16]

답신을 보면, 마치 조선이 청조를 옹호하는 입장을 견지하면서 청조가 전쟁에서 패할 것을 걱정하는 듯하다. 하지만 이것은 물론 조선이 진실로 바라는 바가 아니라, 속마음을 알 수 없는 일본을 겨냥한 외교적 언사였을 뿐이었다.

나무는 고요하고자 하지만 바람이 그치지 않는 법이다. 조선 정부가 일본에 한사코 감추려 하였음에도 불구하고, 일본은 조선의 호사가 무리를 통해 확연히 다른 정보를 얻을 수 있었기에 조선의 진정한 속내를 들여다보고 있었다. 조선의 풍문보고서는 이 문제를 십분 잘 설명해 준다.

錦舍(鄭錦)가 지금처럼 그 세력이 강성한 까닭은 오삼계와 금사의 謀士가 이번 승리를 통해 조선을 도모하여 다스릴 것을 건의했기 때문입니다. 그 원인 또한 조선으로 전해들어왔습니다. 금사는 鄭氏였는데, 정씨는 조선의 6대 성씨 중의 하나입니다. 이와 같은 연원으로 상술한 傳聞이 대개 사실이며 염려할 만한 것입니다. 특히 500~600년 이전에 이른바 釋氏가 말한 것 중에 그가 예언을 남긴 말세의 讖書에서 500년 이후에 정씨 성을 가진 군주가 조선에 왕림한다는 내용이 있었기에 조선에서는 이일이 발

---

16) 泉澄一 編, 『宗氏実錄』(大阪: 清文堂, 1981年, 112~113쪽), 延寶 三年(康熙十四年, 1675). "五月: 長崎所傳商舶聲息, 尤荷披悉心腑之至意. 滇閩兵端, 此亦略有所聞, 而交南朔易, 道途踔遠, 軍籌戰略, 機事又秘, 流聽流說, 蓋鮮情實. 第我使價近自北回者, 俱言燕市之市肆自如, 南都之跡轍不絕, 而敝鄰亦幸無他警, 壤界粗安, 斯則貴邦勤念攸暨耳."

생할까 염려하고 있었던 차였습니다.

북경왕이 흥기한 땅은 예전에 몽고에게 빼앗긴 후에 점차 수복하였으나 자주 몽고를 토벌하고 있으니 일단 북경이 함락되면 그 기세는 필시 근본이 되는 땅을 반환하기 어려울 것입니다. 조선이 비록 異國이긴 하나 용감무쌍한 나라이므로 북경과 우호관계에 있습니다. 이러한 까닭에 북경왕이 조선에 구원병을 요청할 가능성이 있습니다. 이때를 위해 잘 대비해두어야 합니다. 만약 일에 앞서 대비해두지 않은 채 일단 북경이 함락되면 오삼계와는 적국이 되는 셈이오니, 이것이 가장 우려스러운 일입니다.

조선 도성의 집정 대신들은 현재 직무에 변동이 많고 자세히 수소문을 하고 있는 것으로 보입니다. 중국의 전란으로 인해 오삼계가 조선에 사자를 보내 지금 朱太子 옹립하고 북경을 공격한다고 말했습니다. 예전에 일본이 조선을 침략했을 때 萬曆帝가 지원병을 보내 조선 땅을 수복한 일이 있으므로, 옛 은혜에 보답하고자 이번에 지원군을 보내라 할 것입니다. 조선에서 만약 오삼계에게 지원군을 파견한다면 북경으로부터 질책을 면하기 어려울 것이며, 그 요구에 응하여 지원군을 파견하지 않는다면 또 오삼계를 당해내기 어려울 것입니다. 우선 그 일을 덮어두고 보고하지 않고 있다가 북경에서 넘겨주기를 요구하면 구실을 잃게 될 것이니, 이와 같이 결정되면 사자를 죽일 것입니다. 하지만 조선이 염려하는 것은 북경 쪽은 비록 어쩔 수 없다고 하더라도 오삼계는 필시 승리하게 될 듯하며, 설사 이 일을 감춘다 하더라도 오삼계가 다시 사자를 보내면 알 수 있는 일이므로, 만일 그렇다면 오삼계는 트집을 잡을 것입니다. 하지만 뜻밖에도 조선에서는 집정 대신들까지도 이러한 점을 고려하지 않은 채 단순히 직무만을 바꾸고 있을 따름입니다. 일설에는 조선의 체포사라는 사람이 북경으로 전송된다고도 하며, 혹자는 북경에서 이 사실을 알고 난 후 이곳으로 사자를 파견하여 조선에서 오삼계의 사자를 넘겼다고 하기도 하오나, 소문이 무성하여 모두 같지 않을 따름입니다.

이상은 조선에 파견된 가신이 보고한 것으로, 민간에 떠도는 소문인지라 실상과 맞지 않는 부분이 많을 수 있으나 여러 가지 소문에 근거하여 적어서 올립니다.

(康熙 十四年 1675) 11月8日 對馬宗守[17]

예컨대 오삼계가 조선에 사자를 보내 구원병을 요청했다든지, 정경이 군사를 일으켜 조선을 침략할 계략을 세웠다든지 등의 소문은 당연히 과장되고 허황된 말이었다. 그러나 이러한 소문은 조선의 군신이 청조와 삼번 두 세력의 생사를 다투는 싸움에 직면하여 어느 쪽을 버리고 어느 쪽을 따를 것인지 몰랐던 복잡한 심리상태를 사실적으로 반영하고 있다. 호사가 陳絢 같은 경우는 일찍이 상소를 올려 "청컨대 胡語와 漢語를 잘하는 자를 골라, 間者로 깊이 들어가게 하여 도적의 허실을 염탐하고 또 오장군의 승패를 살피십시오. 문무대

17)『華夷變態』卷3「朝鮮國二而風説之覚書」(朝鮮國風聞之概要), 135~136쪽: "錦舍如今勢強之故, 吳三桂錦舍之謀士, 建言如此番獲勝, 應進圖朝鮮而治之. 其中緣由, 亦流傳於朝鮮國. 錦舍乃鄭氏, 爲朝鮮六大姓之一, 有此淵源, 可知上述傳聞大抵真實, 是爲可慮. 尤其在五六百年以前, 有所謂釋氏道說者, 在此人所留預言末世之讖書中, 言及五百年而後, 將有鄭氏之人君臨朝鮮. 朝野憂慮此事是否會發生.
北京王龍興之地, 在先爲蒙古所攻取, 雖漸被恢復, 但因時常討伐蒙古, 一旦北京失守, 勢必難返根本之地. 朝鮮雖是異國, 然爲勇武之國, 與北京通好. 因此之故, 北京王或有向朝鮮求援之可能. 屆時有備固佳, 若不先事預備, 一旦北京失守, 與吳三桂將成敵國. 此乃最可憂慮之事.
朝鮮都城執政大臣, 似乎很多職務變動, 仔細相詢, 乃因唐亂, 吳三桂遣使朝鮮, 言現立朱太子, 攻伐北京. 在先日本入侵朝鮮之際, 萬曆帝遣援軍恢復朝鮮, 如念舊恩, 此次希望派遣援軍. 朝鮮考慮如向吳三桂派出援軍, 勢爲北京方面所責難, 若應其請而不遣援軍, 則又難以向吳三桂方面交待. 姑且將來使之事隱瞞不報, 北京方面要求引渡則托辭失蹤, 如此商定, 將使者殺害. 然朝鮮所慮者, 如此北京方面雖無可奈何, 而吳三桂似必將得勝, 即便將此事隱瞞, 吳三桂如再遣使便可知曉, 若然, 吳三桂或將尋釁. 而偏偏連執政諸人也不加考慮, 只是一味變動職務. 一說朝鮮逮捕使者, 遞送北京. 或言朝鮮逮捕使者, 北京得知後遣使前來, 朝鮮即將吳使付之. 種種說法, 不一而足.
以上是派駐朝鮮之家臣所報, 民間傳聞之類, 雖可能多有不實之處, 還是依據各種傳聞所言, 書以上呈."

신 중에 지모가 뛰어난 자를 골라 통신사로 삼아 정금이 있는 海島로 보내시고, 오삼계에게 격서를 보내어 모월 모일에 군사를 일으켜 협력하겠다는 기약을 하십시오"라고[18] 요구하였다. 사실 이것은 청조에 간자를 파견하여 정보를 탐문하면서 동시에 삼번 및 정경과 동맹을 맺기를 바랐던 것인데, 이러한 어리석은 건의는 허적 등의 사람들의 간언에 의해 그만두게 되었다. 청조와의 화친을 끊을 것을 극력 주장하던 대신 윤휴는 강희 14년(1675) 초1월 24일 숙종에게 "오늘날의 근심은 오직 정금이 해변에 갑자기 닥치고 淸虜가 西路에 가득 찬 데에 있으며, 지난 가을의 거짓 경보도 근거가 없는 일이 아닙니다. 하오니 이것을 청에 급히 알려 군사를 정비할 수 있도록 허락 받아야 합니다. 또 우리가 청국을 섬기는 것에 대해 정금은 의심하며 분노했었는데, 이제는 오삼계와 힘을 합쳐 그 형세가 매우 확장되었으므로 세상에 죄를 말하고 우리나라를 치러 올까 염려가 됩니다"라고 진언하였다. 윤휴는 사신을 보내 정경과 우호 관계를 맺기를 적극 요구하였지만, 결국 숙종의 윤허를 받지 못하였다.[19] 4월 3일, 윤휴는 또 중국 사람 黃功이 정경에게 사신으로 가겠다는 상소를 올린 일을 기회삼아 숙종에게 "천하가 크게 어지럽고, 모두 오랑캐를 배반하고 있는데, 오로지 우리나라만이 복종하고 있습니다. 후일 중원이 회복되면 우리나라가 무슨 면목으로 존립할 수 있겠습니까? 지금 사신을 보내어 정금과 통호하면 후일에 할 말이 있을 것입니다"라고 진언하였다. 하지만 이 또한 허적 등 정무를 담당하는 대신들에 의해 저지되었다.[20] 10월 22일, 우부승지 李同揆가 상소하였다. "금일의 남모를 근심은 바다 위에 있습니다. 會獵의 글이 하루아침에 남쪽에

18) 『朝鮮王朝實錄』 卷3 肅宗 元年 五月 辛未 第38冊, 274쪽.
19) 『朝鮮王朝實錄』 卷2 肅宗 元年 一月 癸未 第38冊, 240쪽.
20) 『朝鮮王朝實錄』 卷3 肅宗 元年 四月 己丑·辛卯 第38冊 260쪽.

오면, 東吳의 모사가 적을 맞이할 계책을 다투어 바칠 것인데, 전하께서 비록 奏事하는 書案을 손수 찍더라도 또한 미칠 수 없을 것입니다.” 아울러 “천하의 힘을 합하고, 東南의 세력을 아우르면……순풍에 돛을 펴고 바다를 지나가는 배와 같게 될 것입니다”라고 하며, 청조를 공격할 것을 청하였다. 숙종은 그 강개를 칭찬하였지만, 時勢가 맞지 않는다 하여 그들의 청을 윤허하지 않았다. 하지만 숙종의 태도는 이미 흔들리고 있었다.[21] 조선이 진퇴양난의 상황에 처해 있었던 것은 전쟁의 형세가 아직 명확하지 않았기 때문이다. 줄곧 사대주의 외교를 고집해 온 조선은 동아시아 지연의 정치적 구조조정 속에서 직면할 수 있는 국가의 안전과 이익이 손해를 입지 않도록 확실히 보장하기 위해 반드시 신중하게 대응해야만 했다.

강희 14년 5월 대마주 태수 평의진이 서신을 가져온 사건이 일단락 지어졌고, 다음 해(1676) 2월 2일, 조선의 영의정(宰輔) 허적이 ‘御書講’(중국의 經筵과 비슷함)에 참석했을 때 “소매 속에서 책 하나를 꺼내며 말하였다. ‘이것은 對馬 島主가 우리나라 역관에게 보낸 것입니다.’”라 하고, 숙종에게 올리며 이 서신을 청나라 조정에 보내 보여주고 후환을 피하길 진언하였다.[22] 2월 10일, 숙종은 왜서에 드러난 “정금이 곁눈질하며 노려보는 것과 海島의 기회를 타고 있는 것”에 대하여 깊이 근심하고, 대신들에게 사전에 방비하여 일이 생기기 전에 채비해 둘 것을 요구하였다.[23] 그러나 머지않아 2월 15일, 숙종은 영의정 허적을 인견하였고 허적은 다음과 같이 대답했다.

“전에 왜서에서 나온 訛言이 있었는데, 搢紳으로서 또한 이를 전한 자

21)『朝鮮王朝實錄』卷4 肅宗 元年 十月 丙子, 第38冊, 307쪽.
22)『朝鮮王朝實錄』卷5 肅宗 二年 二月 甲寅, 第38冊, 321쪽.
23)『朝鮮王朝實錄』卷5 肅宗 二年 二月 壬戌, 第38冊, 322쪽.

가 있었습니다. 신이 그 글을 구해 보니, 거기에 '정금이 이미 兵船을 정돈하고 장차 本國과 함께 中原에 사변을 일으키려고 하여 귀국과 더불어 일을 함께 하려고 하는데, 前日의 書契에 귀국은 막연하여 알지 못한다고 하였습니다. 그러면 정금의 군사가 마땅히 먼저 귀국에 이를 것이니, 交好하는 사이로서 고하지 아니할 수 없습니다.'고 하는 말이 있었습니다. 신이 그 나온 바를 물으니, '衿川의 박씨 성을 가진 사람이 趙昌漢의 집에서 보았다.'고 하기에, 바야흐로 가두어 다스리려고 합니다."라고 하였다. 仁祖朝에 崔鐵堅의 妾子가 거짓으로 글을 만들어 사형을 당하였고, 批答을 위조한 자가 있어서 역시 사형을 당한 바 있습니다.

이때는 허적이 왜서를 바친 지 십여 일이 지나지 않았을 때였는데, 그는 다시 왜서가 위조된 것이라고 단정 지었을 뿐만 아니라 인조 시절의 고사를 인용하며 서신을 위조한 趙昌漢을 사형할 것을 건의하였다. 숙종은 그 청을 받아들여 조창한을 주살했다.24) 이 일은 또한 『備變司謄錄』 숙종 2년(1676) 丙辰3월 11일條에 기록되어 있다.

아뢰기를, 지난해 가을 민간에서 동란이 크게 일어났으며, 변란이 조석으로 발발하여 겨울에 이르러 더욱 심해졌습니다. 사람들이 모두 말하기를 다시 온 왜서에서 정금의 군대가 이르렀다고 하였으나, 묘당의 신하들은 꺼리고 말하지 않으며, 사대부들 또한 여러 번 와서 신 등에게 그 실상을 물었으나 그 연유를 아는 자가 없었습니다. 다만 민심이 어질지 못한 상황에 거짓말을 퍼뜨려 민심을 선동하여 깜짝 놀라게 하였으므로, 정월

---

24) 『朝鮮王朝實錄』 卷5 肅宗 二年 二月 丁卯 第38冊, 322쪽: "引見領議政許積。積曰: "向來訛言有倭書出來, 搢紳亦有傳之者. 臣求見其書, 則有曰: '鄭錦已整兵船將, 與本國有事于中原, 欲與貴國共事, 而前日書契, 貴國稱以漠然不知. 然則鄭錦之兵當先到貴國, 交好之間, 不可不告.'云. 臣尋問其所出, 則衿川朴姓人見於趙昌漢處云, 方欲囚治耳. 仁祖朝崔鐵堅之妾子作僞書被誅, 有僞造批答者亦被誅." 因此昌漢被囚."

초에 신 허적이 武宰가 왜서를 직접 보았다는 얘기를 우연히 들어 그를 물어보니 조정의 관원 집에서 보았다고 말하였습니다. 그가 왜서를 위조하여 인심을 놀라게 한 의도는 화를 즐기려는 데 있습니다.[25]

이러한 정황을 보면 줄곧 신중에 신중을 기하던 허적도 계략에 걸려들었던 듯하다. 삼번의 난이 일어난 시기에 대마주 태수의 왜서는 대중의 바람을 선동하기에 충분했을 뿐만 아니라 조선의 정책 결정에 영향을 끼친 것을 알 수 있다. 그러나 이 왜서의 위조 여부는 사실 알 수 없다. 『화이변태』 권4의 기록에는 「朝鮮譯官答對馬州家臣書(조선 역관이 대마주 가신에게 보내는 답신)」가 다음과 같이 실려 있다.

佐浦에서 배가 들어온 이후 세태가 여러 번 바뀌었고 절기도 벌써 세 번이나 바뀌었습니다. 멀리서 생각건대 태수께서 높은 자리에 올라 넉넉한 생활을 누리시며 삼가시고, 또한 僉執事의 직분을 받들어 행하심에 행동거지도 훌륭하시옵고 구구한 것까지도 살피고 지키시니 말할 필요조차 없습니다. 일전에 벼슬을 버리고 貴州에 머무르실 때 삼가 감읍하옵게도 대인께서 서신을 보내주시어 중국의 변란의 顚末을 자세히 알아보았으나 나라를 떠나는 사신 중에 구체적인 지시 사항을 받지 않은 자들 또한 알지 못하는 바를 감히 알게 알 수 없었습니다. 따라서 매우 혼란하여 두드림은 있으나 울리지 않으니 돌아와서도 한탄하고 부끄러워할 뿐이니 또 어찌 말할 수 있겠습니까. 벼슬을 버리고 서쪽으로 갈 때에 또 북쪽에서 온 연도의 사자를 만나 여전히 사정을 자세히 알아보니, 寧南의 靖寇大將

25) 『備邊司謄錄』, 韓國國史編纂委員會, 1959~1960年, 第2冊, 234쪽: “啟曰: 自上年秋, 閭閻間騷屑大起, 有若變亂, 朝夕將發者, 及至冬間而益甚. 人皆言倭書再來, 其中有鄭錦之兵將到之語, 而廟堂之臣, 諱而不泄, 至於士夫, 亦多有來, 問虛實於臣等者, 莫知其由. 只以人心不淑, 胥動浮言, 爲可駭是白如乎. 正月之初, 臣積, 偶聞武宰有目見所謂倭書者, 招而問之, 則言果得見於朝士家云, 其僞造倭書, 以驚惑人心者, 意在樂禍.”

軍 順承郡王은 荊州에 군대를 주둔하였고, 安遠의 靖寇大將軍 多羅貝勒은 아직 岳州에 주둔하였으며, 다라패륵은 陝西로 진군하여 토벌하였으며 大將軍 和碩安親王은 長沙를 진군 토벌하였고, 和碩康親王은 浙江에서 和碩簡親王은 江西에서 함께 福建 지역을 취하였다고 하였습니다. 군대를 아홉으로 나누어 공격한 지 이미 3년이 흘렀습니다. 형주와 악주로 향한 자들은 平西 지역을 방어하기 위함이었을 것이고, 閩越과 江浙로 향한 자들은 東寧 지역을 방비하기 위해서였을 것이며, 섬서로 향한 자들은 王輔臣을 토벌하기 위해서였을 것입니다. 진격했다가도 북쪽으로 향하기도 하니 잠깐사이에 방어하지 못하여 江浙 지역이 오히려 楚漢의 京索과 成皐의 형국에 처하게 되었습니다. 북쪽 군대는 들판이라는 이점을 포기할 수 없어 험한 가시덤불 속으로 들어갔고 남쪽 또한 배를 이용할 수 있는 이점을 버리기 어려워 戰馬의 칼끝을 공격한 것입니다. 승패의 형국이 아직 나뉘지 않았으므로 서신에 언급된 이른바 남경을 포위했다는 등의 말을 멀리서 전해져온 헛소문으로 잘못된 보고입니다. 신이 燕齊의 변경에서 듣건대 또 바야흐로 해안 경비에 특히 힘쓴다고 하였으므로, 이 또한 변화무쌍하게 출몰하는 東寧의 風船을 염두에 둔 것인 듯합니다. 일전에 서신에서 사양의 뜻이 몹시 은근하고 간절하여 크게 깨우치고 회개하였습니다. 그러하오니 벼슬에서 물러나 삼가 南宮諸大夫[26]의 측근에 있게 되어 삼가 더불어 기뻐하며 칭찬하고 감탄하고 있사오니, 州將大人 및 東武(江戶)의 여러 집정자들께서 이처럼 이웃을 생각해주시는 돈독함에 깊이 감사드립니다. 늘 엎드려 감사하는 마음을 펼치고자 하였으나 여전히 겨를이 없어 지금에 이르렀습니다. 마침 橘使가 바야흐로 배로 떠난다고 하여 이렇게 받들어 서신을 올립니다. 나머지는 이만 줄이오니 삼가 헤아려주옵소서.

26) 朝鮮의 禮曹參議 南天漢(1607~1686)을 가리킨다.

丙辰年(1676) 八月 日

對馬州家臣 僉尊公 閣下

韓僉事興 判

金判事□ 判[27]

이 答書에 서명한 일자는 '丙辰년 8월 모일'이니, 이전에 대마도에서 분명히 공무차 대마에 머물렀던 조선 역관에게 일찍이 서신을 보내어 '중국 변란의 전말'에 대하여 꼼꼼히 알아보았고, 아울러 이른바 '남경을 포위한 전쟁' 등의 정보를 언급했던 것을 알 수 있다. 뿐만 아니라 조선 역관은 조선에 돌아간 이후 "절기가 벌써 세 번 바뀌었다"라고 스스로 말하고 있으므로, 대마도에서 丙辰년(1676) 봄에 분명히 서신이 왔음을 알 수 있다. 하지만 『비변사등록』에 따르면 허적은 정월 초에 이미 왜서가 위조인 것을 알고 있었으며, "인심을 놀라게 하고 혹하게 하는 자는 그 뜻이 남의 화를 즐거워하는 것에 있다"고 단정하고 있다. 그렇다면 허적은 어째서 2월 2일에 또 이 서신을 아주 그럴듯하게 숙종에게 바치고, 숙종의 관심을 불러일으켰던 것

27)『華夷變態』卷四, 170쪽: "一自佐浦旋驅以來, 風潮累變, 節序已三換矣. 緬惟太守大人鼎茵崇毖, 亦惟諸奉行僉執事動止珍迪, 區區瞻傃, 不容言喩. 日者敝職留貴州時, 伏荷大人損示札翰, 細訊以中國變亂顚末, 而行人之出疆也, 其不及受辭者, 亦不敢以其所不知者爲知. 故泯泯墨墨, 有扣不響, 歸來悵恧, 亦何可言. 敝職西還之日, 偶値燕都使者又自北來, 仍得以詳刺事情, 聞有寧南靖寇大將軍順承郡王駐兵荊州, 安遠靖寇大將軍多羅貝勒尙善駐兵岳州, 多羅貝勤棟格進勦陝西, 大將軍和碩安親王進勦長沙, 和碩康親王由浙江, 和碩簡親王由江西, 並取福建. 兵馬則分九路攻戰, 已閱三歲. 其向荊岳者, 蓋拒平西也. 其向閩浙者, 蓋備東寧也. 其向陝西者, 蓋討王輔臣也. 或進或北, 乍失旋收. 江浙之間, 尙爲楚漢之京索成皐. 北兵旣未能棄原野之使而入箐棘之險. 南人亦難舍舟楫之利而犯介馬之鋒. 勝敗之形, 殆未有所分, 則書中所謂戰圍南京等說, 似是遠外虛聲, 非的報也. 第聞燕齊之境, 又方專意海防云, 此則似亦有慮夫東寧之風船出沒無常矣. 前書中辭意旣極懃懇, 開誨良多, 則敝職謹已布之於南宮諸大夫之側, 相與嘉悅讚嘆, 深感州將大人曁東武諸執政君子能念隣好之篤至於如此也. 每欲一以竿尺仰覆, 兼陳謝悃, 而因仍不遑以迄于玆. 適聞橘使方戒維楫, 耑此奉敷. 千萬不盡, 惟希鑑照."

인가? 자가당착이 아니겠는가? 한 가지 가능성은 허적이 그 해 2월 2일 숙종에게 바친 대마의 왜서는 손수 회신을 쓴 조선 역관으로부터 나온 것이며, 나중에 대마주 태수의 왜서가 뜬소문을 퍼뜨린다는 것을 알고 인심을 안정시키기 위해 얼른 태도를 바꾸어 왜서가 위조라고 밝히고 조창한을 죽임으로써 대충 마무리한 것이라는 점이다.

2년 후(1678), 조선 동래 역학이 倭館으로부터 오삼계의 격문을 얻었는데, 이것이 바로 『화이변태』에 실린 오삼계의 격문이다. 이 격문에 서명한 일자는 '영력 28년 4월 初1일'로, 강희 13년(1674) 4월 初1일이다. 조선의 士人 成海應은 삼번의 난이 끝난 후 그 격문에 대해 다음과 같이 기록하고 있다.

> 肅廟 戊午년(1678), 東萊 譯學 등이 館倭로부터 오삼계의 격문을[28] 얻게 되었는데, 이는 福建 상인들이 전해준 것인 듯하다. 격문에는 甲寅 元朝에 太子가 즉위하였고 연호를 周啓라 하였으나 오삼계가 스스로 즉위하여 국호를 周라 하였다고 쓰여 있었다. 오삼계는 청나라를 섬긴 후 平西大將軍으로서 親王에 봉해지고 청나라를 위해 영력제를 잡을 계책을 세웠다. 그는 군대를 이끌고 黃草壩에서 省城으로 들어가 미얀마정부를 회유하는데 힘썼고, 결국 明의 桂王 永曆帝를 붙잡아 시해하였다. 永曆의 故宮에 의거하여 수리하니 그 모습이 자못 웅장하고 화려하였다. 옥으로 만든 옛 제기들을 진열하고 진귀한 동물을 가져다 놓고 이름난 꽃으로 장식하였으며, 애첩 陳沅을 껴안고 향락에 빠졌다. 이와 같았으니 오삼계의 마음이 어찌 復明이란 말인가? 청나라의 핍박을 받아 장차 요동으로 갈 때에도 명 황실을 위해 거병하였다고 하였는데, 누가 그의 말을 믿겠는가? 오삼계가 거병한 지 3년이 지난 후 참람되게 스스로 稱帝하였고 稱帝한

28) 『邊例集要』 卷十七 「雜條·丙辰」(韓國國史編纂委員會, 1970年, 491쪽). 全文은 吳三桂의 檄文을 그대로 베껴 기록하였다.

지 3년 후 병을 얻어 세상을 떠났으며, 그가 세상을 떠난 다음해에 (주나라가)멸망하였다. 청나라 사람들이 다시 黃草壩로부터 입성하자 삼계의 손자 璠繿이 자살하였는데, 마치 永曆帝가 시해된 것과 같았다.[29]

곰곰이 생각해 보던 조선의 사인들은 결국 오삼계의 반청은 사실 자신을 위한 사욕이었고, 復明과는 아무런 관련이 없다는 것을 명확히 알게 되었다. 성해응은 격문에 대해 서술한 뒤 뜻을 다 표현하지 못한 듯 또 다시 이 격문의 내용을 기록하여, 조선의 군신이 오삼계의 격문을 접한 후 "왜인에 의해 위조되었다고 여겼으며", "복건 상인들로부터도 전해온 약간의 소식은 그들이 내 재물을 가지고자 했기 때문이다"라고 단정하고 있다.[30] 사실 이들의 우려 또한 전혀 일리가 없는 것은 아니었다. 오삼계가 그 해 3월 제위에 오른 지 얼마 지나지 않았는데, 얼마 후 소식은 바로 일본으로 들어갔다. 『화이변태』의 편자인 임서 또한 그 소식을 들은 후 몹시 답답해 하였는데, 그 해 7월 30일에 쓴 「吳鄭論」에서 다음과 같이 말하고 있다.

지난번 장기에서 東京 선박에 전달한 소식을 들으니 戊午년(1678) 3월 오삼계가 제위에 오르고 연호를 昭武라 하고 國號를 大周라 하였다고 하는데, 뜬소문이 아니겠는가? 만약 진정 그러하다면 30년 동안의 본심이 지금에 이르러서 발현된 것으로, 그것은 忠義가 아니었으며 제위를 찬탈

29) 成海應, 『研經齋全集』 卷三十三 「風泉錄三·題吳三桂檄後」, 『韓國文集叢刊』 第274冊, 首爾: "韓國民族文化推進會, 2001年, 237쪽: 肅廟戊午(1678), 東萊譯學等因館倭得三桂檄, 蓋福建商人所傳也. 檄中云甲寅元朝, 奉太子即位, 建元周啓. 然三桂實自立而國號周也. 三桂事清, 爲平西大將軍封親王, 爲清劃擒永曆策. 引兵由黃草壩入省城, 以重貨遺緬人, 執永曆而弑之. 遂據永曆故宮, 繕修頗壯麗. 陳古玉彝器之屬, 布列珍禽名花, 擁陳沅而酣嬉. 此其心豈復思明室乎? 及爲清所迫, 將徙遼東, 乃曰爲明室而擧兵, 人孰信之? 三桂擧兵三年而僭稱帝, 稱帝三年而病死, 死之明年而亡. 清人復由黃草壩而入, 三桂孫世璠繿死, 如永曆之被弑也."

30) 成海應, 『研經齋全集』 卷三十三 「風泉錄三·復題吳三桂檄後」, 237쪽.

한 것이다. 이것은 저 오삼계 또한 曹操나 朱溫의 족적을 모방한 것인 듯 하며, 南朝 宋의 高祖 劉裕의 만년과 같이 탄식하였으니 끝까지 누릴 수 없어 그러했던 것인가? 大周라고 칭했던 것은 그 옛날 周나라의 吳泰伯의 후손임을 빗대어 말한 것이 아니겠는가? 연호를 昭武라고 한 것은 昭烈帝 劉備의 章武라는 연호를 따른 것이 아니겠는가? 듣건대 일전에 鄭氏도 한 황제를 모시고 永曆帝의 연호를 썼었는데, 앞으로 이 일이 성사되고도 지키는 바가 바뀌지 않겠는가? 사적인 마음에서 도모하였다는 것인가? 또 듣건대 吳鄭 이외에도 福建의 耿氏 및 孫將軍, 平南王과 같은 자들도 각각 일정 영토를 분할 점령하고 있다고 하였다. 그들은 처음부터 오삼계, 정금 어울렸으며 타타르의 도적들에게 항복하였다. 오삼계와 정금은 상하의 위계질서를 아는 벌과 개미보다도 못한 족속이다. 옛사람이 말하기를, 周公이 일찍 세상을 떠났다면 헛소문의 원통함은 밝힐 수 없었을 것이고, 왕망이 일찍 세상을 떠났다면 영원히 공손하고 검소한 사람이 되었을 것이라 하였으니, 그 말이 사실이로다! 그러므로 말하노니, 세상을 떠난 자를 비난하고 찬양하는 것 또한 虛言이 아니겠는가? 戊午년 7月 그믐(七月三十), 처마에 빗물 똑똑 떨어지는 밤 어렴풋한 등불 아래 홀로 앉아 侍史에게 구술을 받아 적게 하여 들은 바의 대략을 기록하게 하니, 中華가 통일되는 날 正史의 기록을 통해 판단할지어다.[31]

---

31) 林恕, 『鵝峰林學士文集』 卷四八 「論二·吳鄭論」, 東京: ぺりかん社, 1997年, 510쪽: "頃聞長崎傳達東京船之言曰, 戊午(1678)三月吳三桂即帝位, 建元曰昭武, 國號大周. 抑街談巷說乎? 若其果然, 則三十年來之素心, 至是而見, 而非忠義,而簒奪也. 蓋彼亦效曹操、朱溫之跡, 而有劉裕衰暮之歎, 而不克終而然乎? 蓋稱大周者, 托言吳泰伯之後乎? 稱昭武者, 擬昭烈章武之號乎? 聞先是鄭氏亦奉一帝, 建永曆之號, 不知自今而後, 其事成而不變所守乎? 有私營之謀乎? 又聞吳鄭之外. 如福建耿氏及孫將軍、平南王. 各割據一方. 然始與吳鄭相應, 又降韃寇。吳鄭則蜂蟻之類, 不足算也. 古人謂, 周公早終, 則流言之冤不能明. 王莽早死, 則永爲恭儉之人, 信哉! 故曰, 毁譽蓋棺了者, 亦是不爲虛言乎? 戊午七月晦(七月三十), 夜雨滴簷, 獨坐燈淡, 口授侍史, 記所聞小概. 待中華歸一, 正史載來以決之."

이를 통해 일본에서는 이미 오삼계가 칭제한 소식을 분명히 알고 있었던 것을 알 수 있다. 게다가 『화이변태』의 편자 임서 본인조차도 오삼계와 정금 등에 대해 더 이상 희망을 가지지 않고 있었는데, 대마도주 평의진이 다음 해(1679) 오삼계의 군대가 이미 남경과 북경을 포위했다는 거짓 정보를 조선에 전달했던 것이다. 보기 드문 일은 꼭 짝이 있게 마련이듯, 강희 22년(1683) 12월에 이르러 鄭克塽은 이미 청에 항복하였고, 대마도주는 조선의 예조에 서신을 보내어, 중국 상인들이 있는 그곳에서 비공식적으로 알아본 소식에 근거하여 "듣건대……東寧의 鄭錦舍가 크게 奇兵을 모집하고 만 리에 배를 띄워 귀국을 침범하고, 兀良哈은 곧장 북경으로 들어가 장차 專攻을 결행하려 한다고 하였습니다. 그리고 또 듣건대 淸王이 간악하고 거만하여 도리에 맞지 않는 어려운 일로써 귀국을 견책하였다 합니다"[32]라고 일부러 겁을 주며 조선에 사정을 알아보았다. 사실상, 그 해 7월 27일에 정극상이 보낸 사신이 이미 투항서를 提督 施琅의 군대에 바치고 정식으로 투항하였다.[33] 8월 11일 일본은 25번째 동녕의 선박을 타고 들어온 선원들의 입에서 확실한 소식을 들었다.[34] 당시 이미 확실한 정보를 알고 있던 조선 군신은 울분을 토했고, 숙종은 大提學 南九萬과 묘당의 모든 신하들에게 의논하여 答書를 쓸 것을 명하였다.

> 근래에 우리나라의 使价가 燕京으로부터 돌아와 傳言하기를, '閩兵은 台灣으로 깊이 들어가 그 요새를 지키고 있어 정금은 형세가 窮迫하고 힘이 꺾이어 병졸과 남녀 백성 수십 만을 데리고 招撫하는 데로 나아갔다

---

32)『朝鮮王朝實錄』卷14 肅宗 九年(1682) 十二月 己未, 第38冊, 668쪽: "竊聞, 兵革未息. 屬者, 東寧鄭錦舍丕募奇兵, 風舶萬里, 侵於貴國地方, 兀良哈直入北京, 而將決戰攻. 又聞, 淸王雄奸傲强, 以不道之難, 而譴責貴國矣."

33) 蔣良騏,『東華錄』卷8 康熙 二十二年 癸亥(1683年) 秋七月丙申.

34)『華夷變態』卷8「二十五番東寧船之唐人共申口」, 406~408쪽.

고 하였습니다. 이 말을 믿는다고 하여도, 보내 온 서신과 한결같이 어찌 서로 반대가 되는지요? 견책했다는 말은 더욱 端緖가 없는 것이나 떠도는 말을 들으면 어긋난 것이 많으니, 족히 괴이하게 여길 것이 없겠습니다. '交隣의 도리는 急變이 있으면 서로 고하여야 하니 모호하게 하지 말기를 바라다.'는 敎示는 아마도 우리나라를 염려함이 너무 지나친 듯합니다. 그러나 虛와 實을 毋論하고 들으면 서로 알려야 할 것이니 족히 隣好하는 지극한 뜻을 볼 수가 있겠습니다.[35)]

이 회신에 일본이 교린의 도리를 저버린 것을 힐책하는 의미가 담겨 있음에는 의심할 여지가 없다. 이뿐만 아니라 대마도에서 서신이 온 사건이 무슨 이유로 청조에 전해졌는지는 알 수 없으나, 이는 강희 28년 조선 사신이 입경했을 무렵 청조의 重臣 明珠가 직접 그 정황을 묻는 상황을 야기했다. 이로 인해 조선 국내에서는 이 일을 문책하는 정치적 풍파가 한바탕 또다시 일어났다.

갑자년 3월 告訃使 李濡의 狀啓에서 "閣老의 명주가 황제의 명에 의해 사신을 불러 '일본에서 글이 나왔는지'의 여부를 묻고, 또 지난번 '왜서 때문에 그대 나라가 소란하였다고 하는데, 그 말이 중국에까지 흘러들어 왔다.'고 하였으며, 書狀官 李蓍晩이 돌아와서 '이 말은 寧古塔의 守將을 통하여 兵部에 轉聞된 것인데, 병부에서 사실 여부를 조사하려다가 중지하였습니다.'라고 아뢰었습니다."라고 했습니다.[36)]

---

35) 『朝鮮王朝實錄』 卷十四 肅宗 九年(1682) 十二月 己未, 第38冊, 668쪽: "近者, 我國使价回自燕京, 傳言閩兵深入台灣, 扼其要害, 鄭錦勢窮力屈, 率兵民男婦數十萬, 出就招撫. 信斯言也, 與來書一何相反耶? 譴責之說, 尤無端緖, 流聽多舛, 不足爲怪. 交鄰之道, 有急則相告, 希勿含糊之示, 恐慮我太過也. 然毋論虛實, 聞則相報, 足見鄰好之至意."

36) 『朝鮮王朝實錄』 卷二十 肅宗 十五年(1689) 閏三月戊戌(三月 一日), 第39冊, 164쪽. 원문이 상당히 길어 여기에서는 그 일부만을 인용한다: 甲子三月, 告訃使李濡狀啓曰, "閣老明

이 사건은 조선과 일본 양국이 비록 교린의 관계에 있었으면서도 서로 간에 절대적인 신뢰는 결코 존재하지 않았기 때문에 비롯된 것이다.

2. 조선의 풍문

한편, 일본도 물론 조선에 대해 늘 정보를 속여 왔지만, 조선 조정 또한 일본에 전쟁의 형세와 발전상황을 숨기고 속이려 하였다. 釜山倭館의 일본 사절이 힘써 알아보려 하여도 정식 경로를 통해서는 불가능한 경우가 잦았다. 그들이 알아낸 소식은 대부분 조선의 호사가 무리로부터 온 것이었으므로, 당시 전쟁 형세의 발전 실황이 반영될 수는 없었다. 이는 삼번의 난이 일어난 기간에 대마도에서 들여온 조선의 풍문보고서에 수록되었는데, 그것을 열거하면 아래 표와 같다.

삼번의 난 기간에 대한 조선의 풍문보고서 일람표

卷次	目錄標題	細目	年次	署期	內容摘要	備注
卷二	對馬風聞	1、唐韃戰之事 2、吳三桂逆心之次第	甲寅(康熙十三年 1674)	6月 23日	• 오삼계의 아들이 清朝 兵曹判書가 되었고, 北京에서 자살하였다. 오삼계가 朱太子를 받들어 즉위시켰다. • 오삼계가 清 刑部尚書와 결탁하여 군사 2천을 상인으로 변장시켜 경성으로 들여보내 달단왕을 살해하려고 하였다. • 清人이 오삼계의 선조 무덤을 파헤치려고 하였으나 오삼계가 이미 30년 전에 선조의 무덤을 雲南으로 이장한 상태였다. • 붉은 머리의 天子 20년에 기이	10月 18日, 대마도주로부터 보고를 받다. 이른바 오삼계가 군사 2천을 북경으로 들어가게 하여 달단왕을 살해하려고 했던 일이 바로 '楊應龍의 난'을 가리키는 것임은

珠, 以帝命招使臣問曰: '自日本有書來否.' 且曰: '向因倭書, 汝國騷屑. 其言流入中國.' 書狀官李蓍晚歸奏曰: '此言因寧古塔守將轉聞兵部, 將欲按問而止'."

					한 일이 일어나 清朝가 장차 멸망할 것이라 豫示했다.	의지할 여지가 없다.
		3、覺(備忘錄)		9月 11日	• 오삼계가 唐國의 대부분을 점령하고, 지금은 남경을 공격하고 있으며, 남경이 곧 함락될 것이다. 그러나 북경에 달단의 군사들이 집거하고 있어 일시에 승패가 결정되진 못할 것이다. • 군사가 戰船 수백 척을 만들었는데, 대부분 배 밑바닥을 나무로 막아 놓고, 南京의 清軍이 타도록 유인하였는데, 청군이 계략에 걸려들어 대패하였다.	10月 26日, 대마주 태수로부터 온 보고이다.
卷三	朝鮮傳說二通	4、朝鮮傳說	乙卯(康熙十四年1675)	5月 8日	• 오삼계가 북경과 남경 두 경성을 포위하였는데, 올해 안에 청과의 승부가 결정될 것이다. • 清의 황제가 조선의 사신을 접견하고 조선에 지원병을 요청하였으나 조선에서 지원병 파견을 미루고 파견하지 않았다.	이 두 풍문보고서는 그림 한 통과 연결되어 있으며, 2월 19일에 酒井雅樂頭와 稻葉美濃守에게 進呈되었다.
		5、同上		5月 16日	• 蒙古가 청조에 응하여 십만 지원병을 파견하여 蔣山에서의 전쟁에 참여하였으나 대부분 몰살되었다. 清人 중에 몽고군 한 사람당 열 냥을 상으로 주는 것에 찬성하는 자가 없자, 몽고군이 불만스럽게 여겨 마을을 닥치는 대로 노략질하고 돌아갔다.	
	對馬注進	6、對馬注進		4月 28日	• 배신한 몽고군이 遼陽 및 山海關을 공격하자 오삼계가 蒙古와 함께 南北으로 공격하여 清朝가 멸망의 위기에 놓이게 되었다. • 들리는 소문으로 조선에서 청조가 멸망할까 염려하여 오삼계에게 지원군을 파견할 것이라 하였다. 일설에는 조선이 달단 및 몽고를 방비하기 위해 慶尚道를 제외한 일곱 개 道의 병력을 선발하여 義州 변경에 배치하였다고 하였다.	이른바 몽고가 배신했다는 것이 (몽고 察哈爾 부락) 布爾尼의 반란을 가리키는 것임은 의심할 여지가 없다.
	朝鮮國之風說	7、朝鮮國風聞之紀要		11月 8日	• 鄭氏는 조선의 6대 성씨 중에 하나로, 500~600년 전 참서에 따르면 정씨가 장차 조선의 군주가 될 것이라 하였다. • 오삼계가 조선에 사신을 보내 지원병 파견을 요청하였고, 조선에서는 사신을 살해한다고 하기도 하고, 조선의 사자가 북경으로 압송된다고도 하였다.	

	朝鮮譯官覺書	8、譯官兩使所述概要		11月 8日	• 조선의 사신이 館 내에 갇혀 북경사람과 자유로이 왕래할 수 없으므로 전쟁 상황을 자세히 알지 못하였다. • 四川 成都가 오삼계에게 점령되었으며, 남경이 점령되었는지의 여부는 알 수 없었다. 북경의 달단 군사가 모두 8백만이었으므로, 오삼계가 북경 근교를 공격한다고 해도 갑작스럽게 승부가 결정되긴 어려웠다.	
卷四	朝鮮風說	9、朝鮮國關於唐亂之風說紀要	丙辰(康熙十五年 1676)	辰4月 朔日	• 북경의 칙사가 재작년에 왕비가 붕어하고 지난해 세운 새 왕후를 책봉하는 일로 조선에 왔다. • 지난해 겨울부터 북경사람의 자취가 점점 드물어져 갔는데, 그것은 남쪽의 전쟁의 형국이 불리해져 대량의 지원병을 파견했기 때문이었다. 북경에서 수십만 군대를 더 파견하였으나 대부분이 전사하였다.	이 卷은 여전히 『朝鮮譯官答對馬家臣書』에 수록되어 있으며, 여기에서는 풍문보고서 안에 계산하지 않았다.
	唐亂に付朝鮮にての風說	10、朝鮮國關於唐亂之風說紀要		6月 朔日	• 달단에서 沈陽에 군대를 파견하여 남쪽에 군대를 주둔시키고 남하하였으나 지금에 이르러서는 보낼 수 있는 군대가 없었다. • 북경 대신들은 대부분 명나라 사람들이었으므로, 오삼계가 군대를 일으킨 후에 반변의 움직임이 있을 것이라고도 했다. • 근래에 당국의 난이 갈수록 심해져, 조선에서 平安에 20여 개의 성을 축조하였고, 開城府에 北漢과 南汗 두 山城을 축조하였다. 또한 全羅道 및 慶尙道에도 성을 축조할 것이다. • 북경이 위급한 상황에 놓여 있었기 때문에 조선 대신들 중에는 사신으로 가려는 자가 없었다.	
卷七	宗對馬守朝鮮注進三通	11、此次向譯官所詢唐兵亂之風說	己未(康熙十八年 1679)	午12月 25日	• 오삼계가 稱帝하였고, 백성들이 모두 그에게 귀순하였다. • 몽고왕의 여식이 淸人의 妃가 되었으나 임신한 후 몽고로 쫓겨나자 몽고왕이 모반의 뜻을 품었다.	
		12、唐兵亂之風說		未正月 25日	• 오삼계가 세상을 떠났다는 소식이 전해지자 조선에서는 거짓 죽음이 아닌가 의심하였다. • 오삼계는 비록 忠臣의 명성이 있었으나 朱太子를 제거하고	

					청제하였으며 그의 손자가 皇太子가 되었다.	
		13、覺(備忘錄)		2月 8日	• 朝鮮於都城近畿修築城池,配置軍糧, • 每日操演弓矢、鐵炮(鳥槍)。	
	宗対馬守よりの注進	14、唐兵亂之風說		5月 12日	• 지난해 오삼계가 남경 근교에 가까이 와 있었는데, 만약 남경을 공격하면 북경은 전쟁하지 않고 함락될 것이다. • 북경에서 소문에 따르면 오삼계가 늙고 병들어 세상을 떠났다고 하였으나 확신할 수 없다. • 청조가 경성으로 간 조선 사신들에게 전쟁 상황에 대해 일절 언급하지 않았다.	

위의 표에 따르면, 결과적으로 『화이변태』에 수록된 조선의 풍문 보고서에는 다음과 같은 몇 가지 특징이 있다. 첫째는 왜관의 일본 사신이 조선 역관에게 물어보고 알게 된 두 차례의 일을 제외하면, 믿을 만한 소식의 근원이 부족했다는 점이다. 둘째는 그저 말로 전달한 개요일 뿐, 모호하고 말이 상세하지 않다는 것이다. 셋째는 청조의 멸망과 삼번의 난의 승리에 대해 맹목적으로 낙관하고 있으며, 반란이라는 일면에 대해서는 과장되어 사실에 맞지 않는 것이 있었다는 점이다. 예를 들면 권2의 「吳三桂逆心之次第」에는 다음과 같이 기록되어 있다.

상술한 '붉은 머리의 천자 20년(紅頭天子二十年)'이라는 말은 북경의 산에서 나온 玉石에 쓰여 있던 것이다. 그것에 따르면 달단 사람들은 머리카락이 붉은 색이며, 그들이 북경에 들어와 唐國의 전 영토를 점령한 지 이미 20년이나 되었고, 지금은 이 변란이 일어난 것은 옥석 문자에서 북경의 달단왕이 멸망할 것이라고 예시했기 때문이다. 필시 변란이 발생한 시기에 이와 같은 기이한 일이 일어났을 것이다.

중국과 조선의 사료 중에서는 이와 관련하여 대응되는 기록을 거의 찾을 수 없다. 그 외에도 청군이 관문으로 들어가고 삼번의 난이 발발하기까지는 이미 30년이라는 시간이 흘렀으며, 만주족의 머리카락이 붉다는 이야기는 더욱 터무니없는 것이다. 또 권3 「朝鮮傳說二通」에는 청조가 몽고에 구원을 요청하자 몽고가 십만의 구원병을 파견하여 蔣山의 전쟁에 참가했는데 대부분 몰살되었고, 청인 중에 몽고군에게 한 사람당 열 냥을 상으로 주는 것에 찬성하는 자가 없자 불만이 가득했던 몽고군은 시골 마을을 노략질하고 떠났다고 언급되어 있는데,[37] 이 또한 역사적 사실에서 크게 벗어난다. 첫째는 전체 삼번의 난의 기간 중 삼번 군대는 장산에 간 적이 없기 때문이고, 둘째로는 십만의 몽고군이 구원하러 왔다는 설 또한 근거가 없기 때문이다. 그 해 전장의 형세에 대해서는 다음과 같이 묘사되어 있다.

> 唐國 대부분의 지역을 오삼계가 점령하였으며, 지금은 남경 부근을 공격하고 있으니, 아직 점령되지 않은 지역은 매우 적은 상대이다. ……근래에 이르기까지 남경 경내의 蔣山에서는 큰 전투가 벌어지고 있는데, 당시 오삼계가 남경의 대장군 靖南王을 공격하였다. 정남왕은 30년 이전에 오삼계 등 세 명은 모두 명나라의 신하였으나, 달단이 들어오자 福州의 방비를 맡았는데, 이때에 오삼계와 연합한 것이다. 복주는 남경과 가까웠으므로 오삼계가 선봉을 맡기를 바랐다. 따라서 오삼계에게 主將을 맡기고 홀로 금사 휘하 대장군 둘을 데리고 남경을 공격하게 하였다. 오삼계의 일곱 명의 아들들이 모두 각처에 있어 명을 받아 전장을 누볐는데, 청인들은 오삼계의 거처를 모르는 듯했다. 여기저기 수소문 해보다가 문득 북경에서 오삼계의 거처를 알게 되어 살해하기 위해 청인들이 명을 내렸다.

37) 『華夷變態』 卷3 「朝鮮傳說二通」, 102~103쪽.

그전에 떠돌았던 오삼계가 병사했다는 소식은 모략에서 나온 것으로, 오삼계는 여전히 건재했다.[38]

이러한 상황에서 정난왕은 금사에게 오삼계의 선봉을 맡겼고, 휘하의 두 대장군에게 남경의 소식을 알아오게 하였다. 그의 이러한 대비는 삼번 초반의 전략을 어느 정도 반영하고 있는 것이긴 하지만, 풍문보고서에는 이 전략적 대비를 기정사실로 묘사하고 있다. 삼번의 戰績 일면에 대한 조선의 풍문보고서의 기록은 과장되며 실제와 부합되지 않는 경우가 종종 있다. '정월 16일(강희 14년, 1675)'의 '조선傳聞' 마지막에 대마도주가 덧붙인 말이 있다. 그 중에서 조선이 결국 청조에 지원병을 보낼 것인지, 오삼계와 연합할 것인지에 관련하여 "생각건대 소문이 떠돌고 있는 듯하나 역관은 이를 감추고 속이며 언급하지 않는다. 하지만 들어오는 지원병의 인수가 많으므로 감추고 속인다 할지라도 때가 되면 和館(倭館)에서도 알게 될 것이다"라고 하였으므로, 조선 쪽에서 애써 막으려 했던 소식에 대해서도 대마도주가 이미 알고 있었음을 알 수 있다.

물론 조선의 풍문에도 전혀 근거가 없는 것은 아니었다. 그 중에서도 조선과 청 조정의 교류 및 조선의 정국에 관련된 묘사는 대부분 조선 사료로도 확인 가능하다. 예를 들면 권2에서 정경이 꾸민 책략으로 청의 남경 수비군을 속이고 전함에 오르게 하여 전멸시킨 일에 관해서는 『조선왕조실록』에서도 거의 유사한 기록을 찾을 수 있다.

---

38) 위의 책, 103쪽: "大部爲吳三桂所占, 現攻入南京附近, 尚未攻占之地極少. ……迄至近日, 南京境內之蔣山有大合戰, 其時吳三桂方面進攻南京之大將軍靖南王, 三十年以前與吳三桂等三人同爲人臣, 進入韃靼時代, 擔任福州守護, 此時與吳三桂聯合. 福州與南京相近, 故而思爲先鋒, 擔任主將, 獨自率領錦舍屬下二員大將進攻南京. 而吳三桂七子皆在各處, 受命開辟戰場, 清人似不知吳三桂所居何地, 各處布網打探, 北京一旦得悉吳三桂居所, 或將不顧一切企圖殺之, 清人吩咐下去, 此前吳三桂病死之傳聞, 乃出於謀略, 吳三桂仍健在."

『조선왕조실록』과 『화이변태』 모두 정경의 수군 전법과 관련된 묘사는 기본적으로 같다. 다만 『화이변태』에서는 정경의 군대가 남경을 공격할 때 다음과 같은 전법을 사용했다고 기록하고 있다. 나무로 전함의 바닥을 막아놓고 청군이 전함에 오르길 기다렸다가, 정경의 군대에서 선원들을 보내 나무 마개를 제거하고 전함을 돌려 공격하자(95~96쪽), 전함에 올라있던 청군이 모두 전멸되었다는 것이다. 『조선왕조실록』에서는 정경의 군대가 어디에서 이러한 전법을 사용하였는지 기록하지는 않았으나, 청군이 잃은 군사의 수에 대해서는 "만여 명이 모두 익사했는데, 생존자가 한 명도 없었다"[39]고 기록하고 있다. 자세한 사정에 대해서는 약간의 차이가 있지만, 기본적으로 같은 사건이라 판단할 수 있다.

또 예를 들면 청조가 조선에게 구원을 요청했다는 것과 관련하여 권3 「朝鮮傳說」에서는 다음과 같이 기록하고 있다.

> 조선에서 정기적으로 북경에 보냈던 사신이 근래에 귀국하였습니다. 달단왕이 북경에서 그 사신을 접견하고 밀담을 나누었는데, 그는 분명 조선에 청병을 부탁했을 것입니다. 소문에 따르면 조선 도성의 여러 대신들이 의논한 결과, 만약 북경의 달단왕의 패전 조짐이 분명하다면 지원군을 보낼 수 없으므로 잠시 지원군 파견을 지연하기로 했습니다. 만약 북경에서 힐문해온다면 사신이 보고 온 정황에 근거하여 태도를 바꾸어 오삼계와 연합할 것을 상의하여 결정하기로 하였습니다. 따라서 지금까지도 지원군을 파견하지 않은 것입니다. 게다가 곳곳에서 들려오는 소문에 따르면 조선의 군대가 도성으로 집중되고 있다고 하였으나, 실제로 그러한지는 아직 알지 못하므로 우선 들은 바를 아룁니다.[40]

---

39) 『朝鮮王朝實錄』 卷5 肅宗 二年 一月 丙申(13日), 第38冊, 318쪽.

이 풍문보고서는 서명한 날짜가 “정월 8일”인데, 이 사실은 『조선왕조실록』 숙종 원년(1674) 11월 壬申(13일)條에도 기록되어 있다.

(임신일) 大臣과 備局의 여러 신하들을 인견하였다. 임금이 이르기를 “進香使의 先來別單에 請兵에 대한 말이 있었는데, 장차 어떻게 대처해야 하겠는가?” 하니, 영의정 許積이 아뢰었다. “만약 軍器만을 요구한다면 막을 말이 없으니 약간은 주는 것이 마땅하겠으나, 청병까지 하게 되면 일이 매우 난처하겠습니다. 椵島와 錦州의 싸움에도 모두 군사를 보냈으나, 이는 만부득이 한 것으로서 오히려 핑계 댈 말이 있었습니다. 하지만 지금은 오삼계가 崇禎皇帝의 아들을 옹립하고 명나라를 다시 세운다는 것이니, 우리가 곧 군사를 일으켜 청나라를 도와서 친다는 것은 義理에 있어 차마 하지 못할 뿐 아니라, 利害로써 말하더라도 청국의 형세는 오래 보전하기가 어려울 듯합니다. 후에 명나라가 興復된 뒤에 만약 問罪하는 거조가 있을 것 같으면 스스로 해명할 말이 없을 것입니다. 그러나 만약 이를 염려하여 청나라의 청을 따르지 않는다면 청나라가 비록 피폐했다고 하더라도 우리를 제압하는 데는 여유가 있을 것이나, 수만의 군사로 우리의 강역을 침범해 온다면 장차 어떻게 대처하겠습니까? 저들이 과연 청병해올 것 같으면 우리로서는 ‘정축년 이후로 兵政을 완전히 포기했고 여기에 饑饉이 더하여 兵民이 散亡되어 징발할 방도가 없다.’는 뜻으로 奏本을 갖추어 보낸다면, 사신은 갇히거나 살해될 염려가 있을 것입니다마는, 이와 같이 오가는 동안에 천하의 형세를 관망해가면서 대처해야 할 것입니다.”[41]

---

40) 『華夷變態』 卷三 「朝鮮傳說」, 101쪽.

41) 『朝鮮王朝實錄』 卷一 38冊, 219쪽: “引見大臣、備局諸臣. 上曰: “進香使先來別單, 有請兵之語, 將何以處之?” 領議政許積曰: “若只求軍器, 則無辭可防, 固當從略給之, 至於請兵, 則事甚難處. 椵島、錦州之役皆送兵, 此則出於萬不獲已, 猶有可諉. 今者吳三桂擁立崇禎之子, 再造大明, 我乃興兵助伐, 非但義理之所不忍爲, 雖以利害言之, 淸國之勢, 似難久保. 大明興復之後, 若有問罪之擧, 則無辭自解. 若慮此不從其請, 則淸國雖疲, 制我則有餘. 以數萬兵侵

이때 조선에서는 청조에 進香 사신으로 '靈愼君 李瀅'을 보냈고 사신단 일행은 11월 7일에 산해관에 도착했다. "먼저 보내 급히 아뢰"는 先來別單으로 삼번의 난에 대한 새로운 소식을 보고하였고,[42] 수일 후에 이 소식은 조선의 경성에 전해졌다. 조선 사신들은 청 황제가 청병한 일로 각자 자신의 의견만을 고집하며 끊임없이 논쟁하였는데, 이러한 상황은 다음 해(1674)의 '정월 8월'에 조선에서도 대마 왜관에 의해 알게 되었다. 이 사건에 대해서만 이야기하자면, 대마도에서는 당시 조선 정국의 실제 상황을 파악하고 있었음을 알 수 있다. 그 밖에 조선의 풍문보고서에는 조선의 성을 축조하는 일, 조선 사신이 청조에 사신으로 가길 원치 않았던 것 등등과 관련된 증거도 곳곳에 있다.

이외에 언급해야 할 것이 더 있다. 일본은 왜관을 통해 삼번의 난의 정보를 수집하는 데 부심하고 있었으며, 한편 조선에서도 왜관을 통해 전쟁에 관련된 최신의 상황을 알아내려 힘썼다는 사실이다. 숙종 6년(1680) 7월, 조선 역관 중에 安愼徽라는 사람이 두텁게 지내던 '館倭'에서 '한 장의 왜서'를 받았다. 그 내용은 그 해 정금이 대만에서 패퇴한 일과 관련된 것이었다. 그는 신속히 한문으로 번역하여 東萊府使에게 보고하였다. 이 倭書가 바로 풍문보고서였는데, 지금 『화이변태』에 여전히 실려 있다. 이 문제에 대한 것은 다른 논문에서 전문적으로 토론하고자 하므로 여기에서는 언급하지 않겠다.[43]

軼我疆域, 則將何以待之? 彼果若請兵, 則我以丁丑後專抛兵政, 加之以饑饉, 兵民散亡, 無以調發之意, 具奏以送, 則使臣必有縶縶殺戮之患, 而如是往復之際, 可以觀天下形勢而處之.""

42) 『朝鮮王朝實錄』 卷1 肅宗 元年 十一月 丙寅(7日), 218쪽.

43) 『朝鮮王朝實錄』 卷9 肅宗 六年 七月 丁酉(10日) 第38冊, 463쪽; 『華夷變態』 補遺 「二番普陀山船之唐人口述」, 3003쪽.

3. 여론(餘論)

논의를 종합해 보면 일본은 삼번의 난 발발 과정 중에 누차 거짓 정보로 조선의 반응을 살피려 했고, 조선은 일본에게 자신의 실제 의중을 드러내지 않으려 노력했던 것을 알 수 있다. 交隣의 우정을 나누던 일본과 조선 양국은 표면적으로는 교린의 원칙에 의거하여 서로 소식을 전해 주는 것 같았지만, 실제로는 늘 상대방의 거짓 정보를 경계하는 동상이몽의 상황이었다. 상황이 이와 같았던 것은 일찍이 일본이 야만적으로 조선을 침입했던 역사적 원한에서 나온 것일 뿐만 아니라 조선이 이미 굴욕적으로 청나라를 섬기던 현실적 문제에 직면했기 때문이었을 것이다. 삼번의 난 발발을 의리라는 측면에서 생각해 보면, 굴욕적으로 청조를 섬기면서도 명조를 그리워하는 마음을 가졌던 조선 군신들에게는 당연히 고무적인 일이었으나, 중국의 전통에 대등한 태도를 취하던 일본의 입장에서는 명과 청이 세대를 바꾸고 중화를 오랑캐의 나라로 바꾸려는 역사적 기회가 수포로 돌아가 버리는 상황을 염려할 수밖에 없었을 것이다. 儒者이면서 막부의 大學頭라는 이중적인 신분을 가지고 있던 임서가 비록 삼번의 난에 대해 “만약 오랑캐가 중화(明)를 바꾸려는 움직임이 있다면 영토가 달라지는 것이니 즐겁지 않겠는가”라고 표명한 바 있으나, 이는 사실 당시 일본의 국가의지를 크게 반영하고 있는 것으로, 연구해 볼 만한 문제이다. 다만 현실적인 地緣 정치로 말하자면, 일본과 대륙은 바다로 나뉘어 바라보는 위치에 있었으나 조선은 청조와 국토의 경계가 맞닿아 있었다. 삼번의 난이 야기한 華夷秩序의 소성 가능성은 일본에게는 그저 무관심한 일이었지만, 조선에게는 실로 나라의 안위가 걸린 중대한 일이었다. 일본의 입장에서는 크게는 존왕양이를 스스로 높이 표방하며 권력을 넘기고 道通을 스스로 세우는 실익을 얻을 수 있었으나, 조선의 입장에서는 청조의 승리가 조선의 尊周思明의 본심과 부합되지 않았을 뿐만 아니라, 삼번이 이기면 조선에게는 '청국을 섬겼다'는 치욕과 함께 '죄를 알리고 정벌을 당하는' 근심거리가 생길 것이었다. 따라서 부득이하게 예의와 현실의 괴리라는 긴장감 속에 결단을 내리지 못했던 것이다. 일본과 조선 사이에 교차되었던 격렬한 정보 공방전을 이해하는 것은 일본과 조선 양국이 삼번의 난에 대한 구체적 태도의 차이를 보였던 것에 대한 이해에 더할 나위 없이 좋은 보충설명이 될 것이다.

또 한 가지 주목해야 할 것은 『화이변태』의 일종의 역사의 서사적 경향성이 여기에 수록된 풍문보고서에 분명하게 십분 체현되고 있다는 점이다. 광범위하게 말하자면 명·청 교체기에 조선의 풍문보고서는 오삼계 및 그와 연합한 정경의 군대의 戰績을 과장하여 서술한 경우가 종종 있으며, 심지어 정씨가 조선의 6대 성씨 중의 하나로서 조선의 군주가 된다는 등의 황당한 풍문까지도 서술되어 있다. 당선의 풍문보고서에서도 대부분 청조를 비난하고 있다. 하지만 류큐만은 명의 정경 정권과 사이가 좋지 않았으므로, 그들이 제공한 풍분보고서는 비교적 객관적으로 묘사되어 있다. 사실상 조선 사신이 연경에 들어갔을 때 국내에 중국의 정황을 보고했던 이른바 '別單'에도 유사한 문제가 보이며, 당시 청조의 통사 중에서는 이른바 "筆帖式이나 序班에는 남방의 가난한 집 자식들이 많다"고 하였으니 당시 어려웠던 처지로 인해 '화이'에 대한 집념이 강한 조선의 사행단과 전문적으로 영합하여 조선의 통사들에게 청조를 비난하는 관련 정보를 퍼뜨렸다. "그들은 될수록 신기한 것을 찾아 모두들 기괴망측한 이야기로 역관들에게 돈을 받고 팔았다. 시국 정책에 관한 소식이란 잘된 업적은 숨겨 버리고 나쁜 정치만 골라 꾸며 대고 천재와 변고와 요괴스러운 사물, 인사와 역대에 없던 일들을 수집했다. 심지어 반역과 반란과 백성들의 원망과 한때의 소란스러운 정황을 마치 멸망의 참화가 조석에 박두하여 위태로운 듯 장황하게 기록하여 역관의 무리에게 주면 역관들은 이를 사신에게 바쳤다. 서장관은 그것들을 추려서 견문한 사건들을 별단으로 만들어 임금에게 올린다."[44] 요컨대 정국이 동요하는 명·청 교체기에 풍문보고서에는 입과 귀로 전해지는 국제 신문과 같은 역할을 담당하였으며 당시 사람들의 복잡한 입장과 감정, 상상까지도 스며들어 있다.[45] 『화이변태』를 이용하여 역사적 사실을 조사하고 바로잡는 동시에, 서로 다른 지역의 풍문에

---

44) 樸趾源, 『熱河日記』 卷四 「楊梅詩話·別單」, 朱瑞平 點校, 上海書店出版社, 1997年, 289쪽: "其言務爲新奇, 皆怪怪罔測, 以賺譯輩剩銀. 時政則隱沒善績, 妝撰秕政, 天災時變, 人妖物怪, 集曆代所無之事; 至於荒徼侵叛, 百姓愁怨, 極一時騷擾之狀, 有若危亡之禍, 迫在朝夕, 張皇列錄, 以授譯輩. 譯輩以呈使者, 則書狀揀擇去就, 作爲聞見事件, 別單書啓."

45) 예컨대 스페인 선교사 팔라폭스멘도사(Juan de Palafox y Mendoza, 帕萊福, 1600~1659)가 저술한 『韃靼征服中國史』(何高濟 譯, 中華書局, 2008, 161~162쪽)에서는 "그 이웃나라가 멸망당한 후 새로운 두려움이 생겨난 일본의 황제는 중국인을 몹시 야만적으로 대했다. ……모두 알고 있듯이 이러한 사람들은 무고한 자들이었으나, 중국이 함락되었다는 소식이 전해지자 그들은 나라를 배신한 역적이나 겁쟁이로 취급받았다. ……장사를 하던 중국 상인들에 대한 학대는 더욱 심해졌다. 그들은 당시 달단 사람으로 귀순하여 삭발하고 달단 복장을 하고 있었다. 이러한 새로운 차림새를 일본에서 좋아하지 않았으므로, 그들은 배에서 내리라는 허락을 받을 수 없었고, 운송해온 화물을 내리는 것도 허락되지 않고 곧바로 원래 장소로 돌아가게 하였으며, 달단의 복장을 입은 사람들은 일본에 다시는 돌아올 수 없었다. ……그들은 이렇듯 야만적인 학대를 받았는데, 이 일을 전해들은 달단 사람들은 몹시 분개하였고 일본에 가서 보복하겠다고 위협하였으며, 비천하고 겁 많은 백성들에게 달단 사람들은 또 다른 제국을 정복할 수 있음을 알렸다. ……이를 통해 중국이 失國한 후에 이웃 나라로부터 어떠한 대우를 받았는지를 알 수 있다. 이웃나라의 대부분은 그들을 비웃고 욕하며 멸시하는 말을 퍼부을 뿐이었으나 일본사람들만은 그들을 가혹하게 학대했다(日本皇帝在他的鄰邦被滅後產生新的恐懼, 極野蠻的對待中國人. ……盡管眾所周知這些人是無辜的, 但中國淪陷的消息一傳開, 他們就被視爲叛賊和懦夫. ……隨後去做生意的中國商人更受到虐待. 他們當時歸順了韃靼人, 剃了頭發, 穿上韃靼服裝. 這種新裝束在日本很不受歡迎, 所以他們得到命令不得下船, 也不許卸貨, 而是要立即回到原處, 再不許穿韃靼服裝返回日本. ……他們受盡這些蠻人的虐待, 以致當韃靼人聽說此事, 他們表示十分憤慨, 威脅要去日本報復, 讓那些低賤、靈魂怯懦的百姓知道, 韃靼人能夠征服另一個帝國. ……可以看到中國在失國後怎樣受到鄰邦的對待. 大部分鄰國僅嘲笑他們, 對他們進行辱罵和蔑視, 唯有日本人盡量虐待他們)"라고 적고 있다. 이를 통해 華夷의 관념이 없는 西方의 선교사들에게 '달단'은 결코 비하하는 말이 아니었고, 중국 상인들을 학대하던 일본에 대해서는 상당히 부정적이었으며, 명·청 교체기의 역사는 또 다른 별개의 현상이었음을 알 수 있다.

담겨있는 '화이변태'와 중국 사료에 나타나는 '명·청 교체기' 이 두 가지의 역사 서사 간의 차이 및 이러한 차이가 발생하는 사상적 배경을 고찰하는 일은 이후 풍분보고서라는 특수한 사료를 연구하는 새로운 방법이라 사료된다.

청대 전기 강남 해외무역에서의 해상 선원 관리

: 일본 나가사키(長崎) 唐通事 관련 문헌을 중심으로

王振忠

(復旦大學)

최근 몇 년 동안 중국 사회사에 대한 연구가 점차 활발해지는 추세이며, 연구 주제와 연구의 깊이가 모두 이전에 비해 대폭 확대되었다. 이러한 발전은 또 국외 한적의 이용과 명·청 이래 중국사 연구의 심화에 적지 않은 새로운 변화를 가져왔다. 예를 들면 청대 중·일 무역 관련 문제의 연구 분야에 있어서 학계의 성과는 이미 상당하다. 화교사, 해양사,[1] 무역사[2](조공무역[3]과 해상 개인무역[4] 등 포함), 문화교류

1) 해양사와 관련된 연구는 그 역사가 유구하다. 특히 국내외 해외교통사(海外交通史) 연구는 학술적 성과가 풍부하며, 전문적인 잡지 ≪海交史硏究≫가 1978년에 창간되었다. 타이완에서는 中央硏究院 中山人文社會科學硏究所가 1983년에 건립되어 '중국해양발전사'를 연구 중점으로 삼아, 2년마다 한 번씩 중국해양발전사 학술토론회를 개최하고 있으며, 『中國海洋發展史論文集』을 여러 차례 출판한 바 있다. 마찬가지로 해양사 연구는 대륙 학계의 관심을 불러일으켰다. 廈門大學의 楊國楨 교수는 '해양사회경제사'연구와 '해양사학' 내지 '해양인문사회과학' 건립을 적극 제창하였다(楊國楨, 「해양인문사회과학의 흥기와 학과 창설(論海洋人文社會科學的興起與學科建設)」, 『中國經濟史硏究』, 2007年 第3期 참조). 2010년에 廣東省 社會科學院과 廣東海洋硏究中心이 주최한 『海洋史硏究』 제1집(李慶新 主編, 社科文獻出版社)에는 중국 국내외 학자들이 저술한 주제 논문, 筆談 그리고 書評 등 모두 14편이 수록되어 있다. 여기에서는 15~18세기 동아시아 해역 및 그 주변 지역의 해상 교

사[5](특히 서적의 전파,[6] 언어교류[7]) 등의 연구로 말하자면 그 성과가

통, 해양 무역, 해상과 해적 등의 중요 문제를 집중적으로 연구 토론하고 있다. 이 외에도 비교적 최근에 출판된 孟曉旭의 『표류 사건과 청대 중일관계(漂流事件與淸代中日關系)』(中國社會科學出版社, 2010), 孫文의 『당선의 풍문보고서: 문헌과 역사-『華夷變態』에 대한 초보적 연구(唐船風說: 文獻與歷史-『華夷變態』初探)』(商務印書館, 2011) 등의 저서에서도 관련 문제를 언급하고 있다.

2) (日)山脇悌二郎, 『長崎の唐人貿易』, 吉川弘文館, 1964; (日)中村質, 『近世長崎貿易史の研究』, 吉川弘文館, 1988; (日)大庭修, 徐世虹 옮김, 『江戶時代日中秘話』, 中華書局, 1997; (네덜란드)Leonard Blussé, 賴鈺匀·彭日方 譯, 『看得見的城市: 東亞三商港的盛衰浮沉錄(*Visibile Cities: Canton, Nagasaki and Batavia and the Coming of the Americans*)』, 浙江大學出版社, 2010.

3) 이와 관련된 학술적인 축적 또한 두터우며 관련 논저는 일일이 헤아릴 수 없을 정도이다. 근 수년간의 성과로는 일본 학자 하마시타 다케시(濱下武志)의 「近代中國的國際契機: 朝貢貿易體系與近代亞洲經濟圈(近代中国の国際的契機: 朝貢貿易システムと近代アジア)」(朱蔭貴·毆陽菲 옮김, 『中國近代史研究譯叢』, 中國社會科學出版社, 1999)와 같은 논문이 있다.

4) 林仁川이 1987년에 출판한 『明末淸初海上私人貿易』(華東師範大學出版社)에서 개인 해상무역 발전의 역사적 배경과 개인해상무역 상인의 항해에 관한 禁令에 반대하는 투쟁 및 해상개인무역 집단의 형성 등등 모두에 대해 상세한 연구를 진행한 바 있다.

5) (日)木宮泰彦, 胡錫年 譯, 『日中文化交流史』, 商務印書館, 1980; 長崎縣教育委員會 編, 『中國文化と長崎縣』, 長崎縣教育委員會, 1989; 王曉秋·大庭脩 편찬, 『中日文化交流史大系·曆史卷』, 浙江人民出版社, 1996; (日)大庭脩, 『德川吉宗と康熙帝:鎖國下での日中交流』, 東京: 大修館, 1999; 松浦章, 『江戶時代唐船による日中文化交流』, 思文閣出版, 2007.

6) 이에 대한 연구 성과로 일본 학자 大庭脩가 저술한 『江戶時代における中國文化受容の研究』(日本同朋舍, 1984. 中譯本 『江戶時代中國典籍流播日本之研究』, 戚印平·王勇·王寶平 옮김, 杭州大學出版社, 1998)와 嚴紹璗의 『漢籍在日本的流布研究』(江蘇古籍出版社, 1992)를 손꼽을 수 있으며, 최근의 성과로는 주로 巴兆祥의 『中國地方志流播日本研究』(上海人民出版社, 2008)와 王勇의 『書籍之路與文化交流』(上海辭書出版社, 2009) 周振鶴의 「持渡書在中日書籍史上的意義: 以〈戌番外船持道書大意書〉爲說」(『復旦學報』, 2007年 第3期(수정 원고가 『長水聲聞』, 復旦大學出版社, 2010에 수록되어 있음)이 있다.

7) 劉銘恕, 「明淸兩代日本長崎之中國語學的色色」, 『師大月刊』 第6卷, 第22期(1935), 第7卷 第26期(1936). 魯寶元·吳麗君 編, 『日本漢語教育史研究: 江戶時代唐話五種』, 外語教學與研究出版社, 2009.

이외에 일본학자의 연구가 특히 주목할 만하다. 六角恒廣, 王順洪 譯, 『日本中國語教育史研究』, 北京語言學院出版社, 1992; (日)木津祐子, 「'唐通事心得'譯注稿」, 『京都大學文學部研究紀要』 第39号, 京都大學大學院文學研究科·文學部, 平成 12年(2000) 3月; 「唐通事の心得: ことばの伝承」, 『興膳教授退官記念中國文學論集』, 汲古書院, 2000年 3月; (日)奧村佳代子, 「唐話的文體: 長崎資料的唐話和岡島冠山」, 關西大學亞洲文化交流研究中心第4屆國際研討會·世界漢語教育史研究學會第2屆大會, 『"16~19世紀西方人的漢語研究"會議論文集』(打印稿), 關西大學亞洲文化交流研究中心, 2007, 171~175쪽; (日)松浦章, 「海難難民與當地

혁혁하다고 할 수 있을 것이다. 다만, 중국사회사 연구의 입장에서 보자면, 국외 한적을 보다 확대 이용한다면 더 깊이 토의할 수 있는 주제가 여전히 적지 않을 것이다.

청대 해상 연구를 예로 들자면,[8] 과거 논저들에서는 주로 해상의 무역활동에 집중하였으나, 해상과 관련된 기타 문제에 대해서는 아직 더 개척할 부분이 남아 있는 것으로 보인다. 예를 들면 해상의 관리에 대한 과거의 적지 않은 연구 성과에서는 해선의 稅收, 출항 선박의 수속 등의 관리를 집중적으로 토론하였고,[9] 해상 선원의 일상생활 차원의 규범과 제약에 대해 전문적으로 언급한 것은 보이지 않는다. 지난 세기말에 王振忠는 이미 중·일 양국의 관련 문헌을 종합하여 「『唐土門簿』과 『海洋來往活套』: 佚存本 일본의 蘇州 徽商 사료 및 관련 문제 연구(『唐土門簿』與『海洋來往活套』: 佚存日本的蘇州徽商史料及相關問題研究)」,[10] 「義兄, 義弟, 친한 벗, 義父, 義子: 『孫八救人得福』의 역사 민속적 배경 분석(契兄, 契弟, 契友, 契父, 契子: 『孫八救人得福』的歷史民俗背景解讀)」[11] 등의 논문에서 중·일 무역에 관련된 사회문화

官民的語言接觸: 從嘉慶年間漂到朝鮮、中國的海難事例看周邊文化交涉的多重性」, 『中華文史論叢』, 2008年 第2輯. 奧村佳代子 編著, 『唐話課本五編』(関西大學図書館長沢文庫所藏, '關西大學東西學術研究所資料集刊' 三十), 関西大學出版部, 2011.

8) 일본학자 松浦章의 저서로 『清代海外貿易史の研究』(朋友書店, 2002)와 『中國的海商與海賊』(東京: 山川出版社, 2003) 등이 있다. 최근 그의 논저가 지속적으로 중국어로 번역되어 출판되고 있다. 그 중에서도 『清代帆船東亞航運與中國海商海盜研究』(上海辭書出版社, 2009)와 『明清時代東亞海域的文化交流』(江蘇人民出版社, 2009)가 해상 연구 측면의 중요한 저서이다.

9) 이와 관련된 연구에서 대표적인 논문으로 郭孟良의 「清代前期海外貿易管理中的具結現象」(『中國邊疆史地研究』 2002年 第2期)과 (臺)劉序楓의 「清政府對出洋船只的管理政策(1684~1842)」(劉序楓 主編, 『中國海洋發展史論文集』 第9輯) 『中央研究院人文社會科學研究中心專書』 53號(中央研究院人文社會科學研究中心, 2005)를 참조한다.

10) 『江淮論壇』 1999年 第2·3·4期, 후에 王振忠의 『徽州社會文化史探微-新發現的16至20世紀民間檔案文書研究』(上海社會科學院出版社, 2002)에 수록되었다.

11) 臺灣, 『漢學研究』 第18卷 第1期, 2000年 6月.

문제에 대한 논의를 전개하였다. 후자에서는 明·淸 시기 東南 일대의 동성연애라는 특이한 풍습 및 그러한 풍습이 반영된 나가사키의 중국어 교재를 주로 제시하였다. 전자에서는 강남 사회문화 연구에 동아시아 전체에서 동서양 무역의 배경을 고찰해야 함을 제기하였다. 이 논문에서는 무역사적인 논의 외에도 徽商의 身後之物(시체 처리)에 대한 언급을 통해 강남과 일본의 친밀한 관계를 반영하고 있음을 제기하였다. 마지막으로 王振忠는 많은 일본 한적 사료를 다시 읽으면서 당통사와 관련된 적지 않은 중요 자료가 아직 관심을 받지 못하고 있음을 절감하였다. 도상 자료 및 중국 쪽의 관련 자료를 결합한다면 일부 독특한 관점으로 많은 새로운 논의를 해 나갈 수 있을 것이다. 따라서 대략적으로 이 글을 작성하여 학계의 제현들께 가르침을 청하는 바이다.

1. 抄本『浙江嘉興平湖縣給商船示約、崎館海商條約』에 관하여

일본 元祿 2년(1689, 청 康熙 28), 일본 幕府는 나가사키에 唐人屋敷(唐館 또는 '唐人屋鋪'[12]라고도 쓴다)라는 거주지를 축조하여, 일본으로 가서 무역에 종사하는 중국 상인들을 모여 살게 하였다. 正德 5년

12) 중국인의 屋鋪와 관련된 것은 당시의 나가사키 지도에서 보일 뿐만 아니라 翁廣平의 『吾妻鏡補』 卷13의 『地裏志』에서도 "正南曰茂木道, 其西之地曰十善寺, 村中如城而四方者, 曰唐人屋鋪."(王寶平, 『吾妻鏡補: 中國人による最初の日本通史』, "古典叢刊之四"(杭州大學日本文化研究所研究叢刊之一), 朋友書店, 1997, 246쪽)라고 기록하고 있으므로, 중국인의 屋鋪는 十善寺 禦藥園에 축조되었던 것이다. "나가사키에서는 중국인을 唐人이라 하였으므로, 그 公館을 唐人屋鋪 또는 唐人公館이라 하였다(長崎稱中國人爲唐人, 故其公館曰唐人屋鋪, 亦曰唐人公館)"(『附庸國志』 卷30, 577~578쪽)는 기록도 있다. 자세한 연구는 山本紀綱의 『長崎唐人屋敷』(東京: 謙光社, 1983)와 横山宏章의 『長崎唐人屋敷の謎』(集英社新書, 2011)를 참조한다.

(1715, 청 강희 54), 일본 막부는 다시 '正德新令'을 반포하였는데, 그 중 한 명령에서 다음과 같이 언급하고 있다.

一. 중국인은 公館에 있는 동안에는 각 선박의 사람 수에 따라 각 선원들에게 腰牌를 지급하여 매달게 해야 한다. 요패에는 선호를 기재해야 하고 낙인이 있어야 하며, 잘못 달지 않도록 주의해야 한다. (凡唐人在館之日, 照其每船人數, 各給腰牌掛帶, 但牌上注具柁名, 且有烙印, 愼毋錯帶.)

一. 중국인은 나가사키에 있는 동안에는 大通事와 小通事의 심문과 조사를 받아야 한다. 통사 및 중국 관사의 掛主, 五甲頭 등의 지시를 절대로 어겨서는 안 된다. 비록 學通事가 분부한 것이라도 경솔하게 대답해서는 안 된다. 특히 화물을 운반하는 모든 사무가 가장 중요하다. 학통사의 분부를 받았다 하더라도 대통사와 소통사의 지휘에 따라야 한다. 중국인에 대한 사무 처리 상 지시된 사항에 불합리한 점이 있다면 즉시 그 사정을 총책임자에게 알려도 무방하다. 허락된 바이다. (凡唐人在崎之際, 大小通事問訊訪察, 通事及唐館卦主、五甲頭等, 其所指揮, 切不可有背違. 雖學通事所分付, 亦不得輕慢答話. 若夫起貨凡百事務之所, 尤爲至要. 其視學通事之分付, 亦如大小通事之指揮而聽從之. 然諸執事之於唐人, 其所指揮, 若有非理相加, 不妨卽具事故, 投之頭目者, 固所許也.)

一. 目梢 등이 중국 관사에서 평소 잡물을 살 때 강탈의 폐단이 들려오는 일은 분명 잘못된 것이다. 향후 들어가 강탈한 자가 있다면 그 일에 근거하여 취조하고 처벌한다. (凡目梢等在館, 平日買辦雜物, 聞之或有強奪之弊, 甚不是也. 向後倘有跡涉搶奪者, 卽據腰牌而究治.)

이상의 조항에 대해 각각의 선원 모두 각서를 제출하고 힘써 준수해야 한다. 위반 시 약간의 관용도 베풀지 않을 것이다. (以上條款, 各船人衆具

呈甘結, 務要恪遵, 如有背違, 決不姑貸.)

正德 5년 8월 25일[13]

상술한 조항에서는 중국 관사 내에서 임시로 거주하는 중국인은 개인 신분을 나타내는 요패를 차야하며, 나가사키에 있는 동안에는 唐通事, 唐館掛主, 五甲頭 등의 지휘에 따라야 한다고 규정하고 있다. 清代 嘉慶·道光 연간 사람인 程岱葊은 그가 편찬한 『長崎略』에서 다음과 같이 언급하고 있다. "왜에서는 중국인들을 통상 唐人이라 부른다. ……나가사키에서 중국인의 관사를 지어 그곳에 모여 살게 하였는데, 관사가 산으로 둘러싸여 성을 축조한 듯하였다. 경계가 매우 삼엄하여 중국인의 말을 쓰면 통사가 번역하여 총책임자에게 알렸다."[14] '唐船掛主'는 중국 해상의 船主를 가리키는 것이며, '五甲頭'는 일본의 담당자이다. 乾隆 연간 徽商인 汪鵬이 쓴 「袖海編」에서도 이 점에 대해 언급하고 있다. "館舍 밖에는 街官房이 있었는데 관리는 모두 셋이었고 그들이 차례대로 당직을 섰다. 또 오갑두가 그들을 보조하였는데, 이들은 모두 조항들에 대한 중국인들의 위반 행위를 강압하고 방비하는 일을 맡았으며 나물이나 식물, 어류나 곡물 등을 반입할 시 반드시 검열을 거쳐야만 했다(公堂之外有街官房, 其爲官三, 次第入直. 又有五甲頭副之, 皆所以彈壓防禦而通客之款曲, 凡薪蔬魚米之入, 必經閱焉)." 이러한 기록을 통해 五甲頭가 세 街官의 보조원으로서 중국 관사의 치안과 및 의사소통을 책임지고 있었으며, 식품이 관사로 반입될 때마다 가관과 오갑두의 검열을 거쳐야 했음을 알 수 있다. 이에

---

13) (日)菅俊仍輯, 「和漢寄文」(一), 大庭修 編著, 『享保時代の日中關系資料: 近世日中交涉史料集』 二('關西大學東西學術硏究所資料集刊' 9-2), 關西大學出版部, 昭和 61年(1986), 114쪽.

14) (清)程岱葊, 『長崎略』, 『野語』 卷8 『語屑』 清道光 12年(1832)刻, 道光 25年(1845) 增修本: "倭通稱華人爲唐人, ……於長崎島設唐人館, 聚寓其處, 環山築城, 巡邏甚密, 唐人言語, 憑通事轉譯呈頭目."

대해 나가사키의 중국어 교재 『瓊浦佳話』[15] 권1에는 다음과 같은 기록이 있다. “모든 거리에는 각각 가관 한 명, 오갑두 한 명, 防財副 한 명, 총관 한 명이 있는데, 이 여섯 명이 주야로 그 거리를 주의 깊게 관리한다(各街上, 各有一個街管, 三個五甲頭, 一個防財副, 一個總管, 這六個人晝夜小心照管一條街).” 이 책은 原本의 일부를 베낀 抄本으로, ‘官’자를 대부분 ‘管’자로 쓰고 있다. 그러므로 여기에서의 ‘街管’이 바로 앞서 서술한 街官이다. 중문 문헌 중에는 가관을 ‘町長’으로 쓴 기록도 있다. 嘉慶 연간 사람인 翁廣平이 저술한 『吾妻鏡補』 권18의 『職官志』 ‘町長’ 항목에서 “해상의 배가 도착하면 정장이라는 사람이 그들을 관리했다. 생각건대 『東洋客遊略』에서는 가관을 町이라고 부른다. 『海國見聞錄』에서 ‘해마다 가관 한 명을 천거하였다’고 하였는데 가관에서 街는 마을 아전인 鄕保를 말하며, 이들은 해마다 생계비로 50金씩을 받았다(客舟至, 則町長主之. 按『東洋客遊略』, ‘長崎街謂之町.’ 町長者, 土人呼爲街官也. 『海國見聞錄』, ‘每年僉擧一街官.’ 街者, 鄕保也, 歲給贍養五十金)”[16]고 적고 있다. ‘正德新令’에는 나가사키의 중국 관사 내에 거주하는 중국의 해상 선원들은 당통사와 중국 선주 그리고 일본의 가관(町長) 등으로부터 삼중으로 관리를 받아야 한다고 규정하고 있었던 것이다.

일본이 正德新令을 반포한 후 얼마 지나지 않아 청나라에서도 이

15) 『瓊浦佳話』는 『瓊浦』 또는 『小說瓊浦佳話』라고도 한다. 이 글에서 근거한 와세다대학도서관 소장 寫本의 말미에는 “安政 6년 6월, 何良英 소장(時安政六年四月, 何良英珍藏)”이라는 글이 쓰여 있다. 『瓊浦佳話』와 관련된 목전의 연구 성과로는 (日)石田義光의 「小說瓊浦佳話解題」(東北大學 『圖書館學研究報告』 第1號, 1968)와 許麗芳의 「長崎唐通事教材『瓊浦佳話』之研究」(『彰化師大國文學志』 第20期, 彰化師範大學國文學系, 2010年 6月)를 참조한다.

16) (淸)翁廣平, 『吾妻鏡補』 卷18, 「職官志」, 365쪽: “客舟至, 則町長主之. 按『東洋客遊略』, ‘長崎街謂之町.’ 町長者, 土人呼爲街官也. 『海國見聞錄』, ‘每年僉擧一街官.’ 街者, 鄕保也, 歲給贍養五十金.”

에 대응하여 몇몇의 總商을 지정하여 대일 무역의 관리를 책임지게 하였고, 청 정부가 명령한 官商과 구리 수입을 책임지고 있는 額商 또한 대일 무역활동에 종사하게 하였다.[17] 사실상 이 시기에는 중국과 일본 모두 나가사키 무역에 대한 관리를 강화한 것이라고 할 수 있다.

여러 역사 사실로 미루어볼 때 乾隆 7년(1742) 12월 21일, 浙江省 嘉興府 平湖縣에서 상선에 대한 조약을 바로 실행하여『浙江嘉興平湖縣給商船示約、崎館海商條約』[18]라 하였으며, 나가사키 당통사관인 官梅三十郎, 林幸三郎이 일문으로 번역하였다. 그 중 상선에 대한 조약을 대략 다음과 같이 적고 있다.

절강 가흥부 평호현에서는 측은지심으로 사건을 조사하고 있었다. 王府에서는 蒙藩과 臬二司를 보내 의논하게 하고 福建, 廣東, 浙江 지역의 상선들이 해외 교역을 할 때 선박의 타를 맡는 舵手 등간의 분쟁을 엄금하고 법을 제정하여 원인을 규제하도록 하였다. 총독을 받들어 福建과 浙江 등 지역의 군사업무 겸 군량 업무를 관리하는 兵部 右侍郎 겸 □察院 右副都禦史에게 2급 기록을 네 차례 더하여 기록하게 하고, 종실 鎮國將軍의 허락(批□)을 받고 명령대로 신칙하는 글을 작성하였으며 또 법령을 어기고 치죄하는 조례를 목록으로 작성하였다. 이를 선박의 선주(□□)에게 보여주고 발급하여 본 선박 내에 붙여놓아 모두가 잘 알도록 경계하므로 힘써 길이 따라야 하 것이다. 이러한 상황으로 인하여 절강 撫都院에서 지시가 내려왔으므로 이를 받들어 前 무도원의 비준을 다음과 같이 상세히 적어두므로, 삼가 이대로 잘 따른다. 이러한 상황으로 인하여 督部院에

17) (日)脇悌二郎,『長崎の唐人貿易』제2장「唐人貿易の推移」, 吉川弘文館, 1972, 175~196쪽 참조.
18) 寫本 1冊, 일본 와세다대학 도서관 소장.

서 기록이 내려왔으므로 江 蘇 撫都院 모두가 이를 따라 신칙하는 글을 작성해야 한다. 이상의 명령을 하달 받았으므로, 이러한 뜻을 받들어 신칙하는 내용을 지급하여 알리는 바이니, 각 선박의 행상들은 □하여 조타수 등에게 모두 알리고 해외 교역 시 상부의 지시 사항을 따라 □□하여 각각의 조항을 나무패에 새겨 모두에게 보게 하고, 법률과 기율을 준수하여 법을 어기는 일이 발생하지 않게 해야 한다. 特示한다. (浙江嘉興府平湖縣爲憐情鞫訊事. 蒙府行蒙藩、臬二司會議, 閩、粵、浙省商船出洋貿□[易?], 嚴禁舵水人等滋事, 設法約束緣由, 詳奉總督福建、浙江等處地方軍務、兼理糧餉、兵部右侍郎□[都?]察院右副都禦史加二級紀錄四次, 鎮國將軍宗室德批□詳轉飭遵照, 竝將違犯治罪條例摘刊示單, 於船只□口之時, 給發該船商齎貼船內, 曉諭一體稽察, 實力永遵. 仍候浙撫都院批示繳, 竝奉前撫都院批如詳, 飭行遵照, 仍候督部院示錄報, 竝另詳咨明江蘇撫都院一體飭遵繳, 等因, 奉此, 合給刊示飭遵, 爲□仰該船行商, 舵水人等知悉, 出洋貿易, 務須遵照□□憲行後開刊示各條, 恪守法紀, 毋得違犯治罪, 特示.

『浙江嘉興平湖縣給商船示約、崎館海商條約』은 抄本이며 벌레 먹거나 오래되어 희미한 부분이 많아 분별하기 어려운 부분에 대해서는 인용문에서 모두 '□'로 대신 지시하였다. 여기에서 '行商'은 항행하는 해상을 가리키며, '舵水'는 앞서 서술한 '目梢' 등과 마찬가지로 주로 선원을 가리킨다. '官梅'는 原籍이 福建 福州 나가사키의 통사 林道榮이 받은 封號로, 林씨 일족은 그 이후로 대대로 당통사를 맡았다. 그 가운데 官梅三十郎은 일본 寶永 2년(1705, 清 康熙 44)에 小通事가 되었고, 享保 2년(1717, 청 강희 56)에 大通事가 되었으며[19] 林幸三

19) 『長崎事典·曆史篇』, 長崎文獻社, 1988年 第2版, 163쪽. 羅晃潮, 『日本華僑史』, 廣東高等教育出版社, 1994, 121쪽을 참조한다. 이보다 더 자세하고 전문적인 연구로 (日)宮田安의 『唐通事家系論考』(長崎文獻社, 1979)와 李獻璋의 『長崎唐人の研究』(親和銀行, 1991), (日)

郞은 나가사키의 稽古通事가 되었다. 당통사에 관해 乾隆·嘉慶·道光 연간의 翁廣平은 『吾妻鏡補』에서 다음과 같이 언급하였다.

> 교역에는 말을 전달하는 사람이 필요한 법인데, 중국인을 관리하는 사람을 通事라고 부른다. 통사의 집에서는 자주 중국인을 초대하여 연회를 베풀곤 했다. 그 가운데 몇몇 집에서는 의자 등의 물건을 사용하였는데, 상당히 정교하고 고아하였다. 일본인들은 글씨를 쓰거나 그림을 그리며 먹고 마실 때 모두 일본의 낮은 탁자를 사용하고 높은 탁자를 쓰는 사람은 없었으므로, 이상하게 여겨 물어보니 "제 선조께서 중국분이십니다." 라고 대답하면서 그 선조의 화상을 꺼내왔다. 살펴보니 元明 사람이 (화상에)題한 시가 있었다. 그가 소장하고 있는 글이나 그림에도 宋元대 사람의 진짜 자취가 남아 있었다. 통사가 중국어와 일본어의 언어에 능통했던 것은 그가 바로 중국인으로서 고향의 말을 잊지 않았기 때문이며 일본에 오랜 기간 거주하면서 일본어를 습득했기 때문이었다. 명대에는 복건 지역 사람과 통상하는 일이 많았는데, 일본에 와서 통사가 되어 이곳 일본에 살았으므로 지금까지도 (이 지역에) 중국인이 남아 있는 것이다.[20]

앞서 언급한 官梅氏 일족이 바로 福州에서 온 나가사키 통사 집안이다. 이러한 통사들은 배로 바다를 건너게 해 주는 중개일로 상당한 이익을 얻었다. '長崎各項街費目例'에서 '官梅翁'(관매씨 일족을 말함)

林陸朗의 『長崎唐通事: 大通事林道榮とその周邊』(東京: 吉川弘文館, 2000)을 참조할 수 있으며, 이 책은 2010년에 長崎文獻社에서 별도로 수정 출판한 바 있다.

20) (淸)翁廣平, 『吾妻鏡補』 卷30 「附庸國志」, 591쪽: "凡交易必有人傳語, 猶中國之主人, 謂之通事. 通事之家, 常請中華人宴飮, 間有幾家用台椅座之類, 頗精致古雅. 蓋日本國人, 書畫飮食, 倭用矮幾, 無高桌者, 因怪而問之, 答曰, '我上世中國人也.' 竝出其祖先畫像, 視之, 有元明人題詠. 其所藏字畫, 亦自宋元人真跡. 蓋爲通事須通華夷之語, 旣系中國人, 自不忘土音, 居之旣久, 則能習夷音也. ……明時通商多閩人, 到彼爲通事, 遂家焉, 故至今有中華人也."

을 포함하여 그곳에 있던 당통사가 획득한 이익에 대하여 언급하고 있다.[21] 그리고 중국선과 관련된 여러 종류의 교섭 문서 또한 이들 당통사들이 초안과 번역을 담당하여 작성한 것이다.

앞서 제시한 상선 조약은 건륭 7년 12월 21일(1743년 1월 16일)에 출항한 '浙嘉平字第拾號商陳子門, 船戶梅萬盛實貼' 문건이다. 이 선박 또한 절강성 가흥부 평호현 乍浦港에서 출발하여 일본 나가사키에 가서 무역을 했다. 상선 조약으로 모두 6개 조항을 나열하고 있으며, 그 구체적 내용은 다음과 같다.

제1조, 행상이 화물을 싣고 출항하여 무역을 할 때 반드시 板主와 협력해야 하며 성실하고 실수를 범하지 않을 선원으로 신중하게 선발하여야 한다. 뿐만 아니라 이 선원은 이름과 나이가 호적부에 등록되어 있어야 하며 사칭해서는 안 된다. 이를 위반하는 자는 규율에 따라 치죄한다.

제2조, 배를 탄 선원들은 반드시 모두 배의 키를 담당하는 판주와 총관의 규제를 받아야 하며, 함부로 위반 행위를 해서는 안 된다. 이를 위반할 경우 입항 시 판주의 추궁을 허가한다. 만약 행상 판주의 방임이 발각될 경우 공동으로 치죄한다.

제3조, 상인 타수는 바다나 선박에서 절대로 사적으로 도박용 도구를 소지하거나 도박을 해서는 안 되며, 기생과 어울리거나 술에 취해 난폭한 행동을 해서는 안 된다. 만일 이로 인해 인명사건을 일으키면 규율에 따라 본인을 처벌할 뿐만 아니라, 선박에 있던 상인 판주 역시 규제를 엄격히 지키지 않았음을 이유로 규율에 따라 관등을 감등한다. 이들 외에 위반한 자에 대해서도 모두 함께 치죄한다.

제4조, 행상, 판주, 타수 등은 일단 이상의 각종 상황의 발생 시 반드시

21) (淸)翁廣平, 『吾妻鏡補』 卷17 「通商條規」, 353~355쪽.

서로 고발하여야 한다.

제5조, 선원이 본 선박의 물품을 훔쳐서 팔고 판주가 그 잘못을 알고도 고발하지 않는다면 해당 선박의 판주와 그 선원은 동일한 죄로 치죄한다. 다른 선박의 물품을 절도하거나 강탈하고 본 선박의 상인이 발각하지 못한 경우에도 함께 규율에 따라 각각 치죄한다.

제6조, 타수가 여러 가지 죄를 범하였음에도 그를 바로 구속하여 고발하고 추궁하지 않고 고의적으로 방임하여 도망하게 한 경우 판주를 추궁하고 지명 수배를 내린다.

『浙江嘉興平湖縣給商船示約』에 의거하여 건륭 8년(1743) 윤4월, 나가사키의 중국 관사에 머물렀던 戊·亥 두 해(清 乾隆 7년인 1742년과 8년인 1743년) 동안 각 番의 해상이 공동으로 「崎館海商條約」을 체결하였다.

지금 江蘇, 절강, 복건, 광동 네 성 각각의 상관들은 중국 관사에 있는 각 선원들을 엄금하는 조례를 반포한다. 만약 준수하지 않는 자가 있으면 중국 입항 시 행상, 판주, 총관 등의 심문을 허락한다는 등의 내용이다. 이는 상관들이 가볍게는 公司에 연루된 문제 및 別□에 얽힌 문제에서부터 심각하게는 인명사건에 이르기까지 해상에서 발생하는 폐단을 통찰하고 어리석음을 안타까워하며 거듭 경계하며 반포하는 것이다. 이로 인해 나와 같은 사람들이 각자 모두 상부의 상황을 세심하게 관찰하여 어짊을 깨우치니 바로 4월 보름날에 亥番庫에 모두 모여, 공동으로 금지령 다섯 조례를 참작하여 결정하고, 이를 영구히 시식으로 삼는다. 이후로 만약 다음의 조항을 위반하고 또 본 공사가 이를 은닉하여 신고하지 않고 과실을 변호하는 경우, 각 선박들이 함께 성토한다. 강제로 인명사건으로 몰아가서는 안 되며, 또 공사 및 각 직급의 사람을 연루시키지 않는다. 우리 여러 선원들이 이 조항을 준수하여 연루되는 이 없이 다 함께 귀항하며 각종 이익을 챙길 수 있도록 한다. (今奉江、浙、閩、粵四省各上憲頒示嚴禁在館各船人等條例, 倘有不遵, 許行商、板主、總管等擧首, 回唐以便嚴究, 等因. 此乃各上憲洞悉在洋之弊, 重則人命攸關, 輕則累及公司, 以及糾纏別口, 俯惜愚蒙, 諄諄頒示. 爲此我等同人, 各皆仰體憲仁, 是於四月望日, 齊集亥一番庫內, 公同參定條禁五款, 永爲格式. 自此之後, 倘有犯以後條款, 而本公司故爲隱匿不擧, 而並有護短者, 各船鳴鼓共攻, 庶無逼勒人命之虞, 又不累及公司, 以及各項人等. 俾我各船人等, 永遠遵行, 回棹起身之日, 非獨無累, 而且囊中寬裕, 種種有益, 難以盡言.)

여기에서 언급하고 있는 '公司'라는 단어가 꽤 흥미롭다. '공사'에 대해서는 故 텐루캉(田汝康) 교수가 광동과 복건 지역 농촌에서 부르는 일종의 전통적 경제조합에 대한 통칭으로, 同姓의 친족들이 돌아가며 공동생산을 관리하는 제도를 '공사'라고 한다고 제기한 바 있다. 그리고 해상 무역 활동에서 어민들과 선원들이 모은 적립금도 '공사'라고 부르기도 하였다.[22] 이러한 기초 위에서 일본 학자 마츠우라 아키라(松浦章) 교수는 중·일 사료에 근거하여 연구를 보다 발전시켰다. 그의 연구에 따르면 '공사'라는 단어의 기원은 清初 17세기까지 거슬러 올라갈 수 있으며 해상 선박의 경영 측면에 있어서 공사의 예는 해상 선박의 직무의 구성과 밀접한 상관관계가 있다는 것이다. 다시 말해 당시 해외 무역선은 선주 이하 다수 인원으로 구성되었으며, 그 조직은 지금의 한 기업과 필적할 만했다는 것이다.[23] 이런 정

22) 田汝康, 「18세기 말에서 19세기 인도네시아 서부 칼리만탄섬의 화교 조직(十八世紀末期至十九世紀西加裏曼丹的華僑組織)」, 『廈門大學學報』, 1985年 第1期, 그의 저서 『中國帆船貿易與對外關系史論集』(浙江人民出版社, 1987)에 수록되어 있다.

23) (日)松浦章, 「清代"公司"小考」, 『清史研究』, 1993年 第2期.

황들로 추측해 보면, 텐루캉 교수의 말은 '공사'라는 단어가 비롯된 원시적 함의에 좀 더 부합되며, 마츠우라 아키라의 진일보한 관점은 중·일 무역의 실태와 대체로 일치한다.[24] 이상에서 나가사키 중국 관사의 해상이 체결한 조약의 목적이 어디에 있는가—해상의 입장에서는 財務와 인명 분쟁에 연루되는 것을 피하고, 하층 선원의 입장에서는 그들이 땀 흘려 번 돈을 안전하게 고향으로 갖고 돌아가기 위한 목적—에 대해 주로 설명하였다.

「崎馆海商条约」은 모두 5개 조항으로 이루어져 있다. 각각의 조항에 대해 설명하고 분석해 보고자 한다.

1) 「崎館海商條約」 第一條

중국 관사에서의 도박은 본래 사적인 일이다. 처음 도박을 할 때에는 형이나 아우처럼 사이가 좋지만 도박 후에는 호랑이나 늑대처럼 태도가 바뀌어 빚(輸□)을 독촉하게 되는데 돈이 조금이라도 부족할 경우 가볍게는 몰매를 맞고 무겁게는 생명을 빼앗는 일도 있었다. 빚을 진 사람은 그 잔혹함에 벌벌 떨며 □□숨고 공사에 와서 선주와 총관 등 주요 인사들에게 공공연히 소란을 피운다. 귀항 시에 결국 공사의 정무를 처리할 수 없어 정무 장부에서 나가사키 사람과 크게 멀어지고(□遠), 행상이 중국으로 돌아간 후 겪는 고생은 끝이 없었다. 선주와 총관 중에 그 소란을 그냥 넘기지 못한 자는 부득이하게 사람을 시켜 돈을 잃은 사람을 찾아야 했다. 이러한 정황을 살펴보면 숨지 못한 경우 들보에 스스로 목을 매거

24) (清)程岱葊은 『長崎略』에서 다음과 같이 언급하고 있다. "왜에서는 중국 사람을 통칭하여 唐人이라고 하였고, 중국의 상선의 상층과 하층의 선원들을 일컬어 공사라고 하였다." 공사에 관하여 『長崎紀聞』에는 한 폭의 그림이 있는데, 등불 위에 '乍南公司'라고 쓰여 있다. 이외에 『譯家必備』 등의 책에도 적지 않은 사례가 있다. 이러한 자료를 통해 공사에 대해 더욱 깊이 연구할 수 있으리라 사료된다.

나 목을 베어 우물에 던지거나 주먹과 발로 때려 목숨을 거두는데 짐작컨대 죽은 자가 부지기수일 것이다. 정황이 이러하니 얼마나 가여운가! 지금 다행히도 상관의 명령을 하달 받고 조례를 규정하니 관사의 사람들은 돈으로 이길 것을 가늠하지 말고 도박을 □. 만약 이를 따르지 않고 여전히 모여 도박을 할 경우 귀항하는 날 공사에 와서 소란을 피워서는 안 되며, 몰매를 맞아 죽음에 이르는 등의 정황을 □□□. 만약 멋대로 이러한 일을 하는 사람은 본 선주가 바로 보고서를 올려 급히 □, 서면으로 중국으로 돌아가 치죄할 것을 신청해야 한다. 만약 본 선주가 위반한 자를 은닉하고 보호한다면 通館에서 각각의 상인 공사와 함께 고발 보고하며 사사로운 감정으로 관대하게 처리해서는 안 되며 각각 책임을 전가해서도 안 된다. (在館賭錢, 原系私事. 初賭之時, 如兄如弟, 既賭之後, 追索輸□, □虎如狼, 少欠一分, 輕則捶打, 重則取命. 欠錢之人, 畏其蠻狠, □□藏躲, 卽公然炒至公司, 向船主、總管要人. 回棹之時, 公司正務竟不能料理, 以致正務賬目, 與崎人大相□遠, 行商回唐受累無限. 船主、總管或有被其炒鬧不過者, 無奈托人尋覓輸錢之人. 觀其景況, 諒不能藏, 或致懸梁自經, 或刎頸投井, 或命殞其拳腳之下, 死者不計其數. 原此情形, 真屬可憐! 今幸蒙上憲頒示前來, 爲此遵憲禁定例, 在館人等, 不得以錢較勝, □相賭博, 倘有不遵, 仍相聚賭, 起身之日, 不得鬧到公司, 以□□□捶打致死人命等情. 倘有等情, 肆惡之人, 本船主卽當出呈趕□, 並具稟回唐究治. 如本船主護短隱匿者, 通館各商公同舉報, 不得徇私, 各相推委.)

앞서 서술한 『浙江嘉興平湖縣給商船示約』에서 정부는 '도박 도구의 사적 휴대와 도박' 금지하는 명령을 내린 바 있다. 중국인은 천성적으로 도박을 좋아했던 듯한데,[25] 나가사키를 오가던 해상들의 상

25) 이러한 상황은 동남아시아에서도 보인다. 청대 바타비아(巴達維亞, 지금의 자카르타) 중

황은 그보다 심했던 것으로 보인다. 雍正 연간 蘇州知府 童華는 그가 편찬한 『長崎紀聞』에서 "열도(長崎를 말함)에서는 기생과 어울리거나 도박을 하지 않는 자야말로 알짜 상인이다(在島不嫖賭, 卽爲實商)"라고[26] 제시하고 있다. 당시 나가사키에는 기생 놀음이나 도박으로 재산을 탕진하는 사람들이 많았다. 따라서 기생 놀음과 도박을 하지 않는 자들 중에는 부유한 상인들이 종종 있었다. 일본인이 남긴 나가사키의 중국 관사 관련 그림 가운데 중국인이 노름하는 장면은 어디에서나 볼 수 있다.[27] 중국인의 도박과 관련하여 중국어 교재 『경포가화』 권1에서는 다음과 같이 언급한 바 있다.

> ……중국 사람들은 처음 왔을 때는 차분히 있더니 두 번째 왔을 때부터는 활발하게 장사하기 시작했다. 기분이 좋아지기 시작하면 머리끝까지 한껏 흥이 올라 돈 쓰기를 서슴지 않았다. 여기저기서 지인들을 불러 모아 나가사키나 바둑을 두었고 어떤 이들은 돈을 걸고 도박을 하기도 했고 어떤 이들은 물건을, 또 어떤 이들은 한껏 흥겨운 기분을 걸기도 했다. ……어떤 이들은 돈을 걸고 하는 도박에서 지기도 했는데, 밑천을 한 푼도 남김없이 모두 잃은 후에도 돈을 딴 사람에게 돈을 빌려서까지 도박을 했다. 빚 독촉이 지나쳐 빚쟁이를 피해 숨으려고 해도 숨을 곳이 없었고 누군가에게 의지하려고 해도 의지할 수 없었다. 별다른 도리가 없어 크게

국인들의 생활을 반영한 『자카르타총론(咬留吧總論)』(咬留吧는 자카르타의 옛 이름인(순다Sunda) 칼라파Kelapa의 音譯)에도 이에 대해 묘사한 부분이 있다. 메더스트(Medhurst, Walter Henry, 저명한 선교사 麥都思(尙德者는 메더스트의 筆名이다))가 편찬한 『特選撮要(特選撮要每月統記傳)』(미국 하버드 옌칭도서관 소장)에 보인다.

26) 『長崎紀聞』은 『童氏雜著』 五種六卷(淸乾隆刻本)에 보이며, 『北京圖書館古籍珍本叢刊』 第79冊 「子部·叢書類」(書目文獻出版社, 1988), 798쪽에 수록되어 있다. 『長崎紀聞』은 곤경에 처한 상인들에 대해 묘사한 것인데, 과장이 상당한 것으로 사료된다.

27) (日)大庭修, 『長崎唐館圖集成: 近世日中交涉史料集』(六), 關西大學出版部, 2003. 이외에도 『(石崎融思筆)唐館圖蘭館圖繪卷』, 나가사키현립미술박물관 소장, 原田博二 解說, 長崎文獻社, 平成 17年(2005)을 참조한다.

용기를 내어 빚쟁이를 찾아가 큰 소리를 내 보아도 도리어 빚쟁이에게 초주검이 되도록 맞는 일이 일쑤였다. 뻔한 말로 빚쟁이의 비위를 맞추고 이러니저러니 둘러대며 지나치게 생트집을 잡아 가만히 있는 사람을 해치려다 결국 엉망진창이 되어 풀려나지 못하기도 한다. 그러한 상황에서는 설사 그의 주인이라 하더라도 어떤 말도 할 수 없으므로 급히 當年通事에게 알리고 당년통사는 빚쟁이와 빚을 진 사람을 모두 불러 대질시키고 그들을 대신해 판결을 내린다. 이런 경우 唐年行司은 양쪽의 체면을 모두 생각해야 한다. 모든 중국인들이 이 일의 옳고 그름을 두고 언쟁할 것이므로 당년통사를 도와 함께 公堂에 앉아 송사를 명쾌하게 해결해줘야 한다. 그들은 원래 다른 의도는 없었으나 앞뒤 생각하지 않고 서로 얽혀 허튼 소리만 들어놓고 자기주장만 내세우며 이리저리 둘러댄다. 이렇게 쓸데없는 말을 며칠 간 늘어놓으면서 줄곧 자신의 잘못을 잡아뗄 뿐이다. 당년행사가 이러한 정황을 보고 크게 화내며 말하였다. "까마귀는 날아도 까맣고 백로는 날아도 하얀 법입니다. 하물며 저 큰 태양이 머리를 비추고 있는데도 당신들은 한 길만을 생각하고 있으니, 하늘이 당신들의 편을 들어주겠습니까? 상황이 이 지경인데도 전혀 깨닫는 바가 없습니까? 이러한 경우에도 양보하지 않고 잘못을 부인하시면 누구의 잘못이란 말씀입니까?" 말을 마친 당년행사는 병사에게 빚을 진 사람을 포박하게 하고 곤장을 때리라 분부를 내렸다. 예전의 동생은 천지신명을 불러대더니 급기야는 사람을 부르며 끊임없이 비명을 질러댔다. 차 몇 잔도 마시지 못할 길지 않은 시간이 지나자 심한 매질에 딱딱한 철이 뜨거운 용액에 힘없이 녹아내리는 모습 마냥 맥을 추리지 못하게 되었다. 이 상태가 되자 너 이상 가만히 있는 사람을 감히 모함할 생각은 하지 못하고 실제 상황을 자백했다. 모월 모일에 도박에서 얼마의 돈을 잃었고 또 몇월 몇일에는 비단 몇 필을 잃어 張가네 설탕은 반 꾸러미 적어졌고 李가네 돈은 몇 천이 적어졌다는 등 일일이 토설했다. 이렇게 하여 형벌을 줄 사람에게는 형벌을 주고 위안을 할 사람에겐 위안을 해주었으며 돈을 받을 자에겐 돈을 주고 빚을 청산할 사람에겐 빚을 청산해 주어 불편부당한 일이 없게 명명백백 판결을 내린 후에라야 손을 뗄 수 있었다. (……唐人一來客居冷靜, 二來生意順溜, 心下高興起來, 跑到興頭上, 竟不惜費, 便請三朋五友來, 著棋對局, 或者睹[賭]博攧錢, 也有賭東西, 也有賭高興. ……也有賭錢賭輸了, 輸得精光, 被贏家討錢, 催逼不過, 要躲債也沒處躲債, 要賴他也賴不得, 沒做道理, 只得放著膽, 相罵起來, 倒把贏家打個半死, 或者造出極陳極腐的套話來, 湊贏家的巧, 左支右吾, 胡賴過去, 板害平人, 弄得七差八纏, 撒開不來. 那時節, 連主人也主張不來, 連忙告訴當年通事, 當年通事就把贏家、輸家都叫了來, 當面對執[質], 當年替他判斷. 那幾年是唐年行司有兩分體面, 大凡唐人有甚口角是非, 就來幫襯當年, 一同坐在公堂, 聽訟明決. 他那弟兄, 原來沒有一些主意, 竟不思前慮後, 一口咬定, 硬說鬼話, 東遮西護, 支吾過去, 講得鬼話連天, 一味抵賴. 唐年行司看見這般光景, 便大怒說道, "烏鴉飛過是黑的, 鷺鳥飛過是白的, 況且有了漫大的日頭照在頭上, 你心下想得滑碌碌的一條路, 天那(哪)裏隨你走? 你既有這樣苟且的勾當, 那(哪)一個不知道? 到這個田地, 還要口強抵賴, 賴到那裏去?" 說罷, 吩付[咐]走差, 把輸家綁縛起來, 把板子拷打. 那時弟兄叫天叫地, 喊將起來, 叫苦不迭, 不勾(夠)吃幾杯茶時辰, 受刑不過, 像一塊硬鐵溶做熱汁一般, 不敢陷害平人, 只得招出實情來說道, "某月某日輸了多少錢, 幾月幾日輸了幾疋縐紗, 張家的糖少了半包, 李家的錢欠了幾千.' 一五一十都說出來. 那時節, 打的是打, 安慰的是安慰, 討錢的是討錢, 算張(賬)的是算張(賬), 無偏無黨, 判斷明白, 方才撒開來.)

'唐年行司'은 넓은 의미로 당통사에 포함되는데, 직급은 비교적 낮다. 여기에서는 도박으로 인해 발생한 분쟁과 나가사키 당통사의 그에 대한 처리 방법을 생동적으로 묘사하고 있다. 어떤 경우에는 도박으로 인해 자주 발생한 인명 사건을 언급하고 있는 중국어 교재도 있다. 『琼浦佳话』 권3에서도 이러한 상황을 묘사하고 있다.

(중국 관사의 중국인 선원들 가운데) 소란을 피우며 난폭하게 구는 자도 있었는데, 그들은 기녀와 어울리지 않으면 도박을 일삼는 자들이었다. 매일 밤 대낮처럼 환하게 등불을 켜고 열 명 또는 대여섯 명의 사람들이 각각의 창고로 찾아와 모이면 동전을 던져 도박을 한다. 어떻게 해서 '攧錢'이라고 부르게 되었는가? 8개 또는 6개의 동전을 던져 글씨나 뒷면 중 모두 같은 면이 나오면 '渾成'이라고 하였다. 7개 또는 5개의 동전을 던져 하나는 뒷면이 하나는 글씨가 쓰여 있는 면이 나오고 그 사이 민간가곡 花兒을 부르는데, 이 경우를 "背間"이라 하였다. 도박을 하다 내가 이겼네 네가 이겼네 하는 논쟁이 시작되면 진 사람은 다급해하고 이긴 사람은 기뻐하며 때릴 사람은 때리고 갈 사람은 가고 훔칠 사람은 훔치고 강탈할 사람은 강탈하는 등의 문제로 시끌벅적해졌다. 땡전 한 푼도 남기지 않고 다 잃은 사람 중엔 돈을 갚을 수 없는 이도 있었는데, 빚쟁이에게 지나치게 시달리다 철통처럼 빈틈없는 중국 관사에도 몸을 숨길 곳이 없으면 죽을 자리를 스스로 찾아야만 했다. 통곡을 하면서 손수건을 꺼내 발을 디딜 걸상을 들고 방으로 들어가 손수건을 들보에 걸고 동그랗게 원을 만든 다음 그 안으로 머리를 집어넣고 두 발을 걸상에서 떼는 것이다. 이 얼마나 슬픈 일인가! 사건 처리 담당관 두 명이 허둥대며 뛰쳐나가 가관과 内通頭에게 알리고 급히 뛰어 들어가 칼을 찾아 손수건을 자르고 그 사람을 안아 침대에 둔 다음 목에서 매듭을 천천히 풀고 수십 번 인공호흡을 실시한다. 손발이 차며 입을 굳게 다문 채 깨어나지 않고 전혀 살아날 기색이 없다면 이미 일찌감치 숨을 거둔 것이다. 달리 방법이 없으므로 시체를 천으로 덮어두고 밤까지도 살아나지 않는다면 이튿날 본관사 가관의 王上에게 보고한다. 왕상은 즉시 두 頭目을 보내 시체를 검사하게 하고 죽은 것이 명확하게 확인되면 선주가 왕상을 대신해 뒷일을

처리한다. 시체에 입고 덮어줄 옷·이불·관 등의 장례 용품 모두를 준비하고 수습하여 염에 들어간다. 선주, 財副, 骨血親眷, 가관, 오갑두가 함께 문서 한 장을 작성한다. 거기에는 죽음의 전말에 대해 적고 각각의 수결을 쓴 후 上頭目에게 보낸다. 관사로 돌아와 小頭目을 남겨 장례를 치르게 한다. 나가사키에는 對山이라 불리는 마을이 있었는데, 그곳에는 悟愼寺라는 사원 하나가 있었다. 중국인들은 그 근처에 빈 땅을 약간 사서 뼈를 묻을 자리를 만들었다. 이날 오신사에서 땅을 파고 장례를 지냈다. 또 제사상을 차려 제사를 지내고 紙錢을 태우며 모두들 한동안 통곡을 멈추지 않다가 나중에는 눈물을 훔치며 관사로 돌아갔다. 가련한 한 목숨 돈 때문에 죽음으로 내몰려 타향에서 귀신이 되고야 말았다. ((唐館中的中國水手)也有撒潑放肆的, 不嫖便是賭錢, 每日到晩間, 點個亮來, 照耀如晝, 或者十來個人, 或者五六個人, 各庫裏走攏來, 攧錢耍子. 怎麼樣叫做攧錢? 或者八個, 或者六個, 攧出來, 或字或背, 一色的叫做"渾成", 也有七個, 也有五個, 攧出來, 一背一字, 間花兒的去, 叫做"背間". 賭得你輸我贏, 爭論起來, 輸急的是輸急, 歡喜的是歡喜, 打的打, 走的走, 偷的偷, 搶的搶, 好不炒鬧! 或者輸得精赤條條, 無銀低(抵)債, 被贏家催逼不過, 一個鐵桶一般的唐館, 沒處去躲債, 只得去尋死路. 一頭哭, 一頭撿起一條汗巾, 走到房下, 掇個凳子墊腳, 把汗巾搭在梁上, 做個圈兒, 把頭套進去, 兩腳登空, 就是嗚呼哀哉! 那時兩個守辦, 慌慌張張走出來, 通知街官同內通頭, 一口氣跑將進去, 尋個柄刀來把汗巾割斷了, 抱起來抱在床上, 輕輕兒解開來喉間的死結, 嘴對嘴打氣, 接連打了十數口氣, 一些也不轉, 手腳冰冷, 牙關緊閉, 救醒不得, 早已長伸腳去了. 大家沒法, 只得把衣服遮蓋屍首, 當晩無話, 到弟(第)二日, 本館街官稟知王上, 王上卽刻發兩個頭目來, 查驗屍首, 驗得明白, 船主替他備辦後事, 衣衾棺材, 都是准備收拾入斂過了. 船主、財副、骨血親眷、街官、五甲頭共寫一張字兒, 把他死的始末寫在字上, 各人打個花押, 送上頭目收下, 回府, 留下小頭目送喪. 原來, 長崎有一個鄉村, 叫做對山, 有一場寺院, 叫做悟慎寺, 唐人買了幾間空地, 做個埋骨的所在,

當日在悟愼寺, 掘開地土, 埋葬了. 又備了羹飯祭奠他, 焚花紙錢, 大家悲慟不已, 一頭拭淚, 一頭回館. 可憐一個好漢, 被錢逼死, 做個他鄉之鬼.)

이것이 바로 앞서 제시한 「崎館海商條約」 제2조항에 꼭 부합되는 주석이다. 인용문에서이 '王上'은 '王家'라고도 쓰는데, 나가사키 使院의 존칭으로, "관사에는 사원이라는 관직이 있다. 이 관리의 녹봉은 곡식 이천 섬이었으며 중·일 양국의 통상의 일을 전문적으로 담당하였으며 나가사키에서의 업무를 처리했다. 1년마다 교체되었는데 이들을 통칭하여 왕가라 하였다(官有使院, 秩視二千石, 專司兩國通商之事, 帶理崎政, 一年而代, 通稱曰王家)".[28] '擲'은 떨어트리다(跌)는 뜻이다. 동전 몇 개를 던져 그 향배에 따라 승패를 결정하게 되는 것으로 나가사키의 중국 관사를 그린 여러 그림에도 그려져 있다. '悟愼寺'은 悟真寺로, 나가사키의 중국 관사 맞은편 해안의 稻佐山에 위치한다. 사찰 뒤에는 평지 수십 이랑이 있었는데 중국 상인이 돈을 주고 구입하여 타향에서 외롭게 세상을 떠난 이들을 매장하는 곳으로 사용하였다. "죽은 선원 동료 중에 돌아갈 곳이 없는 자는 모두 이곳에서 장례를 지냈으며, 각각 비석을 세워 표시해 두고 명부에 올려 봄가을로 시기에 맞게 제사를 지내주었다(凡梢人同侶之死, 無所歸者, 悉彙葬於此, 各爲立石標識, 登之簿籍, 春秋祭掃, 無失其時)."[29]

---

28) (清)翁廣平, 『吾妻鏡補』 卷18 「職官志」, 365쪽.

29) (清)汪鵬, 「袖海編」, 王錫祺 輯, 『小方壺齋輿地叢鈔』 第10帙, 杭州古籍書店, 1985, 272쪽上. 나가사키의 悟眞寺에 관한 자료로 日人 竹內光美·城田征義의 저서 『長崎墓所一覽(悟真寺國際墓地篇)』(長崎文獻社出版, 平成 2年(1990))을 참조한다.

2) 「崎館海商條約」 第二條

술에 취해 다른 사람에게 무력을 행사하는 행위는 중국 내에서도 원래 엄금하는 일이다. 나가사키의 중국 관사는 해외였으므로 서로 다투는 일이 훨씬 잦았다. 심한 경우에는 여러 사람이 모여 사람을 때리거나 살해하는 등 죄상이 가지각색이었는데 일일이 들기 어려울 정도였다. 지금 상부에서 엄금한다는 명을 바다 건너까지 보내주심으로 이를 고시하여 명명백백 본보기로 삼으므로 (앞으로는)감추고 속이기 어려울 것이다. 이후 이치에 부합되지 않는 자가 있다면 총관에게 알리고 이치대로 따져야 할 것이다. 총관이 사사로운 정에 얽매여 그른 것을 옳다고 하였을 경우 선주에게 알려 공론화시켜 옳고 그름을 분별하고 독단적으로 사람을 때리거나 살해하거나 다투어서는 안 된다. 이를 따르지 않고 흉악한 행위를 저지를 경우 본 선주는 즉각 그를 축출하고 중국으로 돌아가 치죄한다는 내용의 문서를 작성해야 한다. 만약 본 선주가 보고하기가 □할 경우 각 선주들이 공동으로 보고하는 것도 가능하다. (酗酒打降, 在唐原有嚴禁, □(唐?)館中乃系海外, 所以每有相爭相打, 甚則聚衆行凶, 種種惡狀, 難以枚擧. 今蒙上憲頒示嚴禁到洋, 足見憲鑒昭昭, 難以隱瞞. 爲此公定, 俟後倘有不合於理者, 宜申之總管, 以理而論. 倘總管徇情, 以曲作直, 然後訴知船主, 自有公論, 曲直卽分, 不得擅自行凶爭打. 倘有不聽約束, 敢於行凶者, 本船主卽當趕逐, 具稟回唐究治. 如本船主□報, 各船公同稟報可也.)

'打降'은 청대의 통속적인 상용어로, 청대 사람 郝懿行의 『證俗文』 6卷에서 "맨손으로 싸우거나 무기를 가지고 무력을 행사하는 일을 속칭 打降이라고 한다. 降(항)은 항복하다(下)는 의미로, 상대를 무력으로 제압하여 항복하게 하는 것을 말한다. 방언으로는 다르지만 글자의 음이 변한 것이다. 打架라 읽기도 하는데 聲母가 같은 降(강)의 어음이 변한 것인 듯하다(俗謂手搏械鬥爲打降, 降, 下也, 打之使降服也, 方語不同, 字音遂變. 或讀爲打架, 蓋降聲之轉也)"[30]라고 설명하고 있다. 이 조약은 중국선원들의 잦은 음주와 싸움에 대해 제정한 것이다. 역사적 사실을 종합해 보면 중국 해상들이 나가사키를 오가며 무역을 할 경우 많은 이익을 도모할 수는 있었으나 그들의 항해 여정은 몹시 험난하였다. 에도시기 중국 표류선 관련 사료 가운데 상당히 알려져 있는 『得泰船筆語』에서 중국의 財副 劉聖孚는 오랫동안 "땅의 기운을 받지 못했다(未得土氣)", "뭍에 내리는 날 두 다리를 움직이기 힘들었다(上岸之日, 兩腿難行動)", 바다에서 강렬한 바람을 만나 "생명이 한 순간에 달렸다(性命在於呼吸)"라고 말하였다. 그는 또 당시의 기분을 "눈물이 뱃속으로 떨어지는(淚從腹中落)" 것처럼 "만면에 근심의 기색이 역력하였고 번민을 떨칠 수가 없었다(滿面愁態, 煩悶難遣)"고[31] 말하기도 했다. 이를 통해 해상 무역 활동에 종사하는 상인이나 선원들은 심리적인 압박이 상당했음을 알 수 있겠다. 이에 대해 일본인 野田笛浦는 긴장감을 완화하기 위해 일부러 장난삼아 '마음을 편안하게 하는 음료'를 만들었는데, 그 중 하나가 바로 '맛이 좋은 술'이다. 文化 12년(1815, 清 嘉慶 20) 2월 22일, 豆州에 표류해 온 南京 永茂船 선주는 "京酒는 반드시 네 통을 챙겨야 한다. 본 선박이 출항한 날 밤 目侶인들 대부분이 그걸 마시려 할 것이므로 반드시 네 통을 챙겨야 한다(京酒必須要四桶, 但本船開行之際, 日夜目侶人數多要食之, 必須要四桶)"[32]고 언급하였고, 또 중국 해상 汪晴川도 "우리들은 술을 매일 끼니때마다

30) 岳國鈞 主編, 『元明清文學方言俗語辭典』, 貴州人民出版社, 1998, 403쪽에서 재인용.

31) (日)野田希一, 『得泰船筆語』 卷上, 田中謙二·松浦章 編著, 『文政九年遠州漂著得泰船資料: 江戶時代漂著唐船資料集』 二('關西大學東西學術研究所資料集刊' 13-6), 關西大學出版部, 昭和六十一年(1986), 506, 509쪽.

32) 「清舶筆話」, 松浦章 編著, 『文化十二年豆州漂著南京永茂船資料: 江戶時代漂著唐船資料集』 九, 關西大學出版部, 2011, 136~137쪽.

마신다. 일전에는 창고에 좋은 술을 두었는데 꺼낼 수가 없어 어쩔 수 없이 이 지역의 술을 마시며 어지러운 마음을 달랬다(我等吃酒, 每日三餐, 前有好酒存在倉廒中, 不能取出, 此處之酒, 實勉強吃之, 以解悶懷)"[33]라고 하였다. 바다를 항해할 때 술이 해상과 선원들의 심리 상태를 완화시켜 주는 중요한 음료였음을 알 수 있다. 그리고 일단 육지에 오르면 자신들의 장거리 항해의 수고를 위로하기 위해 선원은 더욱 거리낌 없이 행동했다. 이러한 상황을 중국어 교재 『경포가화』 卷1에서는 다음과 같이 언급하고 있다.

> (일부 중국인들은 매일같이 술을 마셨다. 두 사람이 손가락을 내밀면서 숫자를 말하고, 말하는 숫자와 쌍방이 내미는 손가락의 수가 부합되면 이기게 되며 지는 사람이 벌주를 마시는 화권(豁拳)놀이를 하기도 하고 벌주놀이의 일종인 주령(酒令)놀이를 하며 노래를 부른다. ……오늘 李가네에서 술을 마셨다면 내일은 張가네에서 화권 놀이를 하며 술을 마시고 모레는 또 鄭가네에 가서 노래를 부르며 술을 마시는 것이다. 놀이만 번갈아가며 할 뿐 온종일 서로의 집을 끊임없이 오고가며 술을 마셔댔다. 예부터 "술 취한 가운데도 말이 없음은 참다운 군자요 재물에 있어 분명함은 대장부이다."라고 하지 않았던가. 대체로 사람들 중에는 酒德이 있는 사람은 적고 주덕이 없는 사람이 많다. 선원들 가운데에서도 선주, 財副, 貨客 등과 같은 사람들은 어느 정도 체면을 차리느라 거침없이 행동하지는 못하였다. 하지만 한 글자도 알지 못하는 저들은 수치심을 느끼지도 못하였고 좋든 나쁘든 그저 술만 마셔댔다. 크게 취하면 술주정을 하며 서로 때리거나 화를 내며 소란을 피웠다. (一些唐人)每日吃酒, 猜三(手?)豁拳, 行令唱曲. ……譬如今日在李家吃酒, 明日便在張家豁拳, 後日又在鄭家唱

33) 「寬政十二年遠州漂著船萬勝號資料: 江戶時代漂著唐船資料集」 六('關西大學東西學術研究所資料集刊' 13-6), 關西大學出版部, 1997, 130쪽.

歌兒, 只管輪流去頑耍, 鎮日來往不斷. 自古道, '酒中不語真君子, 財上分明大丈夫.' 大凡人家, 有酒德的人是少, 沒酒德的人是多, 這一班客人裏頭, 船主、財副、貨客等樣人, 還有些體面, 不敢撒撥(潑), 他那一字不通的弟兄們, 不識廉耻, 不管好歹, 吃了酒, 吃得爛醉, 撒酒風, 相打相腦(惱), 十分喧嚷.)

여기에서 묘사하고 있는 것은 나가사키에 중국 관사를 설립하기 이전의 생활 풍경이다. 관사 설립 이후에도 이러한 상황은 더욱 심해졌을 뿐 전혀 나아지지 않았다. 청대 전기 중국 해상의 나가사키 중국 관사에서의 일상생활에 대해 건륭 시기의 徽商 汪鵬은 「袖海編」에서 다음과 같이 언급하고 있다.

중국 관사는 사방이 산으로 둘러싸여 있고 집집마다 연기가 피어올 자줏빛이든 푸른빛이든 분간이 되지 않았고 다양한 색깔이 뒤섞여 있었다. 해문이 양쪽으로 나뉘어 열리면 우뚝 솟아 웅위하였고 그 모습이 빼어나 탁 트여 밝았다. 전설 속에 신선이 산다고 하는 十洲三島처럼 높고 화려하였으므로 바라볼 수는 있어도 가까이 갈 수는 없었다. 그 모습이 참으로 장관이라 인간 세상과는 다른 듯 보였다. (唐館外四山環繞, 煙火萬家, 紫翠迷離, 錦紛繡錯, 海門別開, 屏嶂雄奇, 峭拔軒敞, 高華如十洲三島, 可望而不可卽, 允爲巨觀, 不同凡境.)

관사 주변은 1里 반밖에 되지 않았으나 토담과 대나무 지붕이 있었지만 곳간은 스무 곳을 넘지 않았다. 市街에는 세 갈래의 길을 내었고 그곳에는 棚子라 불리는 누각이 있었다. 곳간에는 반드시 누각이 있었는데 편지붕으로만 되어 있었다. 곳간에 누각을 설치하려면 기둥이 여러 개가 필요했다. 선주 및 재물을 관리하는 담당자가 각각 그 반을 차지하여 살고 있었고, 그 아래에는 目梢인들이 함께 거처하고 있었다. 누각을 짓기 시작하면서부터 객지에서 오는 선원들이 조금씩 늘어나 별도로 지은 곳에서 거처하게 하였다. 지금은 대부분 누각을 세워놓아 자못 정결하다. 곳간에 세운 누각은 모두 공간을 확장하여 널찍했고 앞뒤로 난간을 두었는데, 어떤 곳은 좌우에 두기도 하였다. 화려한 건물들이 죽 늘어서 있어 초창기의 모습과는 크게 달라져 있었다. 곳간은 관사에 소속되어 관에서 執役 세 사람을 파견하였으며 이들을 守番이라 하였는데 누각에는 오지 않았다. (館周遭僅一里有半, 土垣竹茨如棘, 然庫不滿二十, 街分三路, 附而屋者曰棚子. 庫必有樓, 棚則惟平屋而已. 庫制樓數楹, 舟主及掌財賦者各居其半, 下則梢人雜處. 棚子之構, 始自搭, 客梢人之稍豐者, 別營以居, 今多架樓, 頗尚精潔. 而庫之爲樓, 俱開拓宏敞, 添設前後露台, 或翼其左右, 靡麗鋪張, 與初創時大不侔矣. 庫屬正辦, 有官派執役者三人, 名曰守番, 棚則無有也.)

이상의 상황과 다음에 인용할 기타 사료에서 볼 수 있듯이 나가사키의 외관 풍경은 무척 아름다웠다. 하지만 중국 관사 내의 생활은 결코 자유롭지 않았다. 元祿 2년(1789, 청 康熙 28) 중국인 거주 지역을 조성한 이후, 일본 측은 중국 관사에 대해 엄격히 통제를 가했다. 이러한 정황은 『경포가화』 卷3에도 기록되어 있다.

원래 이 중국 관사는 쇠통으로 만든 구리담장으로 지어져 있어 빗물 새지 않았다. 거기다 주위는 높이가 백 척이나 되는 토담으로 되어 있었는데, 사방 모퉁이마다 守辦의 집이 있었다. 밤에는 안으로 들어올 수 없었으며 주야로 감시를 받았다. 처마를 뛰어넘거나 담장을 넘는다 하더라도 성공하지 못했다. 문 입구에도 插刀手가 있었는데 매일 밤 한 발자국도 떨어지지 않고 문을 지켰다. 생선 한 마리나 채소 한 뿌리를 사올 때에도 삽도수의 검사를 받고 나서야 관사 안으로 들어올 수 있었다. 街官의 집에는 가관, 五甲頭, 財副, 部官 등의 사람들이 있었다. 이들은 번갈아가며 당직을 섰고 통사의 방도 상황은 비슷했다. 중국인들에게 무슨 사고라도 생기면 그들을 대신해 일을 처리해야 했기 때문이다. 가관은 하룻밤에 세 번 관사 전체를 순찰하고 중국인들에게 말썽을 일으키지 말고 서로 싸우지 말며 불조심 할 것을 신신당부했다. (原來這唐館, 造得鐵桶銅牆一般, 滴水也不漏, 周圍土牆, 高有百尺, 四方角落頭, 各有一個守辦的房子, 夜不收在裏頭, 晝夜看守, 縱或有個飛簷走壁的手段, 也過牆不得, 門口也有插刀手, 寸步不離, 日夜看守, 但凡買一尾魚, 買一根菜, 都要經他查驗, 方可進館. 街官房裏, 也有街官、五甲頭、財副、部官等樣人, 輪流値日, 通事房也如此, 但凡唐人有甚事故, 替他料理了. 他那街官, 一夜三次, 通館巡消(哨?)一回, 千叮萬囑, 不許唐人炒鬧、打架, 火燭小心. ……)

이렇게 제약이 심한 가운데에서도 중국 선원들은 관사에서 기생과 어울리거나 도박을 할 뿐만 아니라 대취할 때까지 술을 마시는 일이 잦았다. 왕붕은 「수해편」에서 "관사에서의 연회는 무척 번화했다. 서로 오가는 분위기 속에 술도 上辦下辦酒, 通辦酒, 飮福酒, 春酒, 宴妓酒, 清庫酒, 出貨酒 등 종류가 다양했다. 일반적으로 여러 사람들이 추렴하여 술을 마셨는데, 산해진미가 다 있었으며 등불을 화려하게 켜 놓고 쉬는 날이 거의 없을 정도였다(館中宴會極繁, 交相酬答, 有上辦下辦酒, 有通辦酒, 有飮福酒, 有春酒, 有宴妓酒, 有清庫、出貨酒等, 尋常醵飮, 尤多珍錯雜陳, 燈明燭燦, 殆無虛日)"라고 서술하고 있다. 관사 내의 당인은 술잔을 주고받으며 매일 밤 악기를 타려 노래를 불렀다. 이에 대해서는 『경포가화』에도 다음과 같은 기록이 있다.

관사에서 중국인들은 타향살이라고 하기 어려울 정도로 맘껏 먹을 고기와 생선이 있어도 여기에 만족하지 않으며 늘 "집에 있으면 늘 좋지만 밖에 나오면 잠깐도 있기 어렵다."고 하기도 하고 또 "타향의 술은 고향의 물보다 못하다."고 하기도 하였다. 어떠한 상황이든 집보다 못하다고 생각하였으며 늘 자신을 외지인이라고 생각했다. 그래서인지 친 가족처럼 만 여겨주면 더욱 친절하게 대했다. 친구들끼리 한 자리에 모여 이런저런 이야기를 나누고 시를 짓고 문장을 지으며 번갈아가며 화답했다. 어떤 이는 안주 몇 접시를 차려놓고 몇 가지 새 과일을 준비하고는 술자리를 늘어놓고 술을 마시며 시시덕거렸다. 또 화권놀이를 하기도 하고 또 주령 놀이를 하며 노래를 부르기도 했다. 그 중에는 기녀 몇을 불러 악기를 타고 노래를 하며 흥을 돋우게 하기도 했다. 관악기와 불고 현악기를 타게 하며 그에 맞추어 노래를 부르고 술잔을 주고받았다. 날이 밝은 후에야 술자리를 파했다.[34]

이러한 것들은 모두 중국 해상들의 나가사키 관사 내에서의 일상 생활 실태를 반영한 것이다. 그 외에도 중국 관사 안에 있는 天后宮은 “제사 때마다 진수성찬을 차려놓고 주연을 베푸는 곳이었다. 여기에서 3일 동안 등을 켜고 잔치를 베풀었으며 관사의 중국 손님들은 이곳에 기녀들을 모아놓고 함께 술을 마셨다. 밤낮으로 주연을 즐기며 노래를 부르다 돌아갔다(每逢神誕, 盛陳供筵, 張燈設宴者三日, 館客集群妓會飮於此, 午夜酒闌, 行歌而返)”. 이와 같은 묘사를 통해서도 알 수 있듯이 일본 기녀와 중국 해상은 항상 그림자처럼 함께 다녔다. 해상들 이외에도 하층 선원들의 기생 놀음 또한 상당히 보편적인 현상이었다.[35]『和漢寄文』三에는「唐館ニ而遊女卒死口上之寫」에 다음과 같

34)『瓊浦佳話』卷3: “再說唐人在館中, 雖有大魚大肉好受用, 原是一個客居, 究竟不中意. 常言道, “在家千日好, 出外半時難.” 又說道, “他鄉酒不如故鄉水.” 不拘什麽事情, 比不得在家, 所以客邊見了知己, 只當嫡親骨肉一般, 愈加親切. 三朋五友聚攏來, 講講談談, 賦詩作文, 遞相唱和, 或者收拾幾盤肴饌, 買備幾樣時新果子, 排了酒席, 吃酒兒頑耍, 或者猜三豁拳, 或者行令唱曲, 也有叫幾個妓女來, 娼幫吹彈歌舞, 品竹調絲, 你吹我唱, 杯來盞去, 吃到天亮, 方才散的.”

35) 중국 해상 선원과 기녀와의 교류에 관해서는 일본 학자 古賀十二郎의『丸山遊女と唐紅毛人』(長崎學會 編, 長崎文獻社, 1968~1969)을 참조할 수 있다.

은 기록이 있다.

> 구두 진술(口供): 第24番 廣東船 선원 陳捷卿은 寄合町 豐後屋 儀平樓 기녀 金山과 어울려 지난밤 관사로 들어와 함께 別庫에 하룻밤을 보냈습니다. 그런데 생각지도 못하게 오늘 새벽 본 고로 돌아온 후 갑자기 병을 얻었다는 말을 듣고 바로 가보니 이미 사망한 후였습니다. 지난밤부터 오늘아침까지 질병의 증상은 보이지 않았습니다. 다른 일은 없으며 사실대로 보고드립니다. (第二十四番廣東船水手陳捷卿, 嫖得寄合町豐後屋儀平樓妓女金山, 昨進館, 同寄住在別庫, 不料今日早辰(晨)回本庫, 忽聞發病, 立卽趕到, 業已身故. 但昨夜至今朝不見病症, 並無異情, 所報是實.)
>
> 享保 12年 正月 日 第二十四番船 水手 許捷卿.

이 구두 진술은 나가사키 소통사 潁川彌藤太가 번역한 것으로, 그 뒤에 중국 선주 郭裕觀과 財副 黃天渥의 구두 진술이 있으며, 그 아래에 "享保十一年正月"이라고만 적고 있다.[36] 翁廣平이 『吾妻鏡』에서 '奇合'으로 쓴 寄合이란 곳은 나가사키의 다섯 환락가 중 하나이다(다른 네 곳은 附町, 丸山, 半斤, 傾城이다).[37] 이 구두 진술은 하층 선원이 기생과 어울린 사례이다.

당시에는 술이 세 순배 돌고나면 큰 소리로 떠들고 싸움하는 일이 잦았다. 이러한 정황은 에도시대 일본의 일부 도상에도 상당히 나타나 있다.[38] 일본 幕府에서는 중국인들의 과음과 몸싸움에 대해 매우

---

36) (日)菅俊仍輯, 『和漢寄文』(三), 大庭修 編著, 『享保時代の日中關系資料一: 近世日中交涉史料集』 二, 239쪽.

37) (清)翁廣平, 『吾妻鏡補』 卷13, 『地理志』, 253쪽.

38) 예를 들면 일본 간사이대학(關西大學) 東西學術硏究所 소장 「唐人喧嘩の圖」(『長崎唐館圖集成』, 233쪽)가 있다. 이 책은 『唐人爭論圖』라고도 쓴다(『寬政十二年遠州漂著船萬勝號

엄격하게 관리했다. 『唐通事會所日錄』 寛文 7년(1667, 청 강희 6)에 다음과 같이 기록하고 있다. “중국인들 모두가 행동거지가 방자하고 난봉을 부렸던 것은 아니었다. 기녀 놀음이나 도박을 하고 말썽을 일으키며 범법 행위를 하는 잘못은 모두 만취에서 비롯된 것이다. 이번 설날에 당직을 섰는데, 모두들 술잔을 주거니 받거니 할 수밖에 없는 것은 저들이 근본적으로 제멋대로이기 때문이다. 저들을 단속하지 않으면 일본의 우환거리가 될 것이 틀림없다. 흉기로 사람을 죽일지도 모르는 일이다. 각각 법도를 세우고 몸소 지키도록 하며 해당 배의 頭目과 水梢 등은 그들을 타이르고 깨닫게 하여 절대 무리를 이루어 다니지 않게 해야 한다. 만약 따르지 않고 일본인과 다투거나 일본인을 때린 자는 사람의 수가 많든 적든 간에 조사하여 즉시 상부에 보고하고 중벌에 처한다. 뉘우치지 않을 경우 각각의 선주가 먼저 따르게 하여 소홀히 하지 않도록 한다.”[39] 여기에서는 설날 기간에 중국 해상 선원들의 과음으로 야기된 여러 가지 골칫거리들을 언급하고 있다. 이로 인해 나가사키 당국은 중국 선원들의 과음에 따른 골칫거리에 대해 매우 엄격히 통제하였다. 『呈詞翻案』에는[40] 다음과 같은 사례가 하나 실려 있다. “본 선박의 선원 네 명은 지난밤 화포를 쏘는 사이 서로 도와 밖으로 나가 술을 많이 마시고 자신도 모르게 술에 취해 비틀거리며 길을 걸어가다 체포되어 옥에 갇혔습

資料』, 218쪽).

39) 『唐通事會所日錄』 一, 東京大學 史料編纂所 編纂, 『大日本近世史料』, 東京大學出版會刊行, 昭和 59년(1984) 覆刻本, 87쪽: “百凡是非恣肆放逸, 以及嫖賭、生端不法之虞, 皆自醉狂而致. 茲値新春年節, 未免各有杯罇來往, 是爲狂放之基, 若不節之, 必有害己之患, 以及刀杖隕命, 未可知也. 各永立自宜體遵法度, 船中頭目、水梢等, 九尊諭使知, 切勿令其成群作隊侶, 惹是非, 不論黨夥之間, 及與日本人爭鬪、撲打者, 查出卽時稟上, 重處罪款, 各毋悔之, 各船主先自謹遵毋忽.”

40) 본서는 午六番 南京船이 귀국 도중 일본 大隅國(오스미쿠니) 種子島(다네가시마)에 표류한 관련 기록으로, 大庭修 編著, 『江戶時代日中關系資料: 近世日中交涉史料集』 五(‘關西大學中西學術研究所資料集刊九’ 5), 關西大學出版部, 平成 9年(1997), 198쪽에 보인다.

니다(本船水手四人, 於昨日下炮手之際, 相幫出去, 只因喜酒多吃兩杯, 不覺乘醉閑走街上, 卽蒙緝揖(緝?)捕監牢)."[41]

막부에서는 과음한 중국인 선원에 대한 처분을 강화하면서도 선원들에 대한 總管의 책임 제도를 확립하고자 하였다. 이러한 규정에 따라 중국 선원들 간에 분쟁이 발생하였을 때 먼저 총관에게 보고하면 총관이 그 일을 처리해야 했다. 이른바 총관의 구체적인 직무는 "선원에 대한 여러 가지 일들을 주관하는(主水手等人衆事)"[42] 것이었다. 만약 총관이 어느 한 편을 든다면 공정하게 분쟁을 처리할 수 없으므로, 그런 경우에는 여러 선주들에게 알렸다. 당시의 기록에 따르면 "선주는 화물의 주인인 貨主는 아니다. 화주의 물건을 외상으로 사고 그것을 배에 실어와 교역으로 그 이익을 취하는 자이다(船主, 非貨主也, 賖載貨主之物件, 交易取其利者)".[43] 따라서 「崎館海商條約」의 제2조는 분명 이와 같은 상황에 대비해 만든 자아 규제임을 알 수 있다.

3) 「崎館海商條約」 第三條

관사 내에 점포를 여는 것은 자신의 원금을 가지고 이익을 구하는 것으로, 사고파는 데에는 본래 다툼이 없는 법이다. 외상으로 사고파는 일이 있을 경우 점포를 낸 사람은 중국으로 돌아가는 날 원금과 그것으로 번 이익을 챙겨 떳떳하고 당당하지만, 돈이 모자라는 사람은 임금에 한계가 있어서거나 낭비가 심해서이다. 이때가 되면 푼돈도 없는 사람들은 설령 구타하거나 악행을 저질러 그 사람을 독촉한다 하더라도 무슨 이득이 있

41) (日)大庭修 編著, 『江戶時代日中關系資料: 近世日中交涉史料集』 五, 198쪽.
42) (日)平沢元愷, 『瓊浦偶筆』 卷6, 『海表叢書』 卷6, 更生閣書店, 1928, 117~118쪽.
43) (日)平沢元愷, 『瓊浦偶筆』 卷6, 117~118쪽.

겠는가? 지금 바로 상부의 명령을 받들어 바다에서의 싸움을 엄금하며 우리가 공동으로 참작하여 결정하니, 이후로 현금으로 하는 사고파는 행위를 총괄함에 서로 몰래 외상을 해서는 안 된다. 만약 마음이 맞아 몰래 외상을 할 경우 귀항할 때 돌려받지 못한다 하더라도 강제로 사람의 목숨을 빼앗을 수 없다. 만약 이를 따르지 않는 자가 있다면 본 선주가 먼저 보고하여 중국으로 돌아가 치죄한다. (在館開張店業, 此原以本求利, 願買願賣, 原無爭競, 但賒欠一項, 在開店之人起身之日, 收取本利, 理直氣壯, 但欠錢之人一名辛工有限, 或因浪費過度, 到此之時, 分文烏有, 縱使拳打腳踢, 逼□其人, 有何益哉? 今現奉上憲, 嚴禁在洋打駡, 爲此我等公同酌定, 俟後總以現錢買賣, 不得私相賒欠, 倘若通情私相賒欠, 起身時無還, 亦不得逼勒致死人命. 倘有不遵, 本船主首報, 回唐究處.)

당시 관내에 중국인이 점포를 열어 여러 가지의 일용품을 진열한 광경은 지극히 자주 볼 수 있는 일이었다. 하층 선원은 이러한 장사를 통해 아주 적은 이윤을 챙겼다. 이에 대해 중국어 교재 『경포가화』에는 다음과 같이 적고 있다. "선원들은 관내에 각각 작은 점포를 열고 여러 가지 물건을 팔아 장사에 힘을 쏟았는데, 그 중에는 어느 정도의 본분을 지키는 자도 있었다(再說弟兄在館中, 各自開小店, 出賣雜色東西, 務本營生, 也有守些本分的)." 『역가필비』의[44] 시작 부분인 「初進館」

44) 『譯家必備』는 여러 종류의 版本이 있다. 靜嘉堂文庫本에서는 "『譯家必備』 全部를 내가 나가사키에 임명되었을 때 譯司에게 베껴 쓰게 하였다. 판본 하나는 家塾에 소장해둔다. 寬政 七季 8月 近藤守重(『譯家必備』 全部, 予祗役於長崎, 使譯司抄寫之/藏一本於家塾/寬政七季八月, 近藤守重)"라 하였다. 이를 통해 이 책이 1795년(청 건륭 60년) 이전에 이미 완성되었음을 알 수 있다. 이 책을 『譯家秘備』로도 쓴 것이 있는데, 關西大學 內藤文庫에 소장되어 있으며, 大庭修 編著 『江戶時代日中關系資料: 近世日中交涉史料集』 五에도 수록되어 있다. 原書 影印本은 무척 흐려서 읽는데 꽤나 애를 먹었다. 王振忠의 정리와 標點 작업에 따르면 『譯家必備』는 모두 6만여 글자로 구성되어 있으며, 이는 당통사 및 中日交流를 연구하는 데 중요 사료임에 틀림없다. 『譯家必備』와 관련된 일본 학계의 연구로 주로 奧村佳代子의 「『訳家必備』とその語彙について: 寫本資料からみた唐話の一端」(『關西

에는 한 수습당통사가 처음으로 會館에 가서 중국선의 선주들에게 자기소개를 한 모습과 처음으로 중국 관사 내에 걸어 들어가는 광경이 묘사되어 있다. 당시에 그에게 길을 안내하던 중국 해상 陳三官은 도중에 지나온 곳에 "선원 중에는 천막 점포를 연 사람도 몇몇 있다. 잡화를 팔고 전병을 만들며 옷을 재단하여 만들기도 하고 소주를 팔기도 하며 밀가루로 만든 음식을 팔기도 한다(幾個蓬子開店的, 賣雜貨、做糕餅、做裁縫、賣燒酒、賣面食)"고 언급하고 있다. 작은 상품을 파는 이러한 천막 점포들은 여러 長崎唐館圖 가운데에도 묘사되어 있다. 장기당관도에는 작은 천막 점포마다 상점 표지가 있고, 그 위에 적힌 내용은 다 달라 어떤 곳에는 "물건 팔아요(出賣)" 또는 "술 판매함(有酒)"이라고 쓰여 있고, 어떤 곳에는 "소주(燒酒)" 또는 "최상품의 과자(上好香餅)"라고 쓰여 있다. 하지만 무엇을 적어 놓았든 간에 이러한 작은 상품들은 모두 관내 다른 중국인에게 판매되었을 것이다. 이와 관련하여 『역가필비』에는 관내의 중국 선주와 수습 당통사의 한 단락의 대화 내용이 실려 있다.

唐通事: "차가 있습니까? 중국산 찻잎 종류 좀 알려주시겠습니까? (有茶, 請教唐山茶葉有幾樣?)"

淸船主: 많지는 않습니다만, 珠蘭茶라고 불리는 것이 있는데 이것이 바로 노형께 딱 맞는 것이지요. 또 雨前茶, 松羅茶, 武夷茶 등이 있습니

大學中國文學會紀要』(25), 阪出祥伸教授退休記念號, 2004, 15~32쪽)과 「江戸時代における唐話資料と"白話風"小說: 『訳家必備』、『忠臣蔵演義』と『海外奇談』」(『關西大學中國文學會紀要』(26), 2005, 55~73쪽), 「唐話資料『和漢俗語呈詩等雜事一、二 漢文一』에 수록되어 있는 "長短話"と『訳家必備』: 個々の資料に見られる関連性」(関西大學アジア文化交流研究センター『アジア文化交流研究』(3), 2008, 131~146쪽), 喜多田久仁彦의 「唐通事の職掌について: 『譯家必備』から見る職務の一端」(『京都外國語大學研究論叢』(76), 2010, 173~182쪽)이 있다.

다. 武夷茶는 福建 武夷山에서 생산되는 것인데, 열을 내려주어 마시면 좋은 것이지요. 煙葉(담배)는 蒲[浦]城의 것이 좋습니다만, 일본 것도 향이 아주 좋습니다. (也不多, 叫做珠蘭茶, 就是於今老爹用的. 還有雨前茶、松羅茶、武夷茶, 這武夷茶是福建武夷山的出產, 會清火, 吃得有益了. 煙葉是蒲[浦]城的好, 也倒不如東洋的有香氣好吃.")

얼마 후 찻집을 지나니 간식거리를 파는 점포가 늘어섰다. 간식거리도 강낭콩, 연자, 용안, 여지, 사고 녹말 등등 종류가 다양했다. 간식거리를 파는 점포를 지나니 탁자가 놓인 점포들이 나왔다. 음식 종류도 제비집, 닭과 오리고기, 동파육, 닭구이, 불고기, 양고기, 양고기포, 돼지다리를 절여 말린 햄, 돼지머리, 돼지간, 닭간, 오리고기국, 게국, 고기완자, 생선완자, 어묵, 부레, 사슴고기경단, 뱀장어, 계란 요리 七星蛋, 잉어, 붕어, 해삼, 전복, 상어 지느러미, 말린 조개관자, 국수 등으로 매우 다양했다. 여기에 표고버섯, 연체동물인 군소가 낳은 알을 긁어모은 덩어리인 海粉, 느릅나무껍질, 목이버섯, 송이버섯, 겨울 죽순, 말린 죽순, 마늘, 파, 파뿌리, 청경채, 땅콩, 원추리 등이 더 있었다. 간단한 반찬 종류로 강충이, 새우, 섭조개, 절인생선, 절인 고둥, 살조개, 동죽조개, 새우젓, 죽순을 잘게 찢어 말린 반찬, 절인 청경채, (단맛이 나는 중국식)된장, 갓 등도 있었다. 선주가 말했다. "요리를 내오너라." (一回茶也過了, 排出點心來, 點心也不止一樣, 白扁豆、蓮子、龍眼、荔枝、珠粉、西國米. 過了點心, 就排起卓子來, 菜數也多, 燕窩、雞鴨小炒肉、東坡肉、燒雞、燒肉、羊肉、羊脯、火腿肉、豬頭、豬肝、雞肝、鴨羹、蟹羹、肉圓、魚圓、魚糕、魚肚、鹿筋團、河鰻、七星蛋、鯉魚、鯽魚、海參、鮑魚、魚翅、江搖柱、澆頭, 也有幾樣香菰、海粉、榆肉、木耳、松菰、冬筍、乾筍、大蒜、青蔥、蔥白、青菜、落花生、韭菜、金針菜. 若問小菜的名色, 肚蚨、蝦米、淡菜、鹽小魚、鹽螺、蚶子、蛤子、蝦醬、筍絲、鹽菜、甜醬、春不老. 老船主叫一聲"上菜.")

客人(唐通事)說: "그러지 마세요. 제가 오늘 첫 번째 손님인데 이렇게 과분한 은혜를 베풀어 주시고 거기다 맛있는 요리까지 이렇게 대접해 주시니 술에 취하고 고기로 배도 부릅니다만 사실 천부당만부당한 일이오니 이후엔 이렇게까지 신경 쓰지 마십시오. (不用了, 小弟今日頭一遭進來, 拜識長兄, 多蒙錯愛, 更蒙賜這樣美品佳肴, 酒醉肉飽, 實在當不得, 不必再費心.)"

清船主: "노형께서는 무슨 말을 그리 하십니까? 만생이 무슨 마음을 썼다고 그러십니까? 관내에는 신선한 채소가 별로 없어 돼지콩팥을 포함한 일곱 가지 재료를 넣어 만든 玉麟香腰(印板菜) 뿐이고, 입에 맞는 별다른 음식이 없으실 것이니 이 얼마나 소홀한 대접이란 말입니까! 노형께서 계속 술을 못 드시는 것을 보니 요리가 적어서 그런 듯하여 청하기가 어렵습니다. (老爹說那裏話? 晚生費什麽心? 館裏沒有什麽新鮮的好菜蔬, 不過是照常的印板菜, 沒什麽可口的東西, 怠慢得狠! 看見老爹酒總不吃, 味薄了, 不好請.)"

唐通事: "제가 어찌 감히 그렇겠습니까? 괜찮습니다. 제가 주량이 얕아 그러니 좀 봐주시지요. 뜨거운 술은 마시기 어려우나 시원한 것은 잘 마시니 이제 한잔 하시지요. 잔을 드시지요. (豈敢? 不妨得, 照小弟一樣量淺的人, 熱酒難當, 冷的倒好吃, 這一杯乾了, 請收杯.)"

清船主: "그럴 리가 있습니까? 만생이 뵈오니 노형께서는 주량이 상당하실 것 같습니다. 게다가 唐山酒는 맛이 싱거워 많이 마셔도 취하지 않습니다. 한잔 더 받으시지요. (這那裏使得? 晚生看見老爹量好, 況且唐山酒是味淡薄了, 多用幾杯, 也不醉人了, 再要篩一杯.)"

……

술사리를 파한 후 小公司는 따뜻한 물을 가득 담은 대야를 들고 나와 의자 위에 두고 노형에게 손을 씻으라 하더니 얼마 후 수십 가지의 과일을 늘어놓았다. 과일젤리, 물푸레나무꽃 젤리, 眉公전병, 太史전병, 사탕, 말린 생강, 黄梨, 귤전병, 엿, 여지, 말린 대추, 고욤, 감람, 호두, 잣, 개암,

해바라기씨 볶음, 雪梨, 올방개, 불수감, 동과 젤리, 누가 사탕, 호두빵, 水雲片, 깨전병, 참깨 등이 보였다. 또 술을 내오고는 선주가 말했다. "노형께서는 왜 그리 위축되신 겝니까. 앉기 불편하신 가 봅니다. 외투와 바지를 편하게 풀고 앉으시지요." (席散了, 小公司捧出一個面盆, 盛滿了溫溫兒的湯, 放在椅子上, 請老爹洗手, 過了一歇, 就排出幾十樣果品來, 看見夾砂糕、桂花糕、眉公餅、太史餅、明糖、明薑、黃梨、桔餅、泡糖、荔枝、紅棗、黑棗、青果、胡桃、松子、榛子、瓜子、雪梨、荸薺、佛手柑、冬瓜糖、牛皮糖、雲片糕、水雲片、麻餅、芝麻糖. 又排起酒來, 船主說, "老爹拘縮了, 不好坐, 請寬外套、褲子.")

……

唐通事: "웃음거리가 될 수는 없지요. 오늘은 늦었으니 이만 헤어져야 겠습니다. (不要見笑, 於今日子, 也要晚了, 要告別罷.)"

清船主: "괜찮습니다. 하루도 긴데 편히 앉아 계시지요. 노형께서는 당산주가 입에 잘 맞지 않나 봅니다. 이것은 작은 점포에서 들여온 京酒입니다. 몇 잔 더 드시지요. (不妨得, 日子還高, 寬心坐坐. 老爹唐山酒吃不慣, 這個是小店拿進來的京酒, 再用幾杯.)"

명대 이후의 공문서에서 '老爹'는 백성의 관원에 대한 존칭으로, 이것은 또 근대 후기의 福州 방언에도 남아 있다. 여기에서 선주가 말할 때마다 하는 '老爹'라는 말은 나가사키의 당통사를 가리킨다. 앞서 언급하고 있는 종류가 상당히 다양한 여러 가지 식품은 일본인이 정기적으로 제공하는 '水菜'(아래 문장에서 상세히 논하였음) 말고도 두 가지 공급원이 있었다. 하나는 중국 관사의 大門과 二門 사이에서 일본인이 중국인에게 파는 식재료이고, 다른 하나는 중국인이 차린 가게였다. 「崎館海商條約」의 기록을 통해 살펴보면 이러한 가게들의 주인은 중국 관사 내의 선원이며, 그들은 중국에서 일본으로 상품을 가져 오거나(아래 문장에서 상세히 논하였음), 관사 내에서 전병 등을 만들어 다른 중국인에게 판매했다. 당시 선원들이 중국에서 가져온 물품은 매우 다양했다. 식품을 살펴보면 중국에서 가축을 산 채로 가져 오는 일도 있었다. 『長崎港南京貿易繪圖』에는 중국 선원이 짐을 옮기는 장면이 묘사되어 있고, 여기에서 중국 선인이 본토에서 가져온 수탉과 살아있는 돼지를 볼 수 있다. 그리고 『長崎遊觀圖會』에는 또 관내에서 중국인이 돼지를 도축하는 장면이 그려져 있다. 이러한 그림은 당연히 비교적 이른 시기의 정황을 반영하고 있을 가능성이 있다. 당통사 교과서 『역가필비·本船起貨』에 있는 당통사와 중국 총관의 대화에 전후의 변화가 어느 정도 반영되어 있다.

唐通事: 총관, 배 위에 산 채로 가져온 돼지가 있습니까? (總管, 船上有活豬帶來沒有?)

總　管: 뱃머리쪽 한 선실 양쪽 덮개 판자 아래에 산 채로 가져온 돼지 세 마리가 있습니다. (船頭第一個艙兩邊蓋板底下有三口活豬.)

唐通事: 이것들을 왜 아직까지도 도축하지 않은 것입니까? 그해에 당신들에게 통지하지 않았습니까? 지금은 관내로 돼지를 산 채로 가지고 들어갈 수 없습니다. 돼지들을 데리고 들어가 안에서 키우면 관내가 더러워지기 때문에 일률적으로 금지하고 있어 관내로 갖고 들어가실 수 없습니다. 일전에 배가 들어왔을 때도 살아있는 돼지를 갖고 관내로 들어갔다가 바로 밖으로 쫓겨났습니다. (這個爲何到於今還沒有宰呢? 當年也不曾通知你麼? 於今活豬是不許你帶進館, 你們拿進去, 養在裏頭汙穢了地方, 所以一概禁他, 不許帶進館, 前番幾個船帶來的活豬, 也趕出外頭去了.)

總　管: 만생은 그와 같은 사실을 미처 알지 못하였습니다. 지난해에 노형께서도 아무 말씀도 하지 않으셨습니다. 일찌감치 알고 있었다면

어젯밤에 도축했을 것입니다. (晚生不曉得, 昨日當年老爹也沒有什麽話, 若是早曉得這樣的緣故, 昨日就宰了.)

唐通事: 기왕지사 이렇게 되었으니 오늘은 일단 관내로 데리고 들어가셨다가 내일 바로 도살하시지요. (既然這樣, 今日且帶進館, 明日就殺了罷了.)

長崎唐館圖에는 돼지나 양, 닭을 키우는 광경이 자주 보인다. 일반적으로 이러한 장면은 건륭 시기 이전의 상황을 반영하는 것일 것이다. 『역가필비』가 일본 寬政 7年(1795, 청 건륭 60)에 이미 책이 만들어졌으며, 앞서 제시한 서술에 따르면 최소한 『역가필비』가 책으로 완성되기 전날 저녁부터 나가사키 당국은 중국 해상이 관내에서 돼지를 키우는 것을 금지하기 시작했기 때문이다. 하지만 도상 자료가 반드시 역사적 진실을 반영하고 있는 것은 아니라는 다른 상황도 고려해야 할 것이다. 더군다나 에도시대에 돼지와 같은 이러한 식용 동물은 사실상 일본 화가들이 중국적 분위기를 부각시키는 데 자주 사용하던 요소 중 하나였다.

선원들은 중국에서(특히 乍浦 등의 항구에서) 식재료 이외에도 적지 않은 즉석 식품을 가지고 왔다. 에도시대 때부터 전해 내려오는 중국 상표, 광고 그리고 포장지 등을 보면[45] 당시 나가사키에 도착한 선원들은 강남의 각지로부터 적지 않은 중국 과자들을 가져왔다는 것을

45) 현존하는 에도 시기의 중국 청대 상표와 광고는 주로 에도 중기 네덜란드 학자 森島中良의 『惜字帖』과 에도 말기 美作津山 藩主 松平齊民의 『藝海餘波』에 남아 있다. 몇 년 전에 이 부분에 대해 대만학자 劉序楓이 "동아시아문화 경계의 실체(東亞文化意象之形塑)" 계열 강연의 하나로 「청대 수출상품 시장의 유통: 일본 수출 상품의 '상표'와 '광고'를 중심으로(清代外銷商品的市場流通: 以輸日商品的"商標"與"廣告"爲線索)」라는 주제로 강연한 바 있다(2009년 2월 20일). 현재에는 강연 내용의 간단한 요강만 보일 뿐 자세한 연구 논문은 아직 나오지 않은 듯하다.

알 수 있다. 訪帖 한 통에 다음과 같은 내용이 적혀 있다.

嘉善 吳鼎盛號 茶食老店은 생긴 지 오래 되었습니다. 地方誌에도 그에 관한 기록이 있으며 첫 번째로 손꼽히는 곳입니다. ……고기 요리와 채소 요리 밀가루를 기름에 반죽한 바삭바삭한 빵들은 모두 깨끗한 재료를 사용하여 정교하게 만들기 때문에 제 돈을 주고도 아깝지 않습니다. 새로운 스타일을 만들어내고 글씨나 그림, 악기를 모방하여 특이합니다. 물건을 고를 때는 절강, 복건, 사천, 광동의 진기한 것들을 늘어놓았는데, 파란색, 노란색, 빨간색, 흰색 등 색깔도 가지각색이었습니다. ……봄여름가을겨울 사계절 내내 운치가 뛰어났으므로 여기저기 도시에서 보러 올 정도였고 소문은 경도까지 전해졌습니다. ……음식을 보내오면 관리에게 올리고 모두 점포에 물건을 들였습니다. 戊寅년 때부터는 가흥현 서쪽에도 분점을 냈습니다. ……甲申년에는 또 蘇閶門 거리에 분점을 하나 더 냈습니다. 외람되게도 윗전에서 계속 이용해 주는 은혜를 입어 內府에서도 무역을 할 수 있게 되었습니다. 차마 감히 명성을 자찬할 수는 없사오나 실제로 사실상 많은 재물을 통해 신의를 쌓을 수 있었습니다. 丙戌년에는 또 杭城鼓樓大街 城隍牌坊 남쪽에 40여 개의 분점을 냈습니다. 점포 실내에는 四趣, 四愛, 金廚門, 金葫蘆라는 가게 칭호를 새겨놓았고 가격은 다르지 않으며 물건도 그렇습니다. 가까이에는 여러 사람들이 공동으로 만든 협동조합이 있는데 본점의 호칭을 원용하고 열등한 상품을 속여서 팔며 남에게 손해를 끼치고 자신의 이익만을 도모하면서 양심을 파는 사람들도 있습니다. 삼가 바라옵건대 愛顧해 주시어 빵 위에 로고를 새기고 상자 안에 설명서를 붙여놓으면, 嘉善鼎盛茶食의 상품인 줄 알고 잘못 사는 일은 없을 것입니다. <u>정기선과 교역 시에 영수증을 발행하여 보여주고 고기 요리, 채소 요리, 바구니, 상자 포장에 실수를 하는 일도 거의 없을 것입니다. 만약 책갑, 궤, 도자기, 질항하리, 목갑, 광주리로 포장되어 있을 경우</u>

따로 계산하겠습니다. (嘉善吳鼎盛號茶食老店, 歷年久遠, 志書所載, 首推第一, ……葷素油酥, 悉用潔料精工, 不惜本費, 創造式樣, 仿書畫琴……異, 挑選果品, 構浙閩川廣之珍奇, 青黃紅白, 色澤各. ……寒暑春秋, 韻味俱臻其妙, 是以名馳各省, 聲布京都. ……饋送, 紳宦進呈, 俱來小鋪取貨. 自戊寅歲, 分在嘉興西. ……甲申歲又分姑蘇閶門街一店, 屢次恩叨上用, 及內府亦來貿易, 非敢自譽炫名, 實由貨高致信. 丙戌歲, 又分杭城鼓樓大街城隍牌坊南首四十餘家門面, 店內雕刻四趣、四愛、金廚門、金葫蘆招牌爲記, 價不二言, 貨不俯就. 近有仝業甘爲人後之徒, 套用本號印帖, 竟將次貨, 混充欺騙, 損人利己, 殊屬昧良. 伏望賜顧, 認明糕上字號, 匣內訪帖, 方是嘉善鼎盛茶食, 不致被誤. 如寄航船交易, 開票示下, 或葷或素, 或籃或匣, 裝法庶無差誤. 倘裝書匣、文櫃、磁瓶、瓦罐、木匣、簍門,其價另算.)

人物雲片은 한 근당 1-226文, 육류가 들어간 빵 등의 식품은 한 근당 52문, 고기 월병은 한 근당 56문, 水晶雲片은 한 근당 52문, 야채빵 등의 식품은 근당 45문, 야채 월병은 근당 52문, 大方雪片은 근당 45문, 밀가루로 만든 작은 전병은 근당 52문, 宮餠雪餃은 근당 56문, 砂仁小片은 근당 45문, 柿霜玉露는 근당 45문, 카스테라는 근당 52문, 芝麻燥片은 근당 42문, 糖棗琢洲는 45문, 계란 튀김은 56문, 洋酥澆切은 근당 52문, 錄豆百果는 근당 45문, 계란프라이는 63문, 白玉蘭片은 근당 52문, 滿洲點心은 52문, 계란말이는 근당 70문, 寸金酥糖은 근당 52문, 寸金酥糖은 근당 84문, 복숭아마늘쿠키는 근당 52문, 鬱金香酒는 한 독당 202문, 合錦小菜는 근당 212문, 金錢餠은 근당 42문, 메주는 50~60문, 合錦糖色은 근당 120문, 丁頭糕는 근당 32문, 糖風魚는 근당 168문, 雜色蜜餞은 168문, 三合粉은 근당 28문, 糟鵝蛋은 개당 84문, 古京茶膏는 근당 1120문, 薄荷軟糕는 근당 32문, 술에 담근 게는 112문, 參貝陳皮는 근당 560문, 火炙元糕는 근당 26문, 소금에 절인 새우는 근당 140문. 나머지 식품은 자세히 기록하지 않는다. (人物雲片每斤一二百廿六文,葷糕等貨每斤五十二文, 葷月餠每斤五十六文, 水晶雲片每斤五

十二文, 素糕等貨每斤四十五文, 素月餅每斤五十二文, 大方雪片每斤四十五文, 面貨小餅每斤五十二文, 宮餅雪餃每斤五十六文, 砂仁小片每斤四十五文, 柿霜玉露每斤四十五文, 雞蛋糕每斤五十二文, 芝麻燥片每斤四十二文, 糖棗琢洲每斤四十五文, 雞蛋條每斤五十六文, 洋酥澆切每斤五十二文, 錄豆百果每斤四十五文, 雞蛋圓每斤六十三文, 白玉蘭片每斤五十二文, 滿洲點心每斤五十二文, 雞蛋卷每斤七十文, 寸金酥糖每斤五十二文, 白蓮藕粉每斤八十四文, 葷桃酥每斤五十二文, 鬱金香酒每埕三百零二, 合錦小菜每斤二百十二文, 金錢餅每斤四十二文, 法制豆豉每斤五十六文, 合錦糖色每斤一百二十文, 丁頭糕每斤三十二文, 糖風魚每斤一百六十八文, 雜色蜜餞每斤一百六十八文, 三合粉每斤廿八文, 糟鵝蛋每個八十四文, 古京茶膏每斤一千一百廿文, 薄荷軟糕每斤三十二文, 制醉蟹每斤一百十二文, 參貝陳皮每斤五百六十文, 火炙元糕每斤二十六文, 滷蝦爪每斤一百四十文. 其餘貨繁不及細載.)

이 訪帖은 일부 손실된 부분이 있고, 시작 부분에 '價高不二'이라고 주석을 달고 있다. 嘉善吳鼎盛號는 嘉興과 蘇州 그리고 杭州에 모두 분점이 있다고 스스로 말하고 있다. 蘇州와 杭州의 분점에 관련해서는 訪帖 세 통이 따로 더 있다. 첫 번째 방첩에는 "吳鼎盛은 江浙 제일의 가게였다. 姑蘇閶門 내 위쪽 기슭에 위치하였으며 인물이나 운무를 그린 人物雲片과 白蓮藕粉, 葷素茶食을 독자적으로 만들었다(吳鼎盛, 江浙第一, 今在姑蘇閶門內上岸, 獨造書畫人物雲片、白蓮藕粉、葷素茶食)"라고 하였고, 두 번째 방첩에는 "오정성은 절강 제일의 가게였다. 지금의 고소창문 내 樂橋 서쪽의 위쪽 기슭에 위치하고 있었다. 독자적으로 인물운편, 백련전분, 滿漢葷素茶食을 만들었다(吳鼎盛, 江浙首推第一老店, 今在姑蘇閶門內樂橋西首上岸, 獨造人物雲片、白蓮藕粉, 滿漢葷素茶食)"고 하였으며, 세 번째 방첩에는 "오정성다식: 오덩성호는 명성을 드날리는 제일의 馳名 상표이다. 지방지에도 관련 기록이 있으며 일전에 杭城鼓樓大街 城隍牌坊 남쪽에 40여 개의 분점을 냈으며 西朝東門에 위치한다. 인물운편, 백련전분, 糖色小菜, 훈소다식을 독자적으로 만들고 있다. 만약 각 성의 관리와 상인들이 그 물건을 팔려면 점포 내에 四趣, 四愛, 金櫥門이라고 적는 것을 허가받아야 한다(吳鼎盛茶食: 吳鼎盛號, 首推第一馳名, 志載老店, 前分至杭城鼓樓大街城隍牌坊上南四十餘家, 坐西朝東門面, 獨造人物雲片、白蓮藕粉、糖色小菜、葷素茶食, 倘各省仕商賜顧, 請認店內四趣、四愛、金櫥門爲記)"라고 하고 있다. 여기에서는 특별히 "만약 정기선과 교역시 영수증을 발행하여 보여 준다(如寄航船交易, 開票示下)"고 적고 있는데, 이는 그 가게가 해외로 수출하는 茶食店임을 설명한다. 이러한 茶食店으로 乍浦 남문 밖에 위치한 周慶芳號 또한 "해외무역 고객 대상(發客出洋)"이라고[46] 쓰고 있으므로 오정성 가게가 유일한 사례는 아니었던 것을 알 수 있다.

문헌상으로 보면 관내 소점포의 경영 방식은 주로 외상 매매였기 때문에 어느 정도 위험성이 존재할 수밖에 없었다. 가게를 차린 사람들 또한 관내의 선원으로, 그들 또한 반드시 규정된 시간 내에 각番의 해선을 따라 중국으로 돌아가야 했다. 그리고 나가사키의 관사를 떠나기 전에 이들 점포 주인들은 당연히 앞서 판매한 상품의 가치를 회수할 필요가 있었다. 하지만 그들의 주요 고객이 반드시 같은 선박의 중국 해상과 선원이었던 것은 결코 아니었다. 일반적으로 앞서 말한 선주와 같은 큰 고객에게 판다면 당연히 적자를 볼 위험은 없었을 테지만 그 대상이 과도하게 소비를 일삼던 하층 선원이라면

46) 이 訪帖의 全文은 다음과 같다. "周慶芳號住乍浦南門外總管衖內第二家門面, 佳制異品, 發客出洋, 葷素茶食, 人物雲片, 白蓮藕粉, 雨前名山芽茶, 各色俱全. 凡士商賜顧者, 須認本號招牌爲記, 不誤." 이러한 茶食 가게는 中國 海商의 친척이나 벗이 경영했을 가능성이 있다. 예를 들면 "復興齋: 按時茶點. 費勝高住乍浦理事, 衙門東首坐北朝南"라 하였고 중·일 무역과 관련된 사료를 보면 湖州의 費氏가 나가사키로 가는 商船에 자주 출현하므로, 호주에서 직접 가흥부로 갔을 가능성을 추측해 볼 수 있다.

정한 기일에 한 푼도 없는 빈털터리가 되어 돈을 전혀 받지 못할 수도 있었다. 이러한 상황 아래에서 여러 가지 분쟁을 피하기는 어려웠다. 따라서 「崎館海商條約」에서 이후 매매할 시 현금으로 거래하여야 하며 사적으로 외상을 해서는 안 된다고 규정하게 된 것이다. 하지만 이 사항을 정말로 실행했는지의 여부는 분명 의문이 남는다.

나가사키에 머물렀던 선원들의 부채 상황은 아주 다양하다. 도박으로 빚을 지고(상술한 바와 같이), 어떤 사람은 외상으로 매물을 하였다가 빚을 지는 등의 경우도 있었다. 『呈詞翻案』에는 이와 관련된 전형적인 사례가 나온다. 그 해 10番 선박의 선주 朱心如가 "본선의 선원 李壽弟는 관내 600문의 돈을 관외의 사람에게 주었던 일로 바로 심문을 받았다. 그의 진술에 따르면 원래 관내에서 빚을 졌고, 관사에 빚을 청산하여 되갚고자 하였으나 빚쟁이가 너무 많아 다 신경쓸 수 없었다. 다만 戍二 番의 선원과 원래 친분이 두터워 빚을 청산하지 않을 수 없었다. 운 좋게 관사 문을 지키는 관리들의 식사시간에 사람이 없는 것을 보고 몰래 돈을 건네주었으나 다른 사람들에게 들키게 된 것이다. 관서 문에서 개인적으로 돈을 건넸다는 등의 일로 몹시 황공하다는 등의 말을 하였다"라고 말하고 있다.[47] 이 안건에서 선원 이수제가 여러 사람에게 부채를 지고, 자신과의 친분에 따라 선택적으로 빚을 갚을 수밖에 없었던 상황이었음을 알 수 있다. 그의 부채가 도박에서 진 것인지 매물에서 진 것인지는 당연히 알 길이 없다. 하지만 이와 유사한 분쟁이 상당히 많았던 것은 분명하다. 「崎館海商條約」의 제3조항의 내용을 보면 외상값을 돌려받는 일로 인해

47) (日)大庭修 編著, 『江戶時代日中關系資料: 近世日中交涉史料集』 五, 187쪽: "本船水手李壽弟, 在門內將錢六百文, 交與門外人, 卽蒙查問. 據供, 原有館內欠債, 欲在館中算還, 別有許多討債, 不能周到. 但該戍二番船水手原有厚情, 不得不算還, 幸有在門看夥食, 看其無人, 暗地交付, 已被人員看出, 在公署[署[門私交等事, 甚屬惶恐等. ……."

발생한 인명사건 관련 안건이 이미 발생했던 것을 알 수 있다.

4) 「崎馆海商条约」 第四条

시장에서 처리하는 일은 본래 통관의 각 배에서 날마다 하는 것이다. 나가사키 사람을 통관으로 보내 번의 수를 서명 종이에 각각 확인할 때는 강탈하거나 싸우거나 성질을 내는 등의 상황은 없었다. 지금 나가사키 사람이 중국의 입장을 이해하지 않고 □□를 열 가지나 구하고 있으나 이쪽에서 다섯 가지만 주었던 것은 경비가 부족했기 때문이다. 그 결과로 水菜를 관내에 들여오면 중국인들의 것을 강탈해가며 욕하고 싸우면서 중국인 전체를 업신여긴다. 지금 상헌의 명령을 받들어 다투는 일을 엄금한다. 이에 대해 중국에서 참작하고 상의한 바이다. 사실 이 조항은 다툼과 시비 등의 일에 대한 일에 대해 참착하여 상정한 것이다. 이후로 일용품을 관내로 들여올 경우 나가사키 사람들이 적은 각 배의 番數를 확인하고 접수하여 강탈하는 일이 없도록 한다. 만약 이러한 일이 발생할 경우 선주와 총관이 훈계한다. 만약 본 선주를 따르지 않을 경우 해당 □司에서 水菜를 사서 들여오거나 그 사람이 사오지 못했다면 사람을 바꾸어 사는 것도 상관없다. (菜場買辦, 原系通館各船日日所用, 崎人送至館中, 自應各認紙簽番數, 原無搶奪爭鬧費氣等情. 今因崎人不肯體諒我等, □□所求者十, 彼只付其五, 用度不夠, 以致水菜造館, 即爾搶我奪, 至罵詈打駕, 大褻我中華一體. 今奉上憲, 嚴禁打駕, 爲此我等參酌商議, 此一款實乃打駕起釁之端, 所以參定, 俟後凡有水菜進館, 各認崎人寫定各船番數而收, 不得持[恃]凶搶奪. 倘有等情, 船主、總管飭諭. 倘不遵本船主, 無論□司買辦夥食內, 買辦不得用其人, 另換人買辦可也.)

당통사 교재 『역가필비』에서 이 조항은 청나라 상인이 처음 나가사키에 입항하였을 때 필지해야 할 20개 조항 중 하나이다.[48] 이른바 水菜는 일반적으로 신선한 채소를 가리키는데, 여기에서는 선상에서 혹은 관내에서 선원에게 필요한 일상 보급품을 가리킨다. 중국선이 입항할 때, 나가사키 당통사는 중국의 財副관에게 일용품 단자를 작성할 것을 요구하였다. 재부관이 작성한 일용품 단자에는 물 3척, 땔감 20짐, 고기 100근, 피조개 1두, 닭과 오리 총10마리, 계란 100개, 왕새우 50마리, 파 10근, 바지락 5근, 찐빵 300개, 청경채 50근, 마늘 10근, 밀가루 30근, 생선 50근이 포함되어 있었다. 이러한 내용에 이어서 『역가필비』에는 선주와 당통사의 다음의 대화가 실려 있다.

船　主: 노형께서 이 만생을 대신해 일용품 조달 좀 독촉 해주십시오. 서둘러 보내달라고 말입니다. (老爹替晚生催催水菜, 快送下來.)

唐通事: 곧 보내올 것입니다. (就要送來.)

船　主: 배 위에는 물도 한 모금 없어요. 당장 오늘밤 밥할 물도 없고 먹을 것도 다 떨어졌습니다. 늦어지면 안 됩니다. 급해요! 몹시 급합니다! (船上一點水也沒有, 今晚就沒有燒飯的水, 菜也都吃盡了, 不要擔閣, 要緊! 要緊!)"

---

48) 『譯家必備·唐船進巷(港)』. 이 20개 조항은 正德 5年(1715, 청 강희 54) 8月의 13조항에서 비롯되었다. 그 중에는 다음의 조항들도 있다. "一、禁甲船人衆, 過搭乙船, 況又前番之人, 詭跡掩滯, 至於舟楫畢開際者乎. 倘有背違者, 不特本人及本船不許再販, 而彼受搭一船人衆, 亦如其罪. ……一、起貨查驗行李, 可照前約, 然有物件果系隱藏無疑者, 依例沒官. 一、起貨之後, 其空船及杠具等內, 或自唐深藏固匿而來, 或假修理燂洗之便, 以致藏匿, 法在嚴禁, 凡系所藏物件, 無論看船者及外人, 但有搜得, 卽以其物歸之其人, 至若安插街坊, 亦照此例. ……一、失火之患, 爾等雖在唐館, 豈可不小心哉. 而無知卜輩, 因一時之忿怨, 不能卻顧遠慮, 以致放火者, 間或有之, 向後若有失火, 審得實, 罪止其本人, 或及一船, 自有明斷."((日)新井白石, 『來舶新例諭文』諭漢文, 寫本, 早稻田大學 圖書館 收藏) 이 조항에 관해서는 (日) 菅俊仍이 편집한 『和漢寄文』一, 正德 5년 8월 25일의 기록에도 보이며(向井元成·彭城素軒 等 翻譯), 모두 13조이다. 중국인들은 이것을 "憲諭十三款"이라 불렀다(116~117쪽). 이외에 "嚴諭三款"도 있다(114쪽). 자세한 것은 아래 문장에서 분석하였다.

唐通事: 알겠습니다. 본 街館에 바로 보내라고 분부하겠습니다. (曉得, 吩咐本街就送過來.)

이 외에도 『역가필비·巡船, 河下送水菜、柴火』에 관련 대화가 보인다.

唐通事: 총관 영감, 당신들 배에 별다른 일 없습니까? (總管老大, 你們船上沒有什麽事情麽?)

總　管: 노형께서 마침 잘 오셨습니다. 만생의 배에는 며칠간 먹을 것이 전혀 없었습니다. 이미 두 번이나 문건을 올렸으나 오늘까지도 회신을 주지 않았습니다. 오늘 또 한 장을 작성했으니 만생을 대신하여 노형께서 대신 좀 가지고 가 주십시오. 문건에는 다음과 같은 내용이 쓰여 있습니다. (老爹來得正好, 晩生船上幾天沒有魚菜吃, 已經寫字兩回, 至今沒有回頭, 這裏又要寫一張字兒, 催老爹替晩生拿去, 那字兒上寫)

큰 삼치 50마리, 흰 쌀 30짐 (一､大馬鮫　五十尾　　一､白米　　三十擔)

바닷장어 50근, 무 100근 (一､海鰻　五十斤　　一､菜頭　　一百斤)

건어 50근, 새우젓 20근 (一､一字鮝　五十斤　一蝦醬　二十斤)

당면 20근, 一日示 100근 (一､粉乾　二十斤　一日示　一百斤)

청경채 60근 (一､青菜　六十斤)

이상으로 적은 것은 꼭 필요한 것들이오니 서둘러 보내주시면 감사하겠습니다. (以上立等應用, 速速送下爲感.)

唐通事: 적으신 것은 제게 주실 필요 없습니다. 영감께서 적은 것을 제게 주셔도 제가 가지고 갈 수 없습니다. 규율에 따라 본 선박에 두셨다가 小頭目에게 일러 王府에 보내라 하십시오. 일전에 영감께서 적어 보내온 어류 및 채소 단자를 받아보았습니다. 이미 분부하였으므로 본 가관에서 알고 있을 것입니다. 사나흘 동안 비바람이 심한 터라 신선한 물고기를 잡지 못해 그건 보내오지 못할 것입니다. 제가 돌아가서 다시 그를 재촉해보지요. 오늘 아니면 내일 아침이 될 것입니다. 약속드립니다. 걱정 마십시오! 안심하시지요! (這不用你字, 你寫字給我, 是我不得拿去, 規矩留在番船上, 小頭目遞送王府裏去. 前日你寫過來的魚菜單, 我們收過了, 已經吩咐本街曉得. 因這三四天有風有雨, 沒有新鮮魚, 所以不曾送下來, 我回去再催他, 不是今日就是明朝, 准有的, 你放心! 放心!)

總　管: 노형, 만생의 배에 땔감 100짐도 필요합니다. (老爹, 晚生船上要一百擔柴火.)

唐通事: 본 가관에 일러 내일 아침에 보내드리도록 하겠습니다. (叫本街明天送下來.)

일용품 단자는 또 魚菜單(어류 및 채소 단자)이라고도 부른다. 이에 관해 또 다른 내용의 대화 기록이 있다.

唐通事: 어류 및 채소를 보내왔습니다. 영감께서 일전에 작성하신 단자를 보십시오. 산양 한 마리, 돼지 허파 한 쌍은 급히 살 곳이 없었사오니 사흘에서 닷새를 좀 더 기다리셔야 할 것 같습니다. 다만 영감께서 제게 말씀하셨던 어류와 채소 중에서 일단 있는 것을 가지고 왔습니다. 영감께서 받아보신 것과 단자를 비교해보시고 장부 뒤에 '收(받았음)'자를 써주십시오. 쓰실 때 '以上魚菜收明(이상 어류와 채소를 명확히 수령했습니다.)' 이 여섯 글자를 넘으시면 안 됩니다. 인쇄판에 넣어야 하니 말입니다. 본 가관에서 영감께 묻던데, 어제 보내온 물 다섯 척에 은 한 꾸러미를 받았는데 어느 선박인지요? (送下魚菜來了, 看你前日開出的單子上, 要山羊一只, 豬肺一副, 這

兩樣一時間沒處買, 再等三五日才有的, 但是你只管催我送魚菜, 所以且把先有的帶來了, 你照這個收了, 賬後寫個'收'字, 寫法是不過'以上魚菜收明'六個字, 打印板把他. 本街問你, 昨日送下來的五儎水, 那一宗銀額, 會在那一番呢?)

船　主: 아마 20번 선박에서 계산했을 겁니다. (也是會在二十船番算.)

唐通事: 그럼 영감께서 會票 한 장을 그에게 좀 전해주십시오. 내일 근거 자료로 쓸 수 있게 말입니다. (個麼你寫一張會票把他, 明日好做憑據.)

船　主: 알겠습니다. 제가 그에게 써서 주면 되겠지요. (好了, 我寫給他就是了.)

水菜 또는 魚菜는 각 番의 중국선을 담당하는 '본 가관(本街)'에서 제공된다. 일용품을 구매하는 비용은 평상시에는 외상의 방식으로 처리하고, 중국선이 나가사키를 떠날 때가 되면 중국 선주와 일본 가관이 장부를 대조한다. 『역가필비』에는 '장부를 대조하는' 항목을 따로 나열하고 있다. 이를 통해 중국선이 나가사키를 떠날 때 회관의 직원이 가관의 방에서 중국 선주가 가지고 있는 '抵賬(장부)'와 대조했던 것을 알 수 있다. 그 중에는 다음과 같은 내용이 있다. "3월 17일 물 두 척을 보냈으며 뱃사공비 2냥 6전 2푼, 땔감 9천 근을 보냈고 뱃사공비 10냥 07전, ……땔감 1만근에 뱃사공비 23냥 4전, ……항구로 들여온 어류와 채소 24냥 4전 5푼 5리(厘), 順風水 3척, 뱃사공비 3냥 6전 3푼, 順風柴 5천 근, 뱃사공비 20냥 07전 5푼, 下番米 20짐, 은 125냥, 11번선에서 받은 물 3척, 3냥 05푼, 물을 보낼 뱃사공 1냥 2전……(三月十七日送水兩儎, 連船夫二兩六錢二分, 送柴九千斤, 連船十兩零七錢, ……柴火一萬斤, 連船夫二十三兩四錢, ……進港魚菜二十四兩四錢五分五厘, 順風水三儎, 連船夫三兩六錢三分, 順風柴五千斤, 連船夫廿兩零七錢五分, 下番米二十擔, 該銀一百二十五兩, 十一番船會來水三儎, 三兩零五分, 送水船夫一兩二錢. ……)" 일용품의 비용에 대해 "중국인들은 채소 한 뿌리를 살 때에

도 중국 관사 내에서 샀으며, 가관의 재부관이 장부를 작성했는데 1리나 1호도 소홀히 할 수 없었다."[49] 중국 사료에도 물이나 채소 같은 일상생활의 소비와 관련된 서술이 보인다. 이에 대해 소주 지부 동화는 『장기기문』에서 다음과 같이 언급하였다. "나가사키에서는 식료품이 귀했다. 內地보다 몇 배나 값이 비쌌다. 쌀은 한 섬에 10냥이었고, 거위나 오리는 한 마리당 2~3냥이었고, 닭은 고기 한 근에 은 5전이었다. 이러한 현상은 가격을 고의적으로 인상한 상인들에게 그 잘못이 있었다. 섬에는 80여 개의 가관이 있었고, 가관마다 배 한 척을 담당하고 있었는데, 배가 들어오면 가관의 관리가 화물을 뭍으로 옮겼고, 날마다 생활용품을 지급하면서 큰 이익을 챙겼다. 가관의 관리가 일 년간 사용하는 필수품은 상인으로부터 얻었다. 상인들은 1년간 섬에 살면서 천 금 이상을 지불해야 했으므로, 거주 기간이 길어지면 길어질수록 상인들의 형편은 어려워졌다(長崎食物之貴, 倍蓰內地, 稻米每石賣價十兩, 鵝鴨每只二三兩, 雞每只肉每斤賣銀五錢, 皆故昂其價以病商人. 島中有街八十餘條, 每街分值一船, 船到, 其街人運貨上岸, 日給薪水, 皆取重值, 街人終歲之需, 俱出於商, 商人住島一年, 計用千金以上, 住日久則商日困矣)." 이러한 사실들로 미루어 보면 동화의 서술에서 근거로 하고 있는 것은 나가사키에 와서 무역을 하던 강남의 豪商이 제공한 소식이다. 그리고 이 호상의 제보는 재산을 밖으로 드러내지 않고 때를 기다리는 마음에서 나온 것이었으므로 고의로 나가사키의 일상 소비 원가를 왕왕 과장하곤 했다. 하지만 동화의 서술을 통해 또 옛날 나가사키의 각 가관에서 중국선에 제공했던 일용품과 그 소비 상황을 대략적으로 알 수 있다.

49) 『瓊浦佳話』 卷2: "唐人買一根草, 都是唐館裏, 街管(官)的財副, 開在帳簿上, 一厘一毫, 也苟且不得."

중국인이 가지고 다니던 휴대용 짐 가방에 왕왕 기타 물품이 이것 저것 섞여 있었으며 본인이 필요한 수량보다 훨씬 많았던 것처럼, 그들이 작성한 일용품 단자 또한 상황은 비슷했다. 상황으로 미루어 보면 필요한 소비액 외에 초과한 부분은 분명 관내의 교역에서 사용될 수 있었다. 이상에서 제시한 중국선 입항 시의 중국 財副관이 작성한 일용품 단자를 예로 들고, 육류, 피조개, 닭이나 오리, 계란, 왕새우, 파, 바지락, 찐빵, 청경채, 마늘, 밀가루, 생선 등 일상생활에 필수적인 소비 외에 나머지 부분은 중국인의 손재주를 거쳐 입에 맞는 여러 가지 식품으로 제조되어 중국 관사 내의 작은 소매 가게에 제공되었다. 아마도 바로 이런 원인으로 인해 일본인이 중국선 해상이 작성한 일용품 단자에 대해 완전히 만족하지 못하고, 단지 선택적으로 일부만을 제공만을 받았을 것이다. 이러한 배경하에서 결국 많은 분쟁이 발생하게 된 것이다. 구체적인 현상—본래 규정상 어떤 선박에 지급하기로 한 일용품이 종종 다른 선원에 의해 빼앗기는 현상이 나타났다. 서로의 것을 빼앗는 현상은 빈번히 발생했을 것이고, 어느 정도 높은 신분의 중국 상인 선주가 이러한 행위에 대해 도저히 '중화'의 이미지에 손실을 가져온다고 생각하였으므로 그러한 행위를 금지하도록 협의했던 것이다.

5) 「崎館海商條約」 第五條

배를 바꾸는 일은 본래 빚을 졌기 때문이다. 해결하지 못하면 관사에 바꿀 것을 요구한다. 일 처리가 오랫동안 지연되면 부채가 더욱 심해지고 일의 진상이 밝혀져 월장하는 일이 발생하면 공사까지 연좌죄를 지게 된다. 지금 상헌의 명령을 받들어 대신하는 것을 허락하지 않고 이 일을 공사에서 규정하여 이후로 배를 바꾸는 일을 허락하지 않아 빚을 진 사람에게 청산을 쉽게 하며 또 공사에 연좌죄를 지지 않는다. 만약 몰래 배를 바꿔 타는 경우 바로 청원서를 작성하여 중국으로 돌아가 치죄한다. 본 공사가 사사로운 정에 얽매여 일을 처리할 경우 자세히 조사하여 공평하게 처벌한다. (換番一事, 原爲虧欠, 不得開交, 求換在館. 詎料遷延日久, 負欠更深, 及水落石出, 以致有械牆事, 累及公司. 今奉憲示, 不許頂替, 爲此公定嗣後不許換番, 在虧欠之人亦易於歸結, 又不累及公司. 倘有暗自偷換者, 卽當具稟, 回唐究治. 本公司徇情, 察出公罰.)

건륭 시기 汪鵬이 편찬한 「袖海編」의 기록에 따르면 "선은 또 某番이라고 하는데, 연마다 순서를 매겨 申年에는 먼저 申1번이 오고, 다음에는 申2번이 온다(船又曰某番, 以年之次第計之, 如申年首到則爲申一番, 次到則爲申二番)". 당시의 관례로 볼 때 매해 선박은 12간지로 이름을 지었다. 처음 도착한 것이 一番, 그 다음이 二番이 되었으며, 그 다음도 이러한 순서로 이어진다. 원칙적으로 각 番의 선원 또는 선객은 반드시 해당 번의 원래 선박을 타고 중국으로 돌아가야 한다. 하지만 예외도 있었다. 갑자기 병에 걸려 다음 배가 나가사키를 떠날 때까지 남아 기다릴 수밖에 없었던 선원이나 선객도 있었다. 다음의 예를 든다.

공식 청원서를 구비하여 酉年 선주 高承厚가 병 치료를 위해 잠시 머무르는 일을 허가해 주시기를 계를 올려 간청합니다. 龔紫興이라는 선객이 병에 걸려 피를 토하여 일전에 잠시 요양하기를 간청 드렸사온데, 지금 병세가 더욱 심해져 현재 치료 중이라 중국으로 돌아갈 수 없는 상태입니다. 간절히 고향을 그리워하고 있는 것을 직접 보고 나니 상심이 큽니다. 따라서 배가 귀항하는 날까지 잠시 머무르기를 간청합니다. 공자흥의 병이 조금이라도 호전되면 바로 돌려보내겠습니다. 삼가 바라옵건대 당년노형(통사)께서는 왕부에 계를 올려 허가를 구해주십시오. 공자흥 한 사람뿐만 아니라 저 또한 죽을 때까지 이 은혜 잊지 않겠습니다.[50]

이것은 선주가 작성한 '공식 청원서(公呈)'이다. 여기에는 공자흥이라는 선객이 병에 걸려 중국으로 돌아갈 수 없으므로 잠시 관사에 머물며 그가 병이 호전될 때를 기다렸다가 다시 출국 조치를 해 줄 것을 주장하고 있다. 이것은 선객에 해당되는 예이고, 선원의 경우에도 이와 유사한 상황이 있었다. 『역가필비』에는 다음과 같은 서술이 보인다.

唐船總管: 노형께 긴급히 간청합니다. 본 선박의 선원 하나가 병에 걸렸는데, 병이 몹시 심각하나 배 안의 온갖 약을 써보아도 소용이 없는데다 그를 보살필 사람도 없습니다. 노형께서 王家에 보고하여 그를 관사내로 들여보내 약도 먹이고 요양하게 해 주시고 다음 번 배를 기다렸다가 함께 돌아가게 해 주십시오. (個麼相懇老爹一件要緊事情——本船一個弟兄患病, 病重得狠, 船上藥料也沒有, 又沒有人伏侍他將息, 老爹稟稟王家, 給他進館, 吃吃些藥, 調養好了, 等公司下番一起下來.)

唐通事: 그렇게 되었다니 일이 급박하군요! 총관께서는 청원서 한 장을 빨리 써주십시오. 제가 총관을 대신해 갖고 가 알리고 그를 관사로 들여보내 주겠습니다. (旣然如此, 實在要緊! 你快寫一張呈子, 我替你拿去, 就要稟稟, 叫他進館.)

---

50) 『呈詞翻案』, (日)大庭修 編著, 『江戶時代日中關系資料: 近世日中交涉史料集』 五, 228~229쪽: "具公呈酉年各港船主高承厚, 爲懇祈轉啟恩准暫留養病事. 切有客龔紫興, 因患血疾, 前經懇求暫留調養, 但今病勢沉重, 現在醫藥, 實在不能回唐. 厚等目擊傷心, 情關桑梓, 爲此公懇暫留下幫船回棹之日, 俟紫興病體稍痊, 卽令伊回, 伏乞當年老爹轉啟王上恩准所求, 其感恩不特紫興一人, 則厚等亦銜結不朽矣."

여기에서의 '弟兄'은 바로 선상의 선원을 가리킨다. 이어서 중국선의 총관은 다음과 같은 청원서를 작성한다.

> 모년 모선 총관 아무개가 청원서를 작성하여 계를 올려 일을 간청합니다. 본 선의 선원 아무개가 배에서 병을 얻었으나 갈수록 심해져 잠시 관내에 머물며 치료를 받고 요양을 하다가 공사의 다음 배를 기다렸다가 배에 타고자 합니다. 감치 독단으로 처리할 수 없어 삼가 바라옵건대 당년노형께 왕가에 계를 올려 허가를 구하므로 깊이 감사드립니다.
>
> 년 월 일 모년 모선 총관 아무개.[51)]

이 청원서에서는 '某'자가 자주 출현하는데, 문서 양식의 일종임이 분명하다. 앞서 언급한 '공식 청원서'와 대조해 보면 두 청원서는 대동소이하다. 이 두 문건은 모두 병을 얻은 선원의 특이 사례이다. 「崎館海商條約」 제5조를 살펴보면, 당시에는 부채를 지게 되는 것을 피하기 위해 관내 나가사키 체류를 목적으로 각종 핑계를 대고 다른 사람과 번을 바꾸는 선원도 있었다.

배를 바꾸는 일에 대해 일본 측에는 금지령이 많았다. 正德 5년(1715, 강희 54) 8월 일본 측에서는 다음과 같은 금지령이 내렸다. "甲船의 사람들이 乙船으로 바꾸어 타는 것을 금지한다. 또 지난번 사람도 자신이 타고 온 배가 귀항할 때까지 행적을 속이고 체류한 자가 있지 않았던가? 만약 이를 위반하는 자가 있다면 본인뿐만 아니라 본선에까지 연좌죄를 지게 하여 다시는 무역을 하지 못하게 한다. 배를 바꾸어 준 사람들도 같은 죄로 다스린다."[52)] 당시 중국선이 입

51)『譯家必備·巡船, 河下送水菜、柴火』: "具呈某年某番船總管某, 爲懇祈轉啟事. 切有本船工社某人, 在船患病, 日加沉重, 意欲暫留館內, 延醫調攝, 候公司下尾番日一同下船, 不敢擅便, 爲此伏乞當年老爹, 轉啟王上恩准所求, 則感不淺矣. 年 月 日 某年某番船總管某."

항할 때마다 당통사가 선주와 財副에게 건넨 '중국선 통상법(唐船通商之法)' 20조항 중에 다음의 규정이 있다. "원래 자신이 타고 온 배를 타고 돌아가지 않고, 원래 타고 왔던 배가 귀항할 때 행적을 속여 체류하고 이후에 사사로이 다른 사람의 이름을 사칭하는 등의 폐단은 일절 금하며, 관례대로 원래 자신이 타고 온 배를 타고 돌아간다. 만약 이를 위반하는 경우, 본인뿐만 아니라 본선도 연좌죄를 지게 되며 다시는 무역행위를 할 수 없다. 배를 바꾸어 준 사람들도 같은 죄로 다스린다."[53] 비록 제도상으로는 상당히 엄격하게 규정하고 있으나 위반하는 경우는 여전히 빈번하게 발생하였다. 『呈詞翻案』에는 다음의 기록이 보인다. "13일 전날 밤, 관사로부터 담을 넘어 몰래 관사에 들어온 사람이 있는데, 그 중 한 사람은 담 밖에서 포획되었고, 다른 한 사람은 관내 및 鄕邑 등에 잠입하여 계속 수색하고 있으나 지금까지도 행적을 찾지 못하였다는 얘기를 들었다. 이미 관내에 머무르지 않거나 숨겨 준 자가 있다는 등 의혹의 말들만 분분하였으므로 다시 엄격하게 조사해야 했다. 만약 지금 잡힌다면 체류한 책임은 묻지 않을 것이며 잡은 자에게 포상금을 내릴 것이다. 만약 다시 은닉해 주다가 오늘 이후로 발각될 경우 본인뿐만 아니라 선주에게까지 연좌죄를 물어 모두 그 책임을 지게 될 것이다. 관사의 모든 사람들에게 이 利害를 잘 깨닫게 하는데 힘써 백방으로 수색하면 여러 사람들의 의혹을 해결할 수 있을 것이다."[54] 그 밖에 『역가필비』

52) (日)菅俊仍 輯, 『和漢寄文』(一), 大庭修 編著, 『享保時代の日中關系資料: 近世日中交涉史料集』 二, 116쪽: "禁甲船人衆過搭乙船, 況又前番之人詭跡淹滯, 至於舟揖[楫]畢開際者乎? 倘有背違者, 不特本人及本船不許再販, 而彼受搭一船人衆, 亦如其罪."

53) 『譯家必備·唐船進巷(港)』: "原船之人, 不在原船歸去, 原船開時, 詭跡淹滯, 在後私相頂替等弊, 一概禁止, 仍照舊例, 原船之人原船載回, 倘有背違者, 不特本人及本船不許再販, 而彼受搭一船人衆, 亦如共罪."

54) (日)大庭修 編著, 『江戶時代日中關系資料: 近世日中交涉史料集』 五, 172쪽: "前於十三日晩, 唐館聞有跳牆私進者, 一人於牆外捕獲, 一人潛遁館中以及街市鄕邑等處, 絡續排搜, 至

에서도 금지령을 위반한 자에 대해 다음과 같은 조치를 내리고 있다 —중국선이 나가사키를 떠나는 그 날, "副當年(唐通事를 가리킴)통사가 관내로 들어와 담을 넘으려던 두 사람과 화물을 숨긴 세 사람을 지명하여 나오게 하고, 그들을 頭目 앞에 무릎 꿇게 하였다. 당년통사이 손에 타인러 깨우치는 글(諭文) 한 장이 들려 있었는데, 그들에게 들려 준 후 말했다. '왕씨는 들으시오. 당신은 이번에 담을 넘어 범법 행위를 하였으므로 제명하며 당신은 다시는 들어올 수 없소, 알겠소?'"

일본 측에서는 담을 넘은 자에 대한 처벌로, 중국 선주에게 다시는 이런 사람들을 나가사키에 데리고 오지 말 것을 요구하였다. 그리고 중국선 선주가 중국으로 귀국한 후에 출항할 다른 선주들에게 그들을 다시 데리고 오지 않기를 알리라고도 하고 있다.[55] 만약에 이렇게 입국 금지된 사람들을 몰래 재차 나가사키에 데리고 올 시 선주는 반드시 벌금으로 동전 천 근의 벌금형을 받아야만 했다.[56]

2. 중국 해상 선원의 생활 실태와 그들의 일상에 대한 관리

『浙江嘉興平湖縣給商船示約、崎館海商條約』를 반포한 浙江 平湖縣은 청대에 일본을 왕래했던 가장 중요한 항구인 乍浦가 소재하는 현이다. 일본 寬政 연간에 책으로 완성되었고 나가사키 中川忠英이 명을 받들어 감수한 『清俗紀聞』에서 건륭 60년(1795)의 '평호현 통행

今並無蹤跡. 莫非在留之人內, 或有錯意匿留者, 疑語紛紛, 須當再爲嚴查. 現今如能捕獲, 不問稽遲之責, 獲者當有獎賞. 若再隱匿, 日後發覺, 定當本人累及船主, 均受其責, 務宜合館人衆, 諭以利害, 百般查訪, 以釋諸人孤[狐]疑可也."

55)『譯家必備·開船、搬庫、領牌』.

56)『譯家必備·唐船進巷港]』.

허가증(平湖縣印照)', '점현 상표 등록표(粘縣牌掛號之圖)', '절강 해관 통상 허가서(浙海關商照)', '절강 해관 상선 허가서(浙海關商船照)'와 '관부 고시 상표(憲牌)' 등을[57] 수록하고 있는데, 이러한 것들은 모두 평호현 사포와 직접적인 관련이 있다. 현재까지도 일본 나가사키에는 〈従唐國乍浦至日本崎港海程図(중국 사포에서 일본 나가사키까지의 해상 노선도)〉와 〈乍浦至長崎海路行程圖(사포에서 나가사키까지의 해상 노선도)〉가 여전히 보존되어 있다. 이는 분명히 당시 해외무역의 실상을 묘사한 것이다.[58] 청대 전기의 나가사키 무역과 관련하여 翁廣平이 편찬한 『吾妻鏡補』에는 다음과 같이 제시되어 있다.

> 本朝 강희 54년, 일본 正德 5년, 나가사키와의 교역에 대해 상의 결정하였다. 나가사키는 일본의 肥州에 소속된 지역으로, 토지가 척박하여 백성들의 생활이 빈곤하였다. 그 항구는 배를 정박하기가 좋아 中外의 상인들이 모두 그곳으로 몰려들었고, 백성들도 물건을 팔아 이익을 얻어 자급자족하였다. 강소와 절강의 두 省의 採辦은 이전부터 액수가 정해져 있지 않았다. 수십 척의 배의 크기가 다 달랐으므로 강희 60년에 상례를 정하여 蘇州에 官局과 民局을 두었다. 國庫의 銀子를 거두어 구리를 채판하는 곳을 官局이라 하였고, 개인적인의 재물을 구리로 바꾸고 소주의 조폐국인 寶蘇局에 전매하여 화폐를 주조하는 곳을 民局이라 하였다. 이 양국은

57) (日)「羈旅行李」, 中川忠英 編著, 方克·孫玄齡 譯, 『清俗紀聞』 卷10, 中華書局, 2006, 444~454쪽.

58) 이 외에 『長崎和蘭支那海針路誌』에도 기록이 보인다. 비록 연대는 자세하지 않지만 책에 수록되어 있는 插圖인 航海圖 〈自寶船廠開船從龍江關出水直抵外國諸番圖(南京 寶船廠에서 출항하여 龍江關에서 바로 외국으로 항해하는 항해도)〉(이 그림이 바로 明代의 〈鄭和航海圖〉이다)에도 사포가 묘사되어 있다. 이것은 '支那'라는 단어가 비하하는 말로서 근세에 많이 사용된 말이지만, 일본에서는 유학자이자 천문학자였던 니시카와 조켄(西川如見)이 생활하던 시대부터 이미 이처럼 중국을 '지나'라고 부르고 있었던 것을 설명해 준다. 따라서 이 단어가 출현한다는 이유로 『長崎和蘭支那海針路誌』을 근세에 나온 것이라고 판단할 수는 없을 것이다.

각각의 배마다 10만 말을 실을 수 있는 큰 배 네 척을 건조하여 嘉興 乍浦에서 출항시키고, 배마다 구리 천 상자를 옮기게 하고 나머지는 외국으로 나갈 화물을 싣게 하였다. 본조와는 이동점이 자못 있었다. ……[59]

청대 전기에 일본 에도 막부와 청 왕조는 약속이나 한 듯이 중국 해상에 대한 관리를 강화하였다. 하지만 일본과 청 왕조의 착안점이 완전히 같은 것은 결코 아니었다.

「崎館海商條約」에 근거하면 앞서 언급한 다섯 조항의 주요 대상은 모두 중국선의 선원이었는데, 이는 이들이 일본행 중국선 인원 중 가장 다수의 인원을 차지했기 때문이다. 『역가필비』에는 중국선 인원의 내부 구성과 관련된 인명부(年貌冊(외모명부)라고도 씀)가 한 부 있다.

寅年 第9番 廈門 船主 高隆(陞)元이 지금 선박의 인명수, 외모, 주소 등을 다음과 같이 적는다. (寅年第九番廈門船主高隆(陞)元, 今將通船人數、年貌、住址, 開列於後.):

내역은 다음과 같다.(計開): 고합니다.(祝)

船主 高隆(陞)元, 50세, 수염 있음, 上海 사람, 媽姐 신앙. (船主高隆(陞)元, 年五十歲, 有須, 上海人, 祀媽姐.)

財副 馮吉利, 42세, 수염, 閩州 사람, 三官 신앙. (財副馮吉利, 年四十二歲, 須, 閩州人, 祀三官.)

59) (清)翁廣平, 『吾妻鏡補』 卷16 「食貨志」, 331~332쪽: “國朝康熙五十四年, 日本正德五年, 議定於長崎交易. 長崎屬肥州, 土瘠民貧, 其海口便於泊船, 中外商賈盡集於此, 其民亦得沾其利而自給矣. 江、浙兩省之采辦, 從前亦無定額, 其船數十, 大小不等, 自康熙六十年間定例, 於蘇州立官、民兩局, 其領帑銀以采辦銅者曰官局, 其以己財貨物易銅, 而轉售寶蘇局以資鼓鑄者曰民局. 各造四大船, 每船約容萬斛, 於嘉興乍浦所開船, 每船辦銅千箱, 其餘出洋之貨, 與明時頗有異同. …….”

總管 王大發, 51세, 약간의 마비 증상, 긴 수염, 長樂 사람, 觀音 신앙. (總管王大發,年五十一歲, 微痲, 長須, 長樂人, 祀觀音.)

夥長 陳長茂, 50세, 흰 수염, 湖州 사람, 關帝 신앙. (夥長陳長茂, 年五十歲, 白須, 湖州人, 祀關帝.)

舵工 劉必中, 70세, 수염 있음, 長(泉)州 사람, 灶君 신앙. (舵工劉必中, 年七十歲, 有須, 長[泉]州人, 祀灶君.)

板主 林之榮, 51세, 약간의 수염, 蘇州 사람, 觀音 신앙. (板主林之榮, 年五十一歲, 微須, 蘇州人, 祀觀音.)

工社 方得福, 21세, 수염 없음, 仁和 사람, 准提 신앙. (工社方得福, 年二十一歲, 無須, 仁和人, 祀准提.)

游壯觀, 48세, 약간의 수염, 寧波 사람, 媽姐 신앙. (遊壯觀, 年四十八歲, 微須, 寧波人, 祀媽姐.)

薑如辣, 23세, 수염 없음, 閩縣 사람, 상동, 准提 신앙. (薑如辣, 年二十三歲, 無須, 閩縣人, 仝, 祝准提.)

潘思薑, 71세, 수염 있음, 閩縣 사람, 상동, 媽祖 신앙. (潘思薑, 年七十一歲, 有須, 閩縣人, 仝, 祝媽祖.)

盧茂國, 49세, 수염 있음, 崇明 사람, 三官 신앙. (盧茂國, 年四十九, 有須, 崇明人, 祀三官.)

謝有祿, 30세, 수염 없음, 蘇州 사람, 상동. (謝有祿, 年三十歲, 無須, 蘇州人, 仝.)

朱如華, 20세, 수염 없음, 蘇州 사람, 三官 신앙. (朱如華, 年二十歲, 無須, 蘇州人, 祀三官.)

鄭思利, 71세, 수염 있음, 蘇州 사람, 福清 거주, 상동. (鄭思利, 年七十一歲, 有須, 蘇州人, 福清, 仝.)

許有金, 50세, 수염 있음, 福清 사람, 상동. (許有金, 年五十歲, 有須, 福清人, 仝.)

董永吉, 19세, 수염 없음, 錢唐 사람, 寧波 거주, 상동, 媽祖 신앙. (董永吉, 年十九歲, 無須, 錢唐人, 寧波, 仝, 祝媽祖.)

趙遠來, 18세, 수염 없음, 寧波 사람, 錢塘 거주, 媽姐 신앙, 三官 신앙. (趙遠來, 年十八歲, 無須, 寧波人, 錢塘, 祀媽姐, 祝三官.)

鄒如飛, 75세, 약간의 수염, 蘇州 사람, 상동, 媽祖 신앙. (鄒如飛, 年七十五歲, 微須, 蘇州人, 仝, 祝媽祖.)

余三觀, 40세, 수염 있음, 蘇州 사람, 상동. (余三觀, 年四十歲, 有須, 蘇州人, 仝.)

張祐弟, 50세, 수염 있음, 蘇州 사람, 상동. (張祐弟, 年五十歲, 有須, 蘇州人, 仝.)

金五弟, 37세, 수염 있음, 蘇州 사람, 상동. (金五弟, 年三十七歲, 有須, 蘇州人, 仝.)

褚得利, 30세, 수염 있음, 蘇州 사람, 상동. (褚得利, 年三十歲, 有須, 蘇州人, 仝.)

歐亦安, 40세, 수염 있음, 蘇州 사람, 상동. (歐亦安, 年四十歲, 有須, 蘇州人, 仝.)

胡有性, 34세, 수염 없음, 蘇州 사람, 상동. (胡有性, 年三十四歲, 無須, 蘇州人, 仝.)

黃星拱, 37세, 수염 있음, 蘇州 사람, 상동. (黃星拱, 年三十七歲, 有須, 蘇州人, 仝.)

鬱時連, 30세, 수염 있음, 泉州 사람, 상동. (鬱時連, 年三十歲, 有須, 泉州人, 仝.)

郭兆觀, 47세, 수염 있음, 泉州 사람, 閩縣 거주, 三官 신앙, 觀音 신앙. (郭兆觀, 年四十七歲, 有須, 泉州人, 閩縣, 祀三官, 祝觀音.)

郭洋觀, 34세, 수염 없음, 閩縣 사람, 泉州 거주, 觀音 신앙. (郭洋觀, 年三十四歲, 無須, 閩縣, 泉州, 祀觀音.)

牛子鈍, 31세, 수염 있음, 閩縣 사람, 상동. (牛子鈍, 年三十一歲, 有須, 閩縣人, 仝.)

李白裔, 29세, 수염 없음, 閩縣 사람, 상동. (李白裔, 年二十九歲, 無須, 閩縣人, 仝.)

隨使 杜非甫, 13세, 蘇州 사람, 三官 신앙, 媽祖 신앙. (隨使杜非甫, 年十三歲 蘇州人, 祀三官, 媽祖.)

宋旺使, 15세, 蘇州 사람, 媽姐 신앙, 三官 신앙. (宋旺使, 年十五歲, 蘇州人, 祀媽姐, 三官.)

이상 모두 32명임.

翁廣平의 『吾妻鏡補』에서는 이와 유사한 인명부를 '人數冊(인수부)' 또는 '面貌冊(외모부)'라고 쓰고 있으며 내용도 크게 벗어나지 않아 인명, 나이, 수염 유무, 신장, 신앙 등의 항목을 포함하고 있다. 현존하는 에도시대의 표류선박 자료와 대조한다면 인명수가 다소 적은 것[60] 외에는 당통사의 교재로서 상술한 명단이 전형적인 것임을 알 수 있으며, 중국선의 인원 구성의 일반적인 상황을 알 수 있다. 이 인명부를 통해 전국 각지로부터 온 이 선원들은 방언도 남북이 뒤섞여 있고 나이 또한 많고 적음이 일치하지 않아 관리하는 데에 어느 정도 어려움이 존재했을 것임을 어렵지 않게 짐작해 볼 수 있다. 일본인 히라사와 겐가이(平沢元愷, 平沢旭山이라고도 함)는 『唐船互市雜記』에서 "중국인과의 互市는 해마다 열세 척으로 정해져 있었

60) '평호현 통행 허가증(平湖縣印照)'의 빙증자료를 보면 건륭 60년(1895) 나가사키를 오가는 范三錫의 배에 승선한 선원으로 28명이 있었다. 『譯家必備』의 인명부의 수와 비교하면 더욱 적어진 것을 알 수 있다((日)中川忠英 編著, 『清俗紀聞』 卷10, 『羈旅行李』, 445쪽). 臺灣學者 劉序楓은 『清政府對出洋船只的管理政策(1684~1842)』에서 강희 26년(1687)에서 咸豐 2년(1852) 사이에 청대 일본행 중국 무역선의 선원수에 변화가 일기 시작하였고 배 한 척에 최소 인명수는 24명이었으며, 최대 120명을 넘지 않았음을 설명하였다.

다. ……호시가 열리는 시장에서는 머물며 배를 기다리다가 이쪽저쪽에서 오고가며 꼬리를 물고 계속 이어졌으며 세월을 잊고 관사에 머무르는 자가 늘 300명 이상이었다"라고[61] 하고 있다. 여기에서의 '300명'이란 숫자는 대략적인 것에 불과하지만, 이 300명의 선원을 어떻게 관리하는가 하는 것은 중·일 양국 정부와 상인들에게 주요 임무가 되었다.

이들 선원들과 관련하여, 선원들의 소양의 깊이는 모두 달랐다. 중국어 교재에 따르면 "이 배에 탄 중국인들 중에는 선주, 재부, 행상 등의 사람들만이 약간의 체면치레를 하여 발뺌하지는 않았으나, 한 글자도 의사소통이 되지 않는 저 형제들은 수치심을 알지 못하고 시비는 상관하지 않았다."[62] 이른바 형제들은 바로 선원들에 대한 호칭이다. 여기에서는 문화적 교양이 부족한 선원들을 어떻게 관리해야 할지의 문제가 꽤 난처했음을 언급하고 있다. 『得泰船筆語』에는 선원과 선주, 총관 간의 충돌을 언급한 내용이 적지 않다.

> (文政 9年 3월 9일, 財副) 劉聖孚가 말하였다. "본선의 선원들은 총관의 출항을 원망하고 있어 지금 저들의 동향이 좋지가 않습니다. 선원들이 들고 일어나 총관을 때리고 급기야는 울리고야 말았습니다."
>
> 秋岳이 말하였다. "總管이 필경 세력이 없어 그런 것입니다. 目侶 사람이 명을 어기고 욕보이므로 그에게 좀 대범해질 필요가 있음을 권해야겠습니다."[63]

---

61) (日)平沢元愷, 『瓊浦偶筆』 卷6, 121쪽: "唐山互市, 每歲定額十三只, ……置貨於榷場, 遲留待番, 此往彼來, 源源含尾, 無有虛月, 其留在館者, 常不下三百口."

62) 『瓊浦佳話』 卷1: "這一班客人裏頭, 船主、財副、貨客等樣人還有些體面, 不敢撒撥[潑], 他那一字不通的弟兄們, 不識廉恥, 不管好歹."

63) (日)野田希一, 『得泰船筆語』 卷上, 田中謙二·松浦章 編著, 『文政九年遠州漂著得泰船資料: 江戶時代漂著唐船資料集』 二, 422쪽: "劉聖孚云, '本船水手, 恨總管要出巷(港), 現在風

본문의 秋岳은 일본인 野田笛浦의 호이다. 이러한 대화에서도 알 수 있듯이 得泰船의 선원이 총관의 출항 결정에 불만을 가져, 결국 들고 일어나 구타를 가해 총관이 심히 모욕감을 느끼고 흐느껴 우는 지경에까지 이르렀다. 이에 대해 野田笛浦는 깊이 탄식하며 "목려인들의 창궐은 그대의 나라나 일본에서나 마찬가지로군요. 감당할 수가 없습니다"[64]라고 했다. 목려인들의 통제가 어려운 점에 대해 野田笛浦는 또 "목려인들은 소란을 일으키는 경향이 있다.",[65] "지금까지 저들은 비천하여 돈을 물 쓰듯 하였고, 정박하는 날이 길어지면 자연스레 방자해져 제멋대로 굴었다"[66]라고 말하였다.

어떤 때에는 선상의 식사가 좋지 않다며 선원들의 소란이 끊이지 않기도 했다. 文政 9년(1826, 청 도광 6) 3월 25일에 "總管 告倉兄이 말하였다. '우리 본선에는 사람들이 먹는 양이 많지만 선주가 감히 날마다 식재료를 요구할 수가 없다. 본선에서 가장 바라는 음식은 절인 생선이므로, 매일 통쟁반에 쉰다섯 마리의 생선을 놓았으나 모자라면 목려인들 사이에서 다툼이 일어날 것이다. 며칠 전 지급받은 복어 400마리를 사흘이 되기도 전에 이미 다 먹어치웠으므로 물고기 요리는 때때로 지급하겠다."[67] 4월 17일에 野田笛浦가 "본선에 물고

色不好, 水手等舉而打之, 以致哭.' 秋岳云, '總管畢竟無勢, 是所以致目侶侵淩, 請勸伊放大須.'"

64) (日)野田希一, 『得泰船筆語』 卷上, 田中謙二·松浦章 編著, 『文政九年遠州漂著得泰船資料: 江戶時代漂著唐船資料集』 二, 423쪽: "目侶倡(猖)獗, 貴邦、日本皆然, 不可當."

65) (日)野田希一, 『得泰船筆語』 卷上, 田中謙二·松浦章 編著, 『文政九年遠州漂著得泰船資料: 江戶時代漂著唐船資料集』 二, 428쪽: "目侶易致騷擾."

66) (日)野田希一, 『得泰船筆語』 卷上, 田中謙二·松浦章 編著, 『文政九年遠州漂著得泰船資料: 江戶時代漂著唐船資料集』 二, 424쪽: "從來渠伊卜賤, 撒漫的性兒, 漂泊經許多日子, 自然放肆, 不受約束."

67) (日)野田希一, 『得泰船筆語』 卷上, 田中謙二·松浦章 編著, 『文政九年遠州漂著得泰船資料: 江戶時代漂著唐船資料集』 二, 431쪽: "總管告倉兄云, '本船人多食用多, 所以船主不敢日日取討食物. 本船第一爲要者鹽魚, 每日桶盤上要排魚五十一盤之數, 倘若缺少, 目侶人等, 必生爭競, 如前日所給付鮰四百尾, 未至三日已食盡, 故時給魚菜.'"

기 요리가 부족하여 연일 목려인들이 소란을 일으키다가 어젯밤엔 먹을 것이 없어 화가 잔뜩 나 그릇과 젓가락을 모두 바다 속으로 던져버렸다는데 사실입니까?"라고 묻자 財副 劉聖孚는 "그런 일이 있긴 있었습니다. 공께 말씀드리기가 참으로 부끄러워 목려인들이 그리 하지 않도록 금하고 경계하라고 총관에게 수시로 분부하고 있습니다만, 목려인들의 악행은 참으로 관대히 봐줄 수가 없습니다"68)라고 대답하고 있다. 이와 같은 대화에서 볼 수 있듯이, 선원들이 식사에 불만을 가져 발생한 언쟁은 나가사키 중국 관내 일용품 쟁탈로 빚어졌던 갈등과 마찬가지로 선주와 총관 등의 골치를 앓게 하였다.

성질이 사납고 말을 잘 듣지 않는 선상 선원들에 대해 일부 선주와 총관 등은 내심 상당히 혐오감을 느끼고 있었다. 野田笛浦는 이미 수차례 "중국선 중에서 큰 배 이외의 선원들은 불손하고 포악한 사람들이 대부분이었다(唐船大篷以外之水手, 多蠢惡之人)"라고 밝힌 바 있다. 이에 대해 劉聖孚는 깊이 동감하면서 "그 말이 지극히 옳습니다. 저 또한 같은 생각입니다"라고69) 말하였다. 따라서 선주와 재부 등은 선원들에 대해 종종 경계를 강화하기도 하였다. 劉聖孚가 "저 포악한 목려인들은 손에 곤봉을 들고 본선에서 감시해야 합니다. 지금은 있다가도 하고 없다가도 하는데 지금 손에 곤봉을 든 관리가 있다면 그들이 본선에 올 수나 있겠습니까?"라고 말하자 野田笛浦 역시 "倉兄이 말했다. '오늘 목려인들이 본선에 승선하면 총관에게 분부하여 목려인에게 엄격하게 대하여 소란을 일으키기 않도록 하시지요'"라

68) (日)野田希一, 『得泰船筆語』 卷上, 田中謙二·松浦章 編著, 『文政九年遠州漂著得泰船資料: 江戶時代漂著唐船資料集』 二, 443쪽: "'聞及本船魚菜乏了, 連日目侶抄[吵[鬧, 昨半夜因無食物均起氣, 碗、筷一齊抛下海面, 不知有此事麼?' 聖孚云, '此事稍有. 吾等赧顔告於公, 惟時時吩咐總管, 使目侶禁戒, 而目侶人可惡, 誠不可恕.'"

69) (日)野田希一, 『得泰船筆語』 卷上, 田中謙二·松浦章 編著, 『文政九年遠州漂著得泰船資料: 江戶時代漂著唐船資料集』 二, 449쪽: "此言極是, 吾等亦有此意."

고 답하였다.[70] 선박에 사고가 발생한 적이 있는데, 이러한 상황에도 목려인은 지휘를 잘 따르지 않았다. 심지어는 화물을 강탈하기까지 하였다. 野田笛浦는 다음과 같이 언급하고 있다.

> 본 선박은 3월 초9일에 인양되어 4월 24일에 申시에 이미 나카사키 田助浦 剁島에 이르러 생각지도 못하게 조수가 너무 얕아 좌초되었다. 항구문이 협소한데다 풍랑이 심하였는데, 목려인들은 각자 자신의 물건만을 수습하고 배 위로 올라와 돛을 펴고 배를 돌리려고는 하지 않고 닻을 재차 밑으로 버리고 줄곧 먹지도 자지도 못했다. 선체가 산 아래 암초에 가까워지자 목려인 등은 각자 자신의 물건만을 들고 산 정상으로 뛰어 올라갔고 도끼를 들고 선창으로 가 물건을 강탈했다. 청년 아무개 등과 각각의 小司도 산 정상으로 도망갔고, 초조한 상황에서 信牌, 賬目만 챙길 수 있었을 뿐 옷 보자기는 챙길 여유가 없었다.[71]

사실 이와 같은 어려움을 得泰船에서만 겪은 것은 아니었다. 安永 9년(1780, 청 乾隆 45)에 安房 千倉에 표류해 온 南京 선박 元順號의 중국 선주는 "본선의 선주 등은 모두 복건성 변두리 사람들입니다. 놀 줄만 알았지 법령이나 기율을 본 적도 없고 사리분별도 할 줄 모르는데 어찌 禮義를 알겠습니까? 그럼에도 제가 이들을 고용한 것은

70) (日)野田希一, 『得泰船筆語』 卷上, 田中謙二·松浦章 編著, 『文政九年遠州漂著得泰船資料: 江戶時代漂著唐船資料集』 二, 451쪽: "劉聖孚云, '目侶惡, 須手執木棍者至本船看守, 今日有乎無乎, 今日手持木棍役人, 可有得至本船者否?', 野田笛浦云, '倉兄云, 今日目侶人上本船, 須吩咐總管, 嚴緊目侶, 不許爭鬧.'"

71) (日)野田希一, 『得泰船筆語』 卷上, 田中謙二·松浦章 編著, 『文政九年遠州漂著得泰船資料: 江戶時代漂著唐船資料集』 二, 520쪽: "本船於三月初九日起牽, 至四月廿四日申刻, 已抵平戶田助浦剁島, 不料潮水甚淺, 以致擱舵. 港門窄狹, 風狂浪急, 目侶各人收拾物件, 不肯上前扯篷拉舵, 抛下三椗, 一門未曾吃住. 船身逼近山腳觸礁, 目侶(人)等跳上山峰, 搬運各物, 並持斧到艙凶搶. 小夥某等及各小司逃到山頂, 惶急之際, 唯取信牌、賬目, 衣袱諸件, 立(且)不暇顧."

강소나 절강 두 성에는 배에 익숙한 사람이 없었기 때문입니다. 천리를 달리고자 한다면 형세상 이들을 고용하지 않을 수 없었으므로, 저도 부득이해서 그러하였을 따름입니다"[72]라고 말한 적이 있다. 복건 지역 연안에는 원래부터 '바다를 밭으로 여기는(以海爲田)' 전통이 있었으므로 현지의 선원들은 일찍부터 동아시아의 선박무역에서 활약하였다. 사포와 복건 등지의 빈번한 경제 교류를 고려한다면 복건 출신인 선원을 사포의 상선에 많이 고용했던 현상은[73] 분명 이상한 일이 결코 아니다.

---

72) (日)兒玉琮, 「漂客紀事」, 大庭修 編, 『安永九年安房千倉漂著南京船元順號資料: 江戶時代漂著唐船資料集五』('關西大學東西學術硏究所資料集刊' 13), 關西大學出版部, 平成 3年(1991), 16쪽: "本船水主等, 皆是閩省邊土頑民, 只身遊蕩, 目無法紀, 不識分量, 焉知禮義? 而我用之者, 江、浙二省無民習船者, 苟欲驅踔千里, 勢不得弗取彼, 我非得已而不已也."

73) 平湖 乍浦 일대의 지방지에서는 복건 출신의 선원과 관련된 기록을 자주 볼 수 있다. 예를 들면 光緖 연간의 『平湖縣志』 卷末 「外志續遺·叢記」(2601~2602쪽)에는 "林松鶴은 복건 사람으로 乍浦에 살면서 採辦銅斤船駕長으로 충원되었다. ……(林松鶴, 閩人, 居乍浦, 充採辦銅斤船駕長. ……)"고 하였고, 光緖 『平湖縣志』 卷2 『地理下·風俗·市舶』(189쪽, 326쪽)에서는 "乍浦 상선단이 당도하자 三山, 鄞江, 莆陽에 會館을 병설하고 고향에 돌아간 듯 손님들을 편하게 해 주었다(乍浦賈舶麇至, 三山、鄞江、莆陽並設會館, 賓至如歸)"고 하였다. 福建 余正健이 편찬한 『三山會館碑記』, 강희 48년(1709)에는 三山會館 내에 설립하였다고 하였다(光緖 『平湖縣志』 卷24, 2405쪽). 『乍浦備志』 卷36 「雜志」에서는 "복건 상인들이 祭器와 땅을 사서 三山會館을 설립한 것은 天后에 제사를 지내기 위해서였다(閩賈買地建三山會館, 以祀天後)"라고 하였다(476쪽). 중국선 선원들 중에는 乍浦에서 온 사람들뿐만 아니라 長崎에서 임시로 고용한 사람들도 있었다. 예를 들면 (日)菅俊仍이 편집한 『和漢寄文』 三에는 중국선 선주가 당년통사와 네 명의 선주에게 夥長 한 명을 의뢰한 경우가 나온다. 그 의뢰서에는 "의뢰서로 당년통사께 여쭙니다. 만생의 배에 夥長 한 사람이 부족하여 매일 밤 고심해보았으나 만생에게 별다른 방도가 없습니다. 하여 의뢰서를 작성하여 관내 네 명의 선주에게 夥長 한 사람을 청하여 배에서 작업 또는 뱃머리에서 닻을 담당하게 하려고 합니다. 노형께서 관내로 들어오셔서 네 명의 선주와 상의하시어 한 사람을 구해 주시면 매우 감사드리겠습니다. 여러 가지 과분한 보살핌에 삼가 절하며 아량을 베풀어주신다면 선원들이 모두 무한히 감사드릴 것이옵니다. 간절히 바라옵건대 당년노형께서 살펴주십시오. 당년노형께 올립니다(字稟當年老爹: 晩生船上缺一夥長, 日夜憂悶, 晩生無奈, 已有字相懇館中四位船主, 代爲請一夥長, 卽舟包工或頭椗亦可, 爲此叩乞老爹進館, 與四位船主相商, 必得一人, 感恩不盡, 種種拜瀆, 有費淸心, 通船人衆項[頂]戴無旣, 激切上懇當年老爹臺電, 上當年老爹收)"(大庭修 編著, 『享保時代の日中關系資料: 近世日中交涉史料集』 二, 272~273쪽)라고 되어 있다.

당시 중국선이 입항하면 관례대로 포고문을 낭독하고 '성상(聖像) 밟기(踏繪)' 규칙을 따라야 했다. 이에 대해 蘇州 知府 童華는 "왜인들은 銅板으로 천주의 형상을 주조하여 해안가에 두고 중국 상인들이 나가사키로 들어오면 맨발로 이 동판을 밟게 하였는데, 천주교 신자인지 의심했기 때문이다"[74]라고 하였고, 徽商 汪鵬도 "중국배가 들어오면 먼저 관례대로 포고문을 읽고 銅板을 밟는 이 두 가지 일을 행해야 했다. 포고문에는 천주교의 이단사설의 잘못과 교묘하게 사람들을 선동하는 일을 대략적으로 서술하고 배에 관련 물건을 모래 휴대하였을까 두려워하였다. 銅板으로 천주의 형상을 만들어 발로 밟아 천주교를 배척하고 있음을 보여야 한다고 재차 당부하였다"[75] 라고 서술하고 있다. 이러한 것들은 모두 당시의 당통사가 "입국 시 해서는 안 될 것들"을 어떻게 경계하고 있는 지를 언급하고 있다. 이들은 천주교를 금지하는 일본의 뜻을 선전하였을 뿐만 아니라 중국선의 선원들에게 그리스도와 마리아의 화상이 새겨진 목판을 밟게 하여 자신이 기독교 신자가 아님을 밝히도록 하였다. 포고문을 읽는 것과 관련하여 『경포가화』 卷2에서는 다음과 같이 적고 있다.

---

74) (清)童華, 『長崎紀聞』: "倭人以銅板鏤天主像, 置海岸, 唐商至島, 俱令跣足踐銅板, 恐其有受天主教者也."

75) (清)汪鵬, 「袖海編」, 王錫祺 輯, 『小方壺齋輿地叢鈔』第10帙, 271쪽 下: "唐山船至, 例有讀告示、踏銅板二事, 告示中大略敘天主邪說之非, 煽人之巧, 恐船中或有夾帶來而, 丁寧至再, 銅板則以銅鑄天主像, 踐履之, 以示擯也."

「日本碎語」의 글은 「袖海編」과 약간은 다르게 실려 있다. "세간에서 매우 엄격하게 천주교를 금하고 있었으므로 중국선이 처음 입항하면 관례대로 포고문을 읽고 동판을 밟는 두 가지 일을 행하게 하였다. 포고문에는 천주교의 부정한 가르침과 인심을 부추기는 내용을 서술하고 입항한 사람들 중에 몰래 그에 관한 물건을 갖고 들어온 자가 있을까 염려하였다. 그러므로 이를 널리 깨우치게 하고 동판으로 천주의 형상을 만들어 그것을 밟게 함으로써 천주교를 믿는 사람이 아님을 밝히게 하였다(俗禁天主教甚峻, 唐船初至, 例有讀告示、踏銅板二事, 告示敘說天主邪教, 煽惑人心, 慮客有挾之而來者, 故遍諭之, 銅板鑄天主像, 踐踏以明無習教之人)."(清 梁玉繩, 『瞥記』 卷7, 淸 嘉慶 年刊 刻, '清白士集'本)

소두목과 삽도수가 먼저 배에 올랐고 그 다음에 각각 직무를 맡은 사람들이 승선하였고 제일 어른인 大頭目이 가장 마지막으로 승선하였다. 대두목이 승선한 후 먼저 돛대를 올리는 포고문을 재부에게 큰 목소리로 낭송하게 하여 모든 사람이 듣게 한다. 이때에는 모두에게 시끄럽게 하지 말 것을 분부한다. 선원들은 본래 지위가 낮은 자들이니 어찌 이러한 도리를 이해하겠는가? 그야말로 소귀에 경 읽기이다. 한 글자도 알지 못하니 모두들 머리를 내밀고 주위를 두리번거리며 이곳저곳을 바라보며 한 사람도 주의해서 듣는 사람이 없다. 통사가 이 상황을 보고 한 마디하면 그제야 갑자기 깨달은 듯 머리를 쳐들고 귀를 기울여 억지로 듣는 척을 한다. 얼마 후 포고문을 다 읽고 선주와 재부, 총관을 불러 두목 앞에 세우고 대통사가 몸을 일으키고 희곡 昆腔 연기자가 謾調를 부를 때처럼 헛기침을 하고 높은 목소리로 다음과 같이 분부를 내린다. '너희들은 여러 해 동안 바다를 항해했으므로 본조에서 금령을 범하는 일을 잘 알고 있으리라 생각한다. 남방 민족들은 綱常의 개념이 무너졌다고 일본인들이 몹시 혐오하고 있으므로, 너희들 중에 남쪽 승려, 남쪽 사람, 또는 천주교 서적을 가지고 온 사람이 있다면 서둘러 나와 보고하길 바란다. 만약 서로 숨겨주거나 보호해주면서 사람들의 이목을 가리며 숨기고 기만하다가 그날 이후 고발하는 자가 있을 경우 본인은 말할 것도 없고 선원 모두에게 연좌죄를 지게 하여 모두를 대죄로 다스릴 것이다. 만약 유독성 약재, 가짜 약재, 가죽을 벗기고 뼈를 바꾸거나 섞어서 가지고 들어와 사사로이 판매할 경우 그 죄는 邪教를 믿는 사람과 같은 죄로 다스릴 것이며 역시 선원 전체에게 그 죄를 지게 할 것이다. 모두들 이러한 점을 분명히 조사하여 만약 한 가지라도 부정행위가 있어 의심이 간다면 바로 고발해야 하며 이후 다른 사람들에게 민폐를 끼치게 되므로 숨겨서는 안 될 것이다.' (小頭目、插刀手先上船來, 後來各職事人隨後上船, 家老大頭目, 到落在搭落末, 走上來, 先將告示掛在大桅上, 叫財副高聲朗誦, 念起來把眾人聽. 那時吩付大家, 不可喧嚷.

原來水手們卑汙下賤, 那裏曉得什麼道理? 正是叫做對牛彈琴, 一些文字也不通, 大家探頭探腦, 看東看西, 竝沒有一個人留心聽. 通事看見, 便責罵一頓, 方才猛然省得, 抬著頭, 倒著耳, 假意認眞聽. 約有一回, 告示才念完了, 叫船主、財副、總管, 立在頭目面前, 大通事便立起身來, 打掃喉嚨, 像個昆腔戲子唱謾調一般, 高聲吩咐道, '你們多年走洋, 料想曉得本朝的犯禁, 南蠻醜類, 敗壞綱常, 日本大所嫌忌, 衆人裏頭, 或者南蠻和尚、南蠻人, 或者天主教的書帶來, 須要速速報出來, 倘或東遮西護, 掩人家的耳目, 隱滿[瞞]過去, 日後有人出首, 本人何消說, 連累通船人衆, 一體問成大罪. 若有毒藥材、假藥材, 脫皮換骨, 混雜而帶來, 私下販賣, 其罪同邪教的人, 問成一體, 大家須要遞相查點, 若有一點私情弊, 可疑的, 卽忙出首, 不可掩飾, 弄得後來, 受人家的累.')

'성상 밟기(踏繪)'를 당통사 교재에서는 모두 '躧銅板'로76) 쓰고 있다. 대부분의 사람들이 교육을 조금도 받은 적이 없는데다 자유롭고 산만한 것이 줄곧 습관이 된 터라, 중국 선원들이 포고문을 듣고 "銅板을 밟을" 때에도 진지하지 않은 태도를 왕왕 보이곤 했다. 이러한 점을 살펴 당통사는 다음과 같이 훈계하는 말을 자주 하곤 했다.

돛 아래에서 포고문을 읽겠다. 재부, 자네가 와서 읽어 모두에게 들려주게. 자세하고 모호하지 않게 말일세. 너희들은 모두 포고문의 내용을 잘 듣거라. 여기저기 두리번거리지 말고 떠들거나 웃지도 말아야 한다. 두목이 보고 있으니 말이다. 이곳에서 예법에 어긋나는 행동을 하면 체면이 말이 아니니. …… (告示掛在大桅下底下, 財副, 你去念起來, 把大家聽聽, 也要仔細, 不要糊塗, 你們衆人聽告示, 留心聽聽, 不要胡亂看東看西, 說說笑笑. 頭目看見, 在這裏沒有規矩, 不好意思. ……)

---

76) 『譯通類略』 卷下, 「神佛類」, 明治年間 寫本, 古典研究會 編輯, 『唐話辭書類集』 第19集, 日本: 汲古書院, 1975, 188쪽.

동판을 밟는 일도 중요하다. 혼잡하게 오지 말고 한 사람 한 사람씩 모자와 신발을 벗고 엄숙하고 진지하게 밟고 지나가야 한다. 원래 동판을 밟는 예법을 엄숙하게 행하는 것은 너희들에게는 어려운 일일 것이다. 너도나도 밀치며 서로 먼저 하려고 하면 보기 좋지 않으니 한 사람은 동판은 밟고 한 사람은 점호를 하도록 한다. 모두들 몰려가면 점호하기 불편하니 한 사람씩 천천히 가도록! 총관은 이들이 질서를 지키고 어지럽지 않게 옆에 서 있도록! (躧銅板, 也是要緊, 不可亂來, 一個一個, 除帽脫鞋, 正正經經躧過去. 原來你們躧銅板的規矩狠不好, 你我擠來擠去, 各人爭先, 竟不像樣子, 一邊躧銅板, 一邊點人, 一齊去, 不便點了, 一個一個, 慢慢去! 總管在傍邊, 叫大家齊齊整整, 不要亂走亂來!)

음성을 직접 들을 수는 없으나 당통사의 이 말은 문장으로만 보아도 당시의 혼잡했던 분위기를 상상할 수 있다.

포고문을 읽고 '동판을 밟은' 후, 당통사는 또 '중국선 통상법(唐船通商之法)' 20개 조항과 관련된 포고문을 제시할 수도 있었다. 그 중에는 중국선 선원의 일상생활의 갖가지 폐단을 직접적으로 겨냥한 부분이 적지 않다.

(1) '중국선 통상법' 중 한 조항에 다음과 같은 내용이 있다. "目梢들이 관내에서 평소에 買辦들의 잡물을 강탈하는 폐단이 있다는 말이 들리는 것은 심히 옳지 않다. 향후로 무력으로 강탈하는 자가 있다면 물건을 판 사람의 인식에 따라 치죄한다. 또 일이 없는 目梢 등의 사람들이 함부로 二門 밖을 나서서 여기저기 돌아다니며 관아 입구에서 출입 搜檢을 방해하거나 바로 대문 입구로 가 구멍을 뚫고 밖을 볼 경우, 이와 같은 폐단은 이곳에서는 용납할 수 없다(凡目梢在館, 平日買辦雜物, 聞之或有強奪之弊, 甚不是也. 向後倘有跡涉搶奪者, 卽據賣主

識認, 立行究治. 又有目梢等無事之人, 妄出二門之外, 遊手閑走, 或擠在大門公署之前, 妨礙出入之搜檢, 或徑到大門口張望, 如此等弊, 固在杜禁所不容也)."

목초가 매판들의 잡물을 강탈하는 폐단에 대해서는 전문에서 이미 언급한 바 있다. 目梢 등 별다른 할 일이 없는 사람들이 제멋대로 二門을 나가 한가롭게 돌아다녔던 광경은 唐館圖에 자주 나타나있다. 이에 대해 『경포가화』에서는 다음과 같이 말하고 있다.

……나중에는 중국인들이 기녀와 사통하여 사사로이 관을 속이고 범법행위를 일삼았으므로, 대문 입구에 드나드는 사람들이나 기녀들의 몸을 수색했다. 허리띠를 푸르고 탈의를 시켜 수색하지 않는 곳이 없었다. 보기에 양갓집 체통의 체면이 서지 않을 정도로 아녀자도 예외가 없었다. ……그 중에는 잘생긴 사람도 못생긴 사람도 있었는데 모두들 한 걸음 걸으면 한 걸음 머뭇거리고 사뿐사뿐 간들간들 아녀자의 걸음걸이를 흉내 내며 매일 관내로 들어왔다. 그러므로 통사 일을 배우는 후생들은 일찌감치 와서 배를 바꾸고 놀고 싶어 했다. 중국인들도 저녁식사를 하고 황혼이 가까워지면 모두들 이문 밖으로 나와 어깨를 맞대고 등을 비벼대며 한데 모여 앉아 볼 사람은 보고, 말할 사람은 말하고, 웃을 사람은 웃는 등 시끌벅적 했다. 동물들도 흩어지고 나서야 흩어져 각자 관내로 들어갔다.[77]

중국 관사의 大門과 二門 사이에는 600여 평의 토지가 있었는데, 그 위에 점포들이 늘어서서 상인들의 매매 장소가 되었다. 이문의

77) 『瓊浦佳話』 卷3: "……只因後來唐人替妓女私通, 私下做欺公犯法的事情, 所以大門口, 或出或入, 把妓女的通身摸摩, 解帶脫衣, 無所不搜, 看起來, 竟不成體面良家的體統, 女流一些也沒有的了. ……也有好的, 也有醜的, 各人輕盈嬝娜, 妝出女步, 走一步, 挨一步, 每日進館, 所以那後生的學通事們, 巴不得早來一步換番, 看看耍子. 唐人也吃過晚飯, 將近黃昏的時節, 都到二門外首來, 挨肩擦背, 聚將攏來, 做一堆兒坐著, 看的是看, 說的是說, 笑的是笑, 好不鬧熱. 及至烏獸散了, 方才萍分星散, 各自進去."

양쪽에는 보초를 세워두었다.[78] 생활이 무척 무미건조하였던 관내의 선원들은 황혼이 지는 때에 이문 바깥에 모여앉아 여기저기를 두리번거리며 지낼 수밖에 없었다.

⑵ '중국선 통상법'에서는 또 "휴대 하물을 검사할에 행장은 제출한 증서와 대조한다. 그러나 물건 중 과일 종류를 숨겨왔음에 의심할 여지가 없는 자는 전례대로 관에서 압수한다(起貨查驗, 行李可照前約, 然有物件果系隱藏無疑者, 依舊沒官)"고 규정하고 있다. 이것은 선원의 행장 휴대 물품에 대해 내린 규정이다. 이에 대해서는 『和漢寄文』에도 「내왕객 행장 검사 고지(來往查點行李示諭)」가 있다.

> 휴대 화물에 대해 행장에 어떤 물건을 깔고 덮었는지, 행장을 풀어 검사해야 한다. 짐을 풀라는 요청을 전혀 따르지 않을 경우 반드시 풀어 엄격하게 검사하여 배로 돌아갈 때 모든 물건을 싣고 돌아가게 한다. 반드시 자세히 검사하고 절대 느슨하게 봐줘서는 안 된다. (當其起貨, 行李鋪蓋什物等項, 從寬查驗, 若有請求結封之物, 一概不准, 務要打開嚴查, 及其歸掉(棹), 一切載回物件, 纖細必查, 毋容少松.)
>
> 正德 5년 3월 초5일 (正德伍年參(三)月初五日)[79]

선원들의 장거리 노정은 그리 평탄하지 않았다. 나가사키에 도착하면 중국 관사에 들어가 거주하게 되는데, 휴대 물품 중에는 일상생활에서 필요한 물건 이외의 것들을 갖고 있었으나 인정상 봐주기도

78) 羅晃潮, 『長崎華僑史』, 100쪽 참조.

79) (日)菅俊仍 輯, 『和漢寄文』(一), 大庭修 編著, 『享保時代の日中關系資料: 近世日中交涉史料集』 二, 110쪽. 이러한 조상은 翁廣平, 『吾妻鏡補』 卷17, 「通商條規」, 344쪽에도 보인다. 두 기록은 문자에 약간의 차이가 있다. 本卷에 "이것은 『東洋客遊略』에 근거했다"고 首注를 달고 있으므로, 나가사키를 오가며 무역을 했던 중국 상인들이 베껴온 것이 분명하다.

했다. 예를 들어 寶曆 3년(1753, 청 건륭 18) 八丈島에 표류한 南京船의 일부 선원이 휴대한 행장을 보면[80] 다음의 표와 같다.

人名	身份	行李
程劍南	船主	가죽상자 2개, 대나무상자 1짝, 판자상자 1짝, 작은 대나무상자 1짝, 모자상자 1짝, 장부상자 1짝, 침구 1개, 옷 보따리 1개
王代顯	의사	대나무상자 1짝, 음식상자 1개, 침구 1개, 옷 보따리 1개
周啟元	선원	대나무상자 1짝, 침구 1개, 옷 보따리 1개
錢元珍	不詳	대나무상자 2짝, 판자상자 1짝, 장부상자 1짝, 음식상자 1짝, 침구 1개, 옷 보따리 1개
張義發	不詳	대나무상자 3짝, 장부상자 1짝, 모자상자 1짝, 음식상자 1개, 침구 1개, 옷 보따리 1개
黃瑞觀	선원	대나무상자1짝, 자루 1개, 침구 1개, 옷 보따리 1개
陳智觀(陳知觀으로도 씀)	선원	종려털 커버 상자 1짝, 모자상자 1개, 침구 1개, 옷 보따리 1개
王萬來	선원	대나무상자 1짝, 침구 1개

이상의 여덟 사람이 휴대한 행장은 모두 42개이다. 더 자세한 기록은 關修齡이 편집한『巡海錄』에도[81] 보인다. 그 중 '受百果'는 교외로 나들이 갈 때 휴대하는 용구의 일종으로, "하나에 4개의 그릇이 들어가고 금을 덧대었으며 간간히 채색도 되어 있었고 제작도 매우 정교하였다. 그 안에 음식물을 담았으므로 수백과라 하였다."[82] 汪鵬의 묘사를 보면 '수백과'는 일본에서 음식을 담는 그릇의 일종으로, 당시 중국 선원들이 상비하고 있었던 것을 알 수 있다.

당시 선원들은 왕왕 행장이라는 명목으로 여러 가지의 많은 물품을 중국 관사에 가지고 들어갔다. 이에 대해『경포가화』卷3에서는 다음과 같이 언급하고 있다. "최근 2년 사이 행장이 지나치게 많아졌

80) (日)大庭修 編著,『寶曆三年八丈島漂著南京船資料: 江戶時代漂著唐船資料集』一('關西大學東西學術研究所資料集刊' 13-1), 關西大學出版部, 1985, 80~81쪽.
81) (日)大庭修 編著,『寶曆三年八丈島漂著南京船資料: 江戶時代漂著唐船資料集』一, 58~60쪽.
82) (清)汪鵬,「袖海編」, 王錫祺 輯,『小方壺齋輿地叢鈔』第10帙, 270쪽下: "一具四器, 描金間彩, 制作甚精, 內盛食物, 名曰受百果."

다. 각각 짐 하나씩은 말할 것도 없거니와 소량의 약재나 자질구레한 집기도 있었고, 또 花膠馬라고 불리는 겉면에 잔주름을 잡은 7,8척의 길이로 잘라 만든 강연사도 있었다. 행장이라는 명목으로 상자에 넣어 관내로 갖고 들어오며, 음식을 만들어 팔고 개인적으로 모아두기도 하였다. 王家가 그들이 관내로 들어오는 것을 허락해 주었으므로 선원들은 대부분 본전 몇 냥으로 여러 물건들을 팔았다. 점점 많은 물건을 갖고 들어와 여기저기 늘어놓아 그 수를 헤아릴 수 없을 정도이니 참으로 볼썽사납다(這兩年, 行李太多, 各人各有一個家伙, 這不必說. 或者零星藥材, 散碎什物, 又把縐紗裁斷做七八尺長, 取名叫做花膠馬, 借行李的名色, 放在籠箱之內, 帶進館中, 做伙食發賣, 做個私蓄. 只因王家許他領進館, 所以弟兄們多用幾兩本錢, 買下雜色等件, 帶許多來, 瓦縫参差, 不計其數, 好不厭煩)." 『경포가화』가 책으로 완성된 시기를 두고 학계에서는 견해가 각기 다르다. 이에 대해 일본 학자 이시다 요시아키(石田義光)는 청 강희 57년(1718, 日本 享保 3) 전후에 책이 완성되었을 것이라 주장하고, 대만 학자 쉬리팡(許麗芳)은 강희 58년(1719, 享保 4)보다는 이르지 않을 거라고 하였으며, 또 다른 일본 학자인 이시이 노조무(石井望)는 1735(청 옹정 13, 享保 20) 옹정황제가 붕어한 이후에 책이 완성되었을 가능성이 있다고 하였다.[83] 여기에서는 중국 선원의 행장이 갈수록 많아져 필수품 외에도 약재, 집기, 잔주름을 잡아 만든 강연사 등을 모두 행장에 섞어 넣어, 중국 관사에 가지고 들어가 이윤을 챙겼다.[84] 정상

83) 『大浦天主堂藏唐文禁教榜辨釋』, 平成 21년(2009), 五月 十六日 第三回長崎純心比較文化學會.

84) 『殘荷物賣拂? 儀物免被下度願書寫』: "具呈各港船主費贊侯、陳掄三等, 爲伏祈一視同仁事. 切贊等來販貴國, 今生意已竣, 感恩不淺, 惟有目稍夥食, 止准發賣定額, 不敢不遵依, 卽領進館已訖. 茲者, 自辛醜年累次吩咐, 夥食不住[准?]多帶, 但賴格外仁慈, 額外夥食亦蒙准賣, 各感鴻恩, 豈淺鮮哉! 而此番目稍夥食物件, 尚有所剩, 伏願一視同仁, 俯垂慈悲, 准賜從寬發賣所剩物件, 付乞本館街主、當年老爹轉啟五甲頭中王上, 木周[稠?]疊恩惠, 以准所懇, 則感德無涯矣. 享保十一年正月 日第十四番南京船主費贊侯、陳掄三等九人."((日)菅俊仍 輯, 『和

적인 행장 이외의 이러한 휴대물품을 일본인은 私貨라고 불렀다. 私貨에 대해 『경포가화』 卷2에는 다음과 같이 기록되어 있다.

> 다음날 당년통사가 또 배에 올라와 말했다. "내일 왕가께서 그대들에게 화물을 옮기라 하실 것이다. 모두들 왕가의 명령을 따르고 내부 사정을 잘 파악하고 있어야 한다. 새로운 규정은 그 법도가 엄격하여 사적인 화물은 하나도 가질 수 없다. 만약 짐에 사적인 물건을 숨겨놓았다면 삽도수가 수색할 것이며, 숨긴 물건은 관내로 갖고 들어갈 수 없을 뿐만 아니라 해당 선주에게도 연좌죄를 지게 하여 모욕을 줄 것이므로 체면이 크게 깎일 것이다. 절대로 범법행위를 하지 말 것을 동료들에게 당부해야 할 것이다. 만약 미리 올린 장부에 보고하지 않은 것이 있다면 내일 두목이 배에 올라왔을 때 미리 나와 보고하고 그 물건을 바깥쪽에 놓고 풀어보게 할 것이다. 고의적으로 말하지 않았다가 수색 시 나올 경우 그때는 이미 소용이 없을 것이다." 말을 마친 당년통사는 재부를 불러 보증서 한 장을 쓰게 하고 모두에게 서명하게 했다. 당년통사는 그 보증서를 갖고 王府에 가서 보고했다. (次日, 當年通事又到船上, 限番說道, "明日王家, 叫你起貨, 大家遵依王令, 想來曉得就理, 新例以來, 法度嚴緊, 私貨一件也做不得, 若有些貨藏在那裏, 被插刀手搜了出來, 不但是在藏的貨物入官, 還要累你船主受氣, 大沒體面, 萬萬不可犯法, 須要吩咐弟兄, 倘若有些不曾報帳的, 明日頭目上船的時節, 預先報出來, 把這個東西, 放在外邊, 便准你結封. 倘或故意不說, 搜了出來, 那時節, 求也沒幹." 說罷, 便叫財副寫一帳保結, 把眾人打個花押. 當年通事, 把保結紬[袖]著, 到王府裏去, 回覆王家.)

일반적으로 중국선이 나가사키에 도착하면 당통사는 선주에게 화

漢寄文』(三), 大庭修 編著, 『享保時代の日中關系資料: 近世日中交涉史料集』 二, 238쪽)

물장부를 제시할 것을 요구하고, 목록과 대조하여 심사를 거친 후에 그것을 일문으로 번역하여 나가사키 당국에 제출한다. 이어서 선상으로 올라와 선주가 모욕을 당하지 않으려면 선원들에게 개인적으로 화물을 숨기게 해서는 안 됨을 재차 선주에게 이른다. 정한 기일이 되면 또 재부관에게 보증서를 작성하게 하여 서명을 하게하고 다시 하루가 지나 양륙할 때에도 몇 번이고 되풀이하여 경고한다.

"……최근 2년간의 일들로 규정이 처음과는 비교할 수 없이 심해졌고 국법은 엄격해져 개인적인 화물을 하나도 숨겨올 수 없게 되었다. 관아를 속이고 범법행위를 하여 교묘하고 다양한 방법으로 화물을 숨겼다가 행장을 검사하다 찾아내면 바로 관아에 몰수당하여 하나도 가질 수 없을 것이다. 작은 병으로 많은 술을 훔치려고 하는 격이 아니겠는가. 오히려 본전을 잃게 되는 것이다. 관내로 화물을 숨겨서 가지고 들어오면 손을 떠나게 되는 것까지는 상관없으나 선주까지 연루되어 영원히 입국 금지에 제명당할 것이며 영업 허가증까지도 모두 관에서 몰수할 수도 있다. 그러므로 사전에 화물장부에 보고하지 않은 것은 지금 정식으로 보고하고 두목에게 짐을 풀어보도록 하면 될 것이다. 내가 보아하니 그대들은 내 당부를 듣고서도 거짓으로 결백한 척하고 입으로는 알았다고 하며 틀에 박힌 상투적인 말을 하고는 내 말을 틈타 '모두 물처럼 결백하여 풀한포기도 결코 감히 숨기지 못합니다. 정말로 결백하고도 결백합니다.'라며 교묘히 말할 것이다. 듣기에는 좋으나 결국 거짓일 것이며 관아에서 허락하지 않은 일을 하므로 입과 마음이 따로 움직이는 것이다. 따라서 오늘 재차 반복하여 한 번 더 바로잡는 것이다." 당년통사가 이 말을 하고는 여러 사람의 얼굴을 쳐다보았으나 아무도 감히 말하지 못하였다. 선주만이 얼굴 가득 웃음을 띠며 침착하게 대답했다. "만생이 왕상의 호의를 많이 입어 영업 허가증도 받아 해마다 항해하고 있으므로 귀국에서 크게 금하는 일을 모두 잘 알고 있습니다. 이미 보증서 앞에 서명하였는데 어찌 이를 위반하겠습니까? 더욱이 중국인들이 하선할 때 다시 한 번 자세히 검사하실 것인데 누가 개인적으로 화물을 숨기겠습니까? 어제 당년통사께서도 당부하셨으니 개인적으로 화물을 숨기는 일은 없을 것입니다. 거짓말을 하여 관아를 속이고 범법행위를 할 경우 국법에 따라 치죄하시면 벌을 달게 받을 것입니다." 대통사가 중국인의 말을 번역하여 전체적으로 자세하게 보고하였다.[85]

『경포가화』와 『역가필비』 등의 중국어 교재를 보면, 사전에 주의를 주고 재차 훈계해 보지만, 여전히 일본 측에서는 중국인의 행장에서 많은 양의 개인적 화물을 찾아내는 일이 잦았다.

……그때 감추어두었던 많은 화물을 찾아냈습니다. 무척이나 교묘하게 숨겨놓았는데 어떤 방법으로 숨겨놓았는지 좀 보라고 계속해서 설명하였고 참으로 깜짝 놀랐습니다. 설명해드리겠습니다. 명주실 몇 근을 꽁꽁 묶어 索路 안에 넣어 밖에서 볼 때 알아보지 못했습니다. 모두들 索路라고만 생각했지 이런 방법으로 숨겨 들어올지 꿈에도 몰랐습니다. 참으로

85) 『瓊浦佳話』卷2: ""……只因這兩年, 定例不比得當初, 國法森嚴, 一許私貨, 也藏不得. 倘若欺公犯法, 巧妙多端, 藏得些貨物, 及至驗行李搜了出來, 其貨沒官, 沒得精光了, 豈不是傾瓶偷酒一樣的道理, 倒折本錢了, 單把所藏的貨物入官, 便撒開了手, 還算得好, 更兼帶累船主, 永遠禁革, 連牌照都沒官了去, 也未見得. 所以若有些不曾報帳的, 如今明公正氣報出來, 求頭目結封, 這還使得. 據我看來, 你們大家, 聽我吩咐的時節, 假意撇清, 滿口應承, 造出極陳極腐的套話來, 湊我的巧說道, '大家水清月白, 竝不敢藏得半根草, 着實乾淨得緊.' 說來甚是中聽, 倒(到)底是虛假, 作不得准, 口不應心, 所以, 今日反反覆覆, 正著一番." 說得衆人面面相覷, 不敢則聲. 唯獨船主, 笑堆滿臉, 不慌不忙, 答應道, "晚生多蒙王上青目, 領張牌照, 每年走洋, 貴國大禁的事情, 都是明白, 已寫甘結在前, 豈有違拗之理? 況且在唐山下船的時節, 仔細查過一番, 那一椿藏貨之弊, 昨日當年老爹, 也來吩咐過的, 竝沒有一些私貨, 倘若扯了謊, 期[欺]公犯法, 聽憑國法處治, 清[情]願甘罰." 那時大通事, 轉把唐人所回的話, 委委曲曲, 回覆了一邊(遍)."

귀신같은 수법입니다. 插刀手가 눈치가 빨라 화물을 수색할 때 물이 밀려오면 흙으로 막고 병사들이 몰려오면 창으로 막듯이 객관적인 방법을 강구하여 저들이 이렇게 감추면 이쪽에서도 이렇게 찾아냈습니다. 중국인들에게 감추는 방법이 여러 가지가 있다면 일본에게도 찾아내는 방법이 여러 가지가 있는 법이지요. 그때에 색로가 너무 많은 것 같아 의심을 하기 시작하고 그 중에 밧줄 하나를 약간 잘라서 한번 들여다보았습니다. 어찌 알았겠습니까. 거기에서 실이 나오자 그제야 다들 깨닫고 신속하게 밧줄을 처음부터 끝까지 잘게 잘라보니 과연 색로 하나가 모두 명주실이었습니다. 삽도수가 급히 두목에게 보고하고 밧줄을 모두 자르기로 했습니다. 막 손을 대려는 순간 선원 몇몇이 동요하며 크게 소리쳤습니다. '바다를 항해하는 우리 같은 사람들은 색로 몇 개로 의지합니다. 이 색로가 우리 목숨과도 연결되어 있단 말입니다. 이걸 모두 다 자르면 내일부터 우린 어떻게 살라는 겁니까? 배는 있으나 색로가 없으면 다리가 없는 것이나 매한가지인데 어떻게 걸어 다닐 수 있겠습니까? 절대 안 됩니다. 두목께 관용을 좀 베풀어 달라고 해주세요. 부득불 체면을 세워 완전무결해야 한다면 대의를 약간 드러내면 그만일 겁니다.' 두목이 자초지종을 듣고 말했습니다. '이 말은 분명 귀를 막고 종을 훔치는 掩耳盜鐘과 같은 경우이다. 어쨌든 그냥 넘어갈 수 없다. 모두들 그를 보호해서는 안 될 것이다.' 두목이 말을 마치자 그들의 변명 위는 들을 필요도 없이 어떤 밧줄에 명주실이 들었는지도 보지 않고 모두 잘게 잘라보았습니다. 과연 서른 개가 넘는 색로에 모두 명주실이 꽁꽁 묶여 안쪽에 들어 있었습니다. 손 가는 대로 끌어당겨 분명하게 살펴보니 약 6천근이나 되는 명주실이 있었습니다. 밧줄을 모두 자른 것을 본 중국인들은 묵묵부답으로 아무도 대답을 하지 못하고 속으로만 발을 동동거린 채 눈을 마주치지 못하고 입을 다물지 못하며 이를 어쩌나하고 수군거렸습니다. ……[86]

‘索路’는 바로 항해 시 사용하는 밧줄로, 중국인이 6천여 근의 명주실을 밧줄 속에 묶어 밀수하였다가, 검사를 책임진 나가사키의 일본인 插刀手에게 발각된 것이다. 뿐만 아니라 插刀手는 밧줄을 잘라 명주실을 확인하고는 자신의 의심이 정확했음을 깨닫고 “하나도 빠짐없이 수색하며 하나도 빠짐없이 잘라 보아라. 물건들 전부를 산산조각 내서라도 다 뒤져야 한다(無貨不搜, 無物不斬, 逐件逐物, 打得七零八落)”고 하였다. 결국에는 모두 발각되었고 삽도수는 중국인들이 “숨긴 물건이 아직 더 많을 것이다. 술 속에 수은을 숨기고, 가죽상자 아래를 두 겹으로 만들어 인삼을 숨기고 등롱 안에 바다거북 玳瑁 가죽을 숨기고 책상 안에는 산호 구슬을 숨겼을 것이다. 모두 찾아내라(還有許多藏貨, 酒罐裏頭藏水銀, 皮箱底下做了重底, 藏有人參, 燈籠之內, 藏了玳瑁, 卓子裏頭, 藏了珊瑚珠, 都是搜出來)”라고 하였다. 이를 통해 중국선 선원들이 개인적인 물건을 숨기는 데 온갖 수단을 다 동원하며 전력을 기울였던 것을 알 수 있다. 『역가필비』에도 당통사와 중국 선주, 재부 간의 이와 관련된 일련의 대화가 실려 있다.

86) 『瓊浦佳話』 卷3: “……那時節, 搜出許多藏貨來. 藏得巧妙不過, 你看怎麼樣的手段, 說來說去, 着實驚殺人家, 等我分說, 把幾斤絲線紮緊了, 打在索路裏頭, 外面一些也看不出. 大家只認做索路, 便是夢裏也不曾聽這般藏法, 正是叫做神謀鬼算的了. 他那插刀手, 眼快不過, 但凡搜貨, 水來土掩, 兵來槍當, 他這樣藏, 便這樣搜, 唐山有百般的藏法, 日本也有百般的搜法, 當下看見索路太多, 就動起疑心來, 把一條索子, 略略斬將開來, 試一試看, 那裏得知, 露出一些線角來, 大家曉得就哩, 點頭會意, 從頭至尾, 斬做粉碎, 果然一條索路, 通是絲線了, 插刀手連忙稟知頭目, 打張逐條斬斷, 將要動手的時節, 幾個水手亂嚷道, 我等走洋的人, 只靠著幾條索路, 這個索路, 性命相關的東西, 倘若逐條斬斷, 明日怎麼起得身? 有船沒有索路, 豈不是無脚蟹, 如何走得一步? 這是斷然做不得, 須要求頭目寬容, 只好開一面之網, 求全責備, 略見大意就罷了. 頭目那裏管他三七二十一, 便說道, 這個說話, 分明是掩耳偷鈴一樣的, 究竟偷不過了, 大家不可疼熱他. 說罷, 不瞅不采, 不由他分說, 逐條斬得粉碎一看, 果然三十多條索路, 都是絲線, 紮得死結, 打在裏邊, 信手扯出來, 理清了看, 約有六千來斤. 唐人看見露出破綻來, 無言可答, 啞口無辨[辯], 心上亂跳起來, 眼睜了合不攏來, 舌吐出縮不進去, 暗暗叫苦不迭. …….”

唐通事: 선주와 재부는 좀 보시오. 이 작은 나무상자와 거기에 낀 판자상자 좀 보시오. 부수어보니 그 안에 숨긴 물건이 엄청납니다. 상자 네 면의 판에 모두 구멍을 뚫고 그 속에 인삼을 가득 넣었어요. 또 술통을 깨보니 바닥을 이중으로 하여 수은을 숨겼습니다. 두목이 이걸 보고 이것은 본전이 없는 사람의 소행이 아니라 분명 당신들 공사 사람들 중의 하나라며 크게 의심하였습니다. 그래서 제가 이것은 결코 공사의 소행이 아니라 선원들이 사적으로 저지른 것일 것이라고 말했습니다. 두목이 당신을 불러 이 범법행위를 조사하여 그의 이름을 보고하게 하고 이 일을 당신에게 맡길 것입니다. 신경 써서 관리하시고 그에게 문밖을 나서지 말라 하세요. 내일 왕가께서 분명 심문하러 오실 겁니다. (船主、財副過來, 你看這裏一個小木箱, 一個夾板箱, 倒出來打破一看, 藏貨多得狠, 箱子四面連底板挖一個孔, 塞滿人參. 又有才斯打破一個酒擔, 重底裏頭都是水銀, 頭目看見了, 大大疑心, 說這不是弟兄們沒有本錢的人所爲, 一定你們公司裏的人. 我回覆他說, 竝不幹公司的所爲, 這總是弟兄們的私弊, 頭目叫你現要查這個本犯, 要報他的名字, 來把這本犯寄在你身上, 你要留心照管, 不要叫他出門. 明日王家一定審問.)

船　主: 알겠습니다. 노형께서 말씀을 잘 해주셨군요. 선원들이 무례하게도 이런 몹쓸 짓을 저질러 만생에게도 누가 될 뻔 했는데, 노형께서 만생을 도우셨습니다. (正是, 老爹說得不錯, 弟兄煞野的做出這樣歹事, 累及晩生, 老爹周全晩生.)

唐通事: 돌아가 두목에게 보고했습니다. 여기엔 제가 있으니 마음 놓으시지요. 제가 두목에게 보고하자 두목이 말했습니다. '자네 말을 듣고 보니 공사 사람은 국법을 잘 알고 본분을 지키고 있는 듯하네. 그런데 선주가 세심하지 못하여 이런 몹쓸 사람을 데리고 왔으니 검사를 주도면밀하게 하지 않는 법령이 무슨 소용이 있었겠나. 자네가 또 이렇게 사실대로 보고해주었으니, 나도 왕가께 자네가 말한 대로 빈틈없이 보고해야겠네. 앞으로는 더 신경 좀 쓰게 이런 사람을 함부로 데려 오지 않게 말일세.' (回覆頭目, 這在我, 你放心. 我替你稟頭目, 頭目說, '據你說公司的人曉得國法, 守著本分, 但是你做船主的不精細, 帶了這樣歹人來, 一個稽察不精的條律是免不得的了, 也是看你老實報出來, 我稟稟王家, 周全你一番, 將來要留心, 不要胡亂帶這樣的人來.')

船　主: 두목의 호의에 깊이 감사드립니다! (多謝頭目好意!)

船　主: 노형, 만생에게 좋지 않은 일이 하나 더 생겼습니다. 본선 선원들 중 인삼 30포와 사향 50근을 갖고 있으면서도 보고해야 할 때에 미처 보고하지 않다가 이제야 제게 말한 사람이 있습니다. 어젯밤 제가 선원들을 모두 불러 그들에게 장부에 보고하지 않은 물건이 더 있으면 보고해야 하며, 개인적으로 정당하지 않은 일을 행했다가 내일 진상이 드러나면 선주의 신분인 나로서도 사정을 봐줄 수가 없다고 말했습니다. 또 총관에게 분부했습니다만 역시 입을 열지 않으니 만리타국에 와서 스스로도 이제 와서 어떻게 말해야 할지 모르는 것인 듯합니다. 노형, 제가 어찌 답답하지 않겠습니까? 노형께서 만생의 체면을 봐서 두목께 좀 보고해주십시오. 그가 처음으로 온 것인지라 법도를 잘 이해하지 못해 그러니 노형께서 편의를 봐주셔서 그가 물건을 팔게 좀 해주십시오. (老爹, 又生出一件害晚生的事情來了, 本船弟兄有三十包人參, 五十斤麝香, 在河下該報的不曾報, 剛才對晚生說出來, 昨日晚生叫通船的人, 問他你們有什麼不報賬的小貨, 都要報出來, 若是私下做個不正經的事情, 明日露出馬腳來的時節, 我做船主的不敢做情一周, 到教總管吩咐過了, 也不開口, 到這個田地, 自家沒主意才來

說. 老爹, 你說氣不氣人? 老爹看晚生薄面, 稟稟頭目, 他本人初來, 不曉得法度, 老爹方便, 教他報賣.)

唐通事: 나도 두목께 보고를 했었습니다만, 두목도 갑자기 좋은 생각이 나지 않는 것 같았습니다. 오늘 다시 庫에 가서 왕가께 의견을 여쭙겠습니다. 관례대로라면 스스로 신고한 인삼을 2대 8로 나누어, 8푼은 관아에서 몰수하고 2푼은 당신에게 주는데 이번에는 어떻게 처리할지 모르겠습니다. 오늘 정해지지 않는다 해도 모두 관아에서 몰수하는 것도 근거가 없는 것이니, 그대도 너무 자신 있게 계산하고 있지는 마십시오. (我稟過了頭目, 也是一時主意不來, 今日且歸在庫裏頭, 聽王家的主意. 舊例自訴的人參二八, 八分是沒官, 二分是把你, 但不知這一遭怎麼樣發落, 於今還是定不來, 連本都沒官也沒憑據, 你也不要做拿穩的打算.)

청대에 인삼은 "죽은 사람도 되살아나게 하는 신묘한 약초(回生起死之神草)"로 여겨졌다. 조선인 元重擧가 지은 『和國志』에 다음과 같은 기록이 있다. "인삼은 일본에서 만병통치약으로서 명약이라고 불렸으며 사람의 생명과 관련이 있다고 여겼다. 일본에서만 그러했던 것이 아니라 바다건너 여러 나라에서도 일본에서 인삼을 사갔다. 그러므로 일본 사람들도 이 진기한 인삼을 모았다. 나가사키의 바닷길이 열린 후에는 남경에서도 사러 오는 사람들이 있었다. ……(人參爲其國萬病通治之藥, 名之曰靈藥, 而恃之爲性命之關, 不獨日本爲然也, 海中諸國皆來買取於日本, 故日本之人又蓄此爲奇貨. 長崎通路後, 亦有自南京至者. ……)" 여기에서의 '南京'은 실제로는 중국의 강남을 가리킨다. 享保 11년(1726, 청 옹정 4)에 기녀와 어울린 선원 許捷卿이 기녀 金山이 갑자기 병에 걸리자 선주 郭裕觀 등에게 즉시 일을 보고하고 인삼 등의 약을 사용하였다. 비록 이미 "다만 맥이 끊어져 세상을 떠났(逕脈絕身故)"으나, 당시 인삼이 구급약재로 인식되었음을 설명해 주는 일화이다.[87) 에도시대에 나가사키는 일본 인삼 무역에 있어서 중요한 항구가 되었다. 나가사키 무역에서의 인삼 무역과 관련하여 당통사 교과서 『역가필비』에서는 또 중국선을 통해 들어온 鳳凰城 인삼을 언급하고 있다. 봉황성은 중국 변경에 위치하며, 속칭 '遼東八站' 중 하나이며, 이 지명은 明·淸 시기의 『朝天錄』과 『燕行錄』에 거의 모두 언급되고 있다. 중국의 史籍인 『文房肆考』의 기록에 따르면 "봉황성의 물건은 질이 좋으며 나오는 것도 한 가지가 아니다. ……5, 6월에는 채굴을 할 수 있으며, 9, 10월에는 장사치들이 蘇城으로 와 값을 불러 장사를 한다(鳳凰城貨雖地道, 所出不一. ……五、六月卽可掘采, 九、十月賈人便至蘇城開價矣)"고 하였다. 책에는 "소성 유통(인삼)등급 분류(蘇行分等)"와 "소성 유통(인삼)저울측량법(蘇行秤兌)" 등의 기록이 있어 蘇州가 당시 중국 인삼의 집결지였음을 반영한다. 그곳은 또 일본에 가서 동전을 구입하는 중심지라는 점에 비추어보아 그 중 상당히 많은 인삼이 일본에서 팔렸던 것임이 분명하다. 에도시대 나가사키 무역과 관련된 사료에도 그 증거가 있다. 예를 들면 일본 寶曆 3년(1753, 청 건륭 18년) 중국 해상 程劍南이 지녔던 화물 가운데 御用 인삼 한 상자, 판자상자 하나(그 속에는 큰 인삼 3근과 인삼차 20냥이 들어 있었다), 2등급 인삼 8상자가 있었다.[88) 이와 유사한 사례가 상당히 많이 보인다. 이에 대해 일본 에도 후기 학자 廣瀨淡窗은 그의 시에서 "촉 땅의 비단과 오 땅의 비단은 모두 우리에겐 맞지 않건만 광동의 인삼과 五嶺의 월계수가 사람을 살리네. 다시마는 저 산과 같아 아깝지 않건만 赤銅은 한계가 있더라도 가격 더하지 말게나(蜀錦吳綾不宜民, 廣參嶺桂乃活

87) (日)菅俊仍 輯, 『和漢寄文』(三), 大庭修 編著, 『享保時代の日中關系資料: 近世日中交涉史料集』 二, 239쪽.

88) (日)大庭修 編著, 『寶曆三年八丈島漂著南京船資料: 江戶時代漂著唐船資料集』 一, 80쪽.

人. 昆布如山豈用惜, 紅銅有限休加額)"라고[89] 하였는데, 이 시에서 반영되어 있는 것이 바로 나가사키에서 판매되는 중국에서 온 '광동의 인삼'이다.

나가사키에 수출할 중국 인삼 외에 고려인삼을 수입하는 해상들도 일부 있었다. 일본인 森島中良의 『惜字帖』에는 「아뢰는 글(啓事)」 한 편이 남아 있으며 다음과 같이 기록하고 있다.

> 沈敬瞻과 劉雲台가 공동 명의로 청원서를 작성하여 啓事로 王府에 올려주시길 간청합니다. 부디 고려 인삼과 관련된 상법을 처리해 주시길 기다리겠습니다. 지금 막 上仕에서 와서 20근을 올린지라 그 포장(包頭) 상태를 살펴보았으나 이전에 배분된 상품보다 질이 훨씬 떨어졌습니다. 따라서 9근을 골라 보고하였는데, 이 배에서 남은 금액을 회수한 상태이므로 다시 배분하거나 거두어들이기 어렵습니다. 이 고려인삼 한 종류는 상법을 제정한 이후로 上中下 세 등급의 포장지로 대신하여 회수하였으므로, 종전에 지급한 상품의 색깔대로 해주시길 부탁드립니다. 봄에는 2월 중순을 원칙으로 하고 가을에는 8월 중순 안으로 지불하여 주시면 감사하겠습니다. 그렇지 않는다면 화물을 적재할 때에 지장이 생길 것입니다. 귀항할 시기가 지나 한 철을 연기하게 되면 색깔이 변하여 손실이 이만저만이 아닐 것이므로 사전에 정황을 짐작하셔서 일을 처리해 주십시오. 품종 또한 기존에 분배된 상품의 색깔에 따라 회수한 것을 교부해주시기를 부탁드립니다. 이 배의 화물에 비추어보면 결코 회수한 것을 배분하기 어려우므로 이번에는 특별히 사전에 청원서를 올리는 것이오니, 삼가 經營을 맡고 계신 노형께서 왕상께 이 일을 전해주시길 삼가 바라옵고 採辦 계절과 품질 등의 처리를 관례대로 처리해 주시면 깊이 감사드리겠습니다.

89) 日本學者 上野日出刀, 『長崎に遊ん漢詩人』, 中國書店, 1989, 77~78쪽에서 재인용.

寬政 12월 8일 申三番 船主 沈敬瞻 (手決)

仝五番 船主 劉雲台 (手決)

公司尹이 기록함

(具公呈沈敬瞻、劉雲台等, 爲祈轉啓事. 切敬等承辦商法高麗參, 今將到來上仕, 上者二十斤, 在包頭會所看視, 但因比向來所配貨品甚爲低劣, 故稟所揀九斤, 此番收回所存之額, 斷難配收. 該高麗參一種, 設立商法以來, 代包頭收回, 則上、中、下三宗, 祈照從前所給貨色, 春間二月中旬爲則, 秋幫八月中旬內預爲籌畫給付爲感, 否則有礙裝貨. 一至回棹後到來, 一季耽擱, 顏色變異, 虧折不少, 務祈照請預期酌辦. 至於品色, 祈亦照從前者所配貨色, 給付收回. 倘若照此番之貨, 斷難配收, 特此預稟, 伏乞經管老爹轉啟王上, 恩准所求, 採辦季候及品色等處, 祈照從前辦理, 則感不淺矣.

寬政十二年八月 申三番船主沈敬瞻. (印)

仝五番船主劉雲台. (印)

公司尹記)

'包頭'는 당통사 교과서에서 자주 보인다. 『譯家必備』에도 "看包頭、講包頭、秤包頭、裝包頭、秤添退包頭雜色" 한 단락이 따로 실려 있다. 그 뜻을 자세히 풀어보면, 이른바 '包頭'는 중국으로 운반하여 돌아갈 상품을 포장하는 것을 가리킨다. 이를 통해 당시 중국 해상이 조선의 고려 인삼을 운송 판매하는 일에도 종사하였던 것을 알 수 있다. 이렇듯 인삼이 상당히 귀중한 상품이었기 때문에 적지 않은 선원들이 다른 물건들 속에 끼워서 갖고 들어왔던 것이다.

(3) '중국선 통상법'에는 또 다음과 같은 조항이 있다. "목초가 상선시 빚을 진 것을 숨기고 또 출항할 때 그 금과 은의 휴대를 금하는 일은 본디 말할 필요가 없다. 또한 종류에 제한 없이 친분이 있는

사람에게 물건을 부탁하거나 온갖 수단으로 교묘하게 숨겨서 관사를 빠져나가는 경우 향후 더욱 엄격히 검사한다. 그러므로 그대들이 이 의도를 이해할 수 있게 사전에 알리는 바이다. 만약 법을 어기는 일이 있다면 그 죄는 본인뿐만 아니라 배 전체 선원들에게도 지우게 한다. 사정을 살핀 이후 시행한다(日梢上船裝貨, 並開梢之際, 其金銀夾帶之禁, 固不待言, 且不拘何色, 托物貼身, 巧藏多端, 從館而出者, 向後愈加嚴查, 故預告誡爾等可體此意, 若有干法之事, 或罪止於本人, 或罪及於一船, 察其情由, 而後施行)." 이것은 나가사키와의 교역을 마친 중국으로 돌아가는 중국선에 대해 정한 규정으로, 주로 선원이 금이나 은 등의 물건을 숨겨 가지고 가는 것을 방지하기 위한 것이었다. 『譯家必備』에는 당통사와 선주의 대화가 다음과 같이 기록되어 있다.

唐通事: 선주께선 이쪽으로 좀 와보시오. 두목께서 하신 말이 있소. 오늘 왜 이러는 것이오? 이렇게 법령을 어기다니요. 술통에는 동전이 숨겨져 있었고 대나무바구니와 판자상자에는 금조각과 은자가 나왔소. 당신이 가서 이 법령을 어긴 자를 조사해서 바로 보고하시오. 모두 당신이 선주로서 분부를 엄격히 하지 않은 탓으로 선원들이 이렇게 관아를 속이고 범법행위를 하는 것이 아니겠소. 왕가께서 이 일을 아시면 관용을 베풀지 않을 수도 있으며 필시 당신 배 전체 선원들도 연루되어 고초를 겪을 것이오. (船主過來, 頭目有說話(話說), 今日什麼樣子, 做下這樣犯法的事情, 酒桶裏頭藏了銅錢, 竹籠、板箱裏頭藏有金片、銀子, 都驗出來了, 你進去仔細查查這個本犯, 卽刻要報出來, 都是你做船主的吩咐不嚴, 所以弟兄們這樣欺公犯法, 王家知道了時, 怕不肯寬容, 必定連累你通船人吃苦的了.)

船　主: 만생이 분부를 엄격히 하지 않아서가 아니라 이 선원들이 몹시 무례하여 그런 것입니다. 만생의 말을 한 귀로 듣고 한 귀로 흘리

더니 법률을 지키지 않고 결국 이런 우둔한 짓을 저지르고야 말았습니다. 만생이 보아도 죽어 마땅한 일입니다. 두목께 어떻게 해야 좋을 런지요. 만생을 보살펴 주시면 몹시 감사하겠습니다! 몹시 감사하겠습니다! (不是晩生咐咐不嚴, 只因這幾個煞野的, 把晩生的說話聽做耳邊風, 不遵法紀, 弄出這樣昧天的事情來. 晩生看見這個樣子, 正個呆殺了. 仰伏頭目怎麼樣一個方便, 周全晩生, 極感! 極感!)

唐通事: 내가 당신을 대신해 두목께 보고를 드렸소. 두목께서는 당신에게 선처를 베풀라 하시고 당신의 일을 어떻게 처리할지 왕가께 물어보라 하셨소. (我替你稟過頭目, 求他周全, 且聽王家怎麼樣發落你.)

船　主: 조용히 기다리지요! 차분히 기다리겠습니다! (靜候! 靜候!)

唐通事: 그 법령을 어긴 자의 이름을 찾아 보고하시오. (那本犯的姓名, 卽刻要你報出來.)

船　主: 알겠습니다. 만생이 가서 알아보고 노형께 보고 드리겠습니다. (曉得, 晩生進去查查, 就來回覆老爹.)[90]

당통사 교과서로서 이것은 당연히 일반적 상황에 대한 묘사일 뿐이다. 구체적인 사례로 모년 亥11番 南京 船主 宋紫岩의 진술이 있다.

亥11番 船工社 張石使가 진술서를 작성하여 올립니다. 저에게는 사촌형 盧表가 있습니다. 사촌형은 亥3番 배를 타고 돌아가기 전에 900문의 전이 남아 제게 건네주었습니다. 그 전은 관내에서 10년 전에 사용했던 것이 지금까지 남아 있는 것입니다. 그러나 동전을 중국에 갖고 돌아갈 수 없으므로, 지금 본선을 수리한다기에 배에서 나와, 이 돈으로 밤, 감, 배, 담배 등을 사서 亥8番 船工社 陳河文에게 일부러 보고하였습니다. 헌데

90) 『譯家必備·下頭番, 豎桅, 補蓬, 下搭客, 眼桅』.

진하문은 제가 죄과에서 벗어나기 위해서 한 허위 보고라고 생각한 것입니다. 여러 가지 법령을 어긴 것은 사실이므로 그 어떤 변명도 할 수 없으니 참으로 부끄럽고 황송할 따름입니다. 이 일 말고 다른 일은 없사옵고 사실대로 보고 드립니다.

보력 6년 9월 일, 亥11番 船工社 張石使가 구두 진술한 것을 작성함

선원 장석사가 말한 것을 자세히 심문해보니 착오 없는 사실 그대로였음

(具口供亥十一番船工社張石使. 切石有親表兄盧表, 亥三番船回去, 存有錢九百文, 交石收用. 其錢系館內十年前俱用銅錢餘存在館, 但銅錢不能帶回唐山, 今因本船修理出, 意欲帶出買栗子、柿子、梨子、煙等, 故意報亥八番船工社陳河文, 系石原欲逃罪, 而爲捏報, 種種冒犯法紀, 無言可辯, 實爲惶恐至, 除此之外, 竝無別情, 爲此具供是實.

寶曆 六年九月　　日, 具口供亥十一番船工社張石使.

據水手張石使所具口供細加查問,竝無差錯是實.)[91]

이로부터 알 수 있듯이, 금이나 은 이외에 나가사키에서의 교역에서 선원들이 동전을 몰래 휴대했던 일도 늘 있는 일이었다. 당시에는 寬永通寶(寬永錢)가 적지 않게 유통되었을 것이다. 관영통보는 관영 연간(1624~1643)에 주조되기 시작하였는데, 청조에 제조된 동전보다 가볍고 얇았으므로 중국의 동전과 함께 사용되었으며, '질이 떨어지는 중국 돈을 질이 좋은 일본 돈으로 속여' 그 차익을 이윤으로 남길 수 있었다. 따라서 해외무역에 종사하는 중국 해상들은 어떻게 해서든 계속해서 관영전을 중국으로 갖고 돌아가 이익을 꾀하고자 했는데, 이러한 현상으로 건륭 연간에 일본 화폐가 중국으로 대량 유입되는 국면을 초래하게 된 것이다. 관영전의 범람은 또 건륭 17년(1752,

91) (日)大庭修 編著, 『江戶時代日中關系資料: 近世日中交涉史料集』 五, 231쪽.

日本 寶曆 2) 7월에 중국 정부는 일본 관영전의 사용 금지 명령을 내리고, 상선을 통한 관영전 유입을 엄격히 금하였다. 그해 7월 16일에 軍機大臣이자 兩江 總督 尹, 閩浙 總督 莊, 浙江 巡撫 雅, 福建 巡撫 陳에게 다음과 같은 조서가 내려졌다.

"지난번 연해 지방에서 관영전이 사용되는 곳이 있다는 말을 들었다. 건륭 14년이 이미 方觀承의 주청으로 조사하여 금지하였으나 현재 동전 주조 비용이 상당하여 짐이 철저히 구명하라 명령을 내리지 못하였다. 또한 시정에서 翦边이나 沙板이라 불리는 것들보다 못한데도 여전히 본조의 연호를 사용하고 있다. 이에 근래에 절강성에 도둑을 체포한 일과 관련된 안건에서도 관영전이 사용되었다는 말이 있었는데 '관영통보'란 글자가 있는 동전이었다고 하였다. 대개 국가의 화폐에는 紀元과 年號가 있으므로 돈을 사적으로 위조하여 사용할 경우, 그 죄는 개인에서 그치지 않을 것이다. '관영통보'라는 글자가 따로 있을 것이므로 그 출처를 엄격하게 조사 추궁하지 않을 수 없다. 또 江淮 이남지역의 쌀 시장과 제염소에서 관영전이 특히 많이 사용되고 있으며 은 한 냥에 바꿀 수 있는 동전이 그 반에 미친다는 말을 들었다. 동전을 주조하고 시장에 유통시키는데 필시 동전을 만드는 곳이 있을 것이므로 조사하여 처벌하기 어렵지 않을 것이다. 傳諭로 尹繼善과 莊有恭을 두고 그들에게 유능한 인재에게 밀령을 내려 그 내력을 확실하게 조사하고 사실대로 문서를 작성하여 상주하라 할 것이다. 浙과 閩 연해의 郡縣들은 모두 이 總督과 巡撫 등의 비밀 조사에 협조해야 하며 이전에 조사에 실수가 있었다하더라도 회피해서는 안 될 것이다. 뿐만 아니라 신중하게 처리하여 胥吏나 差役과 같은 하급관리 등이 구실을 잡아 일에 지장을 주거나 쓸데없는 일을 세상에 알리지 않게 해야 할 것이다. 欽此."[92]

이 조서를 통해 당시 江淮 이남의 쌀 시장과 제염소의 관영전 사용 현상이 상당히 보편적인 일이었음을 알 수 있다. 청 정부에서 중국내 동전 부족 현상을 고려하기 시작하긴 하였으나 이에 대해 깊이 추궁하지는 않고 있다가, 후에 문제가 갈수록 심각해지고 난 후에야 그 원인을 찾을 것을 결정한 것이다. 하지만 당시 관영전이 유통 경로에 대해서는 전혀 실마리를 찾지 못하고, 그것 역시 중국내에서 주조된 것으로 오인하였다. 그러므로 관리에게 '동전을 만드는 곳'을 엄중히 처벌하도록 하였다. 나중에는 莊有恭 수하의 유명한 '紹興師爺(지방관의 개인 고문으로 근무한 서기관으로 소흥 출신이 많았으므로 소흥사야라 불렀다)' 汪輝祖가 朱彝尊(주이준)의 『曝書亭集』 등 책을 조사하여 '관영통보는 동쪽 바다에서 왔으며, 본토의 상선이 가지고 돌아온 것(寬永通寶來自東洋, 由內地商船帶回)'임을 밝혔다. 당시 江蘇의 上海, 浙江의 寧波와 乍浦 등의 항구에서 관영전을 사용하는 현상은 상당히 보편적이었다.[93] 이러한 현상은 청조의 국내에 유통되는 동전의 부족 현

---

92) (淸)王先謙, 『東華續錄』 乾隆 三十六年(1771): "向聞濱海地方, 有行使寬永錢文之處, 乾隆十四年曾經方觀承奏請查禁, 朕以現在制錢昂貴, 未令深究. 且以爲不過如市井所稱鵝邊、沙板之類, 仍屬本朝年號耳. 乃近日浙省搜獲賊犯海票一案, 又有行使寬永錢之語, 竟系'寬永通寶'字樣. 夫制錢國寶, 且系紀元年號, 即或私鑄小錢摻和行使, 其罪止於私鑄, 若別有'寬永通寶'錢文, 則其由來不可不嚴爲查究. 又聞江淮以南米市鹽場, 行使尤多, 每銀一兩所易制錢內, 此項錢文幾及其半. 既鑄成錢文, 又入市行使, 則必有開爐發賣之處, 無難查辦. 著傳諭尹繼善、莊有恭, 令其密飭幹員, 確查來曆, 據實具奏. 浙、閩沿海郡縣, 一竝令該督撫等密行查辦, 不可因從前之失於查察, 遂稍存回護, 竝宜鎮靜辦理, 勿令胥役人等借端滋擾, 聲張多事. 欽此."

93) (淸)汪輝祖, 『病榻夢痕錄』 卷上, 乾隆 二十年 乙亥二十六歲條, 道光 30년(1850) 龔裕刻本. 이와 대조하여 『高宗實錄』 卷419, 乾隆 十七年(1752) 七月甲申條에서는 "이윽고 尹繼善과 莊有恭 등이 상주하였다. '관영전은 동양의 왜땅에서 주조되어 상선들에 의해 내지로 유입되었으며, 강소의 상해, 절강의 영파와 사포 등의 항구에서 특히 많이 사용되고 있습니다. 관영전을 살펴보니 일본의 기년이 쓰여 있고 原任에게 주이준집을 검토하라 하니 『吾妻鏡』이란 글에 관영 3년에 쓴 서문이 실려 있었고 또 原任이 徐葆光의 『中山傳信錄』을 編修하다가 시중에서 관영통보가 유통되었다는 사실이 기록되어 있었습니다. 이 동전은 본래 동양에서 유입된 것으로, 내지의 동전을 주조소에서 만든 것이 아닙니다. 다만 외국의 돈이 국내 화폐와 섞여 사용되어서는 안 됩니다. 신 등이 연안의 각 하급관리에게 명하여 상선의

상으로 인해 그 허점을 이용하여 관영전이 중국으로 유입된 상황을 반영하고 있는 것이다. 달리 생각하면 이것은 동남 연안과 해외 간의 밀접한 교역 관계를 반영하고 있는 것이기도 하다. 이후에는 관영전에 대해 엄격한 금지 명령이 여러 번 내려졌지만, 해상들은 여전히 계속해서 관영전을 중국에 유입했다. 건륭 39년(1774), 일본 薩摩船의 표류민이 사포에서 귀국하는 배에 오르기 전에 뜻밖의 일이 벌어졌다. 모든 사람들이 그에게 만일의 일에 대비하라며 각자 약간의 일본 돈을 준 것이다. 이러한 행동은 일본인들을 크게 감동시켰다.[94] 道光 12년(1832)에 給事中 孫蘭枝도 절강 사포에서 출항하는 선박들이 종전에 관영전을 몰래 본토로 유입하기는 했지만 그 수가 많지 않았으나, 근 몇 년 사이 일반적으로 배 한 척에 유입되는 수천 또는 수만

사적인 동전 유입을 엄금하고 여기저기 흩어져 있는 일본의 동전을 관에서 매입하여 화폐국의 동전 주조하는 데 사용하도록 하였습니다. 들은 대로 아뢵니다.'(尋尹繼善、莊有恭等奏, 寬永錢文乃東洋倭地所鑄, 由內地商船帶回. 江蘇之上海, 浙江之寧波、乍浦等海口, 行使尤多. 查寬永爲日本紀年, 原任檢討朱彝尊集內, 載有『吾妻鏡』一書, 有寬永三年序, 又原任編修徐葆光『中山傳信錄』內, 載市中皆行寬永通寶. 是此錢本出東洋, 竝非內地有開爐發賣之處. 但既系外國錢文, 不應攙和行使, 臣等見飭沿海各員弁, 嚴禁商船私帶入口, 其零星散布者, 官爲收買, 解局充鑄. 報聞)"라고 기록하고 있다(『清實錄』 第14冊 『高宗純皇帝實錄』(六), 中華書局 影印, 1986, 492쪽). 민간의 관영전에 대한 인식과 관련하여 石韞玉의 『翁氏「吾妻鏡補」跋』에서도 "高宗조에 이미 민간에서 사적으로 돈을 주조하는 일을 금하였으나 우연히 관영통보를 얻게 되었다. 司農이 그 내력을 알지 못하고 중국에는 이러한 연호가 없으므로 有司에게 처리하라 일렀다. 여러 封疆大吏들 중에서도 아는 이가 한 사람도 없자 守令도 허둥대며 어찌할 바를 몰랐다. 우리 고향의 王惠音 선생께서 이것을 알고 계셨는데, 이것이 일본의 동전이며 朱竹坨(주이준의 號) 集에 「吾妻鏡跋」에 그 증거가 있으며, 해마다 상인들이 일본에서 구리를 사왔으므로 그 돈이 중국으로 유입된 것이라고 하였다. 당시에 桂林의 陳文恭 공이 江蘇에 巡撫使로 오셨다가 이 말을 보고하였으므로 士大夫들이 그때부터 『吾妻鏡』이란 글이 있음을 알게 되었다(昔在高宗朝, 禁民間私錢, 偶得寬永通寶錢, 司農不知其所自來, 謂中國無此年號, 遂令有司者治之, 諸封疆大吏無一人知者, 守令倉皇, 莫知所措. 吾鄉王惠音先生識爲日本錢, 以朱竹坨集中「吾妻鏡跋」爲證, 每歲商人向彼國市銅, 因以其錢入中國耳。維時桂林陳文恭公巡撫江蘇, 據其言以入告, 由是士大夫始知有『吾妻鏡』之名, ……)"라고 언급한 바 있다(『獨學廬稿』 四稿卷4, 清寫刻獨學廬全稿本).

94) 『通航一覽』 卷225, 이 점에 대해서는 華立의 「日本漂流民眼中的清代乍浦港」, 『復旦史學集刊』 第3輯(『江南與中外交流』), 復旦大學出版社, 2009, 252쪽에 보인다.

꾸러미로 그 양이 천차만별이었다며 주청을 올린 바 있다. 관영전이 계속해서 끊임없이 수입되고 있었음을 알 수 있다. 청대 사람 倪模가 편찬한 『古今錢略』에서는[95] 중국내외 고금의 여러 종류의 화폐를 나열하고 있다. 그 중 권17에서 '관영통보'의 각종 도안을 열거하고 "중국으로 일본의 관영통보가 유입되는 경우는 매우 많다. 근래 항해 금령(海禁)이 갈수록 느슨해지자 절강에서 관영전이 유통되는 일이 허다하였다. 동전에는 元, 足 佐라는 글자가 새겨져 있어 그 문자가 모두 달랐으므로 유구(琉球)의 것인지 일본의 것인지 알지 못하였다(日本此錢流入中國者甚多, 近日海禁益弛, 寬永錢之流行江浙者累鉅萬, 其文有元字、足字、佐字, 文字皆不同, 不知其爲琉球, 爲日本也)"고 서술하고 있다. 유구에서도 관영전이 통용되었으므로 관영통보의 중국 유입은 일본이나 유구 모두와 관계가 있었던 것이다. 또 권17의 '관영통보' 다음에서는 鐵錢 '仙臺通寶'를 배열하고 다음과 같이 주석을 달았다. "내가 처음 이 동전을 손에 넣었을 때 어느 나라 동전인지 알지 못하자 顧千里가 내게 말했다. '이것은 일본국에서 현재 통용되는 동전으로, 요즘 사포와 같은 연안 지역에서 가장 많이 사용되고 있습니다.'(余初得此品, 未知爲何國錢, 顧千里語余曰, '此日本國現在通行用之品, 今海濱乍浦諸鎮最多.')" '顧千里'는 청대 蘇州의 유명한 장서가인 顧廣圻이다. 이를 통해 청대 전기에 중국으로 유입된 일본 화폐의 종류가 적지 않았던 것을 알 수 있다. 종래에 중국 측 문헌에 보이는 관영전 유입이라는 역사적 사실은 淸史 연구자들이 익히 알고 있는 점이다. 하지만 더 나아가 그에 상응하는 『역가필비』 등과 같은 나가사키의 문헌 사료들을 발굴해 줄 것을 기대하는 바이다.

관영전 등 금지품을 몰래 유입하는 심각한 상황에 대해 일본인은

95) 淸 光緖 倪文蔚刻本.

각종 조치를 채택하여 중국 선원들에 대한 엄격한 수사를 강화하였다. 『和漢寄文』에 다음과 같은 내용의 글이 실려 있다.

여러 해 동안 중국선이 노를 풀고 귀항할 때에 상선하는 사람들의 몸을 수색하였는데, 금이나 은뿐만 아니라 나라에서 금지하는 물건들을 숨기는 자도 있었으므로 검사를 엄격히 강화하였다. 검사할 때 은밀한 곳까지 부득이하게 수색하는 것은 몰래 숨기는 것을 막기 위함이다. 그러나 은밀한 곳까지 몸 전체를 수색하는 일이 범법행위를 저지르지 않은 자에게는 모욕적인 일이 될 수 있어 다른 방법을 생각하여 결국 옷을 바꿔 입고 수색하는 규정을 세웠다. 특별히 명을 내려 이후로 상선할 때에는 몰래 숨긴 물건이 없음을 분명히 하게 하기 위해 옷만 검사하도록 할 것이다. 지금 목초들이 그 의도를 이해하지 못하고 중국의 법도만을 말하고 있는 것은 범죄를 저지르는 일 이외에 바지를 벗는 데 대해 수치심을 느끼기 때문인 듯하다. 그러므로 바지까지 탈의하여 옷을 바꾸어 입으면 따르기 어려울 것이다. 그대들 각각의 선주들은 이를 서면으로 신고하였으나 우리 측에서 옷을 바꿔 입게 하는 것 외에는 다른 방도가 없다. 이것은 우리의 의심을 풀기 위함이지 바지를 벗기는 일로 모욕감을 주게 하려는 것이 아니다. 또한 의복을 검사하는 것을 그만두고 몸을 수색한다면, 어느 쪽이 영예롭고 어느 쪽이 수치심을 느끼겠는가? 굳이 분별하지 않아도 알 수 있을 것이다. 이 이치를 자세히 알려 비록 우둔한 자라고 하더라도 알게 할 수 있을 것이다. 더욱이 해마다 귀항하는 배가 있어 몸을 수색하는 일을 하고 있으므로 누가 선주고 배주이며 승객이며, 목초인지 구별이 되지 않는데도, 이번 목초들은 특히 옷을 바꿔 입는 것에 수치심을 느끼고 있다. 만약 그러하다면 선주와 승객들도 목초와 상황이 다르지 않을 것이다. 선주와 재부, 승객들이 목초들의 요구와 다른 자들은 내가 명령한 대로 옷을 바꿔 입게 하려는 의도를 알 수 있을 것이다. 그렇지 않고 선주,

재부, 승객들이 원하는 바가 목초들과 다르지 않다면 목초들의 요구를 관망했다가 다행히 허락이 떨어지면 자신도 목초들과 함께 옷을 갈아입지 않고 수색하게 될 것이다. 두 가지 중 어떤 것을 원하는지 상황을 보고 하고 그 이유를 설명해야 할 것이다. 몸수색을 엄격히 하지 않으면 금지품을 몰래 가지고 나가는지의 여부를 알 수 없고, 몸을 엄격히 수색할 경우 죄를 짓지 않는 사람들은 수치심을 느낄 것이다. 따라서 이러한 규정을 세우고 선주에서부터 목초들에 이르기까지 모두 시행하고자 하는 것은 그대들의 마음을 헤아리고자 하기 때문이다. 지금 목초 등은 몸수색을 반대하고 있는데 어찌 스스로 수치스럽게 여기는 것이 아니라 하겠는가? 따라서 우리 일본 측에서 그것을 대신할 규정을 세웠으므로 이 또한 편의를 봐주기 위한 것이 아니겠는가? 또 목초 등이 비록 그 이치를 이해할 수 없다고 하더라도 선주와 재부, 승객들은 이 배의 지시를 능히 따를 수 있을 것이므로 목초 등에게도 옷을 바꿔 입는 조항을 따르게 할 수 있지 않겠는가? 그대들은 글로 작성하여 자세히 답을 해야 할 것이다. (歷年唐船方其解棹之期, 上船人眾搜驗其身者, 非獨爲金銀, 而凡系國禁之物有匿者乎, 所以嚴加查驗耳, 故查驗之間, 雖其陰處不得不搜者, 蓋防其挾帶矣. 然搜其遍體至於陰處者, 似使其無犯而受辱, 思有通變之義, 故設更換衣褲之法, 特令向後上船之際, 獨搜其衣褲, 以明其無所挾帶而已. 今目梢不解其意, 乃謂唐山之法, 除犯罪之外, 來(未?)有脫褲之辱, 故衣服雖換, 至脫其褲, 則難於遵依. 爾各船主爲之具呈, 然吾之便換其衣褲者無他, 直欲解吾之疑耳, 非脫褲使受辱之謂也. 且夫止查驗其衣褲, 與驗其遍體, 孰榮孰辱? 不待其辨可知矣. 信能以是理詳爲告曉, 則雖愚者, 亦可知其取舍矣. 況累年以來, 搜撿其身之法, 自船主、財副、眾客與目梢, 本無差別, 而目梢獨以此番更換卜衣爲受辱之事, 苟如此, 則船主眾客亦宜與目梢情無異同, 乃船主、財副、眾客不與目梢同求者, 想其能悟我所令之理, 而欲遵換褲之法, 意已可見矣. 抑或船主、財副、眾客, 其意治與目梢所求無殊, 因觀望目梢之所求, 幸或見許, 則已亦欲與目梢一

同不換其褌, 以受其搜乎? 二者其意何居, 應須具狀, 明其所以可也. 蓋不嚴搜其身, 則不能知其挾帶國禁之物與否, 然嚴搜其遍體, 則似無罪而受辱, 是故設此法, 自船主至於目梢, 一以施行者, 所以寓矜恤之意也, 今反目梢等情願搜撿遍身之法, 豈非自取其辱之謂耶? 然則吾之所以待之之法, 亦當從其便者乎? 且目梢等雖或不解其理, 然船主、財副、眾客, 克遵此番之諭, 則使目梢等亦能從其換衣褌之條乎? 爾等其當具詞詳答.)

다음은 이에 대한 중국 선주 등의 회답 내용이다.

선박의 선주 陳啓登과 재부, 여러 승객 등이 공동으로 청원서를 올립니다. 지금 보내주신 문서를 받고 아랫사람들에게 반포하여 그 뜻을 설명하고 분부하신대로 답을 올립니다. 저 陳啓登 등은 해마다 노를 돌려 귀항할 때 물건을 몰래 가지고 나가는 禁令을 위반하는 일을 겪다보니 법령을 엄격히 하고 몸수색을 더욱 강화한 지가 오래되었으며 근래에는 王上의 인자함을 입고 있습니다. 우리 중국인들이 은밀한 곳까지 수색을 받고 죄가 없는 사람이 수치심을 느낄 수 있으므로 별도로 옷을 두고 상선한 후 옷을 갈아입게 한다고 하셨는데, 이토록 신경을 써 주시니 감개가 무량하옵고 따르기에도 합리적일 것입니다. 하오나 몸수색을 면케 간청하는 이들이 우리 중국 법에 따르면 몸을 수색하는 일에 더욱 수치심을 느끼기 때문이라 하신 것은 왕상의 생각이신지요? 저 陳啓登 등은 수치스럽다 생각하지 않습니다. 과거에 응시한 선비들이 시험장에 들어갈 때에도 문자가 적힌 것을 몰래 갖고 들어가는 부정행위를 예방하기 위해 전신과 옷을 모두 엄격하게 검사합니다. 오히려 이것을 功名을 세우는 일이라 생각하지 수치스러운 일로 생각하지 않습니다. 더욱이 저 陳啓登 등은 약간의 이익을 구하기 위해 귀국에 와서 교역도 하였습니다. 과거 응시 선비들도 이와 같이 하는데 하물며 저와 같은 사람이 수색당하는 것을 욕되게 여기겠습니까? 우리 중국 법에 따르면 법령이나 조례를 어기고 옷을 벗는 일을 수치스럽게 여깁니다. 다만 목초들이 상선 날짜가 급박한 터라 선주, 재부, 승객들보다 먼저 상선하기 위해 다시 간청 드린 것일 뿐입니다. 비록 선후의 구분은 있으나 그 마음은 목초들과 매한가지이니 특별히 여러 노형들께서 왕상께 청해 주시길 바랍니다. 저희의 마음을 굽어 살펴 주시면 저 陳啓登 등이 감개무량할 것입니다! 삼가 답문을 작성하여 올립니다.

정덕 6년 2월 일

(具公呈各港船主陳啓登、財副、諸客等, 今承鴻翰下頒須(頒), 謹陳微志, 奉答憲諭事. 登等累年回掉(棹)之時, 爲挾帶違禁一事, 法令森嚴, 重加搜撿, 由來久矣, 近蒙王上仁慈, 謂我唐人取受搜撿至於陰處者, 似使其無犯而受辱, 故另制衣裳, 令其上船更換, 多費宸費(衷?)桑(柔)遠之意, 感激難各, 理合遵依, 懇其所以求免者, 依我唐法, 搜撿遍體, 似自取其辱, 此王上之意耶? 然而登等卻不爲辱, 應試士子進場之時, 遍體衣裳嚴查, 實防挾帶文字之弊, 只爲功名, 尚不爲辱, 而況登等來商貴國, 原爲蠅頭覓利, 應試士子且有如此者, 何況登等取受搜撿, 似不爲辱. 依我唐法, 如有犯科條者, 脫換其衣裳, 是以爲辱也. 但目梢上船日期迫急, 故此先求至於登等船主、財副、眾客, 自當臨時再懇, 雖云先後之殊, 其情與目梢則一也,特懇各位老爹轉啟王上, 俯察下情, 登等不勝感激之至! 爲此具陳謹答.

正德六年二月　　日)[96]

상술한 논쟁은 중·일 양국의 문화와 풍속 상의 차이를 반영한 것이다. 일본 측에서는 중국선 선원이 사적 물품을 몰래 소지하는 것을 방지하기 위해 먼저 전신을 수색하였는데 은밀한 곳이라 하여도 그

96) (日)菅俊仍 輯, 『和漢寄文』(一), 大庭修 編著, 『享保時代の日中關系資料: 近世日中交涉史料集』 二, 125~127쪽.

냥 넘어가는 법이 없었다. 나중에는 이러한 방법이 타당하지 않다고 생각하여 옷을 갈아입는 규정을 세우고 시행하려 하였다. 하지만 뜻밖에도 이 규정은 오히려 중국 선원들의 강렬한 반대에 부딪혔다. 지식인들이 과거 시험에 참가할 때도 전신을 수색 받아야 했으므로, 몸수색은 중국인의 입장에서 결코 모욕적인 일이 아니었다. 반대로 중국인들이 옷을 벗는 일은 범인을 대하는 태도로 생각되었으므로, 중국인들에게 큰 수치심을 느끼게 할 수 있는 것이었다. 양측 논쟁의 초점의 배후에 알 수 없는 다른 속사정이 있는지의 여부는 알 수가 없다.

(4) '중국선 통상법'에는 또 다음과 같은 조항도 있다. "그대들은 관내에서 어찌 그리도 불조심을 하지 않는가! 아무 것도 모르는 무지렁이들이 잠깐 화가 치밀어 올라 앞뒤분간 못하고 불을 놓는 자들도 간혹 있다고 하였다. 이후로 화재가 발생하면 그 원인을 샅샅이 조사하고 밝힐 것이다. 만약 불을 소홀히 하고 조심하지 않은 정황이 발견되면 즉시 사실에 근거하여 본선이 은전으로 벌금형을 치르게 될 것이다. 그 죄는 본인에게서 그치지 않고 선박 전체에 엄히 물을 것이므로 스스로 잘 판단해야 할 것이다(火燭之事, 爾等在館, 豈可不小心哉! 而無知下輩, 因一時之忿怒, 不能卻顧遠慮, 以致放火者, 間或有之. 向後若有失火, 查核緣由, 倘有忽略不謹情狀, 卽據事實, 罰令本船出其贖銀, 罪或止革其本人, 或革及一船, 自有明斷)." 이것은 중국 관사 내에서 일부 하층 선원이 한 순간의 분노로 방화하여 집을 태운 일을 가리킨다. 이는 당연히 고의적 소행이었다. 하지만 정상적인 상황에서도 선상이나 관내에서의 화재 발생은 언제나 피하기 어려운 일이었다. 寶永 2년(1705, 청 강희 44)에 唐人屋敷에 큰 화재가 났고 2년 후인 보영 4년(1707, 청 강희 460)에 당인옥부에 재차 화재가 일어났다.[97] 『정사번안』에서도 선상

의 화재에 대해 "어제 잠깐 새에 아홉 척의 배에서 화재가 발생하여 즉시 가서 조사했다. 중국인들의 말에 따르면 그들은 배를 수리하기 전에 마조여신께 제사를 지내고 紙錢을 태우다가 잠깐 새에 생각지도 못하게 바람이 불어와 불이 옮겨 붙어 거룻배를 태우고 말을 태웠으나 별다른 사고는 없었다고 했다. 하지만 평소에 늘 불조심을 해왔다면 이처럼 소홀히 다룰 리가 없다. 거기다 바람이 등 뒤에서 불어온 것도 아님에도 불이 붙는 것을 방종하고 화재를 일으킨 것이다. 불을 소홀히 다루었던 것이 분명하므로 특별히 견책하였다"[98]라고 언급하고 있다. '媽姐'는 마조여신(媽祖)으로, 당통사 교과서의 관용적 표현이다. 이 일은 당시 마조여신에게 제사를 지내기 위해 지전을 태우다가 큰 화재가 발생한 사건이었다. 이와 유사한 상황은 관내에서도 발생할 수 있는 일이었다. 그러므로 『瓊浦佳話』에서는 일본의 가관에게 하룻밤에 세 번 관내 전체를 순찰하고 "거듭 당부해야 한다. 중국인들이 소란스럽게 떠들거나 다투게 해서는 안 되며, 불조심도 주의를 줘야 한다(千叮萬囑, 不許唐人炒鬧、打架, 火燭小心)"고 말하는 내용이 있다.

이와 같이 많은 폐단이 발생하였으므로 『역가필비』에서는 당통사가 총관 등에게 통제를 강화할 것을 요구하는 내용의 대화가 자주 나타난다.

唐通事: 大浦 지역에 다다르자 소두목이 말했습니다. '이곳은 나가사키 관할 지역이 아니므로 법도가 몹시 엄격할 것이다. 그대가 선원들

97) (日)山脅悌二郎 著, 『長崎の唐人貿易』「略年表」, 317쪽.

98) (日)大庭修 編著, 『江戶時代日中關系資料: 近世日中交涉史料集』 五, 174쪽: "昨念九船上失火, 卽行査詢, 據雲爾因有修理, 出去拜拜媽姐, 燒化大金, 不料一時風作, 延燒大篷、套馬, 竝無別故. 然而平日小心火燭, 不應無如此疏虞, 更且不著風頭向背, 漫爲焚燒, 致有失火, 甚屬慢忽之, 恃(特)行譴責."

에게 자세하게 단단히 일러두게. 만약 저들이 다른 사람의 집에 가서 차를 마시거나 담배를 피우는 등 제멋대로 행동한다면 큰 사단이 일어나 시끄러워 질 것이네. 자네가 총관으로서 저들을 잘 단속하고 함부로 나다니지 않도록 해야 하네.' (到了大浦地方了. 小頭目說, '這裏不是長崎管下的地方, 法度拘縮得狠, 你通知弟兄們着實要仔細, 倘若放他們衆人到人家屋裏去吃茶、吃煙, 自在放肆, 弄出事情來, 大大囉嗊, 你做總管的約束他們, 不要胡亂走來走去.')

總 管: 잘 알았습니다. 노형께서는 걱정 마십시오. (晩生曉得的, 老爹放心.)[99]

또 '口外守風'에 다음의 대화가 실려 있다.

唐通事: 오늘 왕가께서 나를 불러 당신들에게 분부하라 하셨습니다. 선상의 선원들은 제멋대로 행동해서는 안 됩니다. 요 며칠간 삼나무 판자를 내려 오로지 서둘러 걸핏하면 상륙하여 물을 긷는다는 명목으로 일반 가정집에 들어가 경박하게 논다. 소두목과 삽도수는 그대들이 돌아오지 않는 것을 금하고 있으며 어떤 규율도 없다는 것을 그대들도 알고 있을 것이다. 이곳은 나가사키의 관할 지역이 아니므로 그대들이 만약 상륙한 후 무슨 일이라도 발생하면 나가사키로 보고가 들어갈 것이며, 그때는 더 이상 크고 작은 문제가 아니다. 또 화약고 지역은 특히 중요한 곳이므로 절대 근처에서 담배를 피워서는 안 된다. 가장 금해야 하는 일이므로 소홀히 여기지 말도록! (今日王家叫我下來, 吩咐你們說, 你們船上的弟兄了不得煞野放肆, 這幾日下了杉板, 只顧搖來搖去, 動不動上山, 借了打水的名目, 到人家屋裏去頑耍. 小頭目、插刀手禁你不來, 好沒規矩, 你們也曉得, 這

99) 『譯家必備·修船、燂洗、修杉板、放船、看舵、看修理』.

裏不是長崎管的地方, 萬一你們也上岸, 惹出什麽事情, 報到長崎來, 那時非同小可的關系了. 又是那個火藥庫的地方最要緊, 你們決不要到那個所在吃煙, 這個是大禁的了, 你們不要看得容易!)"

船　主: 모두 잘 알겠습니다. (晩生都曉得的.)

당시 중국선에는 각각 작은 삼나무 판자가 구비되어 있어 담수를 찾아 보급하는 등 주로 일상적인 잡일을 처리하는 데 사용되었다. 하지만 선원들은 선상에서의 지루함을 달래기 위해 종종 물을 긷는다는 명목으로 무리를 모아 상륙하여 바람을 쐬었다. 『정사번안』에 물을 긷는다는 명분으로 중국인이 상륙하는 일과 관련된 사례가 언급되어 있다.

지금 왕가께 아룁니다. △ 등 본선의 선원들은 독단적으로 삼나무 판자를 흔들어 서둘러 상륙해서는 일반 가정집에 들어가 제멋대로 행동하였는데, 본래 판자를 거두었어야 하는데 △ 등의 간청을 어찌할 수 없어 관용을 베풀었습니다. 오늘부터는 물을 긷는 일 외에 일절 상륙을 허락하지 않겠습니다. 만약 물을 긷는다는 명목으로 무리를 지어 멋대로 상륙하는 자가 있다면 이들을 바로 관아에 보고하여 결코 관용을 베풀지 않도록 하겠습니다. 이 선주와 총관 등에게 벌금을 부과할 예정입니다. 이상과 같이 보고하였기에 모두 알게 되었으므로 감히 엄격히 하지 않을 수가 없습니다. 이후로 다시 범하는 자가 있으면 증거에 따라 체포하고 삼나무 판자 또한 수거할 것을 명하고 요구하는 대로 맡기지 않을 것입니다. 작성하여 삼가 보고를 드립니다.[100]

---

100) (日)大庭修 編著, 『江戶時代日中關系資料: 近世日中交涉史料集』 五, 186~187쪽: "今蒙憲諭, △等本船水手人等, 擅自搖駛杉板上岸, 到人屋裏放肆, 本應將杉板收去, 奈同[因]△等苦求, 故暫行宥恕. 自今日起, 除打水外, 一概不許上岸. 若借名打水, 人多擁簇, 擅自上岸者,

관내나 선상에서는 일단 규율을 위반하는 사태가 발생하면 선주에게 책임을 물었다. 이러한 일은 『정사번안』에 상당히 많이 보인다. “일전에 21일 화물 창고 水仙門 옆에 술잔 25개를 숨겨두었다가 수색 관리에게 들켜 즉시 몰수하였습니다. 지금 조사하고 심문해 보니 모든 폐단을 사실에 근거하여 보고하였습니다. 이상과 같이 보고하였기에 모두 알게 되었습니다. 사건의 내막을 다음과 같이 적습니다: 본선에서 설탕을 화물 창고에 운반했던 날 많은 선원들이 술잔 25개를 총관과 작당하여 관내로 들여왔으나 사람들이 많아 분실할 것을 염려하여 불편함을 감수하고 수선문 옆에다 두었습니다. 이는 부득이한 일이었으며 결코 물건을 숨긴 것이 아니라고 하면서 특별히 자비를 베풀어 세금이나 형벌을 면제해 주시기를 간청하므로 진술을 작성하여 올립니다. 天明 5년 2월, 辰10番船 선원 林岳.” 이 일로 선주가 보증서를 작성한다. “이상의 선원들이 진술한 내막에는 결코 사실에 어긋남이 없습니다. 이 선원들은 평소에 아주 성실하며 물건을 숨길 자들이 아닙니다. 다만 약간의 물건을 쌓아두고 △ 등에게 통지하지 않다가 임의로 갖고 나왔으니 해서는 안 될 일입니다. 부끄럽고 황송하여 드릴 말씀이 없습니다. 자비를 베풀어 세금이나 형벌을 면제해 주시기를 간청합니다. 내용을 갖추어 아룁니다.”101)

일본 측에서는 사적으로 몰래 휴대한 물품을 발견할 경우 반드시

立拿報官, 決不饒恕. 其該船主、總管等, 擬處罰款, 等因, 俱已知悉, 敢不凜遵. 將來倘有再犯, 其人任憑捉拿, 杉板亦聽收去, 不敢一言委求, 爲此具遵上覆.”

101) (日)大庭修 編著, 『江戶時代日中關系資料: 近世日中交涉史料集』 五, 177~178쪽: “前於二十一日在貨庫水仙門傍邊藏匿酒杯二十五個, 被搜子看出, 卽爲沒官. 今蒙查問, 所有情弊, 據實供報, 等因, 俱已領悉, 將其情由開列於後: 本船出糖到貨庫之日, 所有小夥酒鍾二十五個, 意欲與總管相酌, 領進館中, 但恐人多遺失, 不便放在水仙門傍邊, 此出不得已之事, 並非藏貨, 仰祈格外開恩寬免, 爲此具供. 天明五年二月, 辰十番船水手林岳.”, “以上水手所供緣由, 並無差錯, 該水手往常爲人老實, 竝非藏匿物件之人, 但所貯小夥之內, 未曾通知△等, 任意帶出, 殊爲不該, 亦惶恐無言可辯, 仰懇厚恩恕免, 爲此具稟.”

처벌하였다. 『정사번안』에는 다음과 같은 사례가 실려 있다.

일전에 초9일, 본선에서 甘草 약 12근과 蘇木 약 40근을 찾아내었습니다. 물건을 숨기는 죄를 저질렀으므로 지금 조사하고 심문하여 진술을 갖추어 아뢰니다. 이상과 같이 보고하였으므로 상황은 모두 알게 되어 배 안의 모든 사람들을 불러 일일이 조사하였습니다. 사실 본선의 선원 △△△의 소행으로, 그가 진술한 내막을 다음에 적습니다:

辰10番船 선원 陳興.

선원이 버는 돈에는 사실 한계가 있어 생계를 이어나가기가 어려운지라 감초와 소목을 배 안에 숨겨서 가지고 왔고 또 기회를 틈타 사적으로 관내로 갖고 들어와 물물 교환하여 유익하게 사용하였습니다. 지금 이렇게 찾아내실 줄 어찌 알았겠습니까. 만약 자수하고 양해를 구하여 갖고 들어와 팔면 벌 수 있는 돈이 부족할 것을 염려하여 기만하고 보고하지 않았습니다. 사실 우둔하여 이리 된 것이므로 후회막급입니다. 더욱이 선주와 재부가 규율을 잘 지키라는 등의 말을 누차 당부했음에도 엄수하지 않았으니 참으로 부끄럽고 황송하여 드릴 말씀이 없습니다. 이 일 외에 다른 일은 없으므로 사실대로 아뢰니다.

天明 5년 2월

이상 선원이 진술한 내막에는 약간의 어긋남도 없으며, 나라의 기율을 지키려고 하지는 않고 오히려 법도를 어겼으므로 부끄럽고 황송하여 드릴 말씀이 없습니다. 이러한 일로 대략적으로 갖추어 아뢰니다.

(前於初九日, 在本船驗出甘草約十二斤, 蘇木約四十九斤, 其隱匿情弊, 今蒙查問, 上具口供, 等論, 俱已領悉, 卽喚通船人眾, 一一查糾, 實系本船水手△△△, 所供緣由, 開陳於左:

辰十番船水手陳興.

水手所收辛錢, 其實有限, 從難以糊口起見, 卽將甘草、蘇木隱藏在船中帶來, 乘機私帶進館, 抵換物件, 以濟使用. 詎料今被驗出, 倘行自首, 諒歸小夥賣內, 因恐利錢虧少, 瞞過不報, 其實愚鹵所致, 懊悔不及. 更有船主、財副屢囑謹守紀綱等語, 不肯恪守, 殊覺惶恐, 無言可辯, 除此之外, 竝無別由, 所供是實.

天明五年二月.

以上水手所供情由,毫無差錯,其不肯遵守國紀,卻犯憲綱,無言可辯惶恐,爲此具草上覆.)[102]

天明 5년은 1785년(청 건륭 50)이다. 선원의 수입이 제한적이었던 까닭에 선원들은 사사로이 화물을 관내에 몰래 가지고 들어와 일생생활에 사용되는 물건을 물물 교환하여 여비를 마련하였다. '小夥賣'는 선원이 중국선에 개인 물품을 싣고 들여와 판매 후의 수입을 가지는 모든 상품을 가리킨다.[103]

『역가필비』에서는 사적 화물을 숨기는 행위에 대한 처벌에 대해 비교적 상세하게 서술하고 있다. 중국선이 나가사키를 떠날 때 부당년통사가 관사에 들어와 담을 넘은 두 사람과 화물을 숨긴 세 사람을 호명하여 두목 앞에 무릎을 꿇게 하였다. 정한 기일이 되자 당년통사가 손에 공문 한 장을 펼쳐 들고, 화물 숨긴 자에게 "그대는 양륙하던 날 대나무 바구니 속에 인삼을 숨겨 가지고 들어왔다. 법률을 어겼으므로 제명하고 입국을 금하며 다시는 오지 못할 것이다"라고 말하였다.[104] 화물을 사사로이 숨긴 자에 대한 처벌은 바로 그 사람에게

---

102) (日)大庭修 編著, 『江戶時代日中關系資料: 近世日中交涉史料集』 五, 179쪽.

103) "개인적으로 팔아서 수익을 가지는 상품을 몰래 갖고 들어오는(小夥賣)" 일은 사포 일대의 지극히 통상적인 관례였다. 道光 『乍浦備志』 卷6 「關梁」(149쪽)에서는 "만약 잡화를 선주가 소량이라고 들고 들어올 경우 小夥貨 행위에 해당되므로, 별도의 관세로 계산할 것이다(若其雜貨, 船頭之零星帶至者, 是爲小夥貨, 則另於過塘時計數輸稅)".

104) 『譯家必備·開船、搬庫、領牌』: "你起貨那一天, 籠箱裏頭藏了人參, 干犯法紀, 所以禁革, 不許再來."

나가사키 땅을 영원히 밟지 못하게 하는 것이었다.

일단 사적으로 화물을 숨기는 등의 사태가 발생하면 해당 선원을 처벌할 뿐만 아니라 선주 또한 구리의 양을 감하는 처벌의 위협을 받기도 했다. 『정사번안』에 다음과 같은 기록이 있다.

> 아무개 등이 각 선박에서 장사하기 위해 약재 및 여러 가지를 숨겨 들어왔다가 이미 모두 발각되었습니다. 물건을 숨겨 들어와 개인적으로 판매하는 등의 일은 불허하는 일이고 해마다 이미 여러 차례 諭示한 바 있습니다. 게다가 申년에 규정을 바꾸어 다시 엄격히 포고문을 내렸음에도 따르지 않고 전철을 밟은 것입니다. 범법 행위를 저지른 내막을 미루어 보면 필시 선주와 財主가 귀국의 법령을 업신여겨 중국에서 출항할 때에 배에서 검사를 자세히 하지 않았던 탓일 것이므로 크게 잘못한 일입니다. 따라서 신년에 유시한 대로 각 선박마다 500근씩, 구리 500근씩을 당연히 감해야 합니다. 이상과 같이 보고하여 모두 알게 되었으니 어찌 감히 따르지 않을 수 있겠습니까? 다시는 가볍게 고지해서는 안 될 것입니다. 다만 구리 한 종류만은 원래 관아의 항목이므로 약간을 감한다 하더라도 아무개 및 재주 모두가 엄중한 책임을 물게 될 것입니다. 그간 그의 모든 고생과 정성을 붓과 종이로는 다 할 수 없으며 이번 일로 위신이 떨어지게 되므로 구리를 감하는 처벌만은 관용을 베풀어 처벌을 면하게 해주시면 감사하겠습니다. 법령 포고문은 이 배가 중국으로 돌아가 바로 재주에게 전달하고 상세히 알려 향후엔 스스로 엄격하게 단속하게 할 것이오니 이번에는 바라는 대로 처벌을 면제해 주십시오. 이 일로 삼가 간청을 드립니다.[105]

---

105) 『呈詞翻案』, 大庭修 編著, 『江戸時代日中關系資料: 近世日中交涉史料集』 五, 199~120쪽: "切因某等來販各船, 將藥材以及各宗藏帶前來, 俱已搜出, 不許藏貨私賣等由, 歷來已有諭示, 更於申年間, 復蒙嚴諭而不遵守, 仍踏故轍. 推其致犯之由, 必竟船主、財東藐視貴國法

또 어떤 때에는 화물을 숨겼다가 발각되면 중국 관사에 있는 선주가 함께 나서서 간곡히 애원하며 처벌을 면하게 해 달라고 사정하기도 했다.

공동으로 수결하고 작성하여 올립니다. 亥番과 子番 각 선박의 선주 高山輝와 董符賓 등이 이번 子4番 선박에서 배에 화물을 몰래 숨겨 법률을 어겼습니다. 선주에게 3푼의 비율에 해당하는 양을 감하는 처벌을 내렸사온데 저 고산휘 등은 공동으로 청원서를 올려 은전을 베풀어 면제해주시길 간청합니다. 이상의 일을 보고하였습니다. 지금 각별히 은혜를 베푸셔서 1푼을 감하고 2푼은 은전을 베풀어 면제해주시면 吳逸求가 감사할 뿐만 아니라 고산휘 등도 깊이 감사드릴 것입니다. 향후에 만약 여전히 불법 행위를 일삼는 선박이 있을 경우 처벌을 한다하더라도 각 선박에서 감히 공동으로 청원서를 올려 부탁드리지는 못할 것입니다. 이 일로 문서를 작성하고 수결을 증거로 남깁니다.

보력 6년 9월 일, 亥8番 寧波 선주 고산휘가 공동으로 수결을 갖추어 올림

관내 각 선주의 인장을 찍음

(上具公結. 亥子各港門船主高山輝、董符賓等, 切有此番子四番船隱藏貨物在船, 干犯法紀, 因蒙罰減加頭三分, 山等公同呈懇恩免, 等情. 今蒙格外之恩, 罰減加頭一分, 恩免二分, 不特吳逸求感激, 山等均感不淺. 向後倘有仍然不法之船, 雖蒙責罰, 各船不敢公同求懇, 爲此公具遵結存證.

寶曆六年九月　　日, 具公結亥八番寧波船主高山輝

在館各船主打印板)[106]

令, 唐山開船之際, 船上查驗不周, 大爲不合, 因此須照申年間所諭, 每船五百斤, 自當罰減銅斤五百斤繳銷, 等因, 蒙諭之下, 俱已知悉, 敢不凜遵? 不應再行瀆告, 唯其銅斤一宗, 原系官項, 若或稍減, 不獨某等以及財東俱受重責, 所有苦悃, 筆楮難窮, 爲此冒瀆, 務祈罰銅一事, 從寬恩免是感. 至於所諭狀, 此番回唐, 卽行詳達財東知悉, 將來自行嚴緊約束, 故祈此番照求豁免是感, 爲此伏乞."

寶曆 6년은 1756년(청 건륭 21)이다. 주의할 만한 점은 이 문서에 관내의 각 선주가 공동으로 인장을 찍었다는 것, 다시 말해 공동 서명을 했다는 것이다.

앞서 서술한 『瓊浦佳話』에서 일본의 삽도수가 중국선의 밧줄에서 6천여 근의 명주실을 색출하였고, 순통에서는 수은을 색출하였고, 가죽상자 아래 두 겹으로 된 밑창에서는 숨겨 놓은 인삼을 찾았으며, 등롱 안에서는 숨겨 놓은 바다거북 가죽을, 책상 안에서는 산호 구슬 등등을 찾아낸 일이 기록되어 있었는데, 그 결과는 다음과 같았다.

두목이 이와 같이 선원들이 제멋대로인 것을 보고 급히 통사를 부르고 중국인들을 질책하고 욕설을 퍼부으며 말했다. "그대들이 데리고 온 훌륭한 상인은 간악한 상인에 비할 바가 아니오. 본분을 지키며 우리 관아를 기만하는 이러한 행동은 삼가야 하거늘, 어찌하여 말보다 행동이 앞서는 것이오? 오늘 아침에는 말들이 너무 많아 수십 번을 당부했단 말이오. 이렇게 많은 물건을 숨겨와 놓고 유독 보고는 하지 않으려고 하는데, 원래 자연의 이치가 분명하듯 하늘도 그대들의 잘못을 대신 변호해주지 않으려 하는 것이오. 그러하니 일의 진상이 드러나 지금처럼 화물이 이미 다 발각된 것이오. 따라서 인정을 베풀어 처벌을 관대하게 하는 것도 그대의 염치를 차리고 체면을 생각하여 오늘 좋은 말로 그대를 관으로 들어오게 하여 날을 잡아 국법으로 처벌하거나 귀항 시 갖고나갈 수 있는 구리를 감하게 하거나 입국을 금지시킬 지도 모를 일이오. 하지만 그 화물은 지금 몰수하겠소." 질책하는 이 말을 들은 선주는 기가 죽어 고개를 떨어트렸는데 얼굴이 붉으락푸르락하며 그저 아니라는 말을 하며 잘못을 빌고 대답하였다. "만생이 이미 왕부의 명령을 받고 새 규율을 확실히 지

106) 『呈詞翻案』, 大庭修 編著, 『江戶時代日中關系資料: 近世日中交涉史料集』 五, 230쪽.

키고 있었다 하더라도 스스로 죽을 자리를 찾아 온 것이 아니고서야 제 잘못을 어찌 감히 대담하게 부인하겠습니까. 사실 만생이 그 실정을 알지 못해서 그런 것이 아니옵니다. 새로 데리고 온 몇몇 선원들이 시비를 가리지 못하고 왕부의 명령을 모독하였으므로 분명 죄를 지은 것이지요! 이 몇몇 사람을 데려와 과연 여러 사람들에게까지 누를 끼쳤으니 책임을 회피할 수 없겠습니다. '일단 잘못하면 천고의 한이 되건만 다시 고개 돌려본들 인생 백 년도 안 되는 사람일 뿐인 것을.'이라고 늘 말하곤 했는데, 지금 말해도 소용없는 일이거니와 욕을 한다 해도 부질없는 일이겠지요. 천부당만부당신 말씀입니다. 어쨌든 만생은 그러지 않았습니다. 번거로우시겠지만 노형께서 두목께 말 좀 잘 해주십시오. 편의를 봐주시라고 말입니다."[107]

일반적인 상황에서 숨겨 놓았던 개인 화물이 일단 발각되면 선주는 종종 온갖 방법을 동원하여 변론하였다.

본선이 짐을 싸는 날, 큰 짐 위에는 大黃이 있었는데 거기에 화물을 숨겼다고 생각되어본 선박에서 바로 본 가관에 넘겼습니다. 양륙할 때에 짐이 터져 속의 물건들이 쏟아져 나왔습니다만 생각건대 필시 고의는 아니었을 것입니다. 잠시 큰 짐을 수습하는 동안 혼잡한 상황에서 여전히

107) 『瓊浦佳話』 卷3: "頭目看見如此放肆, 忙叫通事, 責罵唐人說道, "你們領牌的良商, 不比得姦商, 因[應]該守本分, 不該有這樣欺罔之擧, 豈不是有話在前, 今朝絮絮叨叨, 吩咐了好幾十邊[遍], 偏生不肯報出來, 藏得這許多東西, 原來天理昭彰, 天不肯替你護短, 露出馬腳來, 如今貨已起完了, 所以屈法用情, 還是惜你的廉恥, 存你的體面, 今日好端端叫你進館, 改日自有國法處治, 或是減派, 或者禁革, 也不可知, 但是其貨沒官了." 這一句話罵得船主垂首喪氣, 臉上紅了又白, 白了又紅, 一味賠個不是, 答道, "晚生已蒙王令, 確守新例, 怎敢大膽撒撥(潑), 自來送死了? 其實不是晚生曉得底裏, 只因多帶幾個新來的弟兄, 不識好歹, 冒瀆了王令, 着實得罪! 怪道帶這幾個人來, 連累衆人, 弄得不乾淨. 常言道, '一失足時千古恨, 再回頭是百年人.' 如今說也沒幹, 罵也徒然, 千不是, 萬不是, 究竟晚生不是了, 煩老爹好好求頭目, 說個方便.""

> 그곳에 놓여 있었으므로 교묘하게 숨긴 것은 아닐 것입니다. 게다가 그 짐은 정식으로 팔 물건들이었습니다. 무게에 한계가 있어 관으로 들어올 때 財主가 그것을 들킬까 염려하면서도 선주가 세밀하게 검사하지 않는다고 생각하였다면 중벌을 받아야 마땅할 것입니다. 남에게 누가 될까 염려되어 처리하기 어려우므로 이 일로 무례를 무릅쓰고 아뢰니다 특별히 조치를 취해 주시기를 간청합니다. 이 배를 끝으로 이후로는 반드시 화물을 정식 화물에 포함시켜 팔 것이오니 삼가 살펴주십시오.[108]

사정을 들어주어 이치를 짐작해 보면 선주의 이러한 입장을 믿지 않을 수가 없으면서도 또 완전히 믿을 수도 없었을 것이다. 그간에 했던 거짓말과 진실은 한 마디 말로 이루 다 설명할 수 없었을 것이기 때문이다. 선주가 선원이 개인 화물을 숨긴 수법을 모두 잘 알고 있었다고는 할 수 없으나 전혀 상황을 이해하지 못하고 있었다고도 말할 수 없다. 하지만 선주가 수하 선원들의 그러한 행위를 완전한 통제하지 못했을 수 있으므로 부득이하게 청조 정부의 세력에 기대 위협할 수밖에 없었다.

당시 선주와 재부 등은 모든 선원들의 보증인이었다. 일단 일이 발생하면 그들이 책임을 져야 했기 때문이다. 『得泰船筆語』 文政 9年 4月 28日조에서 野田笛浦는 "그대들은 각 거처의 선원들에게 착실하고 엄중하게 법률을 지킬 것을 누차 당부해야 할 것이오. 만일 선원들이 법률을 지키지 않으면 선주나 재부에게 누가 되지 않겠소?"라고 기록하고 있다.[109] 『득태선필어』 巻下에는 이와 관련하여

---

108) 『呈詞翻案』, 大庭修 編著, 『江戶時代日中關系資料: 近世日中交涉史料集』 五, 222쪽: "切本船包蓬之日, 大蓬上有大黃, 擬爲藏貨, 卽在本船交收本街. 此系起貨之際, 包破漏散, 想必無心, 權且收拾大蓬之上, 因一時混雜, 仍放該處, 非巧爲施設. 況此系正賣之貨, 雖斤量有限, 若或入官, 只恐財東知之, 以爲船主不周, 更受其責, 恐貼[貽]伊戚, 不堪拮據, 爲此冒瀆, 務祈格外從權. 此番爲止, 准將該貨歸入正貨收買, 是感伏乞."

같은 의미를 담고 있는 또 다른 대화가 보인다.

秋岳 云: 목려들이 과장의 명령에만 복종하고 총관이나 사공에게는 복종하지 않는군요. (目侶卻服夥長之喝令, 而不服總管、舵工.)

(船主 楊)啓堂 云: 그렇지 않습니다. 과장이 결정권을 가지고 멀리까지 표박하니 그런 것입니다. 더욱이 지금 본선은 물이 얕아 좌초된지라 저들은 마음속으로는 복종하지 않고 원망하고 있을 것입니다. 총관과 사공의 명령을 따르지 않게 된 것은 사람을 부리지 않고 또 세력이 없기 때문에 그리 된 것입니다. (非也, 夥長作主, 漂到遠江, 況今本船擱淺, 渠伊心中不服而懷恨, 以致總管、舵工喝令不服, 無用人而又無勢, 以致於斯.)

秋岳 云: 그대의 나라는 다른 어떤 나라보다도 仁을 중시하는 나라거늘 어떻게 목려들이 저리 난폭한 것입니까! (貴邦仁俗超越萬國, 不圖目侶之暴至於斯也!)

(財副 朱)柳橋 云: 우매한 자들은 왕의 교화에도 불복하는 법입니다. 예부터 그러하였지요. 하물며 지금 저 같은 하급의 선원들에게 불복하는 것이 이상할 게 무엇이 있겠습니까? (頑梗不服王化, 古昔尚然, 況現在下賤水手, 又何足怪?)

秋岳 云: 배 안에 말을 듣지 않는 선원들의 이름과 출신이 어떻게 됩니까? (船內光棍的水手, 何名何州?)

啓堂 云: 사리에 어둡고 못된 자들은 同安과 長樂 출신 사람 일고여덟 명에 불과합니다. 그들에게는 관용을 베풀면 절대 아니 되지요. (明(暗)理可惡者, 不過同安、長樂人七八名耳, 決不寬恕.)

109)『得泰船筆語』卷上, 田中謙二·松浦章 編著,『文政九年遠州漂著得泰船資料: 江戶時代漂著唐船資料集』二, 449쪽: "你叮嚀各寓的夥計們, 着實守法要緊, 萬一弟兄不守法, 可不是船主、財副受累了?"

秋岳 云: 표박해온 이후로 목려들이 원망하는 마음을 품고 성질을 내는 일이 상당합니다. 과장이나 총관, 사공이 호통을 쳐도 저들을 제지할 수가 없습니다. 이 때문에 선원들이 거칠고 사나운 것입니다. 만약 권한이 과장이나 총관 사공 이 세 사람에게 돌아온다면 저들도 이렇게 행동할 수는 없을 것입니다. 이 셋이 달리 살 방도가 없지 않겠습니까? (漂到以後, 目侶懷恨, 動怒氣相當, 夥、總、舵不能嚴押呵喝, 是所以水手之頑獷. 倘權歸(夥、總、舵)三人, 則斷無渠伊之滋事. 船財三兄, 別無法可活乎?)

啓堂 云: 중국으로 돌아간 후에 저들을 제명시키시오. 영원히 선박에서 일하지 못하게 하고 관아에 보내 치죄한 후 석방하여 고향으로 돌려보내시오. 도중에는 우리도 조치를 취할 수 없소. 화물 및 목려 감금 관련 일은 우리의 소관이므로 내일 과장과 총관에게 말하리다. (回唐後一革去其名, 船上永不錄用, 且送官處治, 押解回籍. 至途中, 我等無處置耳. 貨物及目侶禁押, 我等所管, 明日亦對夥總說.)[110]

중국인은 중국 관내에서 자치권을 어느 정도는 향유하고 있었다. 만약 그곳에서 곤란한 일이나 경미한 범죄가 발생하면 九大通事家族會에서 사법권을 행사하여 수습하거나 판결을 내린다. 일이 엄중할 경우 나가사키 또는 막부의 고급 관리에게 보고하여 처리하였다. 德川 당국은 외국 백성에 대한 실형 선고를 회피하는 것이 일반적인 관행이었고 범죄자는 대부분 강제 귀국 조치되었다.[111]

---

110) 田中謙二·松浦章 編著, 『文政九年遠州漂著得泰船資料: 江戶時代漂著唐船資料集』 二, 524쪽.

111) 吳偉明, 「十七世紀的在日華人與南洋貿易」, 『海交史研究』, 2004年 第1期.

3. 해상 선원, '무뢰한'과 '倭患'
: 머지않은 殷나라의 쓰라린 본보기와 江南 민중들의 고통의 기억

이와 동시에 청 정부 측은 중국 해상들의 요구를 받아들여 해상 선원의 관리 강화를 명목으로 법령을 반포하였는데, 이것은 사실 명대의 倭患과 밀접하게 연관되어 있다. 정부 차원에서 보면 청 정부는 늘 경계의 눈빛으로 일본의 동태를 주시하였다. 일본 학자 大庭修는 "享保 14년 2號 暹羅船은 李衛가 정보 수집을 위해 일본에 파견한 간첩선이었다. ……朱來章이 중국의 절을 참배할 때 福建 승려 全岩의 힘을 빌어 일본 薩摩郡 구역을 정탐하였는데, 청 정부가 왜구 방비에 심혈을 기울였던 것을 알 수 있다."[112] 민간에서도 일본의 동태를 주시하며 청일 무역을 중요시하여 명대 왜구의 난과 같은 전철을 밟지 않을 것을 제안하는 사람이 적지 않았다. 건륭 시기 사람 宋景關이 纂修한 『乍浦志』 卷3에 왜환 방비와 관련된 글로 「武備」가 있다. 또 권6 「外紀」에서는 澉浦에 외국 무역과 관련된 사무를 맡는 市舶司 설립은 南宋 淳祐 6년(1246)에 시작되었고 元代에는 송의 제도를 인습하였으며, 明代 初에는 시박사를 폐지하여 거상들이 구름처럼 뿔뿔이 흩어지자 "두 마을에 거주하는 성민이 하나도 없었다(二鎮城民居爲之蕭然)"고 기록하고 있다. 하지만 당시 바다에서는 범선들의 왕래가 끊이지 않았다. 그들은 연안의 항만에 정박하여 내지의 거상과 개인 무역에 종사하였다. 나중에 둘 사이에 재무와 관련된 분쟁이 야기되자 일부 상인들은 분풀이로 해적질하기 시작했고 왜인들을 끌어들여 "절강성 전체를 크게 어지럽게(浙東西大擾)" 했다. 이로

112) 大庭修, 『江戶時代日中秘話』, 146~147쪽: "享保十四的二號暹羅船, 就是李衛派往日本探聽情報的間諜船. ……朱來章在參拜唐寺時, 曾借福建僧人全岩之力窺測薩摩轄區的區域, 清政府以防禦倭寇爲重點的用心, 由此可窺一斑."

인해 乍浦도 무참하게 유린당했다. "상처가 크면 비통함도 깊은(創鉅痛深)" 과거의 일을 떠올릴 때마다 감개하여 깊이 탄식하지 않은 자가 없을 것이다. 청대 전기에는 "우리 청조가 비록 해금 정책을 풀기는 하였으나 검사하고 통제하는 법령은 꾸준히 갈수록 엄격하게 시행하고 있다. 태평성대를 이루었으면서도 戰禍에 대해 토론하며, 전란으로 군자는 원숭이와 학이 되고 소인은 벌레나 모래가 되었고 옛 서적은 斷編殘簡이 되었으니 본디 당시의 이로움과 해로움이 공존하는 곳이로다!"[113] 이러한 관점에서 「外紀」에서는 天啓 연간의 『平湖縣志』와 『籌海圖編』 등의 사적을 인용하여 明朝 正統 7년(1442) 이후 '왜구'의 침입에 대해 자세히 기록하고 있다. 이외에도 乾隆 연간의 『平湖縣志』 卷10과 道光 연간의 『乍浦備志』 卷14 등에서도 '왜환' 또는 '前明倭變(明朝의 왜변)'의 내용을 따로 두고 있다. 이러한 것들은 모두 지방 사대부들의 왜환에 대한 관심을 반영하고 있는 것이다. 『乍浦備志』 卷21 「邱墓」에서도 현지 湯山 아래 天尊廟 뒤에 사리탑 두 개가 있는데, 예로부터 이곳에는 명 嘉靖 연간 왜란에 의해 죽은 민간 남녀의 시신이 매장되어 있다고 전해진다는 내용을 언급하고 있다. 이외에도, 東門 外城 자락에 또 탑 하나가 있는데, 이 또한 왜란과 관련되어 있다고 하였다.[114] 언급해야 할 것은 이 책에는 또 陸棻의 「通洋宜防倭患議」가[115] 수록되어 있다는 점이다.

前代(명대) 가정 연간의 왜환에 湖邑만 당한 것은 아니었다. 호읍으로 말할 것 같으면 왜가 淸溪에 주둔했던 말은 사실 沈氏의 두 저택에 주둔했던 것에 지나지 않았다. 노로(樓櫓)를 설치하거나 담과 해자(垓字)로 방어

113) 『乍浦志』 卷6 「外紀」, 『中國地方志集成, 鄉鎮志專輯』 第20冊, 上海書店, 1992, 50쪽.
114) 『乍浦備志』 卷21 「邱墓」, 『中國地方志集成, 鄉鎮志專輯』 第20冊, 上海書店, 1992, 328쪽.
115) 乾隆 『平湖縣志』 卷8 「藝文·奏議六十六」, 338쪽.

하지 않았지만 견고하게 지키고 무력으로 저항할 수 있었다. 邑志의 기록에서는 왜구의 세력을 과장하고 있으나 천 명에 불과하였다. 또 소집한 관병이 7만3천 명이었다고 하였으나 사실 73명 중에 한 명을 포로로 잡았다고 해도 부족한 수이므로 이것이 어찌 합리적이라고 하겠는가? 게다가 대대로 전하는 진짜 왜구는 18명일뿐이다. 徐海는 新安 지역의 무뢰비로 해상 무역을 하다가 자본을 모두 잃자 汪直과 葉麻를 끌어들여 반란을 일으키고 연안 지역을 선동하여 빈곤한 백성들을 모아 도적으로 만들었다. 吳越의 풍요로운 지역의 태평성대는 이미 오래되어 민간에서도 대대로 무기를 찾아볼 수 없었으니, 어찌 홑옷만 입고 창칼을 막을 수 있었겠는가. 많고 많은 군사들은 모두 아이들 장난처럼 난을 일으켰으며 훈련시켜 客兵과 土兵을 만들었다. 산천의 원래 형세를 잘 알지 못하였으나 먼저 혈육이 있는 민심을 얻었다. 도적과 다르지 않았으며 장수들은 병사들을 몰랐고 병사들은 동료들을 알지 못했으므로 과연 하는 일 없이 군량만을 소비할 뿐이었다. 적을 따르는 곳이 수 郡 또는 수십 縣에 이르러 동남 지역이 큰 피해를 입었다. 해상 무역은 서해 한 사람으로부터 시작된 것에 불과하니 참으로 심하다! 해상 무역은 그 이익은 적고 해로움이 컸으며 이익이 아래, 해로움이 위에 있었으므로 예측하지 못할 수 없는 환란이 아니었겠는가! (前代倭患在嘉靖間, 不僅被於湖邑, 卽以湖邑論, 倭屯清溪, 不過沈氏兩宅, 非有樓櫓之設、墉塹之防, 可以堅守而力拒, 卽如邑志所記, 虛張倭勢, 不過千人, 而召集官兵則有七萬三千之衆, 是以七十三人擒一人而不足, 有是理哉? 況父老相傳, 眞倭止一十八人耳. 徐海以新安無賴, 通洋貿易, 資本蕩然, 遂以其黨汪直、葉麻輩誘入唱亂, 驅煽沿海, 貧民聚而爲寇. 吳越財賦之區承平既久, 民間累世不睹干戈, 豈能單衣而捍鋒刃. 至於汛師水哨, 皆同兒戲, 調至客兵、土兵, 不諳山川原形勢, 而且先有凡肉居民之心, 無異於賊, 將不識兵, 兵不識伍, 宜乎曠日糜餉, 縱賊流毒於數郡數十縣之間, 釀成東南一大害也, 而其原不過起於通洋貿易之徐海一人, 甚矣! 通洋之利小而害大, 利

在下而害在上, 不可不豫爲之憂也!)

陸菜는 지역사회의 경제 발전에 대한 해양 무역의 중요성을 알지 못하고, 오히려 16세기 왜환의 위험성을 刻骨銘心하였다. 육유는 명대 왜화의 축혀이 주로 해상 무역 중에서의 '무뢰한'의 축현에 달려 있다고 여기고, 명대 왜한에 대해 서술한 후 청대의 상황을 분석하고 있다. 그의 견해에 따르면 부유함을 좇는 것은 인간의 본성이며, 해외무역 또한 부유함을 얻는 큰 수단 중의 하나라고 말하는 이도 있다. 이들은 같은 이들을 끌어들여 영리를 추구하고, 개인의 이윤을 취해 부모와 처자식을 부양하므로 모든 사람들이 徐海와 같은 것은 아니다. 하지만 실상은 그렇지 않다. 일정한 직업을 가진 대부분의 사람들은 일반적으로 모두 분묘를 지키거나 가게를 꾸리거나 논밭을 일굴 줄 알며, 밭이 있는 사람은 조세를 내고 식구 중에 장정이 있는 집은 노역을 제공하므로 그들은 모두 良民이다. 설령 그들이 이윤을 추구하여 장사에 종사한다 하더라도 중국내라는 울타리 안에서 남으로는 福建(閩), 廣東과 廣西(粵) 지역으로 가고, 북으로는 河北(燕), 陝西와 甘肅(秦) 지역으로 가며, 멀리로는 雲南(滇池)과 요동(遼海)에 가는데, 이것만으로도 부모 자식을 부양하기에 충분한 이윤을 취할 수 있다. 그런데 어찌 "깊이를 알 수 없는 깊은 연못 위에 떠서 고래나 蛟龍의 굴까지 들어가 이윤을 더 추구하고자(泛不測之淵, 入鯨鯢蛟蜃之窟, 以求贏餘)" 하는가? 이러한 일을 하는 사람들은 분명히 "소행이 무뢰" 하고 "생계가 풍족하지 못하며" 장사 밑천도 얼마 없는 사람들일 것이다. 뿐만 아니라 필시 "뒤따라올 화는 생각하지 않고 이익만을 좇으며 탐욕스럽고 악랄하며 어질지 않으면서(嗜利忘禍, 貪狠而不仁)" 요행으로 이익을 바라는 사람이면서 혈연관계도 없는 무뢰한일 것이다. 따라서 해외무역에 종사하는 사람은 본래부터 선량하지 않은 무리들이다. 사람의 나쁜 마음을 책망하는 어조가 가득한 육유의 이러한 분석은 개인적 입장에서 생각해 보면 당연한 일이다. 이어서 육유는 해외무역에 종사하는 이러한 사람들의 일본에서의 생활 상황에 대해서도 언급하고 있다.

> 또 듣자하니 일본의 풍속은 드나들 때에도 칼을 차며 남녀 구별이 없고 음식에 소비하는 비용이 중국의 배나 된다고 하며 기생집에서 노름하는 자가 무척 많다고 하였다. 무역하는 자들은 적은 밑천으로 많은 이윤을 바란다고 하고 또 타고난 품성이 나빠 재물을 아깝게 여기지 않으므로 버는 재물은 많지만 하급관리와 함께 기녀와 어울리고 도박을 하는 데 빠지므로, 이윤을 남긴 재물을 여기에서 얻어 여전히 여기에서 다 쓰거나 옛날 서해의 무리처럼 가진 것을 탕진한다. 아! 무릇 사람이라면 뒤따라올 화는 생각하지 않고 이익만을 좇으며 자신을 가벼이 여기며 父母나 처자식을 위해 탐욕스럽고 악랄하며 어질지 않은 깊이를 알 수 없는 깊은 연못이라도 시험 삼아 들어가 요행을 바라는 법이다. 한 번 이익을 맛본 자가 또 무슨 일인들 하지 못하겠는가? 저 망망대해를 건너는 것을 안방 드나들 듯하며 칼을 차는 흉포한 풍속에 익숙해지면 어느덧 여기저기를 떠돌게 되며, 금수가 모이고 흩어지는 것처럼 고국이나 고향을 그리워하지 않게 되니 法制나 禁令의 엄격함을 오랫동안 잊게 된다. 뿐만 아니라 가진 것을 모두 잃고 빈곤하여도 고향으로 돌아가지 않고 하는 일은 없으면서 꺼리는 일은 있게 되는 것이다! 저 徐海라는 자도 처음에는 해상무역을 하는 한 사람에 지나지 않았다. 평소 법도에 어긋나는 마음은 없었으나 섬나라 왜와 어울려 즐기더니 나쁜 일을 저지르고 내지에 와서 도적질을 하였으며, 이익만을 좇아 들어와 가진 것을 모두 잃고 빈곤해져도 고향으로 돌아가지 않다가 저렇게 도적이 된 것이다. 지금 해상 무역을 하는 사람 중에 서해의 무리와 같은 자가 없다고 하더라도 누가 믿겠

는가? 혹자는 또 왜의 풍속에는 재물이 풍족한 자들은 아무 곳이나 들어가 도적이 되는 자는 없다고 하였는데, 이 또한 믿을 수 없다. 훌륭하거나 졸렬한 것은 다 타고나는 것이다. 입장을 바꾸어보면 다 그러하다. 화는 생각하지 않고 이익만을 좇는 중국인들이 한데 모여 가게 되면 저 흉포하고 교활한 자들이 이들을 부추길 것이다. 또 이들이 이끌려오게 되면 진짜 왜인은 18명뿐이라고 말하며 부추기므로, 이것이 어찌 전철을 밟는 것이 아니겠는가! 그러므로 왕성한 기세의 난을 수습하고 난이 일어나기 전에 난을 제지하면 그 득실을 분명히 알 수 있을 것이다. 조정의 윗사람들은 거리가 멀어 자세히 알지 못하고 封疆에 임명한 자가 편안하게 관아에 앉아 있으며, 封疆大吏가 주도면밀해도 미처 다 알지 못하여 연안 지역의 각 지방 장관에게 맡길 계획을 하고 있는데, 갑자기 발생한 화재에 심하게 화상을 입은 사람을 기다리는 것과 같은 상황으로 이렇게 일을 처리해서는 안 된다. 康熙 初에 연안 지역을 떠돌던 영혼들은 이미 평정되었고 조정에서도 관대한 조서를 내려 다시 경계를 바꾸고 뗏목 고기잡이를 허락하였으므로 백성들의 생활은 윤택해 질 것이다. 하지만 이익을 말하는 자들은 결국 국고를 풍족하게 할 해상 무역을 도모하고 이에 해금을 해제하면 부잣집이나 호족들은 너도나도 화물선을 만들어 별다른 할 일이 없는 타민(墮民) 들을 장사치로 충원하고 약간의 재물을 쥐어주며 그 배의 이익을 약속하고 가서 돈을 벌게 할 것이다. 탐욕에 눈이 멀어 쉴 수 없거나 자금이라도 잃게 되는 날에는 여기저기를 떠돌며 고향으로 돌아갈 수 없으니 그러한 상황에서 벗어나지 못하면 서해의 무리가 되는 것이 아니겠는가?116)

116)『乍浦備志』卷32「藝文議」, 423~424쪽: “又聞日本風俗, 出入佩刀, 男女雜遝, 飮食之費倍於中國, 妓館博家比比而是. 貿易者本少利多, 又素性狼籍, 不自惜其資, 卽所獲甚饒, 而挾妓、呼盧, 同胥及溺, 是以盈餘之財, 得於彼仍失於彼, 或至盡喪其所有, 如向之徐海輩. 嗟乎! 夫人而嗜利忘禍, 輕其身, 視父母妻子貪狠不仁, 試不測之險以僥幸. 一旦之獲, 則亦何事不可爲? 且涉大海如衽席, 習見夫獷悍佩刀之俗, 浮浪倏忽, 若鳥獸之聚散, 不以故國鄕井爲念,

陸棻의 원명은 世枋이고 자는 次友 또는 義山이며, 호는 雅坪이고 浙江 平湖縣 사람이다. 명 崇禎 3년(1630)에 태어나 청 강희 38년(1699)에 세상을 떠났으며, 향년 70세였다. 강희 6년(1667)에 진사에 합격하였으며, 강희 18년(1679)에 博學鴻儒에 1등으로 합격하였으며, 翰林院 編修에 제수되고 『明史』 纂修官에 충원되었으며, 『成祖本紀』와 『漕河水利』의 여러 서적을 편찬하였다. 강희 27년(1688)에 『平湖縣志』 편찬을 주관하는 일에 초빙되었다. 이상의 분석에서 알 수 있듯이 일본의 풍속 및 나가사키에서의 중국 해상들의 일상생활에 대한 육유의 서술은 대체적으로 사실에 부합된다. 하지만 그는 분명 時勢에는 어두운 관료였던 것이 분명하다. 해외 무역이 "이윤은 작고 피해가 크다"라고 잘못 생각하였으므로 그는 이후로 해안 서민들의 뗏목 고기잡이만을 허락해야 하며 모든 해외 무역 선박을 금지해야 한다고 주장하였는데, 이것은 그가 생각한 상책이고, 그가 생각한 차선책은 해외 무역에 종사하는 사람들에게 "里長과 두 이웃집의 보증서를 받고 몸을 의지할 곳이나 자본이 부족한 자들은 함께 가지 못하게 해야 한다(取具里長兩鄰結狀, 其只身無賴、資本不足者, 不得偕往)"고 하여 환란을 미연에 방지할 것을 주장하고 있다.

육유가 여러 번 언급한 '서해의 무리(徐海輩)'는 주로 명대 중·후기

久相忘於法制禁令之嚴, 又且喪其所有, 窮困無歸, 更何所不爲, 而尚有忌憚哉! 彼徐海者, 始不過一通洋貿易之人, 非素有不軌之志, 樂與島倭爲伍, 逞其邪謀, 入寇內地, 只因貪利而進, 喪其所有, 窮困無歸, 乃激而爲盜耳. 而謂凡今之人通洋貿易, 必無若徐海輩者, 疇敢信耶? 或又以爲, 倭俗饒於資財, 未嘗闌入爲盜, 此亦不可恃也. 良楛其產, 易地皆然, 中國嗜利忘禍之人, 可以聚類而往, 則彼中桀黠者流交相煽誘, 亦可以因導而來, 向所云眞倭一十八人者, 非其故轍耶! 然則戢亂於既熾, 弭亂於未萌, 利害較然可見. 廟堂之上, 遠而未周, 身任封疆者不宜晏然而處堂也, 封疆大吏周而未悉, 各任海濱民社之計者, 不宜忽焚如之災, 而待焦頭爛額之客也. 康熙初年, 以海島遊魂既弭, 朝廷乃下寬大之詔, 復其遷界, 許令結筏捕魚, 可以厚民之生矣. 而言利者, 遂進通商貿易充裕國課之謀, 於是洋禁大開, 富家巨室, 爭造貨船, 遊手惰民競充販客, 微貲所挾, 倍息相期, 往而獲利, 則貪進而不肯休, 苟失其資, 則流蕩而不能返, 其情其勢不易驅而爲徐海輩哉?"

에 활동한 서해 등의 徽州 해상을 가리킨다. 서해는 徽州 歙縣 사람으로 자칭 '徽王' 王直(汪直)의 부하인 大頭目이다. 사람됨이 교활하고 경박하였으며, 빈곤하고 의지할 데가 없어 원래 杭州 虎跑寺의 승려로 法號가 '明山和尚'이었다. 역사서에 따르면 서해는 도박으로 궁핍한 생활을 하였으며 名妓 王翠翹이 집에 숨어 지냈다. 가정 연간에 서해와 그의 숙부 徐惟學, 벗이었던 王直, 葉宗滿 등은 嶺南을 왕래하며 장사를 하였고, 바다 건너 일본 등의 나라와 무역하기도 하였다. 장사를 하다가 이윤을 잃고 원금을 손해 보자 서유학은 서해를 大隅州 倭主에게 인질로 보냈다. 나중에 서유학이 廣東 守備에게 살해되자 왜는 서해에게 빚을 갚으라고 책임을 물었다. 서해는 왜와 약속을 하고 왜구를 이끌고 연안 지역에서 노략질을 해서 얻은 재물로 빚을 갚았다. 가정 32년(1553)에 서해는 왜구를 따라 嘉興, 海鹽, 乍浦 등지를 침범하여 크게 노략질을 하고 떠났고 이후에도 여러 차례 침략하였다. 가정 34년(1555)에 서해는 왜구의 두목인 辛五郎와 함께 절강 서쪽으로 침입하여 柘林과 乍浦를 점거하였다. 다음 해, 서해는 또 陳東, 麻葉 등과 柘林, 乍浦, 烏鎮과 皂林에 모여 사방으로 노략질을 하였다. 서해는 마지막에 胡宗憲에게 투항하고, 沈莊에서 투신하여 자살하였다. 휘주 해상 중에 서해의 경력과 유사한 사람이 적지 않다. 그 예로 歙縣 사람 許棟은 그의 형 許楠과 아우 許梓와 함께 포르투갈인과 교역하였고, 大泥(말레이반도에 위치)와 말라카(Malacca, 滿剌加) 및 일본 등지와 무역을 하였다. 후에 부채를 진 이후부터는 왜구를 끌어들여 소란을 일으키기 시작하였고, 동료들을 蘇州와 松江 등지에 파견하여 양민을 꾀어 속여서 물건을 구입하여 항구로 가게 한 후 자신의 소수민족 수하에게 그 물품들을 강탈하도록 하고 빚을 충당하였다. 하지만 겉으로는 또 위선적으로 피해자를 위로하는 척하며 대부금 보상을 허락해 주기도 하였다. 어떤 피해자는 운영상 진 대부금으로 인해 이러한 변고를 당하고 빚을 갚을 길이 없게 되자, 허동과 허재 등을 따라 일본에 가서 일본 도주에게 그 자초지종을 말하였다. 도주는 대노하여 그 이민족 수하를 죽이고 허재 등을 후대하여 그들을 중국으로 돌려보내 주었다. 가정 27년(1548)에 허동과 李光頭 등은 浙江 雙嶼를 점거하고 왜구와 결탁하여 동남 연안에서 소란을 일으켰다. 浙江의 巡撫使 朱紈은 휘하들에게 雙嶼港을 급습하라 명하였다. 그 결과 허동은 도망가 허재와 함께 남쪽 바다로 망명하였다. 그리고 남은 왕직, 서유학, 섭종만 등은 계속해서 병사를 분산시켜 약탈을 감행하였다. 왜구들의 횡포가 갈수록 심해졌다가 십여 년이 지나서야 안정되기 시작했다. 전술한 해상 왕직 또한 歙縣 사람이다. 가정 27년에 허동이 관군의 공격에 패하여 달아난 후, 여당은 왕직을 우두머리로 추대하였다. 그는 섭종만 등과 선박을 건조하여 유황이나 명주 등의 금지품을 사들여 일본과 섬라(暹羅, 泰國의 옛 이름) 및 서양 여러 나라를 오가며 교역하였다. 몇 년 후 막대한 부를 얻고 이민족의 마음을 얻어 '五峰船主'로 불렸다. 이후에 海禁이 더욱 엄격해지자, 해안 상인들은 기회를 틈타 왜인의 재화를 벌어들이는 경우가 많아지자 왜에서 왕직에게 배상을 요구하였으나 실행할 생각이 없던 왕직은 왜인을 침략하도록 종용하여 그것으로 얻은 재물로 배상하였다. 가정 28년(1549)에 왕직은 왜구와 결탁하여 절강 동쪽 지역을 약탈하였고, 이후로도 31년(1552), 32년(1553), 34년(1555) 등 여러 차례 침략해 왔다. 왜구는 사방으로 흩어져 약탈하면서도 각 해외 무역선의 집은 침략하지 않았다. 그리하여 사람들은 모두 앞다투어 그에 의탁하고자 하였다. "杭城 歇客들의 집들은 海賊임에 틀림없었다. 그들은 큰 이익을 탐하고 쌓아놓은 재물을 맡겨두었다가 그것을 호송하여 수습한다. 동전은 총을 만드는 데 사용되었고 납은 탄환을 만드는 데에, 초석은 화약을, 철은 칼이나 창

같은 무기를, 가죽은 갑옷을 만드는 데 사용되었다. 그 재료들 외에 직물, 풀솜, 깨와 같은 물건들을 포장하여 큰 배에 실어 보내면 해관 검문소에서는 자세히 살피지 않고 대충 보았는데, 도적들의 비용으로 보내는 것이 분명했고 이어서 찹쌀도 보내졌다."[117] 당시 왕직은 "薩摩洲를 점거하고 僭號를 京이라하고 자칭 徽王이라"[118] 하였다가 가정 36년(1557)에 투항 권유를 받아들였고 다음 해 杭州에서 참수되었다.[119] 허동, 왕직, 서해 등 사람의 경력을 살펴보면 해외 무역에서의 실패가 '무뢰한'을 낳고 이로부터 왜란이 일어나게 되며 둘 사이의 상당한 관련성이 있음을 확실히 알 수 있다.

이들 모두 중국의 사적에서는 해상의 '무뢰한'들이지만, 해외 문헌을 살펴보면 동아시아 해상 무역에서 존경을 받는 상인도 더러 있었다.[120] 세계 역사를 살펴보면 해상은 일반적으로 상인이면서도 도적들이었다. 또 다른 측면으로 본다면 해외무역에 종사하는 일부 상인들은 물려받은 재산이 많고 그들 또한 혈육의 정에 충실하며 이를 중시하는 인물들이다. 하층 선원의 경우 빈곤함 속에서 힘써 버티고 있는 이들이 적지 않지만, 해상과 마찬가지로 그들 또한 태어날 때부터 극악무도한 '무뢰한'들은 결코 아니었다. 18세기와 16세기의 상황 또한 이들의 시대와는 완전히 달랐다. 16세기에 일본은 戰國時代였

117) (明)萬表, 『海寇議』(嘉靖 壬子年에 지음), 『玩鹿亭稿』 卷5 「雜著」, 明 萬曆 萬邦孚 刻本: "杭城歇客之家, 明知海賊, 貪其厚利, 任其堆貨, 且爲之打點護送. 如銅錢用以鑄銃, 鉛以爲彈, 硝以爲火藥, 鐵以制刀槍, 皮以制甲, 及布帛、絲綿、油麻等物, 大船裝送關津, 略不譏盤, 明送資賊, 繼以酒米."

118) 萬曆 『歙志』 載記卷1, 十三, 萬曆37년(1609) 刻本: "據薩摩洲, 僭號曰京, 自稱徽王."

119) 許棟, 王直, 徐海와 "倭寇"와 관련된 史料는 張海鵬·王廷元 主編 『明淸徽商資料選編』, 黃山書社, 1985, 423~437쪽을 참조한다.

120) (日)松浦章, 「徽州海商王直與日本」, 『明史硏究』 第6輯, 黃山書社, 1999. 이후 周紹泉·趙華富 主編 『'98國際徽學學術討論會論文集』(安徽大學出版社, 2000)에 수록되었다. 許棟 등의 사람들도 상당한 유학적 소양을 지니고 있는 인물이었는데, 이에 대해서는 許琦·徐玉基 著, 『箬嶺古道明珠: 許村』, 合肥工業大學出版社, 2011, 141~142쪽을 참조한다.

다. 그 시기에는 다이묘(大名)들이 割據하며 서로 간에 전쟁이 끊이지 않았다. 특히 일본과 명 사이에 勘合貿易이 중단된 후, 많은 낭인들이 각지 다이묘의 지지 아래 중국의 無籍 해상과 결탁하여 거리낌 없이 중국 동남 연안을 침략하고 약탈하여, 왜환이 몹시 심각한 상황에 이르렀다. 그리고 18세기 에도 막부 통치시기는 "이백 년 이래 이름난 예스러운 이곳에서 즐거이 擊壤歌 찬양하리(二百年來名古故所, 康衢擊壤樂熙熙)"라고 할 정도로 공전의 통일 시대였으나, 幕藩 체제하에서 일본인의 해외 무역은 엄격히 금지되었다. 에도시대 나가사키에서 떠돌던 伊東이 조선을 오가며 밀수하다 사형에 처해진 이야기121)가 이러한 상황을 전형적으로 반영하고 있는 것이다. 따라서

121) 『唐通事心得』에는 다음과 같은 기록이 있다. "원래 나가사키의 平戶에는 중국선이 표류하여 오는 경우가 잦았다. 그러므로 평호지역의 왕가는 관리들에게 몇 척의 순라선을 띄워 밤바다 강가를 순찰할 것을 분부하였다. 다른 지방 사람들은 자신의 관할 소재지를 오갈 때 어떤 배든지 간에 모두 조사를 받아야 했다. 장사를 하러 왔다든지 어떤 소재지를 가려고 한다든지 등 이곳에 온 이유가 분명하고, 범죄 경력이 없는 등 신분이 분명해야만 지나가는 것을 허락하였다. 만약 이유가 불분명하고 말이 모호하고 명확하지 않아 이해하지 못할 경우 그를 잡아 관리에게 보여주므로 어떤 소란도 일어나지 않았다. 듣자하니 일전에 사적으로 화물을 실은 배를 잡았는데, 배에는 달랑 세 명만이 타고 있었다. 한 사람은 對馬지방 사람이고 두 사람은 나가사키 사람이었다. 배 위에는 투구와 夜甲, 화살과 화살촉, 칼과 창 등의 병장기가 있었고, 또 조선에서 나는 인삼 50근도 있었다. 이 세 사람은 3년 전에 우리를 속이고 몰래 병장기를 사서 조선으로 가 이것을 팔아 인삼을 샀으며, 조선에서 3년간 머무르다 이제 막 돌아오던 참이었다. 같은 길을 오가다보니 대담해져 방비하지 않고 훤한 대낮에 평호 항구를 지나가다가 순라선들에게 잡혀왔기에 이런 말을 해 주었다. ……듣자하니 몇 십 년 전에 나가사키에 두 번째로 큰 財主가 있었는데 이름은 伊東이라 하였다. 원래 그는 사적으로 화물을 사들여 재주가 되었으며 병장기를 가지고 조선에 가서 화물을 사들였다. 후에 어떤 사람이 고발하여 진상이 드러나 왕가에게 심문을 받았다. 당초에는 네덜란드선과 중국선이 화물을 사적으로 사들이는 경우가 해마다 있었으며, 조선에 가서 화물을 사적으로 사들이는 경우도 이동뿐만이 아니라 이 두 번째로 만난 세 명도 그러하였다. 이 세 사람의 범죄는 예삿일이 아니었으며 머리가 바닥으로 떨어질 정도로 무거운 중죄였다. 왜 그러한가? 병장기는 일본에서 엄중하게 금지하고 있는 물품으로 투구 반쪽이나 갑옷 조각이라도 중국인에게 개인적으로 팔아서는 안 된다. 틀림없이 내일 이 세 사람의 중죄를 심문할 것이므로 괴로움을 견뎌야 할 것이다(原來平戶地方是時常唐船來飄流, 所以那地方的王家吩咐做公的人發幾個哨船夜巡哨河, 但凡別處地方的人過往自己管下的所在, 不論甚麼船都要盤結[詰], 問明白了來頭, 或者做生意, 或者到什麼所在去, 來歷

에도시대에는 왜환을 일으킬만한 외부환경이 없었다고 말할 수 있다. 그러나 역사적 경험을 총괄해 볼 필요가 있는 것은 대개 그것에 역대 통치자들의 공통된 심리가 반영되어 있기 때문일 것이다. "乍浦의 조수 돌아오니 바다기운에 비릿하고 물에 동동 떠있는 시체는 언덕을 마아 참으로 잔혹한 형세라네. 行人들이 눈물을 가리고 어찌 물으랴, 하물며 시름 속에 어찌 차마 들으랴"라고 읊고 있듯,[122] 육유의 분석은 사실 16세기에 백성들을 도탄에 빠뜨린 '왜환'에 대한 강남 민중들의 고통스러운 기억을 반영하고 있는 것이다.

육유의 건의가 정부의 직접적인 반향인지의 여부는 알 수 없다. 하지만 『淸俗紀聞』의 '평호현 통행 허가증(平湖縣印照)'으로 이에 대한 간접적인 증거를 제공할 수 있을 듯하다.

평호현 통행 허가증 (平湖縣印照)

浙江 嘉興府 平湖縣 증명서 발급 안건을 처리하는 일로 요청하는 바이다. 가흥부의 信牌를 받고 布政司의 憲牌를 받아 總督福浙部院 巡撫都察院의 憲牌 안에 평호현부의 咨覆을 허락받고, 평호현 部院衙門에 모여 前事

明白, 沒有私弊端, 才許他過去. 若是來頭不明白, 說話裏頭有半點糊塗、含糊不明白, 就拿住他見了官, 好不囉嗩. 聞得說, 前遭捉著了做私貨的船, 船上單單有三個人, 一個是對馬地方的人, 兩個是長崎人, 船上有幾個頭盔夜甲、弓箭刀槍, 這等的軍器, 還有朝鮮出的人參五拾斤, 這三個人是三年前瞞了人家暗暗的買些軍器, 到朝鮮去買人參, 在那裏擔擱了三年, 剛剛這遭回來, 同路上大著膽, 不曾防備, 青天白日走過平戶港口, 被那哨船捉拿了, 說便是這等話. ……聞得說, 幾十年前, 長崎有乙個大財主, 姓叫做伊東, 原來做私貨是這個財主才起頭, 他也帶了軍器, 到朝鮮去買貨, 後來有人首告, 露出馬腳來, 被王家問罪了. 當初是紅毛船、唐船做私貨年年有的, 朝鮮去做私貨的, 除了伊東, 單單這乙遭的三個夥計了, 這三個人的罪犯非同小可, 重也重到脫底頭的了. 爲何呢? 兵器是日本大大犯禁的東西, 半盔片甲也不許私下買與唐山人, 諒來這三個有明日問了大罪, 老大吃苦的了)"(日本學者 木津祐子의 『'唐通事心得'譯注稿』에서 재인용). 伊東 財主의 밀수와 관련된 이야기는 또 다른 唐通事 教材 『瓊浦佳話』(卷1)에 더욱 자세하게 서술되어 있다.

122) (明)萬表, 「聞海警有感二十首」, 『玩鹿亭稿』 卷2: "乍浦潮回海氣腥, 流屍塞岸盡殘形, 行人掩淚何須問, 況是愁中何忍聽."

에 대한 의견을 문서에 진술하라는 명령을 하달 받고 題覆(질문에 대답)하여 명을 받들어 허가를 내렸다. 또 명을 받들어 산하 기관에게도 명령을 받들어 평호현에 이르라 하였으며 고시하는 나무패에 刊刻하고 도시의 대로와 연해 항구에 세워 고시할 것이다. 또 단자를 받아 각 조목을 검사하고 한 자 크기(尺式)의 책으로 발행하여 널리 고시하여 깨우치게 하라는 명령을 하달 받았다. 이러한 명을 받들어 이미 나무패에 간각하여 고시하였으며, 큰 글씨로 고시하여 잘 알 수 있게 기록해 두었다. 지금 본 평호현의 선원 范三錫이 와서 이 배의 梁頭의 무게를 잴 것이라 보고하였으므로, 서둘러 선원과 조타수 澳甲과 里族의 이웃을 보증인으로 세우고 각각의 수결을 받은 후 이를 합하여 증명서를 발행하고, 이 허가 증명서를 선원에게 발급하는 일을 처리하고 관례대로 배에 허가 증명서를 달고 교역을 하게 될 것이다. 만약 감히 사적으로 본 현의 이름을 도용하여 금령을 어기고 유황, 녹나무판자, 철, 치자나무, □檀(□박달나무), 녹용, 桐油(유동나무씨 기름), 黃麻, 종려털, 농기구 등의 물건을 몰래 가지고 들어올 경우, 이 범법 행위에 대해 각 □汛防과 巡司捕員이 본 선박의 선원과 조타수를 함께 압송하여 증거에 근거하여 엄중히 추궁할 것이며 解憲 후 치죄하여 어긋남이 없게 하고 이를 지키고 따라야 할 것이다.

항목 나열: 平字 제17호선, 梁頭 2丈8尺0寸0分. 선원 포함
뱃사공 총 28명이 상부의 명을 받들어 회동함. 關部에서 인
원수를 尺式, 선주 1丈8尺0寸0分, 漕運課에 해당됨
선박　　　이상의 허가증을 선주에게 발급하고 이에 준함.

건륭 60년 9월　　일 발행

縣 기한 만1년 1개월　　日 만기되며 갱신을 요함

(浙江嘉興府平湖縣爲請嚴造船給照之法等事. 蒙本府信牌, 蒙布政司憲牌, 奉總督福浙部院巡撫都察院憲牌內開准平部咨覆, 本部院衙門會陳條議前事, 等因, 題覆, 奉旨允准, 欽遵通飭奉行到縣, 刊刻木榜, 豎立城市通衢沿海口岸曉示. 又奉單開稽核各條目, 又發尺式著書, 大張告示通論, 等因, 奉此, 業經刊刻榜示, 竝大書告示, 通曉在案. 今據本縣船戶范三錫呈報前來, 除將該船量烙, 竝訊取船戶舵水澳甲里族鄰佑保家, 各供結外, 合行給照, 爲此照給船戶, 卽便賞執, 依例駕赴掛驗, 前往貿易. 如敢私行頂替, 及夾帶違禁硝磺、樟板、釘鐵、大桅、□檀、鹿茸、桐油、黃麻、棕片、農器等物, 爲非作歹情弊, 各门汎防暨巡司捕員, 五[務]將該船戶舵水一竝拏送, 以憑嚴究, 解憲治罪, 毋違, 須至護照者.

計開: 平字第拾柒號船, 梁頭壹丈捌尺0寸0分, 配船戶
舵工水手共貳拾捌名, 又奉憲行, 會同 關部頒
尺式, 就船頭梁木量確一丈八尺0寸0分, 系歸輸課.

船只 右照給船戶, 准此.

乾隆陸拾年玖月 日給

縣 定限對年對月 日繳換.)[123]

이 통행 허가 증명서는 청대에 자주 보이는 관부에서 발급하는 허가 증명서의 일종임이 분명하다. 글 중에 '0'자가 여러 차례 출현하는데, 이것은 이 글이 자주 사용되는 격식이었음을 설명하는 것이며, 나가사키 교역에서의 상선에 대한 평호현 지방 정부의 일반적 관리 상황을 반영하고 있다. 구체적으로 주로 다음의 몇 가지 조치로 나누어 볼 수 있다.

첫째, 해외 무역 선박의 무게를 측량하고(예를 들어 해당 통행 허가 증명서가 17호 선박의 것이라면 梁頭라고 불리는 선박의 배의 중앙 뱃전 위에 설치한 큰 멍에 윗부분에 一丈八尺零이라고 쓰여 있다), 관부의 낙인을

123) (日)中川忠英 編著, 『清俗紀聞』 卷10 「覊旅行李」, 445쪽. 이에 대해서는 (日)菅俊仍 輯, 『和漢寄文』 二에 「鎮海縣牌之寫」라는 글이 있는데, 浙江 寧波府 鎮海縣 강희 54년(1715)의 '통행 허가 증명서'로, 大庭修 編著 『享保時代の日中關系資料: 近世日中交涉史料集』 二, 207~208쪽에 보인다.

찍어 관리를 강화한다.[124]

둘째, 뱃사공과 선원에 소속된 澳甲, 裹族, 鄰佑 등에게 담보를 갖출 것을 요구한다. 그 다음의 '절강 해관 통상 허가서(浙海關商照)'에서는 이에 대해 "조타수들은 연대보증을 서야 하며, 객상들은 반드시 자금이나 화물을 가지고 있어야 하고 선원들은 반드시 가족들의 신분이나 배경을 조사받은 후 승선이 허락된다"[125]고 하여 더욱 자세하게 설명하고 있다. 이것은 연대보증을 통해 엄밀한 호적제도에 해상 선원을 연결하여 '무뢰한'의 출현을 예방하는 보증제도 중의 하나이다.[126]

셋째, 선원에게 관례대로 관아에 가서 증명서를 등록하고, 출항 절차를 처리하도록 한다. 출항하는 사람은 사적으로 관아의 명의를 도용하거나, 금지품을 소지해서는 안 된다. 통행 허가 증명서의 이러한 내용은 대로나 연안 항구에서 널리 고시하고 성실히 집행하였다.

'절강 해관 통상 허가서'에서 언급한 "조타수는 연대 보증을 서야 하고", "선원들은 반드시 가족들의 신분이 배경을 조사받은 후 승선이 허락된다"는 등의 대책은 육유 등 사람들의 건의에 대한 응답의 일종이라고도 볼 수 있을 것이다.

124) 당시 연안에서의 세금 징수는 주로 梁頭의 크기에 따라 결정되었다(실제로 양두의 크기가 선박의 크기와 비례했다). 『乍浦備志』 卷6 「關梁」(147쪽)에서는 "해외 무역 선박이 날로 증가하여 양두에 정해진 1년 세금이 32,000여 냥이었으나 藩庫(돈이나 곡식을 저장하는 창고)에 쌓아둔 것을 풀면 해마다 남기는 이윤은 그다지 많지 않아 자국의 사포 항구 소재지의 1년 세금은 13,000냥이었다(因洋船日增, 梁頭貨税歲額定三萬二千餘兩, 解貯藩庫, 每年贏餘無多, 內乍浦口址歲額定一萬三千餘兩)".

125) (日)中川忠英 編著, 『清俗紀聞』 卷10 「羈旅行李」, 450쪽: "柁水連環互結, 客商必帶有資本貨物, 水手必查有家口來歷, 方許在船."

126) 해외 무역과 관련된 호적에 관한 토론은 劉序楓의 『清政府對出洋船只的管理政策(1684~1842)』을 참조한다.

4. 결론

이상에서 『浙江嘉興平湖縣給商船示約、崎館海商條約』, 『譯家必備』, 『瓊浦佳話』, 『呈詞翻案』 등 나가사키의 당통사 사료를 이용하고 『瓊浦偶筆』, 『長崎紀略』, 「袖海編」 및 나가사키 당관의 도상 자료를 더하며 「崎館海商條約」을 조목조목 해독하여 강남 해상 선원들의 사회생활에 대해 초보적으로 제시하였다. 이를 통해 『浙江嘉興平湖縣給商船示約、崎館海商條約』의 출현이 중국과 일본 정부 및 중국 해상 각자의 필요와 협조에서 나온 산물이라는 것을 알 수 있다. 당시 상인들은 당연히 관부의 명성에 기대기 위해 선원에 대한 관리를 강화했던 것이다. 중국 관부는 명조의 역사에 대해 민감하여 사전에 왜환을 방지하고자 힘썼다. 청 雍正 4년(1727)에 閩浙 總督 高其倬은 다음과 같이 언급한 바 있다. "福州府, 興化府, 漳州府, 泉州府, 汀州府 다섯 마을은 모두 지역은 협소하고 사람이 많아 현지에서 생산되는 것으로는 식용으로 부족하다. ……약간 부유한 자가 선주가 되고 상인이 되며, 가난한 자는 조타수가 되거나 선원이 된다. 배 한 척에 거의 백 사람이 타고 일 년에 한 번 왕복한다. 많을 때는 천여 금 혹은 수백 금을 벌기도 한다. 다시 말해 선원들이 한 사람당 이삼십 금씩 벌 수 있었다는 말이다. 본인은 일 년간 중국 본토의 곡식을 먹지 못한 채 은을 벌어 돌아가 그 가족을 부양한다. 하급 수공업자들도 모두 그들만의 생업을 많이 가지고 있었다. 해외 무역 선박이 돌아오면 점포를 열었으며 여기에서 얻은 이윤으로 상인의 가족을 부양하기에 충분했다. ……(福、興、漳、泉、汀五府, 皆地狹人稠, 本地所產, 不敷食用. ……民之稍富者爲船主, 爲商人. 其貧者爲頭舵, 爲水手. 一船幾及百人, 一年往還一次, 多者得千餘金或數百金. 即水手之類, 亦每人可得二三十金. 其本身既一年不食本地米糧, 又得銀歸養其家, 下及手藝之人, 皆大有生業. 洋船一回, 開行設

鋪, 又足養商賈之家. ……)."[127] 따라서 정상적인 상황에서라면 선원들에게도 이삼십 냥의 수입이 있었다는 것이다. 당시 사람들은 이것을 '개항의 이득'이라고 여겼다. 하지만 나가사키에서 선원들은 자신을 통제하지 못해 종종 계속해서 기녀와 어울리거나 도박을 하였으며, 늘 자신이 힘들게 번 돈을 한 번에 탕진하였다. 이러한 관점에서 본다면 청조의 지방 정부는 시기를 놓치지 않고 개입하여 그들의 해외 생활에 대한 단속을 강화하여 '무뢰한'의 출현을 막고 더 나아가서는 명대에 일어났던 왜란을 피하기를 바랐던 것이다.

127) 乾隆『福州府志』卷46「名宦」. 高其倬의 계산은 자못 정확하였으며 당시 사람들로부터 인정받기도 하였다. 『得泰船筆話』卷下, 日人 野田笛浦가 중국선에 대해 "무리들마다 얼마의 이익을 얻습니까?(每幫所得幾金)"라고 묻자 중국 해상 朱柳橋가 "육백에서 칠백 금 혹자는 팔백에서 구백 금으로 다들 다릅니다(或六七百金, 或八九百金, 然不等也)"라고 대답하고 있는데(田中謙二·松浦章 編著, 『文政九年遠州漂著得泰船資料: 江戶時代漂著唐船資料集』 二, 505쪽), 이것과 비교대조해 볼 수 있을 것이다.

박지원의 『서이방익사(書李邦益事)』에 나타난 臺灣·澎湖島·閩 유람 고찰

李岩
(中央民族大學)

『서이방익사(書李邦益事)』는 고대 조선시대 문인의 문헌 중 희귀한 견문록으로, 해난을 만나 중국의 팽호도(澎湖島)·대만(臺灣)·민(閩: 복건성[福建省]) 지역을 두루 거치면서 보고 들은 것들에 관한 것이다. 이 글의 문장은 능숙한 한문으로 지어졌으며, 모두 7천여 자로 이루어져 있다. 내용은 크게 '유력(遊歷) 당사자 이방익(李邦益)의 구술 기록'과 '작자 박지원(樸趾源)의 평어 및 고증', 이 두 부분이 잘 대응을 이루며 구성되어 있는데, 글 전체의 문장이 고상하고 기록되어 있는 행적(行跡)이 놀랍고 기이하여 보는 사람에게 강렬한 인상과 계도를 전해 준다.

이 문헌의 빌견은 청대(清代) 외국인 표류민에 내한 정책 빛 대반 해협의 급변하던 정세, 복건과 대만의 역사, 중국 국내외 표류사 등의 연구에 있어서 매우 중요한 의의를 가진다.

이방익의 표류 경험은 과거 수차례 다른 사람들의 표류 과정과 비교해 봤을 때 큰 차이가 있다. 가장 큰 차이점은 이방익 및 그와 동선한 8인이 운 좋게도 중국의 팽호도·대만·복건 지역을 두루 거치며 유람할 수 있었다는 것으로, 이는 조선 표류사 및 중국-조선 교류사를 통틀어서도 매우 드문 사건이다. 박지원은 『서이방익사』에서 이방익 일행이 팽호도(澎湖島)에 도달한 후 이리저리 이동하며 유람한 과정을 기록하였다.

이 기록에 따르면, 이방익 일행은 배를 타고 제주도를 출발한 후, "바다에서 갑자기 큰 풍랑을 만나 배가 바람에 표류하며, 혹은 동서로 혹은 남북으로 무릇 16일 동안이나 떠돌았다(舟爲風所漂蕩,或東西,或南北,凡有十六日)". 이들이 탄 배는 먼저 일본 근해로 떠내려갔다가 다시 중국 쪽으로 방향을 돌리는 등, 거센 파도에 이리저리 휘둘리며 표류하였다. 선상의 양식과 물이 떨어져 굶은 채로 여러 날을 보내게 되자, 그들은 배 안으로 뛰어든 물고기로 배고픔을 달래고 두 손으로 빗물을 받아 마시며 목마름을 해결했다. 온갖 고초를 겪으면서 배위의 사람들 결국 "정신이 혼미해지더니 의식을 잃고 말았다(昏暈不省人事)". 이들의 생명이 경각을 다툴 무렵, 배가 조용히 해안가 암초 변에 닿아 멈추었다. 정신이 몽롱한 가운데 "어떤 사람이 먼 곳에 서서 관찰하며 보는(有人遠立覘望)" 것을 느꼈다. 얼마 지나지 않아 "사람들이 무리 지어 와서는 배 위의 옷과 물품 등을 수습하고 나서, 각자 한 사람씩 업고 떠났다(成群而至, 收拾船中衣物等項, 各負一人而去)".

이들이 배위에서 이미 의식을 잃은 이방익 등의 일행을 업고 약 30리가 채 안 되는 거리를 가니, 곧 30여 가구가 있는 마을에 도착하였다. 마을 중심부에는 관아가 있었는데, 편액에는 '곤덕배천당(坤德配天堂)'이라고 쓰여 있었다. 마을 사람들은 이방익 일행에게 미음을 먹이고 불을 피워 옷을 말리는 등 그들이 천천히 정상적인 상태를 회복하도록 도왔다. "정신을 다소나마 차리고 나서 종이와 벼루를 찾아 필담으로 물어보고 나서야, 비로소 중국 복건에 속한 섬인 팽호 지방임을 알게 되었다(稍定精神, 乃索紙硯書問, 始知爲中國福建屬島澎湖地方).” 이곳은 그들이 여태 가 본 적이 없는 곳이었는데, 민풍(民風)이 순박하고 인심이 소박하였다. 이 선량한 마을 사람들의 정성스런 보살핌을 통해 그들은 마침내 ‘소생’할 수 있었다.

문헌 기록에 따르면, 청나라 정부는 대만을 통일한 이후에도, 종종 외국 표류선의 처리와 관련된 문제에 부딪치곤 했다. 처음에는 청 조정에 이러한 방면에 관한 체계적인 정책이 갖추어져 있지 않았으나, 건륭 시기에 이르러 이 문제가 중시되기 시작하면서, 점차 전문적인 조항을 갖춘 정책이 나오게 되었다.

이방익 일행의 표류 사건은 가경(嘉慶) 원년(元年)에 발생하였는데, 이 시기에 중국 영해상에서의 외국 선박 표류 사건은 매년 증가세에 있었고, 이 때문에 청 조정의 관련 구조 정책 또한 차츰차츰 모양을 갖추기 시작하던 중이었다. 그래서 이방익 등 조선인 표류민들은 팽호도 해상에서 발견되자마자, 즉시 청 조정의 이러한 구조 정책의 도움을 받을 수 있었던 것이다. 이방익 등의 조선 표류민 일행은 고을 관원들의 극진한 보살핌으로 건강을 회복한 후에 큰 배를 타고 5리 밖에 있는 마궁(媽宮) 관아로 보내졌다.

『팽호기략(澎湖紀略)』에 따르면, 마궁은 서서(西嶼)와 시리(蒔裏), 팔조(八罩) 등의 곳과 더불어 팽호(澎湖)의 한 지역이며, 중간급 관아(官衙)가 설치되어 있었다고 한다. 마궁 관아는 강변의 화려한 누각들 사이에 설치되어 있었는데, 강변을 따라 수백 척의 화려한 큰 배들이 정박해 있었다.

마궁 관아가 이방익 일행과 교섭할 때의 광경에 대해 『서이방익사』에서는 다음과 같이 기록하고 있다. “문 안에서 노래 소리와 온갖 악기소리가 드높이 울려 퍼지는 가운데, 8인을 인도하여 들어갔다.

마궁 대인(大人)은 붉은 도포를 입고 의자에 앉아 있었는데 나이는 예순쯤 된 듯 했고 수염이 아름다웠다. 계단 아래에는 붉은 일산이 세워져 있었고 대(臺) 위에는 시중을 드는 자들이 80여 명 있었는데, 모두 무늬 비단옷을 입고 있었다. 어떤 이는 남색 옷을 입고 있고, 어떤 이는 녹색 옷을 입었으며, 어떤 이는 검을 차고 있었고, 어떤 이는 화살을 매고 있었다. 대 아래에는 붉은 옷을 입은 병졸이 30여 명 정도 있었는데, 몽둥이나 대나무 곤봉을 쥐고 있고, 또 황룡기 두 쌍과 징 한 쌍을 들고 있었다. 8인을 인도하여 대 위로 올라가니 마궁 대인이 바다를 표류하게 된 연유를 물었다. 이방익 일행은 조선 전라도 전주부 사람인데, 여차여차하여 표류하게 된 것이라고 대답하였다. 물러 나오자 넓고 큰 집을 배정해 주었는데, 모두 무늬 비단으로 장식되어 있었다. 이방익 일행에게 각각 대자리와 베개를 제공해 주고, 매일 쌀밥 한 그릇과 닭고기 기름 한 그릇을 공급해 주었으며, 또한 향사육군자탕(香沙六君子湯)을 두 차례 주었다(門內高唱三聲, 導入八人. 馬宮大人, 紅袍椅坐, 年可六十餘, 美須髯. 階下建紅傘, 臺上侍立者可八十人, 皆紋緞衣, 或藍, 或綠, 或佩劍, 或負羽. 臺下朱衣兵卒可三十人, 皆持杖或竹棍, 黃龍旗二雙, 銅鉦一雙. 引八人升臺上, 馬宮大人問漂海之由, 答以朝鮮全羅道全州府人云云. 退出, 有大廈鋪設, 皆錦緞. 各贈竹簟枕, 每日給米飮一器, 雞膏一器, 又給香沙六君子湯兩時).”

마궁 관아는 대만부 관할의 하위관청으로, 모든 행정사무와 법률 모두가 비교적 체계화되어 있었다. 당시 팽호청(澎湖廳)의 행정 체제를 통해 살펴보면, 마궁 ‘대인’이라는 관직명은 아마도 통판의 부류였을 것으로 보인다. 그 마궁 ‘대인’은 붉은 도포로 된 관복을 입고 영의(領椅)에 앉아 이방익 일행에게 표류하게 된 연유와 과정에 대해 자세하게 물었다. 그들은 실제 정황을 분명히 파악하고 나자, 곧 이웃의 우방국에서 온 이 불행한 손님들을 신임하고 동정하였다. 마궁 관아는 이 조선의 표류민들이 장시간 바다 위에서 비바람과 기갈, 풍랑에 시달려 심신이 극도로 허약해진 것을 고려하여, 매일 모든 사람에게 미음과 닭고기 기름을 등 영양이 풍부한 음식과 향사육군자탕(香砂六君子湯)과 같이 약재를 넣은 자양 강장 식품을 배급하여, 그들이 차츰차츰 원기를 회복하여 빠른 시일 내에 본국으로 돌아갈 수 있도록 해 주었다. 이 글을 보면, 이방익 일행은 마궁 대인과의 대화 중에 실제 본적(제주도)을 이야기하는 것을 피하고 '조선(朝鮮) 전라도(全羅道) 전주부(全州府) 사람'이라고 하였는데, 이는 아마도 사람들이 탐라(耽羅)와 왜(倭), 유구(琉球)를 혼동함으로써 오해를 야기하여 불필요한 결과가 발생하는 것을 우려해서였을 것이다. 이는 충분히 이해 할 수 있는 부분이다.

며칠 후, 마궁 관아에서는 큰 배 두 척을 내어 동쪽으로 이틀 동안 운항하여 이방익 일행을 대만부(台灣府)로 보냈다. 저녁 무렵이 되어 이방익 일행은 대만부 북문 밖에서 하선하였는데, 그들이 본 것은 매우 번영한 광경이었다. "번화하고 장려하며, 누대들이 길을 사이에 두고 늘어서 있는데, 밤에는 유리등이 즐비하게 켜져 대낮처럼 밝았다. 또 기이한 새가 있는데 그것을 훈련시켜 새장에서 기르는데 시각을 알려 운다(繁華壯麗, 樓台夾路, 夜張琉璃燈,通明如晝。又有異鳥, 馴之彩籠, 知更而鳴)"라는 기록은, 이방익 일행이 누대가 빽빽하게 늘어서있고 상업이 발달하였으며 거리가 번화하고 백성들이 안락한 태평성세의 경관을 마주하였음을 보여 준다. 이는 청 가경(嘉慶) 원년, 즉 1796년의 기록이다. 이 시기는 강희(康熙) 23년(1684)에 대만을 점령하고 관부를 실치한 때로부터 약 100여 년의 역사가 흐른 때로, 그동안 힘껏 통치한 결과 대만은 이미 풍요로운 '천혜의 고장'이 되어 있었던 것이다.

복건성의 순무(巡撫: 청대 지방 행정관)였던 요분(姚棻)이 청나라 조정에 상소를 올려 보고하자, 청나라 조정에서는 재빠르게 관련 조치를 하였다. 예부상서(禮部尙書) 덕명(德明)이 황제한테 올린 상주문에 보면 "관례에 따라 무휼(撫恤)하라"고 지시하였음을 알 수 있다. 「예부상서덕명제복조선난민이방익등팔명피풍표지복건성팽호지방조례무휼(禮部尙書德明題覆朝鮮難民李邦益等八名被風飄至福建省彭湖地方照例撫恤)」이라는 회답 상주문에 따르면, 덕명(德明)은 가경 황제의 명을 받들어, 건륭 황제 이래로 시행되어 오면서 이미 굳어진 관례에 근거하여 지시를 내렸다. 이 회답 상주문에서는, "가경 2년 3월 20일, 성상께서 '알겠도다!(知道了!)'라고 주비(朱批)하신 것을 받들어, 성상의 뜻대로 삼가 분부를 받들어 시행하였습니다. 5월 11일에, 복건성에서 맡아 관리를 특파하여 조선 표류민 이방익 등을 예부로 호송하였습니다(嘉慶二年三月二十日, 奉朱批, 知道了! 欽此欽尊在案. 玆於五月十一日, 據該省, 委員將朝鮮難番李邦益等護送到部)"고 쓰고 있다. 청나라 정부의 이러한 인도주의 정책은 이방익 일행을 위기에서 기사회생하게 하고, 또한 구체적이고 따뜻한 도움을 제공하여, 마침내 청 정부가 파견한 전담관리의 호송 아래 순조롭게 귀국하여 가족과 재회할 수 있었다. 이는 유구한 중국-조선 교류사상에서 빼놓을 수 없는 우의(友誼)와 관련한 미담(美談)이다.

이방익 등 8인이 중국 대만과 팽호도까지 표류해 갔다가 구조된 사례를 통해 살펴보면, 가경 시기 청 조정에서는 외국인 표류민을 처리할 때 확실히 건륭 시기에 틀이 만들어진 규정에 따라 진행하였음을 알 수 있다. 이방익 일행이 중국 해역의 팽호(澎湖) 열도로 표류해 간 이후, 최초로 이들을 발견한 어민은 곧바로 이 사실을 고을 관아에 보고했고, 고을 관아는 선상의 물품들을 수습하는 한편 또한 초보적인 구제 활동을 실시하고는, 이 8인이 원기를 회복하기를 기다렸다가 다시 배에 태워 팽호청(澎湖廳)에 보냈다. 팽호청의 장관은 규정에 따라 조난당하게 된 경위를 조사하고 소지품을 조사한 후에, 숙소를 안배하고 각자에게 먹을 음식과 약선, 선물을 지급한 후, 다시 배로 대만부(臺灣府)까지 호송하였다. 대만부 또한 몇 가지 절차를 거친 후 이들의 숙소를 배정하고 의복과 음식을 지급하였으며, 7일 후에 송별연을 하고 배에 태워 하문청(廈門廳)으로 보냈다. 하문청에서도 그들을 한 차례 보살핀 후에, 절차에 따라 죽교(竹轎)를 이용하여 그들을 복건성(福建省)의 성(城)까지 호송하였다. 복건성 성에서는 조정의 지시에 따라, 복건성 총독과 순무의 감독하에 다시 한 번 물품을 철저히 검사하고 공문서를 작성한 후에 이들을 연경으로 보냈다. 도중에 지나는 각각의 성, 주, 현의 각급 관아에서 모두 이방의 일행에게 편리와 도움을 제공하여 그들이 순조롭게 연경에 도착하고, 다시 연경에서 사절(使節)을 붙여 귀국할 수 있게 하였다. 이는 청 정부가 표류민을 처리한 무수히 많은 실례 중 하나에 불과하다.

중국 정부가 대만섬(台灣島)을 통치한 역사는 유구하다. 기록에 따르면 서기 230년 동오(東吳)의 손권은 황룡 2년에 위온(衛溫) 등의 장군을 파견하여 일만여 명의 관병을 이끌고 "바다를 건너가 이주와 단주를 찾아 가게 하였다(浮海求夷洲及亶洲)". 학계에서는 여기서 말하는 '이주(夷洲)'가 바로 지금의 대만도(台灣島)라고 본다. 이는 어쩌면 대륙의 정부가 계획적으로 대규모 병력을 파견하여 대만도에 진출한 최초의 문헌 기록일 수도 있다. 수 문제는 개황 연간에 호분(虎賁)을 파견하여 진릉(陳棱) 팽호(澎湖)의 36개 섬을 다스리게 하였고, 당대사람 시견오(施肩吾)의 『도이행(島夷行)』에서는 대륙의 한족이 대만에서 생활하던 정황을 서술하였다. 송대(宋代) 조여괄(趙汝適)의 『제번지(諸蕃志)』와 원대(元代) 왕대연(汪大淵)의 『도이지략(島夷志略)』 등의 문헌에 따르면, 송·원 시기에는 더 많은 복건성 동남쪽 출신 한족들이 바다를 건너 대만도에 정착하여 경작 농업을 개발하고 새로운 고향을 건설하였다고 한다.

송대에는 대만을 복건 보강현(晉江縣)에 예속시켰고, 원대에는 팽호(澎湖)에 순검사(巡檢司)를 설립했다. 이는 아마도 대륙의 봉건왕조 정부가 대만 지역을 정식으로 제도화한 것의 시초일 것이다. 명(明)·청(淸)시기에는 더욱 많은 대륙의 한족이 대만으로 이주하여 개척과 발전을 시도하였는데, 이때는 대륙의 인원과 문화를 대만에 조직적으로 이식한 황금시기였다.

분명, 이방익 일행이 그 당시에 보았던 대만의 번영한 광경은 결코 우연한 것이 아니었다. 강희(康熙) 때의 정비와 관리로부터, 옹정(雍正) 때의 인적·물적 자원의 지원, 그리고 건륭(乾隆) 시기의 통치를 거쳐, 가경(嘉慶) 연간 초 대만은 정치적으로 안정되고 경제적으로 발달한 모습을 갖추게 된 것이다. 『가경중수일통지(嘉慶重修一統志)·대만부(台灣府)』에 따르면 "지금 남녀노소를 모두 합쳐 1,786,883명의 인구에, 모두 224,646호의 가구가 있다(今滋生男婦大小共一百七十八萬六千八百八十三名口,計二十二萬四千六百四十六戶)"라고 하였으니, 이 기록을 통해 건륭·가경 시기, 인구가 번창하고 사회가 발달한 대만의 실제 상황을 알 수 있다.

또 주목할 만한 것은, 박지원이 이 글에서 진일보하여 그 당시 대만의 민간 문화풍습에 대해서도 기록하였다는 점이다. 여기에서 말하는 '구국(狗國)'은 대만, 팽호 지역과 관련된 문헌 중에서도 드물게 보이는 것으로, 『산해경(山海經)·해내북경(海內北經)』의 곽박(郭璞) 주(注)에서나 그 연원을 찾을 수 있다. 『산해경·해내북경』에서 "견봉국을 견융국이라고 부르는데, (그 나라 사람들의) 생김새가 개와 비슷하다(犬封國曰犬戎國, 狀如犬)"라고 했는데, 이에 대해 곽박은 주석하기를 "옛날에 반호가 견융의 왕을 죽이니 고신왕(高辛王)이 미녀를 그에게 아내로 삼도록 하였으나, 귀종(歸從)시킬 수 없자, 이에 그들을 회계

(會稽) 동남쪽 바다 가운데로 건너가게 하고 300리의 땅을 봉토로 내려 주었다. 아들을 낳으면 개이고 딸을 낳으면 미인이었으니, 이것이 구봉국(狗封國)이 되었다(昔盤瓠殺戎王, 高辛以美女妻之, 不可以訓, 乃浮之會稽東南海中, 得三百裏地封之, 生男爲狗, 女爲美人, 是爲狗封之國也)"고 했다. 여기서 "회계(會稽) 동남쪽 바다 가운데로 건너가게 하고 300리의 땅을 봉토로 내려주었다(會稽東南海中, 得三百裏地封之)"는 곳이 아마도 지금의 '대만도'일 것이다. 후에 대만도 사람들이 목에 동으로 된 방울을 걸고 다니는 풍속은 분명 우연히 아니라, 아마도 이러한 역사 과정과 직접적인 관련이 있을 것이다.

박지원의 글에 나오는 '생번(生蕃)'은 대륙에서 건너간 백성이 아니라, 주로 산간 협곡에 사는 원주민을 가리킨다. 그들은 키가 작고 문신을 하며, 귀를 뚫어 주석으로 된 대통을 꽂고, 뼛조각을 꿰서 거는 풍속이 있다. 이러한 내용은 우리가 대만 고대 원주민의 생활을 이해하는 데 필요한 귀중한 일차 자료이다. 또한 건륭 52년(1787), 대만의 임상문(林爽文)이 폭동을 일으켰다가 관군에게 패하여 섬의 깊은 산에 숨었으나, 결국 산속의 원주민이 그를 포박하여 관청에 넘긴 일이 기록되어 있다. 이는 대만의 원주민들이 그 당시 대만 관아를 인정하고 적극 협조하는 태도를 보였다는 것을 설명하는 것으로, 대만 역사상 한족 관청과 원주민의 원만한 관계를 보여 주는 증거가 된다.

18세기 말엽의 조선에서, 우연히 유람하게 된 기회를 통하여 복건·대만·팽호 지역의 전반적인 혈육관계를 파악하고, 아울러 이를 장편 여행기의 형식으로 써냈으니, 이는 중국과 외국 문화관계사에 있어서도 최초이다. 경험 당사자인 이방익의 구술과 저명한 문인 박지원의 심혈을 기울인 저술로 이루어진 『서이방익사』는 다음의 다섯 가지 역사적, 문헌적 가치를 지닌다.

(1) 이 표류 유람기는 이방익 일행이 오랫동안 바다에서 표류하다가 팽호도에 닿은 후에 지방 관청으로부터 받은 여러 보살핌과 예우 및 팽호 관아로부터 대만으로 이송된 이후의 친절한 접대 과정, 그리고 복건성으로 이송되는 과정을 비교적 상세하게 기록하였다.

이 과정 중에서 접대를 담당했던 고을 관청-마궁 관아-대만부 관아-하문 관아-복건성 관부 등은 18세기 말엽의 복건·대만·팽호 지역의 행정 단위로, 복건성 직할에 속하는 대만부 팽호청 마궁 관아와 그 관할 소속 고을의 관청이다. 이러한 기록은 당시 복건·대만·팽호 지역이 청나라 정부에 예속된 각급 지방 행정 단위였음을 보여 준다.

(2) 이 글은 여러 사실을 통해 건륭·가경 시기 청 정부의 외국인 표류민에 대한 구조정책과 인도주의 원칙을 반영하고 있다. 이는 우리가 청대의 해안 방어 정책 및 해양 재난 구조 체계에 대해 이해할 수 있도록 설득력 있는 개별 사례를 제공하고 있다.

(3) 박지원의 『서이방익사』는 조선의 정조와 기타 독자들에게 복건·대만·팽호 지역의 유구한 역사 연혁 및 행정 예속 관계의 변화 과정을 매우 상세하게 소개하여, 조선이 '대만 해협'이 예로부터 중국에 속했음을 인식하는 데 풍부한 문자 기록으로 분명하게 제시하였다. 또한 객관적으로 우리에게 대만과 팽호 지역이 역사상 떼려야 뗄 수 없는 확실한 중국 영토의 일부분이라는 명백한 증거를 제공한다.

(4) 이 장문의 글은 대만과 팽호 지역의 지형, 해안 방비, 정치, 경제, 항해, 기후, 표류, 성과 해자 등, 여러 방면의 정황을 상세하게 기술하였다. 또한 그 내용이 기본적으로 중국의 다른 문헌 기록 및

당시의 실제 환경 정황과도 부합한다. 바다에서 표류 사고가 자주 발생했던 조선으로 말하자면, 이러한 기록은 지식을 전파하고 본보기로 삼는데 있어서 더할 나위 없이 중요한 의의를 가지는 것이었다.

(5) 더욱 흥미로운 것은 자기가 이 글에서 팽호의 대만의 풍토, 인정(人情) 및 민간 풍속을 비교적 상세하게 소개하고 있다는 것이다. 이를테면, 대만의 옛 이름은 구국(狗國)이었으며, 원주민은 목에 동으로 된 방울을 걸고 다닌 것, 조상 대대로 꿩을 먹지 않고 다만 그 털로 장식을 한다는 것, 원주민들은 머리를 삭발하고 이마만 가리며, 문신을 하고 귀를 뚫어 주석으로 된 대통을 꽂았다는 것, 황목(黄木)이나 뼛조각을 꿰어 건 것 등등 및 산간의 원주민은 사건이 발생했을 때 관부(官府)와 합작하는 정황은 중국과 조선 양국에 모두 중요한 문화 지식적 가치를 지닌다. 또한 대만의 풍토와 인정, 풍속에 관한 이러한 기록은 지금에도 우리가 대만의 역사 문화를 연구하는 데 있어 매우 중요한 자료를 제공해 준다.

청나라 정부가 외국의 표류민을 구조한 것은 인도주의적인 차원의 배려일 뿐만 아니라, 또한 이러한 정책을 통해 천하에 은혜를 베풀어 '황제가 멀리 있는 사람에게도 은혜를 베풀고자 하는 지극한 뜻(聖主加惠遠人之至意)'을 분명히 드러내고자 한 것이다. 이는 당시의 청 조정이 여전히 '천하일통(天下一通)'이라는 사유 방식에 젖어, 중국이 세계의 중심이며 동방의 각국 백성들은 모두 대청국(大清國)의 백성이라고 여겼기 때문이다. 이러한 의식하에, 건륭 황제는 해양 표류민에 대해 "내국인과 외국인을 차별 대우하지 않는다(內外並無歧視)"는 어명을 내린 것이다.

이방익 일행은 하문(廈門) 관아의 보호 아래 정월 15일에 복건성에 도착했다. 당시 복건성은 “보리는 누렇게 익고 유자는 열매를 맺을(大麥已黃,橘柚垂實)” 무렵이었다. 그곳 사람들은 외국에서 온 낯선 이들을 보러 쉴 새 없이 찾아왔는데, 보러 오면서 사탕수수 설탕을 가져와 멀리서 온 이국의 손님들에게 선물했다. 양쪽은 언어가 통하지 않아 손짓으로 의사소통을 하였다. 돌아갈 때는 여전히 떠나기 서운해 하는 표정을 지었다. 이방익 일행은 사신(使臣)이 지체되자, 복주(福州)의 순무(巡撫)에게 서신을 올렸다. 며칠 후 35명의 관인이 모여 “여러 관리들을 돌아가며 다 살펴보고 나서, 순무부에 고하여(衆官輪回看畢,告於巡撫府)”, “순검 아무개를 파견하여 호송하도록 정하였다(以巡檢某派定護送)”. 이방익 일행은 전담자의 호송하에 복주성 서문을 나와 40리를 가서 황진교(黃津橋)에 이르러 작은 배에 올라 북쪽으로 향했다. 이틀 후에 배에서 내려, 서양령(西陽嶺)의 보화사(寶華寺)를 지나 절강성 경계의 선하령(仙霞嶺)에 이르렀다. 이들 일행은 강산현(江山縣)에 이르러서는 배로 길을 재촉하여 농유현성(龍遊縣城)과 엄주(嚴州)를 거쳐 항주부(杭州府)의 북쪽 관문에 도달하였다. 그들은 다시 항주부에서 출발하여 6일 만에 소주(蘇州)에 도착하였다.

연경에 도착한 이후에는 청 조정의 예부에서 이미 이방익 등 조선 ‘표류민’이 연경에 온다는 것을 알고 있었기에 미리 구체적인 준비를 해 놓은 상태였다. 예부에서는 규정에 따라 그들에게 관할 내의 회동관내(會同館內)에 자리를 안배하고 ‘양식’을 제공해 주고 또한 각 방면에서 세심하게 보살펴 주었다. 청조의 본래 정책은 만약 그 나라 사신이 때마침 연경에 있을 경우에는 이들 ‘표류민’을 해당 본국 사신의 편에 함께 돌려보내고, 만약 사신이 없으면 특별히 통역관 한 명을 파견하여 이들을 국경까지 호송하는 식이었다. 이방익 일행이 연경에 도착했을 때에는 조선 사신이 연경에 없었기 때문에 청 조정은 8품의 관리를 한 명 파견하여 그들을 압록강변까지 호송하였다. 이 과정에 대해 「예부상서덕명제복조선난민리방익등팔명피풍표지복건성팽호지방조례무휼(禮部尚書德明題覆朝鮮難民李邦益等八名被風飄至福建省澎湖地方照例撫恤)」에서는 다음과 같이 적고 있다. “5월 11일, 복건성에서 맡아 관리를 파견하여 조선의 표류민 이방익 등을 예부로 호송하였습니다. 신 등은 조선인이 폭풍을 만나 각 성을 표류하게 된 과정을 조사하여, 관례대로 복건성의 총독과 순무로 하여금 상주문을 올리게 하고, 공금을 유용하여 무휼하게 하였습니다. 이후 관리를 특파하여 그들을 연경으로 호송하게 하고, 연경에 도착한 후에는 회동관내에 안배하여 머물게 하였습니다. 만약 조선의 사신이 연경에 없으면, 예부에서 통관 한 사람을 파견하여 조선과의 국경 지방까지 호송하겠습니다. 공문을 보내 알리니, 그 나라의 왕이 문서대로 삼가 따르겠다고 하였습니다. 지금 조선인 표류민 이방익 등 8인이 폭풍으로 표류하다 복건성 팽호 지방에 도달한 것을 이미 복건성 총독과 순무는 선례에 따라 그들을 무휼하고 전담 관리를 파견하여 호송해 왔습니다. 5월 11일에 연경에 도착하자, 즉시 예부 회동관 내에 안배하여 거주하게 하고, 양식을 지급하였습니다. 조사해 보니 현재 조선의 사신이 연경에 없어, 선례에 따라 8품의 관원을 파견해야 합니다(玆於五月十一日, 據該省, 委員將朝鮮難番李邦益等護送到部. 該臣等查得朝鮮國被風船只飄到各省, 例由該督撫奏聞, 動用存公銀兩撫恤, 仍委員伴送來京, 到京後安插會同館內居住. 如無該國使臣在京, 臣部酌派通官一員送至該國交界地方. 行文知照, 該國王等因遵行在案. 今朝鮮難民李邦翼等八名被風飄至福建省澎湖地方, 既經該督撫照例撫恤並派委員伴送. 於五月十一日到京, 當即安置在臣部會同館內居住, 給予口糧食物. 查現在並無該國使臣在京, 應照例派出八品(引注: 下缺)).”

여기에서 청 조정의 예부 또한 전부 관련 정책에 근거하여 이 조선인 표류민들을 안배하고 보살폈음을 알 수 있다. 이 문서는 우리에게 당시 청나라 정부의 ‘표류민 정책’의 절차가 실시된 구체적 정황에 대한 귀중한 정보를 제공해 준다.

팽호에서 북경까지, 그들은 대만·복건성·절강성·강소성·산동성·하북성 등의 성과 지역을 거쳤다. 이 지역들은 그 당시 중국의 정치 경제가 발달하고 문물이 번영했으며 풍광이 수려한 곳들로, 당시 중국의 물질문명과 정신문명이 가장 발달한 동남 연해 문화대(東南沿海文化帶)였다. 이방익 일행이 머물거나 지나면서 본 것들은 즐비하게 늘어선 건물들과 번화한 거리, 왕래가 끊이지 않는 상선과 여객선들이었다.

『서이방익사』에서는 그들이 절강성 용유(龍遊)와 엄주(嚴州) 일대를 지나서 항주(杭州)에 들어서던 때를 다음과 같이 언급하고 있다. "산천이 수려하고 인구가 대단히 많았으며 누대가 화려하고 웅장해서 눈이 쉴 겨를이 없었다. 큰 배가 멀리 어렴풋하게 보이는데, 기녀들 여러 무리가 뱃머리에서 노닐고 있었으며, 패옥 장신구 소리가 낭랑히 울려 퍼졌다(山川之秀麗, 人物之繁庶, 樓台之侈壯, 目不暇給. 大船縹緲, 妓女數輩, 遊戲船頭, 環佩琅然)." 이는 청대 건륭, 가경 연간에 중국 동남 연해 일대의 사회 번영상을 그린 것이다. 중국의 광활한 영토와 풍부한 물산, 편리한 교통, 발달한 산업, 사회의 안정 등은 해동의 한 쪽에 위치한 나라에서 온 사람들에게 강렬한 인상을 남겼다.

중국의 동남 연해 일대는 문물 고적이 많고 풍광이 수려하며 세상에 이름난 문화경관이 많다. 특히 강희 때의 훌륭한 치세는 건륭 강희 연간까지 이어져, 이 일대의 문화경관은 전대미문의 정비와 보호를 통하여 사람들에게 더욱 휘황찬란한 느낌을 주었다. 이방익 일행은 배를 타고 복건·절강·안휘 일대를 거쳤는데, 양안(兩岸)의 풍경이 그림 같고 청산(靑山)과 녹수(綠水) 사이로 향사(鄉祠)와 묘우(廟宇)가 공존하고 있었으며, 논밭에서는 사람들이 평화롭게 밭을 갈고 있었다. 그들은 항주에서는 도시의 번화한 모습 및 서호의 아름다움과

산의 매혹적인 풍광을 보았고, 소주에 도착해서는 풍요로움과 문화경관의 풍성함을 보았다. 소주의 지현이었던 왕공은 연회를 베풀어 그들을 대접하고, 유람선을 제공하여 그들이 명승고적을 순방하며 소주의 아름다운 문화경관을 실컷 유람할 수 있게 하였다. "소주 서쪽에 한산사가 있는데, 누런 기와를 얹은 건물이 40칸이었다. ……배로 10리를 가서 고소대(姑蘇臺)에 이르렀다가 다시 30리를 가니 '악양루(嶽陽樓)'가 나왔는데, 구리로 기둥을 세우고 창문과 문, 마루, 담틀에 모두 유리를 사용하였다. 마룻바닥에 연못을 파서 만들고 형형색색의 물고기를 길렀다. ……또 호악사(虎丘寺)에 이르니, 천하제일의 대사찰이라고 하였는데, 칠층불탑이 있어 끝없이 멀리 바라다보였다(蘇州西有寒山寺, 黃瓦四十間也. ……舟行十裏至姑蘇台, 又三十裏有'嶽陽樓', 以銅爲柱, 牖戶廳版, 皆用琉璃. 爲之鑿池於廳底, 養五色魚……又至虎丘寺, 天下第一大寺云, 七級浮圖, 望見無際)." 이들이 본 진강(鎭江)의 금산사(金山寺)는 더욱 그들의 마음을 빼앗았다. "금산사는 오색의 기와로 덮여 있으며 절 앞 인공돌산 높이가 백장이나 되며 또한 돌로 5리를 둘러쌓았다. 이 층짜리 누각을 지었는데, 아래에는 유생 수천 명이 거주하며 글을 파는 것을 업으로 삼았고, 윗층에는 노래 소리와 악기 소리가 하늘을 뒤덮었는데 낚시하는 사람이 장대 드리우고 줄지어 앉아 있었다. 인공돌산 위에는 십자 모양의 동으로 된 기둥이 가로놓여 있고, 석판으로 마루를 만들어 법당으로 삼았다. 또한 종과 경이 14개가 있었는데, 목인이 때에 맞춰 이를 쳤다. 하나의 종이 먼저 울리면, 여러 종이 순서대로 모두 울렸다(金山寺以五色彩瓦蓋覆, 寺前石假山高可百丈, 又砌石五裏環. 建二層閣, 下層則儒生數千居住, 鬻書爲業, 上層歌吹薰天, 漁釣之人攜竿列坐. 石假山上, 橫十字銅柱, 以石版造廳, 即法堂也. 又有鍾磬十四, 木人應時自擊, 一鍾先鳴, 衆鍾次第皆鳴)."

이는 바로 18세기 말엽 조선의 표류객들이 본 중국 강소 소주의 한산사(寒山寺)와 고소대(姑蘇台), 진강(鎭江)의 금산사(金山寺) 등에 관한 것이다. 소주의 이러한 문화경관은, 천하제일의 명승고적이라는 미칭(美稱)으로 조선의 문인들 사이에 널리 알려졌고, 그 명칭과 찬미는 그들의 시문에도 자주 등장하였다. 그러나 고려시대의 박인량(樸寅亮), 이제현(李齊賢) 등 극소수의 사람만이 이들 지역을 다녀간 것을 제외하고는 직접 이 지방의 실제 경관을 본 사람은 매우 적었다. 이방익 일행은 소주 관아의 세심한 안배하에 소주의 명승고적을 유람하며 소주와 그 주위의 아름다운 경관을 직접 보았으니, 이는 그들에게 있어서 실로 천재일우의 기회이자 행운이었다.

소주의 고소대와 한산사는 그 서남쪽의 풍교진(楓橋鎭)에 있으며, 남조(南朝) 양(梁)나라 때 지어진 것으로, 당나라 때 장계(張繼)의 「풍교야박(楓橋夜泊)」 시의 "고소성 밖 한산사, 한밤중에 나그네 배에 들려오는 종소리(姑蘇城外寒山寺, 夜半鍾聲到客船)"라는 구절로 세상에 유명해졌다. 금산사는 진강의 서북쪽 금산에 있으며, 동진(東晉) 시기에 지어진 것으로, 전각과 누대는 산에 기대어 지어졌고, 능가대(楞伽台), 관음각(觀音閣), 류운정(留雲亭), 법해동(法海洞), 자수대(慈壽台) 등이 그 주요 건축물인데, 중국의 저명한 불교 사원이다. 위의 기록에서 보이듯이, 이방익 일행이 당시 본 금산사는 웅장하고 화려하며 장중한 모습으로 차마 발길을 돌리지 못하게 하는 강렬한 인상을 심어주었다.

청 왕조에서의 소주의 경제적인 위치에 대해 작자인 박지원은 정조에게 다음과 같이 소개하였다. "신 지원이 일찍이 듣건대, 중국인들은 강산으로는 항주를 제일로 칭하고 번화하기로는 소주를 제일이라 한다고 합니다. 또한 부녀자의 머리 모양 중 소주 여인들의 머리 모양을 제일로 꼽는다고 합니다. 대개 소주 한 주의 부세를 살펴보면, 다른 군의 10배에 달한다고 합니다. 그러한 즉 소주가 천하에서 재화와 부세가 월등히 많음을 알 수 있습니다(臣趾源嘗聞, 中國人稱江山杭州

爲勝, 繁榮蘇州爲勝, 又曰婦人首髻當以蘇州樣爲善. 蓋以蘇州一州賦稅觀之, 比他郡常十倍. 則蘇州爲天下財賦所出可知矣)." 이 기록에서는 조선 정조와 문인 사대부들의 중국 소주에 대한 흥미와 중시가 확연하게 드러나고 있다.

박지원의 『서이방익사』는 비록 지금으로부터 200여 년 전에 지어졌다는 시간적 거리가 있으나, 우리는 이 글을 통해 청대 건륭, 가경 연간의 청 조정이 시행한 외국인 해양 표류민 구조 정책의 구체적인 사항 및 인도주의 정신을 이해할 수 있다. 이 글은 또한 우리에게 당시 중국의 복건성과 대만 및 동남 연해 일대에 관한 수많은 정보를 제공하여, 오늘날의 우리로 하여금 일종의 각별한 친밀함을 느끼게 한다.

이 글은 한 외국 문인의 질박하고도 사실적인 필치로, 이방익 일행이 우연히 풍랑을 만나 표류하게 된 경험을 통해 당시 대만해협이 중국에 통일된 실제 상황을 기록하였다. 또한 이방익 등 조선 해양 표류민에 대한 복건성과 대만 각 지방정부의 보살핌과 적절한 처리 과정을 상세하게 기록하여, 팽호청, 대만부, 복건성과 북경의 청 정부 사이의 행정 예속 관계를 잘 보여 준다.

이 글에는 직간접적으로 당시 대만과 팽호 지역이 청 정부의 관대한 정책 아래, 경제가 번영하고 인구가 번창하였으며, 인심이 안정되어 태평성대의 모습을 갖추고 있었음이 기록되어 있다. 또한 작자의 부연설명을 통해 더욱 상세하게 그 당시 대만과 팽호 지방의 민풍·민속·역사·기후·해양·지리·성과 해자·고적 등의 정황을 기록하여, 후대 사람들에게 당시 그 지역의 인문 지리적 실황에 관한 정보를 제공하였다. 또한 문미에 기록된 이방익 일행이 거쳐 간 경로 및 성진(城鎭) 각 지역의 지형지물에 관한 정보는 우리가 건륭, 가경 연간의 동남 연해 일대의 정치·경제·행정 조직·지명·수륙교통을 이해하는 데 진귀한 자료적 가치를 제공한다.

전체 문장은 18세기 말엽 중국-조선 양국 백성들의 두터운 우의 관계를 진술하게 기록하였다. 대만부(台灣府)의 각급 지방 관청들은 이방익 일행의 신분과 표류 경위를 조사한 후에 세심하게 보살피고 선물을 주기도 했으며, 대륙에서 도중에 만난 각급 지방관아에서도 친절하게 환대하며 수륙 교통편을 잘 안배해 주었다. 또한 각지의 유생, 백성, 관리들이 방문하고 연회에 초대하기도 하였다. 이는 모두 이웃나라인 조선 백성에 대한 중국 관리와 백성들의 두터운 우정을 증명하는 것들이다.

이방익이 조선으로 돌아간 후에, 조선 정조는 특별히 그를 불러서 그가 중국에서 겪은 경험들을 치하하며, "장한 뜻을 품고 먼 곳을 다녀오느라 고생하였으니, 이에 특별히 전라도중군에 제수하여, 그 귀환을 영예롭게 하노라(以壯遊勞苦, 特除全羅道中軍, 以榮其歸)"고 하였다. 여기에서 중국 각급 정부가 이방익 일행에게 준 도움과 적절한 일처리에 대해 감동한 정조의 마음과 이러한 드문 일에 대한 중시를 엿볼 수 있다.

1. 이방익(李邦益, 1757~?), 제주(濟州) 사람. 정조(正祖) 8년(1784) 무과(武科) 급제. 일찍이 수문장(守門將)·선전관(宣傳官)·충장장(忠壯將) 등의 관직에 제수되었다. 조선조 정조 20년(청(清)은 중국 청나라 가경(嘉慶) 원년이다).
2. 歷史語言研究所 編, 『明清史料』(甲) 第七本, 商務印書館, 100冊, 1930年, 第680頁.
3. 『嘉慶重修一志統志』, 卷四百三十七, 「台灣府」, 上海書店印行, 1985年 2月, 第4頁.
4. 『山海經·海內北經』

5. 姚棻,「責爲遣送朝鮮國遭風番民回國折奏」,『清代中朝關系檔案史料續編』, 中國檔案出版社, 1998年 1月, 第30頁.

6. 歷史語言研究所 編,『明清史料』(甲) 第七本, 商務印書館, 100冊, 1930~1975年, 第680頁.

국경지대에서 국경선으로※

: 19世紀末 淸과 朝鮮의 關係

김선민

(고려대학교)

1. 서론: 봉금에서 개방으로

同治 6年(1867) 2월 30일 盛京戶部侍郞 額勒和布는 황제에게 올린 상주에서 유조변 동단 바깥의 봉금지역에서 토지를 경작하는 민인들이 증가하고 있음을 보고했다. 이 가운데 불법적으로 변외로 넘어가 개간을 하던 민인 何名慶 등은 성경아문에 세금을 납부할 것을 자청하며 다음과 같이 말했다. "봉천의 旺淸門 바깥의 六道河 등지에 수십만 가구가 모여살고 개간한 땅은 수백만 晌이 되니, 청컨대 吉林 五常堡에서 開荒한 예에 따라 升科하게 해 주십시오." 그러나 何名慶의 요청에 대한 額勒和布의 반응은 신중했다. "邊外에서 땅을 파헤친 일은 이미 형률에서 軍罪에 해당합니다. 何名慶 등이 공공연하게 자

※ 이 글은 『中國史硏究』 第82輯(2013년 2월)에 수록된 「국경지대에서 국경선으로: 19세기 말 청과 조선의 관계」를 수정·보완한 것이다.

수한 것은 무리가 많은 것을 믿고 한번 시험해 본 것입니다." 額勒和布는 또한 이 지역이 조선과의 경계 지역임을 잘 알고 있었다. "邊外는 동쪽으로 조선과 경계하고 있으니, 그 가운데 문제가 있는지 없는지에 대해 더욱 과거의 사례를 조사하여야 합니다."[1)]

額勒和布의 상주는 예부와 군기처에서 다시 검토되었다. 王大臣會議의 관리들은 먼저 "國祖가 發祥한 성경 부근 일대는 수천 리의 비옥한 토지와 황무지 산을 남겨두고 연변에 책문을 세워서" 지켜왔음을 지적하였다. 그러나 동치 2년(1863) 성경장군 玉明의 보고를 통해 성경의 유조변 일대, 특히 "남쪽으로 애양문과 북쪽으로 영액문에 이르기까지" 변외에서 집을 짓고 토지를 경작하고 벌목하는 자들이 무수히 많다는 사실은 북경에도 이미 잘 알려져 있었다. 따라서 왕대신들 역시 과거의 규칙에 따라 불법 개간민을 몰아내려 할 경우 "수십만의 무리가 오랫동안 생계를 유지해 오다가 하루아침에 그 衣食을 빼앗기게 되어 반드시 저항하게 될 것임"을 알고 있었다. 결국 북경의 관리들은 성경장군 都興阿를 파견하여 이들이 그대로 생계를 도모할 수 있도록 하여 조정의 은혜를 보이고, 동시에 황실과 관련된 風水之地는 계속 봉금하여 개간하지 말 것을 제안했다. 또한 조선에 자문을 보내 경계를 넘어 사사로이 개간하는 자가 있는지 조사하게 하고 "매년 會哨를 하면서 조선이 어찌하여 불법개간이 없다고 보고하였는지 확인할 것"을 강조했다.[2)]

유조변 동단 변외의 조선과의 경계지역을 개발해야 한다는 의견은

1) 배우성·구범진 역, 『국역 『同文彙考』 疆界 史料』, 동북아역사재단, 2008, 699쪽(『同文彙考』 原編 續, 疆界 2, 5b~9a).

2) 위의 책, 699~702쪽; 同治 6년 6월 2일의 盛京將軍 都興阿의 奏摺에도 같은 내용이 있다. 林士鉉, 『清季東北移民實邊政策之研究』, 대북: 政治大學歷史系, 2001, 182쪽. 동치 연간 유조변 연장에 관한 청과 조선의 교섭과정에 대해서는 이화자, 『朝淸國境問題研究』, 집문당, 2007, 215~221쪽.

同治 2년(1863)에도 보고된 적이 있었다. 당시 錦州 副都統 恩合은 동변 밖의 정황을 다음과 같이 보고했다.

> 성경 동변 일대는 원래 황무지로, 동남으로는 조선과의 경계인 靉江과의 거리가 백여 리에서 수십 리로 일정하지 않으며 그 가운데 평평한 하천과 들이 있어 경작하기에 적합한 곳이 무수히 많습니다. 봉황성 변문 일대만이 조선인이 출입하는 곳이며 애강 북쪽은 조선과 서로 멀리 떨어져 있어, 舊例에 따라 변외에 카룬 20여 곳을 설치하고 병사를 파견하여 순찰하여 奸民이 越邊하고 거주하는 것을 금지하였으니, 이는 실로 심원한 계책이며 법도를 세운 것이 상세하였습니다. (이 지역은) 토지가 넓고 산이 깊고 수목이 조밀하여 조사를 두루 하기가 어려워 전부터 점차 奸民이 이익을 도모하여 숨어들었으니, 처음에는 수렵과 벌목을 위한 것이었으나 이어 금을 캐고 토지를 개간하게 되었으며, 후에는 直隷와 山東 등지의 遊民이 이곳에 모여들어 무리의 많음을 믿고 방자하게 행동하고 있습니다. 처음에는 깊은 산속에 모여 집을 짓고 토지를 경작하더니 이윽고 한계가 없어져 최근에는 변문 일대 남북으로 수백 리에 점차 모여들어 서로 모방하여 물리쳐도 흩어졌다가 떠나지 않고 있으며, 순찰하는 관병은 수가 부족하고 힘이 미치지 못해 어찌하지 못하여 불법개간자가 그치지 않고 있습니다. 越邊을 금하는 것을 늦추지 않아도 저절로 느슨해지고 있으며, 邊外의 땅은 개간하지 않아도 저절로 개간되고 있습니다.[3]

恩合의 보고는 19세기 말 청과 조선의 국경지대의 상황을 요약해서 보여 주고 있다. 하명경과 같은 민인들이 유조변 밖의 봉금지에 들어와 토지를 경작하는 일이 이미 만연하여 "越邊의 금령은 저절로 느슨

3) 同治 2年 4月 15日의 恩合의 奏摺은 위의 책(林士鉉), 180~181쪽.

해지고 邊外의 초지는 저절로 개간되는" 지경이었다. 그럼에도 불구하고 청 황실은 여전히 민인의 출입과 개간을 허용하지 않고 조선과의 국경지대를 공한지로 유지하려는 虛邊 정책을 고수하고 있었다.

이러한 상황에서 동치 6년(1867) 9월 성경장군 都興阿와 侍郞 延煦은 봉황성 바깥으로 나가 연변 일대를 살피고, 이어 조선의 兵曹參判 鄭周應, 滿浦僉使 李義明과 中江의 카룬 지역에서 만나 함께 압록강 일대의 개간상황을 조사했다.[4] 동치 8년(1869) 8월 都興阿 일행은 鳳凰·靉陽·堿廠·旺淸의 네 변문 밖의 정황을 조사한 후 "鳳凰 변문에서 남쪽으로 해안까지, 旺淸 변문에서 북으로 馬鹿·伊通河 등지까지 남북이 8~900리이며, 동서로는 2~300리에서 5~60리로 일정하지 않다. 모두 개간지가 96,200여 晌이며 남부는 106,100여 명이다." 특히 靉江 서쪽은 조선과 겨우 강 하나로 분리되어 있는데, 땅은 좁고 인구는 많아 달리 정착할 곳이 없는 상황이었다. 따라서 "강 부근에 30~50리는 남겨두어 경계를 획정하고 (…중략…) 개간을 허락받은 민인은 엄금하여 한걸음도 강을 건너는 것을 금지하며, (…중략…) 만약 경계를 넘어 문제를 일으키는 자는 조선에서 체포하여 변문으로 보내게 할 것"을 제안했다. 다시 말해 봉황성 변외에서 정착하여 토지를 경작하는 자들이 구축할 수 없을 만큼 많아졌으니 유조변을 확장(展邊)하여 이들의 거주를 합법화하자는 것이었다. 물론 조선과의 사이에는 공터를 유지하고 불법도강은 엄금한다는 것을 전제로 한 것이었다.[5]

청의 유조변을 조선과의 경계 쪽으로 확장하여 개간(展邊開田)하자

---

4) 배우성·구범진 역, 앞의 책, 705~710쪽(『同文彙考』 原編 續, 疆界 2, 10a~13a).

5) 위의 책, 724~725쪽(『同文彙考』 原編 續, 疆界 2, 20b~21b). 이들은 또한 "인민을 먼저 하고 치변을 나중으로 하며, 조선국왕에게 변계를 확장하는 것은 1~2년 사이에 갑자기 끝낼 수 있는 일이 아님을 알리고 변경 방어에 신중을 기하게 할 것"을 제안했다. 林士鉉, 앞의 책, 182~183쪽.

는 논의는 이미 18세기 중반 옹정-건륭 연간에도 등장한 적이 있었다. 당시 유조변 확장이 제안되었던 것은 불법 개간민이나 도강 이주자를 처리하기 위한 것이 아니라 압록강 일대에서 빈발하는 범월과 불법채삼을 방지할 목적으로 수군 초소를 설치하기 위해서였다. 당시 성경장군이었던 나수투(Nasutu, 那蘇圖)와 달당가(Daldangga, 達爾當阿)는 압록강의 모래톱인 망우초에 수군 초소를 설치할 것을 제안하고 일대의 지리 조사 및 병력 이동 문제까지 모두 검토하여 황제의 재가를 얻었다. 그러나 국경지대에 병사와 사람이 거주하게 될 경우 범월이 더욱 잦아지게 될 것이므로 이 일대를 공지로 남겨두어야 한다는 조선의 강력한 반발로 망우초 초소 건설은 결국 무산되고 말았었다.[6] 100여 년이 지나 똑같은 지역, 즉 봉황성 변외의 조선과의 국경지역을 어떻게 관리할 것인가가 다시 양국의 관심사로 대두되었다. 논란의 중심이 되었던 것은 똑같은 장소였지만, 논의의 배경과 원인은 매우 달랐다. 18세기 중반의 논의가 국경지대에서 팔기군을 주둔시키는 문제에 대한 것이었다면, 19세기 중반의 논란은 증가하는 불법 이주민을 관리할 방법에 대한 것이었다.

양국의 국경지대를 어떻게 관리할 것인가에 대한 논의는 100여 년 사이에 정반대의 결론으로 나아갔다. 압록강 일대를 사람이 거주하지 않는 공한지로 유지한다는 청과 조선의 오랜 합의는 1870년대에 이르러 마침내 무너지기 시작했다. 光緒 元年(1875) 10월, 황제는 압록강 입구에 위치한 大東溝 일대에서 이미 토지를 개간한 곳은 모두 일률적으로 升科하게 하고, 기인과 민인을 막론하고 토지를 개간한 자는 모두 戶口冊籍에 편입할 수 있도록 허락했다.

6) 김선민, 「雍正-乾隆年間 莽牛哨 사건과 청-조선 국경지대」, 『중국사연구』 제71집, 2011.

> 流民이 邊地에서 불법으로 농사를 짓는 것은 금령이 극히 엄하였다. 다만 이미 荒地를 개간한 것이 오래된 경우 종전에 또한 일찍이 유지를 내려 徵租를 허락한 바 있다. 현재 해당 지역의 토지는 小民들이 개간한지 오래되었고 조세를 즐거이 납부하고 있다. 조정에서는 특별히 은혜를 베풀어 과거의 죄를 용서함으로써 민생을 이루게 하고자 한다.[7]

大東溝 일대 개간지에서 청이 세금을 징수하기로 한 이듬해인 光緖2년(1876), 조선은 같은 압록강 인근의 국경지대인 沙河子 지역에 청의 관아가 설치될 계획임을 알게 되었다. 이에 대한 조선조정의 반응은 옹정-건륭 연간 망우초 초소 설치 당시와 매우 유사했다. 조선은 먼저 청이 오랫동안 법으로 국경지대의 개발을 금지하고 空閒地를 유지해 왔음을 지적하고, 그러한 선례에 따라 앞으로도 사람이 거주하게 해서는 안 된다고 강조했다. “邊界 근처에 집을 짓고 농사를 짓는 일은 엄히 금지되어온 것으로, 이미 天朝의 成憲이 있습니다. (…중략…) 지금 이 沙河子의 성을 쌓고 관아를 설치하는 지역은 小邦의 변경과 겨우 좁은 강줄기만을 사이에 두고 있을 뿐입니다. 煙火와 鷄犬을 지척에서 서로 바라볼 수 있으니, 피차의 백성들이 쉽게 섞이고 숨을 수 있으며 물자를 교역하여 몰래 넘나들게 된다면 우환을 부르게 될 것입니다.”[8]

조선의 항의에 대해 광서제는 옹정제와 건륭제가 했던 것처럼 지방관에게 상황을 자세히 조사하여 보고하라고 지시했다. 광서3년(1877) 정월, 署盛京將軍 崇厚 등은 국경지대의 개간이 이미 광범위하게 진행되었으며 沙河子 개발은 필연적임을 강조했다.

---

7) 배우성·구범진 역, 앞의 책, 769~770쪽(『同文彙考』 原編 續, 疆界 2, 43b~44b).

8) 위의 책, 772~773쪽(『同文彙考』 原編 續, 疆界 2, 45a~46a).

> 奴才 등이 엎드려 살피건대, 과거 봉황 변문 밖에 특별히 일단의 閒荒을 남겨두고 백성이 경작하는 것을 금한 것은, 원래 中外를 격리시킴으로써 사람과 물자가 어지럽게 섞이는 것을 막기 위함이었습니다. 그 뒤로 변경의 防範은 널리 행하기 어려워지고 流民의 개간이 날로 많아졌습니다. (…중략…) 최근에는 개간한 땅이 갈수록 많아져 강가에까지 직접 맞닿게 되어 빈 땅이 거의 없게 되었습니다. (…중략…) 沙河子 지역에 設官하고 駐札하는 것은 피차의 流民이 혹 불법으로 국경을 넘을까 염려한 것으로, 관이 가까이에서 엄밀하게 살피기 위함이었습니다. (…중략…) 봉천성 변계의 상황은 이미 升任 侍郞 延煦 등과 전임 署將軍 尙書 崇實이 누차 조사하여 상세히 보고하였으니 다시 논의할 필요가 없습니다.[9]

崇厚가 인정하듯이, 유조변 동단 바깥 변외의 조선과의 경계지역은 이미 개간이 광범위하게 진행되어 더 이상 민인의 출입을 막을 수 있는 상황이 아니었다. 이 지역을 공한지로 비워둠으로써 양국의 국경을 관리해야 한다는 조선의 주장, 즉 국가가 虛邊을 강제하여 무인지대를 유지해야 경계를 보호할 수 있다는 믿음은 민인의 자발적인 이주와 경작, 즉 實邊의 흐름 속에 이제 불가능한 허상이 되고 말았다. 압록강 일대 국경지대는 점차 개방되었고, 이러한 흐름은 두만강 일대에서도 마찬가지로 나타났다. 광서 7년(1881) 길림장군 밍안(Minggan, 銘安)과 吳大徵이 土門江 동북쪽 황무지를 개간할 것을 청하자 황제는 이를 허락했다. "土門江 동북쪽 일대 황무지는 조선과 겨우 하나의 강줄기만을 사이에 두고 있어서 과거에 불법 개간을 금지하였다. 吳大徵이 현재 과거의 규정을 바꾸어 사람을 불러 경작시키고자 하니, 의논한 바에 따라 시행하게 하라. 즉시 예부로 하여금

9) 위의 책, 776~778쪽(『同文彙考』 原編 續, 疆界 2, 47a~47b).

조선국왕에 咨會하여 이번의 개간은 官에서 진행하는 것이니 邊界의 소속 관원이 우려하지 않도록 하라."[10] 이로써 압록강과 두만강 일대 국경지대의 개발과 거주가 본격적으로 시작되었다.

19세기 말 국경지대에서 발생한 범월과 개간을 둘러싼 갈등을 청과 조선이 어떻게 이해하고 해결해 갔는지, 그리고 국경지대 관리에 대한 논의가 어떤 과정을 거쳐 국경 조사와 협상으로 나아갔는지를 이해하기 위해서는 이 시기 청의 동북변경 정책과 대외관계에서 발생한 변화라는 두 가지 측면을 동시에 살펴볼 필요가 있다. 19세기 후반 청의 동북변경 정책의 변화는 민인의 지속적 유입이라는 내부적 요인과 러시아를 비롯한 서양 열강의 침입이라는 외부적 요인에 의해 촉발되었다. 앞에서 살펴보았듯이 19세기에 걸쳐 토지를 찾아 생계를 해결하려는 민인의 욕구는 이미 청 황실의 동북 출입 금지령을 무력화시키고 있었다. 이에 더하여 1860년대부터 러시아의 만주 진출이 가속화되면서 이 지역의 영토와 부족민에 대한 청의 지배가 점차 위협을 받게 되었다. 1858년 아이훈 조약과 1860년 북경조약으로 청은 아무르강 북쪽 전체와 우수리강 동쪽의 영토를 상실했고, 그 결과 이 일대 부족민과 청의 오랜 조공관계가 흔들리기 시작했다. 청은 동북지역의 광대한 완충지를 상실하고 러시아에게 만주의 심장부에 접근할 수 있는 기회를 제공하고 말았다. 증가하는 외세의 위협으로부터 청의 영토와 주권을 보호할 수 있는 유일한 방안은 移民實邊, 즉 민인의 이주를 적극적으로 장려하여 청의 백성으로 변경을 채우는 것이었다. 민인의 출입을 통제하고 기인의 군사력으로 변경을 방어한다는 기존의 정책은 민인의 이주를 허용하고 민인의 거주로 변경을 지킨다는 방향으로 전환되었다.

10) 위의 책, 787~788쪽(『同文彙考』原編 續, 疆界 2, 52a~52b).

청의 동북변경 정책이 虛邊에서 實邊으로 전환하던 바로 그 시기에 조선의 이주민 역시 국경지대로 진출하고 있었다. 변경과 국경지대에 거주하는 사람들에 대한 관리를 강화하고자 했던 19세기 말의 청은 점차 조선인들에 대한 관할권을 주장하기 시작했다. 그러나 조선인의 불법도강과 토지개간은 쉽게 해결되지 않았다. 문제의 핵심은 이 시기 청과 조선의 관계가 근본적으로 달라져 양국이 새로운 관계를 수립해가고 있는 과정에 있었다. 19세기 후반에 이르러 청은 조선에 대한 과거의 절대적 영향력을 그대로 유지하고자 했으나, 서양 각국은 청과 조선의 배타적이고 특수한 관계를 인정하지 않았다. 이러한 국제질서의 변화는 조선의 대청인식에도 영향을 끼쳤고 조선 조정으로 하여금 청과의 관계에서 자주의 측면을 강조하고자 했다. 두만강 북쪽 지역을 경작하는 조선인 이주민을 처리하는 과정에서 청은 과거의 전통적인 위계관계에 입각하여 조선에게 '屬國'으로서의 자세를 요구한 반면, 조선은 새로운 국제질서의 흐름 속에서 '自主國'으로서의 입장을 주장했던 것이다.

청 중심의 동아시아 질서가 해체되어 가는 19세기 말 청과 조선의 관계가 어떠했으며 양국은 서로를 어떻게 인식하고 있었는지를 가장 분명하게 보여 주는 것이 바로 국경협상이었다. 외세의 위협 속에서 자국의 변경을 안전하게 지키고 인접국과의 영역범위를 명확히 하고자 하는 것은 근대 민족국가의 형성과정에서 공통적으로 발견되는 현상이다. 19세기 말 청은 동북에 대한 정책을 虛邊에서 實邊으로 전환함으로써 변경을 방어하고자 했고, 조선은 토지를 찾는 개간민이 국경지대로 이주하는 것을 처음에는 묵인하다가 나중에는 자국의 영토를 확인하는 계기로 삼고자 했다. 변경을 지키고 영토를 확보하고자 하는 두 국가의 근대적 욕망은 압록강과 두만강에서 충돌할 수밖에 없었다. 영토를 확보하기 위해 청이 의지한 것이 전통적인 조공

관계에 입각한 종주권이었다면, 조선은 19세기 말부터 동아시아 세계에 강압적으로 소개된 이른바 근대적인 외교관행을 이용하고자 했다. 이 글은 양국의 국경협상을 통해 청과 조선의 전통적인 관계가 변화하였으며 이 과정에서 청의 절대적 권위로 유지되고 있던 국경지대가 사라지고 근대적 외교관계가 매개하는 국경선이 등장하게 되었음을 설명하고자 한다.

2. 청말 동북변경의 변화

청의 동북변경 정책의 기본 방향은 만주족과 그들의 군사적 기구인 八旗制를 통해 이 지역을 배타적으로 통치하는 것이었다. 지역 내에서 기인의 우세한 군사적·정치적 지위를 유지하기 위해 거대한 군사조직이자 정치구조인 駐防이 행정을 관할했다. 또한 이 지역에 거주하는 다양한 민족집단의 정치·문화적 균형 상태를 유지하기 위해 한인의 이주를 금지하고, 부족민의 전통적인 정치·사회조직을 유지하여 다른 민족과의 접촉을 최소화하고, 기인의 거주와 직업상의 유동성에 제한이 가해졌다.[11] 동북은 또한 청 황실의 발상지로서 제국을 지탱하는 旗人의 육성지이기도 했다. 이 지역에 대해 청은 내지와는 다른 방식을 적용하여 기인을 보호했고, 기인 이외의 사람들은 민인이라 호칭하며 별도로 통치했다. 유조변으로 둘러싸인 성경에는 기인 외에 다수의 민인이 거주하고 있었기 때문에 강희 연간부터 민정기구인 州縣 아문이 설치되어 기인을 관리하는 성경장군과 민인을

11) Robert H. G. Lee, *The Manchurian Frontier in Ch'ing History*, Cambridge: Harvard University Press, 1970, pp. 183~184.

관리하는 주현아문이 병립했다. 한편 유조변 밖의 길림과 흑룡강에는 민인이 거의 살지 않았기 때문에 이 두 지역에는 민정기구가 설치되지 않았다. 이처럼 청의 동북통치는 단일한 제도로 운영된 것이 아니라 지역과 주민의 성격에 따라 서로 다른 제도가 도입되었다. 18세기 후반까지 동북의 행정제도는 八旗制度, 州縣制度, 盟旗制度, 噶珊制度의 네 가지로 구분되었고, 각각 旗籍戶口, 民籍戶口, 蒙民, 기타 소수부족을 대상으로 했다.12)

한인 민인의 동북 이주는 원칙적으로 금지된 것이었지만, 청 황실은 지역에 따라 이를 다소 다르게 적용한 것으로 보인다. 동북을 청조의 발상지이자 기인의 육성지로 보호한다는 원칙은 성경·길림·흑룡강 각지의 특성에 따라 조절될 여지가 있었다. 1776년 건륭제의 다음과 같은 上諭에서 그러한 인식의 일단이 엿보인다. "盛京과 吉林은 本朝의 발상지이니, 流民의 雜居를 허용하는 것은 만주의 풍속에 영향이 있을 것이다. 그러나 태평한 시절이 오래되니, 성경지방은 山東·直隸와 인접하여 유민이 점차 모여들고 있다. (그러나 이들을) 모두 驅逐하면 생계를 잃게 될 것이니 州縣을 설치하여 관리하라. 길림의 경우는 원래 한인의 지역(漢地)과 인접하지 않았으니 민인을 거주하게 하는 것은 옳지 않다. 지금 유민이 점차 늘어난다고 하니 푸선(Fesen, 傅森)에게 傳諭하여 분명히 조사하고 영원히 유민을 금지하여 영내에 들어가지 못하게 하라."13) 다시 말해 청조는 성경으로의 유

---

12) 쓰카세 스스무(塚瀨進), 「中國東北統治の變容: 1860~80年代の吉林を中心に」, 사콘 유키무라(左近幸村) 編, 『近代東北アジアの誕生: 跨境史への試み』, 札幌: 北海道大學出版會, 2008, 271쪽; 구범진, 「청대 '만주' 지역 행정체제의 변화: '주방체제'에서 '주현체제'로」, 『동북아역사논총』 14, 2007, 80~86쪽.

13) "諭軍機大臣等, 盛京·吉林為本朝龍興之地, 若聽流民雜處, 殊於滿洲風俗攸關. 但承平日久, 盛京地方, 與山東·直隸接壤, 流民漸集, 若一旦驅逐, 必致各失生計, 是以設立州縣管理. 至吉林, 原不與漢地相連, 不便令民居住, 今聞流寓漸多, 著傳諭傅森, 查明辦理, 並永行禁止流民, 毋許入境." 『清高宗實錄』 卷1023, 708: 1~2(乾隆 41年 12月 丁巳).

입에 대해서는 상대적으로 관대했지만, 길림으로의 유입은 엄격히 금지했던 것이다.

청의 동북정책과 관련하여 林士鉉은 청이 일반적으로 알려진 것처럼 동북 전역을 '封禁'한 것이 아니라 關門을 중심으로 출입을 단속하는 '關禁'을 실시했다고 지적한다. 청대 봉금령은 한 번에 동부 전역에 반포된 것이 아니었고, 극동변경의 소수민족과 한족이 거주하는 요하 일대에는 적용되지 않았다. '봉금'의 실제 의미는 사람들의 개간을 제한하는 데 있는 것이 아니라, 關門과 津口, 변방의 요충지에 대한 접근을 제한하는 것이었다. 봉금에 대한 세부조항을 보면, 대개 민인이 관문을 나갈 때 출입증을 소지하고 있는지를 확인했고, 불법 벌목, 官田 침입, 圍場 출입 등에 대해서만 중형에 처했다. 따라서 청은 동북변경의 방어를 위해 '關禁'을 실시하여 관리한 것이지 '封禁'으로 토지를 방치한 것이 아니었던 것이다. 내지 민인의 동북 유입에 대한 청의 관리가 이처럼 철저하지 않았기 때문에 관문을 벗어나 생계를 도모하는 것은 크게 어려운 일이 아니었다. 청의 이러한 비공식적인 방임은 궁극적으로 출입증을 소지하지 않은 유민들이 불법적으로 관을 빠져나가 토지를 경작하게 하는 관행이 확산되는 결과를 초래했다.[14] 민인의 유입이 지속적으로 증가하면서 1800년에 長春廳, 1810년에는 버두나 直隸廳이 설치되었고, 길림, 장춘, 버두나 세 곳에 民政기구가 설치되었다. 이것이 민인의 유입을 허용한 것은 아니었고, 1806년, 1808년, 1810년, 1824년에 잇달아 민인의 유입을 금지하는 상유가 내려졌다. 그러나 민인의 이주 금지를 계속 천명하면서도 적극적으로 감시를 강화하지는 않았기 때문에 유입은 계속되었다. 또한 유입된 민인을 되돌려 보내는 것은 아니었고 호적

14) 林士鉉, 앞의 책, 18~19, 62~78쪽.

에 편입하여 과세함으로써 거주를 인정했다.15)

19세기 초부터 지속적으로 확대된 민인의 동북 유입은 19세기 후반 내지에서 발생한 정치적 혼란과 결합하여 청의 동북변경 정책에 큰 영향을 끼쳤다. 이 가운데 부유한 강남지역에서 발발한 태평천국운동은 특히 사회·경제적인 측면에서 동북의 행정개편을 불가피하게 만들었다. 북부 평원과 남부 델타의 부유한 성들은 그동안 잉여 수입을 상대적으로 빈곤한 지역에 지원해 왔는데, 태평천국군과의 오랜 전쟁으로 이 지역이 황폐화되면서 수입이 부족한 길림이나 흑룡강과 같은 곳은 과거와 같은 지원을 받지 못하게 되어 심각한 재정 위협에 직면하게 되었다. 지역의 재정을 유지하기 위해 새로운 수입원을 찾아야 하는 동북의 지방관들에게 비어 있는 토지는 가장 풍부하고 손쉬운 수입원이었다. 토지를 경작하고자 하는 무수한 이주민들을 대상으로 지방관들은 토지 판매대금을 얻거나 혹은 경작지에서 세금을 징수함으로써 지역 재정을 해결할 수 있었다. 또한 태평천국군을 진압하기 위해 상당한 규모의 기인 병력이 동북에서 내지의 전장으로 투입되었고, 이 가운데 많은 이들이 죽거나 혹은 크게 다친 채 귀향했다. 변경의 통치를 담당해야 할 기인이 내지의 반란 진압에 소모되면서 상대적으로 동북의 치안이 불안정해지는 결과가 초래되었다.16)

19세기 말 청이 동북변경에 대한 기존의 정책을 바꾸는 데 태평천국운동이 내부적 요인으로 작용했다면 러시아의 진출은 그 외부적 요인이었다. 17세기 말까지 청과 러시아는 변경문제를 "어느 지역이 어느 나라에 속하느냐의 문제가 아니라 누가 어느 나라에 복속하느

15) 塚瀨進, 앞의 논문, 274쪽.

16) Robert Lee, 앞의 책, p. 116.

냐의 문제"로 인식했고, 그 결과 흑룡강 중상류는 엄격한 경계 구분 없이 누구나 쉽게 넘나드는 공간으로 남겨져 있었다. 그러나 경계지역에 거주하는 부족민의 관할을 둘러싸고 청과 러시아는 군사적으로 충돌하기에 이르렀다. 이 과정에서 청은 러시아와의 사이에 중립지대를 두기 보다는 구체적이고 명확한 경계를 설정하고자 했고, 그 결과가 바로 1689년의 네르친스크조약이었다.[17] 19세기에 이르러 청이 아편전쟁에서 패배하고 서양 열강과 잇따라 불평등조약을 체결하게 되자, 러시아는 흑룡강 일대의 국경선을 재협상하여 유리한 거점을 확보하고자 했다. 1857년 러시아는 청과 아이훈(愛琿)조약을 체결하고 이어 1860년에 북경조약을 맺음으로써 아무르강의 북쪽과 우수리강의 동쪽을 러시아의 영토로 편입시켰다. 아이훈 조약 당시에는 아이훈강부터 아무르강의 서쪽은 러시아령으로, 그 동쪽에서 우수리강까지는 청의 영토로 할 것을 합의하였으나, 2년 후 북경조약을 체결하면서 청과 러시아의 공동관리 지역이었던 아무르강 남쪽 우수리강 동쪽을 마침내 러시아 영토로 만든 것이었다. 이로써 청과 러시아의 국경이 확정되고 우수리강 동쪽의 러시아 영토는 연해주로 불리게 되었다. 이러한 일련의 조약은 청과 아무르강 일대의 부족민 사이에 유지되어 온 오랜 조공관계를 약화시켰으며, 외부세력과의 사이에 광대한 완충지가 사라지면서 러시아로 하여금 만주의 심장부에 쉽게 접근할 수 있게 만들었다.[18]

---

17) 박대인, 「17~18세기 청-러시아 조약체제와 邊境의 재정립」, 연세대학교 석사논문, 2006, 29쪽. 청과 러시아의 관계 및 조약 체결 과정은 Peter C. Perdue, *China Marches West: The Qing Conquest of Central Eurasia*, Cambridge: Harvard University Press, 2005; 피터 C. 퍼듀, 공원국 역, 『중국의 서진: 청의 중앙유라시아 정복사』, 길, 2012.

18) 조명철, 「근대 일본의 팽창과 만주」, 『동아시아 국제관계사』, 고려대학교 아세아문제연구소, 2010, 470~471쪽; 홍웅호, 「1858~1898년 러시아의 동아시아 팽창과 만주」, 『동북아역사논총』 14, 2007, 111~115쪽.

러시아의 진출이 확대되면서 청의 기존 동북정책은 근본적으로 흔들리기 시작했다. 원래 우수리강 일대에는 인삼·사금 채취자들이 많았고, 정주하며 토지를 경작하는 민인은 적었다. 청이 설치한 카룬은 대체로 불법 채취자나 밀렵자를 체포하고 유민을 단속하기 위한 것이었지, 국경수비를 목적으로 설치된 것은 아니었다. 러시아와 국경을 접하게 되면서 청은 동북의 방어를 강화해야 했지만, 팔기의 군사력은 이미 이를 감당할 능력이 없었다.[19] 咸豊 말년에 이르러 변경을 방어할 병력이 부족해지면서 동북으로의 출입을 단속하는 關禁에 대한 조문은 한낱 형식적인 것이 되어갔다. 청 말에 개정된 「現行律例」에서 이미 동북에서 關門과 津口의 출입을 제한하는 조항이 삭제된 것은 이 지역의 개간이 날로 확대되면서 금령이 점차 완화되는 당시의 상황을 반영한 것이었다.[20] 그러나 官地와 圍場에 대한 봉금을 그대로 유지해야 한다는 목소리 역시 강경했다. 위태로운 청 제국을 유지하기 위해서는 변경의 경작지를 개발하는 것도 필요했지만 제국의 근간인 황실과 기인을 보호하는 것도 필요했기 때문이었다. 황실의 입장은 단호했다. "길림위장은 원래 生畜을 길러 수렵에 대비하기 위한 것으로 封堆와 카룬을 설치하여 봉금을 엄히 실시하였다. 이 지역에서 유민들이 開荒의 명목으로 몰래 禁地에 넘어 들어가 사사로이 수렵하고 삼림을 벌목하고 있다. 사람을 불러 경작한다는 招佃의 헛된 이름이 있을 뿐 조세 징수의 실질적인 효과는 없다."[21] 實邊과 虛邊의 두 가지 주장이 대립한 결과 동북의 개방과 개발이 시작된 후에도 길림과 흑룡강 일대에 대한 금령은 오랫동안 계속 유지되었다.

그러나 당시 이 지역의 지방관들은 개방이 불가피함을 이미 인식

---

19) 塚瀨進, 앞의 논문, 275쪽.

20) 林士鉉, 앞의 책, 78~79쪽.

21) 『軍機處上諭檔』(林士鉉, 앞의 책, 72쪽에서 재인용).

하고 있었다. 함풍 9년(1859) 길림장군 景淳과 흑룡강장군 特普欽은 공동으로 올린 상주에서 綏芬과 우수리 등지의 산장은 민인의 거주를 금지한 결과 空曠地가 되어 러시아인의 침입에 노출되어 있다고 지적하고, 이곳의 산장에서 벌목·수렵·인삼채취·어업 등을 통해 이익을 얻을 수 있으므로 사람들을 모집하여 거주하게 하면 러시아인이 스스로 물러날 것이라고 주장했다.[22] 후에 特普欽은 다시 상주를 올려 "과거에는 사람을 불러 개간하는 것이 변경 방어에 장애가 될 것으로 우려하였으나, 지금은 방어를 위해 사람을 불러 개간하게 하지 않으면 안 된다"고 강조하고 "招民하여 경작하게 하면 세금을 거두어 예산(度支)을 보충할 수 있고 빈 땅에 거주민이 생겨 러시아의 침입을 방어"하는 이중적인 효과를 거둘 수 있음을 지적했다.[23] 1860년대 이래 동북지역의 지방관들은 계속해서 봉금을 폐지할 것을 제안했다. 그러나 1895년 이후에 본격적인 개발이 시작되기 전까지 동북의 개방은 부분적인 지역에서 제한적으로만 이루어졌다.

동북의 봉금지가 개방되고 이주민의 수가 늘어나면서 이들을 관리하기 위한 행정 개편은 불가피했다. 1875년 署理盛京將軍에 임명된 崇實은 황제에게 제출한 「變通奉天吏治章程」 일곱 개 조항에서 성경장군의 지위와 권한을 확대하고 기인과 민인에 관한 행정을 효율적으로 처리할 수 있도록 관제를 개편할 것을 제안했다. 내지의 행정체제를 모방한 崇實의 개편안이 황제의 비준을 얻음에 따라 성경장군

22) "又諭, 景·特普欽奏, 會籌保護蔆山, 藉杜夷人侵越一摺, 綏芬·烏蘇里等處山場, 向禁居民潛往, 地方空曠, 以致俄夷人船得以闖入. 該將軍等奏稱, 蔆山開採, 需費較繁, 惟令攬頭招募人夫, 前往保護, 聽其自謀生計. 該處地廣山深, 伐木·打牲·採菜·捕魚, 均可獲利. 明春並可布種口糧, 以資接濟. 似此厚集人力, 漸壯聲威, 夷人當不俟驅逐而自退等語." 『清文宗實錄』 卷294, 302: 1-2(咸豊 9年 9月 己卯).

23) 咸豊 11年(1861) 特普欽의 상주는 『宮中檔咸豊朝奏摺』(林士鉉, 앞의 책, 69~70쪽에서 재인용).

은 이제 기인과 민인을 포함하여 지역의 모든 업무에 대한 권한을 갖게 되었고, 이는 동북에서 팔기의 관할권을 약화시키고 민인 중심으로 행정체제를 개편하는 결과를 가져왔다.[24] 성경에 이어 길림에서도 개편이 시작되었다. 1877년부터 1883년까지 길림장군을 역임한 밍안(銘安)의 보고에 따르면 이 시기 동북에는 과거 이 지역의 군사력을 지탱하던 기인이 쇠퇴하면서 치안이 악화되어 마적이 횡행하고 있었다. 무엇보다 민인의 유입이 증가하여 과거 기인을 주로 상대하던 행정기구로는 통치가 불가능해진 상태였다. 민인과 관련된 각종 살인·절도·호적·혼인사무가 발생하고 있음에도 불구하고 이에 대한 처리는 여전히 기인 훈련이 본업이고 한문에도 익숙하지 않은 協領 아문 등 주방 팔기에서 담당하고 있었다. 변경의 민인을 관리하기 위한 민정기구를 설치하고, 아울러 러시아 및 조선과의 대외업무와 국경방어를 강화해야 할 필요가 절실했다.[25]

지방관의 제안이 수용되면서 동북에는 새로운 행정기구가 잇따라 설치되었다. 먼저 봉천일대에서는 광서 2년(1876) 鳳凰廳이 설치되고 동시에 岫巖廳은 岫巖州가 되었으며 大東沟 지역에는 安東縣이 설치되었다. 광서 3년(1877)에는 봉천부에 속해 있던 興京廳이 興京直隷廳으로 승격되어 桓仁縣과 通化縣을 관할했다. 또한 東邊 兵備道가 설치되어 鳳凰廳과 興京廳 및 소속 주현을 관할했고, 昌圖廳이 昌圖府로 승격하여 奉化縣과 懷德縣을 관할했다. 광서 5년(1879)에는 海龍廳이 설치되었고, 이듬해에는 康平縣이 설치되어 昌圖府에 귀속되었다. 한편 광서 8년(1882) 吉林廳은 吉林府로 승격되어 伊通州와 敦化縣을 관할했고, 賓州廳, 雙城廳, 五常廳이 설치되었다. 광서 15년

24) 李治亭 主編, 『東北通史』, 中古古籍出版社, 2003, 608~609쪽.
25) 塚瀨進, 앞의 논문, 278~279쪽.

(1889) 長春廳이 長春府로 승격되어 賓州廳·雙城廳·五常廳·버두나(伯都訥) 廳 및 農安縣을 관할했다. 이로써 동북행정의 중심은 기인에서 민인으로 옮겨가게 되었고, 기인을 보호하고 육성하는 것 대신이 지역으로 유입한 이주민을 관리하고 통치하는 것이 주요한 업무가 되었다.26)

3. 조선인의 범월과 개간

19세기 후반에 이르러 동북지역으로 이주하는 청인들이 증가하는 것과 비례하여 경작할 토지를 찾아 압록강과 두만강을 넘는 조선인들의 숫자도 늘어갔다. 과거에는 조선인의 범월의 이유가 주로 사냥이나 인삼채취였다면, 19세기 후반에 이르러 토지를 경작하고 거주하기 위해 도강하는 자들이 증가했다. 백두산 동쪽의 무산과 회령, 종성, 온성 등지의 사람들은 두만강을 넘고, 廢四郡 지역에서는 압록강을 넘었다. 두만강 일대에서 범월자들이 특히 많았다. 19세기 전반까지 압록강 중상류의 폐사군 일대가 집중적으로 개발되면서 청과 조선 모두 상호 간의 범월을 막기 위해 경계와 순찰을 강화하여 범월이 쉽지 않았던 데 비해 두만강 지역은 상대적으로 감시가 소홀했기 때문이었다. 조선인의 범월이 청에게 알려져 문제가 일어나지 않는 한 지방관을 문책하지 않는 것이 일반적이었기 때문에, 함경도 일대에서는 범월자를 적발해도 이를 묵인하고 조정에 보고하지 않는 경우가 많았다.27)

---

26) 李治亭, 앞의 책, 610쪽; Robert Lee, 앞의 책, pp. 185~186.

27) 강석화, 『조선후기 함경도와 북방영토의식』, 경세원, 2000, 269~274쪽.

19세기 후반 이래 동북변경으로 인구 유입이 많아지고 이에 대한 청의 통제가 상대적으로 느슨해지면서 압록강과 두만강을 넘어 조선 측에서 토지를 경작하고 거주하는 청인의 수도 지속적으로 증가했다. 청은 정기적으로 수색을 실시하기는 했지만 초소를 상설적으로 유지한 것은 아니었기 때문에 완벽한 통제는 사실상 불가능했다. 헌종13년(1847) 평안도 泰川縣監 李源達의 보고에 따르면, 조선은 압록강 연변에 5리, 혹은 7~8리마다 병사를 배치하여 월경을 감시한 반면, 청의 방수처는 강에서 160~170리 밖에 6~7곳에 설치되어 있어 청인들이 잠입하기가 쉬웠다. 고종 7년(1870)에는 청인들이 평안도 碧潼郡에 침입하여 민가를 약탈하는 사건이 발생하자 조선의 관리들은 보복으로 청인들의 첩자를 효수하는 것으로 대응했다.[28] 청인들의 민가 습격은 이듬해에도 계속 이어져, 평안도 厚昌郡에 잠입하여 민가를 습격한 청인들을 조선의 군병이 물리치고 후창군수가 압록강 대안지역에 군관을 파견하여 정탐하게 한 사례도 있었다.[29] 한편 1860년 체결된 북경조약으로 러시아가 우수리강 동쪽을 차지하게 되면서 조선은 러시아와 접경하게 되었고, 그 결과 러시아인들도 두만강 일대에 출몰하게 되었다. 고종 3년(1866) 함경감사는 러시아인들이 慶興과 穩城 일대에 침입하여 조선인들과 접전을 벌였음을 보고하기도 했다.[30]

28) 위의 책, 277쪽.

29) 고종 9년(1872) 후창군 군수는 軍官 崔宗範과 金泰興, 首鄕 林碩根을 압록강 북쪽의 江界, 慈城, 厚昌, 三水 대안지역, 즉 오늘날 중국 길림성 集安, 通化, 渾江 일대로 파견하여 정찰하게 하였다. 그들이 제출한 정찰 보고서가 「江北日記」이다(고구려연구재단 편, 『조선시대 북방사 자료집』, 고구려연구재단, 2004년, 423~443쪽). 「강북일기」에 대한 자세한 분석은 이동진, 「1872년 '강북'의 조선인 사회: 『강북일기』에 나타나는 민족, 국가, 지역」, 『북방사논총』 8, 2005 참조.

30) 당시 러시아인의 침입에 대해 조선은 봉황성에 자문을 보내 보고하였다. 『조선왕조실록』 권3, 96: b(고종 3年 12月 29日).

19세기 후반에 이르러 조선인들의 도강과 불법개간은 더욱 확대되었다. 오늘날의 길림 延吉을 가리키는 '間島'라는 명칭이 등장한 것은 바로 이 시기였다. 간도의 범위는 넓게 만주 전체를 가리키기도 했지만, 일반적으로 압록강 대안 지역은 '西間島', 두만강 대안 지역이 흔히 '北間島'고 불리었다.[31] 김춘선에 따르면 서간도에 조선인 촌락이 형성된 것은 1860~70년대였고, 북간도에는 이보다 늦은 1880년대에 본격적으로 조선인의 이주가 진행되었다.[32] 1869~1870년 함경도에서 일어난 대규모 흉작으로 두만강 대안지역으로의 불법도강은 더욱 증가했다. 당시 조선의 상황에 대한 청의 기록은 다음과 같다. "同治 9년(1870), 조선에 큰 우박이 내려 국내가 기근에 빠지자 아사자가 길을 메웠다. 韓民은 이윽고 금령을 범하는 것을 꺼리지 않고 강을 건너 월경하였으며(韓民 가운데 많은 자들이 러시아국 경내로 들어간 것도 바로 이 때다), 처자를 팔고 걸식하며 살았다."[33] 기근에 더하여 조선 관리의 학정도 불법도강의 원인으로 지목되었다. 함경도의 茂山, 會寧, 鐘城, 穩城, 慶源, 慶興 등 六鎭의 사람들이 강을 건너는 이유는 "오로지 수령의 탐학 때문이니, 苛政이 猛虎보다 심하다고 하는 것"이라고 일컬어졌다.[34]

자연재해 외에 조선 서북지역의 인구증가 역시 대규모 월강 개간의 중요한 원인이었다. 두만강 중하류의 육진 지역과 압록강 상류의 폐사군 지역은 토질이 황폐하고 경작이 어려워 인구가 희박한 곳이

---

31) 張存武, 『清代中韓關係論文集』, 臺灣商務引書館, 1987, 178쪽; 이화자, 『한중국경사 연구』, 혜안, 2011, 151~156쪽.

32) 김춘선, 「북간도지역 한인사회의 형성과 토지소유권 문제」, 『전주사학』 6, 1998, 179~180쪽.

33) 吳祿貞, 「延吉邊務報告」, 李澍田 編, 『長白叢書』 初集, 吉林: 吉林文史出版社, 1995, 60쪽.

34) 이지영, 「19世紀 末 淸朝의 對 間島朝鮮人 政策: 越墾 韓人의 地位문제와 관련하여」, 『명청사연구』 32, 2009, 260쪽.

었으나, 19세기에 들어 개발이 진행되면서 인구가 급증하기 시작했다. 1648년에 평안도의 인구는 조선 전체 인구의 9.54%, 함경도의 인구는 4.51%를 차지했다. 1864년에 이르면 평안도 인구는 조선 전체 인구의 12.78%로, 함경도 인구는 10.96%에 달하게 되었다. 함경도 내에서도 경제가 상대적으로 발달한 南關보다 경제가 낙후한 北關, 즉 六鎭과 三水·甲山의 인구증가가 더 급속하게 이루어졌다. 평안도와 함경도에는 이렇게 팽창한 인구를 수용할 토지가 많지 않았다. 특히 六鎭과 三水·甲山 일대는 토지가 매우 척박한 반면, 두만강 북쪽대안은 토지가 비옥하고 상대적으로 공지가 많았다. 경작할 토지가 필요한 조선의 변민들에게 월경은 당연한 선택이었다. 범월에 대한 조선의 처벌이 약화된 것 역시 조선인의 도강 개간에 기여했다. 1867년 체포된 월경자에 대한 처벌을 면해 주었고, 월경하다가 붙잡힌 자가 죄를 뉘우칠 경우 석방하도록 했다. 또한 지방관이 관할지역에서 발생한 범월사건을 은폐하는 관행을 근절하기 위해 1868년부터 월경자 발생에 대한 지방관 처벌을 경감하기 시작했고 1871년에 이르러는 지방관을 아예 처벌을 하지 않게 되었다.[35]

고종 8년(1871) 厚昌 郡守 趙瑋顯은 병사를 동원하여 폐사군과 삼수·갑산 일대에 잠입하여 목재를 불법 채취하는 청의 유민들을 소탕했다. 이듬해 그는 軍官 崔宗範과 金泰興, 首鄕 林碩根을 압록강 북쪽의 江界, 慈城, 厚昌, 三水의 대안지역, 즉 오늘날 중국 길림성 集安, 通化, 渾江 일대로 파견하여 정찰하게 하였다. 이들은 1872년 5월 30일부터 7월 11일까지 40여 일간 압록강 상류 북쪽일대를 살펴보고 돌아와 일종의 정찰보고서인 「江北日記」를 남겼다. 이에 따르면 후창군 대안에 거주하는 청의 유민들은 무리지어 거주하면서 무기로

35) 이화자(2007), 앞의 책, 230~232쪽.

무장하고 있었다. 한편 崔宗範 등은 조선인 이주자의 생활에 대해서도 자세히 기록했다. 1872년 당시 압록강 상류로 월경한 조선인은 6,000~7,000명이었는데, 이 지역은 봉황성의 관리가 상대적으로 엄격해서 도강자가 많지 않았다. 그러나 波猪江(渾江) 일대에는 유조변의 동쪽 邊外 지역으로 관리를 피해 조선인이 월경하여 정착하기에 유리한 곳이었다. 1869~1870년 대기근 시기에 월경한 조선인들은 대부분 '薙髮易服'하였고 '假胡'라 불렸다. 두만강 대안으로 이주한 자들과 달리 압록강 대안으로 월경한 조선인들은 대체로 토지를 소유하지 못한 채 청인들에게 고용되어 토지를 경작하거나 금광에서 일하거나 수렵에 따라다니며 생계를 유지했다.[36]

한편 압록강과 두만강 건너로 이주한 조선인들은 주로 함경도 무산 출신이었으며, 1860년대에 이미 집단 이주가 시작되었다. 1870년 당시에 함경도 삼수군에서 평안도 후창군까지 압록강 대안에 있는 18개 촌락에서 조선인 193호, 1673명이 정착하여 살고 있었고, 후창군 대안에는 277호, 1465명이 토지를 경작하고 있었다.[37] 지방관이 집단 범월과 이주를 조장하는 경우도 있었다. 고종 6년(1869) 회령부사 洪南周는 민생의 어려움을 해결하는 방법은 월강하여 개간하는 길뿐이라고 여기고, 주민들에게 개간 청원서를 내게 하고 이를 허용함으로써 두만강 대안을 경작하게 했다. 같은 해 강계군수는 정부의 지시를 받지 않은 채, 서간도 일대의 땅을 28개 면으로 분할하여 강계군, 초산군, 자성군, 후창군에서 각각 통치하게 했다. 조선 지방관의 이러한 조치는 곧 도강과 개간을 허용하는 것이었다.[38]

---

36) 위의 책, 236~241쪽.

37) 「江北日記」, 6월 3일, 8일.

38) 당시 홍남주의 조치는 '庚辰開拓'으로도 알려졌는데, 처음에는 회령 대안의 평야 일부를 개간하는 것이 목적이었으나 1881년부터 두만강 북쪽 500리에 달하는 광대한 토지로 확장되었다. 김춘선, 앞의 논문, 181쪽; 강석화, 앞의 책, 281쪽.

압록강과 두만강 대안지역에서 조선인들이 대규모로 이주하여 토지를 경작하는 상황에 대해 청은 처음에는 별다른 주의를 기울이지 않았다. 성경장군이나 길림장군이 관리를 파견하여 단속하거나 조선인을 쇄환하는 움직임은 거의 없었던 것이다. 이 지역으로 들어온 청의 流民에 대해서도 단속이 철저하지 않았기 때문에 조선인들은 청의 봉금이 해제되어 거주와 경작이 가능해졌다고 여겼고, "이곳이 청에서 배타적인 권리를 행사할 수 있는 지역이라고 생각하지 않고 양국민 모두에게 개간과 거주의 권리가 보장되었다고 믿었던 것이다".[39)]

그러나 청이 조선인의 이주와 집단 취락을 계속 방치할 리는 없었다. 오늘날 연변 일대에 설치되었던 길림 최후의 봉금지인 南荒圍場이 1881년부터 개방되고 훈춘 초간국이 설립되면서 조선인 범월자와 취락은 양국의 외교 현안으로 부각되었다. 1881년 훈춘 招墾局의 李金鏞은 실지 답사과정에서 조선인이 개간한 토지의 면적이 8천여 晌에 이르는 것을 발견하였고, 이러한 상황은 길림장군 밍안과 邊務總督 吳大徵을 통해 북경에 보고되었다. 훈춘에 부도통을 설치되고 일대가 개발되면서 두만강 대안을 경작하는 조선인의 수가 증가하고 심지어 함경도 관리가 토지 執照를 발행하는 경우도 있었다. 밍안은 두만강 북쪽을 경작하는 조선인에게 조선 관리가 토지 집조를 발행하는 것은 반드시 엄금해야 하며, 조선인 역시 '天朝의 赤子'임을 고려하여 이들을 쇄환하기보다 경작을 허용하고 세금을 징수하여 앞으로 더 이상 이주가 증가하지 않게 조치해야 한다고 강조했다. 나아가 밍안은 월강한 조선인은 중국의 영토를 경작하는 것이므로 중국의 백성(中國之民)이며, 중국의 정교에 따라서 징세는 물론 이들에게 "중국의 의복을 착용(易我冠服)"하게 해야 한다고 주장했다.[40)] 밍안이 인

39) 강석화, 위의 책, 282~283쪽.

용한 禮部의 보고에는 이러한 청의 인식이 잘 나타나 있다.

> 해당 백성들은 이미 중국의 토지를 경작하고 있으니 중국의 백성입니다. 해당 장군 등이 청한 바에 따라 그들에게 領照納租를 허락하는 것 외에 반드시 우리 판도로 예속시켜 우리의 정교를 따르도록 해야 하며 기한을 정하여 우리의 의복으로 갈아입도록 해야 합니다. 지금은 잠시 운남·귀주의 苗人들처럼 일시적으로 각자 편의에 따르도록 합니다.[41]

황제는 밍안의 제안을 수용했다. 조선인들이 이미 이주하여 개간한지 오래되었음을 고려하여 토지 소유권을 발행하고 이들에게 세금을 징수하며, 아울러 이들을 훈춘과 돈화현으로 나누어 귀속시켜 관할하도록 지시했다. 이러한 결정은 곧 조선인들을 중국의 백성으로 삼겠다는 것이었다. 그러나 청의 조선인 귀화정책은 조선조정의 반발을 초래했다. 조선인을 청인으로 만들 수는 없으며, 조선인을 청에 예속시킬 경우 러시아나 일본 역시 그러한 선례에 따를 것을 요구할 수 있다는 것이 그 근거였다.

> (양국은) 습속이 이미 다르고 風土가 맞지 않을뿐더러, 월경·개간한 해

---

40) 楊昭全·孫玉梅, 『中朝邊界史』, 長春: 吉林文史出版社, 1993, 232~237쪽.

41) "諭軍機大臣等, 銘安吳大澂奏, 朝鮮貧民, 占種吉林邊地, 遵旨妥議覆陳一摺. 吉林與朝鮮, 向以圖們江為界, 該國民人越界墾種, 前據禮部議奏, 該民人等, 既種中國之地, 即為中國之民. 除照該將軍等所請, 准其領照納租外, 必令隸我版圖遵我政教. 並酌立年限, 易我冠服, 目前姑照雲貴苗人暫從各便等語. 茲據銘安等遵旨詳細妥議, 請照該部所議辦理, 朝鮮民人, 越界墾地, 本應懲辦, 歷奉成憲, 禁令甚嚴. 惟現在該民人等開墾有年, 人數衆多, 朝廷務從寬大, 不究既往. 即著准其領照納租, 並由銘安吳大澂, 派員履勘, 查明戶籍, 分歸琿春暨敦化縣管轄, 所有地方詞訟及命盜案件, 均照吉林一律辦理. 該將軍等務當體察情形, 將應辦事宜, 妥籌經理, 毋致滋生弊端. 並督飭該地方官隨時妥為撫綏, 俾該民人得以安業, 用副一視同仁至意, 該部即咨照該國王知悉, 嗣後仍當嚴申禁令, 儻再有私行越界情事, 定當照例懲辦不貸, 將此諭知禮部, 並諭令銘安吳大澂知之." 『淸德宗實錄』 卷143, 17: 1~18: 1(光緖 8年 2月 壬戌).

당 백성들은 본국에서 태어나 자란 사람들입니다. 이번에 (토지를) 점유하고 경작한 것 때문에 판도에 예속시키어 만약 (이들이) 政教를 따르지 않고 사단을 일으키는 일이 발생한다면 양쪽 변경에 심히 걱정스러운 일입니다. 또한 조선은 북으로 러시아, 동으로 일본과 모두 경계를 접하고 있으며 그곳에도 변경의 백성들이 토문에서처럼 경계를 넘어 점유한 곳이 있습니다. 그 나라에서 天朝의 사례를 원용한다면, 비록 사대교린에 따라 형세가 달라지겠지만, 그에 따르든 어기든, 장애에 부딪히게 될 것임을 쉽게 알 수 있습니다.42)

조선은 황제에게 길림의 훈춘과 돈화현 지방관으로 하여금 조선의 유민을 본국으로 쇄환하게 해 달라고 요청했다. 이에 따라 광서제는 조선인 개간자들을 1년 안에 본국으로 쇄환시키기로 하고 이 결정을 조선국왕에게 알렸다. "조선의 빈민들이 길림의 변방지역을 점거하여 개간하는데, 그들을 그대로 본국에 돌려보내는 것이 일을 바르게 처리하는 것이나, 만약 즉시 그들을 쫓아내어 국경 밖으로 나가게 한다면, 그들이 流離하여 살 곳이 잃어버리는 지경에 이를까 염려된다. (…중략…) 1년 안에 모두 숫자대로 거두어 돌아가는 것을 허락하여 짐의 體恤하는 뜻을 보이도록 하라."43)

그러나 이로써 청이 조선인에 대한 관할권 행사를 포기한 것은 아니었다. 오히려 조선인 이주민을 관리하기 위한 제도를 정비하기 시작하여, 1885년 吉韓通商局을 설치하고 통상과 세무뿐만 아니라 개간사무를 겸하게 했다. 또한 會寧府 대안에 和龍峪 통상국, 鍾城府

42) 方郎, 『吉朝分界案』(이지영, 앞의 논문, 263쪽에서 재인용). 吳祿貞의 보고서에도 유사한 내용의 조선 자문이 소개되어 있으나 러시아나 일본과의 경계에 대한 언급은 없다. 吳祿貞, 앞의 글, 61쪽.

43) 세종대왕기념사업회, 『국역 通文館志』 제3집, 세종대왕기념사업회, 1998, 283쪽.

대안에 光霽峪 分卡, 온성부 대안에 西步江 分卡를 설치하여 아직 주현이 세워지지 않은 지역의 행정업무를 담당하게 하였는데, 이들의 주요 업무는 "韓民 개간자를 安置하고 韓民과 華民 사이의 분쟁을 해결하여 韓民을 보호하고 위무하는 것"이었다. 또한 통상국에 더하여 越墾局을 설치하고 통상국 관리가 겸임하게 했다. 越墾局은 圖們江 북쪽 700리에 달하는 땅을 한민의 전용 개간구역으로 정하고 5년간 세금을 징수하지 않기로 하였다. 청의 이러한 정책은 두만강 대안에 조선인이 급증하는 결과를 가져와, 1886년 당시 훈춘 일대로 이주한 조선인이 2350호, 12,490명에 달하게 되었다.[44]

19세기 말 조선인들이 두만강을 넘어간 것은 조선의 인구증가와 토지부족이라는 내부적 팽창요인과 청의 동북개방과 개발이라는 외부적 흡수요인이 결합하여 나타난 현상이었다. 과거에는 접근이 금지되었던 국경지대의 공한지가 조선인들에게 개간과 거주가 가능한 땅으로 여겨지게 된 배경에는 무엇보다 청의 동북변경 정책의 변화가 있었다. 동북변경에 대한 금령이 전반적으로 느슨해지면서 조선과의 국경지대 역시 개방과 이주의 흐름에 노출된 것이었다. 국경지대에 사람들이 접근하고 출입하는 일은 만주족이 국가를 세우기 전부터 있었고, 청과 조선의 외교 현안으로 빈번히 거론되었다. 그러나 19세기 말의 현상은 그 이전과는 근본적으로 달랐다. 과거의 범월과 도강이 주로 단기적인 채삼이나 수렵을 위한 것이었다면, 이제는 장기적인 거주와 토지 경작을 목적으로 대규모의 사람들이 국경지대로 유입되고 있었다. 이 시기의 또 하나 중요한 특징은 청이 조선에 대해 더 이상 절대적이고 유일한 영향력을 행사할 수 없게 되었다는 점이었다. 19세기 말에 이르러 청의 위상이 쇠락하면서 조선과의 관

44) 이지영, 앞의 논문, 264쪽.

계에서도 종주국의 전통적인 권위가 위협을 받게 되었고, 국제법에 기반을 둔 근대적 외교관계가 소개되면서 양국의 특수한 관계를 제삼국도 이해할 수 있는 보편적인 언어로 설명해야 했다. 국경지대의 조선인 이주민 처리 문제는 청과 조선이 양국의 관계를 새롭게 해석하고 있는 바로 그 시기에 제기되었다. 결국 종주국과 조공국의 관계가 근대적 용어로 재정리되기 전까지 두만강 대안의 조선인 문제는 해결될 수 없는 것이었다.

4. 청과 조선의 국경 교섭

청과 조선의 두만강 유역의 국경교섭은 1882년 훈춘 초간국이 설립된 후 청의 관리들이 두만강 대안지역에서 조선인들이 불법적으로 토지를 개간하고 있음을 발견하면서 비롯되었다. 앞서 설명했듯이, 청의 관리들은 월경·개간하는 조선인들에게 토지 소유권을 지급하여 세금을 징수하고 호적을 조사하여 훈춘과 돈화현에 나누어 귀속시킬 것을 상주하였고, 이듬해 황제는 이러한 제안을 윤허했다. 반면 조선은 조선인이 청으로 귀화하는 것에 반발하고 이들을 모두 쇄환시킬 것을 주장했다. 그러나 조선조정의 이러한 요구가 현지 백성들의 뜻을 반영하는 것은 아니었다. 이들은 굶주림을 피해 도강했고 오랫동안 힘들여 개간한 땅을 버리고 다시 돌아가기를 원치 않았다. 이에 광서 9년(1883) 4월 돈화현의 관리는 월강한 조선인 유민들을 추수 후에 모두 刷還할 것을 공지하고 이를 조선 會寧과 鍾城의 부사에게 알렸다. 청의 이러한 조치에 대해 조선인들은 청의 요구사항에 깔려 있는 전제, 즉 조선인들이 국경을 벗어났다는 가정 자체에 도전하기 시작했다.[45]

당시 청의 대조선 정책은 화이질서에 입각한 명목상의 종속관계에서 강력한 간섭을 통한 실질적인 종속관계로 전환하고 있었다. 1874년 일본군의 대만출병과 1879년 일본의 류큐 합병은 청이 조선 문제의 심각성을 깨닫는 계기가 되었다. 이 과정에서 李鴻章은 조선을 법적으로 청에 종속시키는 것, 즉 "기존의 '自主'를 박탈하고 조선을 국제법상의 '屬國'으로 바꾸는 것"을 추진함으로써 청과 조선의 특수한 종속관계를 서양열강에게 인정받고자 했다.[46] 李鴻章을 비롯한 청의 통치자들은 조선과의 관계에서 과거에 비해 훨씬 더 직접적인 개입을 추구하기 시작했고, 근대적 조약체제나 국제법을 적극적으로 활용하여 제국주의적·상업적 이해관계를 관철시키고자 했다. 이 시기 청의 비공식적 제국주의 정책(informal imperialism)은 청-조선의 관계가 양자 간 관계에서 다자 간 관계로 변하면서 나타난 결과였다.[47] 다시 말해 청은 전통적인 조공관계가 부여했던 유일무이한 종주국의 지위를 더 이상 유지할 수 없게 되자, 근대적인 국제법이 상정한 속국의 지위를 조선에 강제함으로써 다른 열강과 구별되는 자신만의 배타적이고 특수한 지위를 확보하고자 했던 것이다.

한편 조선이 청에게 적극적으로 현지조사와 국경조사를 요구한 배경에는 이 지역에 거주하는 백성들의 생존권이라는 현실적인 문제와 아울러 근대적인 국제법적 인식의 확산이 있었다. 청이 조선에 대한 영향력을 유지하기 위해 국제법을 활용한 것처럼, 조선 역시 자국의 이익을 주장하기 위해 국제법에 의존하기 시작한 것이었다. 秋月望이 분석했듯이, 경계에 대한 조선의 강경한 입장과 대청관계에 대한

45) 앙드레 슈미드, 정여울 역, 『제국 그사이의 한국 1895~1919』, 휴머니스트, 2007, 478~479쪽.

46) 오카모토 다카시, 강진아 역, 『미완의 기획, 조선의 독립』, 소와당, 2009, 96~111쪽.

47) Kirk Larsen, *Tradition, Treaties, and Trade: Qing Imperialism and Choson Korea 1850~1910*, Harvard University Press, 2008, pp. 11~14.

인식상의 전환은 1884년 조선의 동북 변방 출신인 副護軍 池慶龍이 올린 상소문에서 잘 드러난다. 이 글에서 지경룡은 "청과의 경계인 土門江은 두만강이 아니라 海蘭江이며", "세계 각국이 크고 작은 나라를 따지지 않고 교섭하는 날을 당하여(況此四瀛交涉, 無大無小之日)" 청에게 조선의 주장을 분명하게 요구해야 한다고 역설했다. 지경룡의 이러한 언급에는 강한 민족의식, 전통적인 화이관념, 그리고 국제법적 질서에 대한 인식 등이 불균질하게 드러나 있었다.[48] 전통적 조공관계와 근대적 만국공법의 공존과 대립은 지경룡 개인뿐만 아니라 19세기 말 청과 조선의 관계 전반에서 반복적으로 등장하는 특징이기도 했다.

1883년 두만강 북쪽에 거주하는 조선인에 대한 청의 쇄환 요구에 대해 같은 해 7월 조선의 鍾城 府使는 청에 보낸 문서에서 土門江과 두만강은 같은 강이 아니라 실제로 두 개의 다른 강이며, 양국은 본래 두만강이 아니라 土門江을 기준으로 나뉘기 때문에 두 강 사이의 토지는 조선의 영토라고 주장했다. 그 근거는 다름 아닌 강희 연간에 설립된 백두산정계비였다. 백두산정계비에는 서쪽은 압록강, 동쪽은 土門江을 경계로 국경을 정한다고 되어 있었는데, 鍾城 부사는 이 土門江을 두만강으로 볼 수 없으며 두 강의 발음이 거의 비슷하기는 하지만 각각은 분명히 두 개의 서로 다른 강을 가리킨다고 지적했다. 그는 문서와 함께 옛 지도의 복사본과 강희 연간 정계비의 비문을 함께 보내고, 함께 인원을 파견하여 백두산정계비를 조사하여 土門江의 발원지를 밝혀 경계를 분명히 하자고 제안했다.[49]

당시 이 지역에서는 청인이 조선인의 재물을 약탈하거나 조선인이

48) 秋月望, 「朝中勘界交涉の發端と展開: 朝鮮側の理念と論理」, 『朝鮮學報』 132, 1989, 85~90쪽.
49) 張存武, 「清代中韓邊務問題探源」, 『清代中韓關係論文集』, 臺北: 臺灣商務印書館, 1987, 179~180쪽; 슈미드, 앞의 책, 479~480쪽.

청인을 구타하는 등, 양국의 백성들 사이의 잦은 충돌로 형사·민사사건이 끊이지 않고 있었다. 두만강 북쪽에 거주하는 조선인들은 백두산정계비에 쓰인 토문강, 즉 양국의 경계는 海蘭河이라고 확신하였고 따라서 자신들이 개간한 토지를 조선 영토로 굳게 믿고 있었다. 당시 함경북도 兵使는 조선조정이 직접 禮部와 北洋大臣과 교섭하여 土門江의 남쪽을 분명히 밝혀 두만강 북쪽을 조선의 영토로 확보하고, 백두산의 분수령에 새로운 비석을 세우고 土門江邊에 목책을 설치하여 조선인들로 하여금 들어가 거주하게 하면 영토를 되찾고 변방의 우환을 제거할 수 있다고 제안했다. 이에 1885년 조선은 정식으로 자문을 보내 인원을 파견하여 국경을 조사할 것을 요청하고, "土門江의 남쪽 땅은 실로 敝邦에 속한 것이며, 敝邦의 백성이 敝邦의 영토에 거주하는 것은 결코 不可하지 않다"고 주장했다.[50]

조선의 자문을 받은 청의 총리아문은 조선의 감계 요구에 응하기로 했다. 당시 조선은 전통적으로 조공관계 업무를 관장해 온 예부가 아니라 국제법적 요소를 갖춘 총리아문이나 북양대신아문과 접촉함으로써 새로운 청-조선관계를 시도하고자 했다. 그러나 정작 총리아문에서 청의 대외업무를 주관하고 있던 이홍장은 조선의 이러한 주장에 부정적인 입장이었다. 청은 토문강이 해란강이라는 조선의 주장을 반박할 논리로 해란강의 발원처는 정계비의 소재지와 떨어져 있으며, 경계 설정은 반드시 연속된 하천을 기준으로 해야 함을 강조했다.[51] 특히 길림장군 希元은 1881년 이래 조선이 자국의 유민들을 쇄환할 것을 요청했음을 상기시키고 이는 곧 그들 스스로 도문강을 경계로 북쪽은 청의 영토임을 알고 있다는 증거라고 지적했다. 또한

50) 세종대왕기념사업회, 앞의 책, 294~295쪽.
51) 秋月望, 앞의 논문, 92~93쪽.

강희 연간의 백두산정계비는 오래 전에 세워진 것으로, "비석은 옮겨질 수 있으나 강은 千古에 바뀌지 않기 때문에" 국경을 논할 때는 "비석을 기준으로 하기보다 강을 근거로 삼아야 한다"고 주장했다. 북양대신을 비롯한 북경의 관리들 역시 조선의 주장이 속임수라고 주장하고, 감계에 참여하는 관원들은 경계를 분명히 하여 판도를 밝히고 藩屬을 體恤하고 邊民을 안정시켜야 한다고 상주했다.52)

결국 청과 조선의 기본적인 입장 차이는 강희 연간에 세워진 穆克登의 비석에 대한 해석에서 비롯되었다. 조선의 관리들은 穆克登이 청과 조선의 경계를 명확하게 하기 위해 강의 수원을 조사했고 그 결과 석비를 세웠다고 믿었다. 만약 국경문제에 모호한 점이 있다면 穆克登의 비석을 근거로 해결해야 했다. 그러나 청의 관리들은 국경교섭에서 비석이 결정적인 증거가 되지 못한다고 주장했다. 조선과 달리 청에서는 황실만이 피상적인 관심을 기울였고 지리 지식을 논하는 학자들 사이에서는 穆克登의 정계비가 거의 언급되지 않았던 것도 청의 관리들이 석비를 불신하게 된 중요한 이유였다. 또한 穆克登의 활동과 관련된 문서들이 대부분 유실되어 버린 것도 청의 의구심을 키웠다. 여러 가지 증빙자료와 문서를 준비한 조선과 달리 청은 穆克登의 비석에 대해 별로 알지 못했던 것이다. 따라서 청의 감계위원에게는 비석이 아니라 강의 수원이 경계를 나누는 기준이 되어야 했다.53)

1885년 9월 청의 감계위원 秦煐, 德玉, 賈元桂와 조선의 감계사 李

52) 張存武, 앞의 글, 182쪽.

53) 슈미드, 앞의 책, 481~484쪽. 당시 청에서는 정계비가 거짓으로 만들어진 것일 수도 있으며, 그 위치 역시 조선에 의해 옮겨졌을 가능성이 있다는 의심을 하고 있었다. 1712년 정계비 설립에 관한 청의 공문서가 모두 소실되어 증거로 삼을만한 것이 없었고, 당시 穆克登이 세웠다는 木柵 역시 시간이 지나면서 모두 썩어버렸기 때문이었다. 이화자(2011), 앞의 책, 125~129쪽.

重夏는 회녕에서 만나 교섭을 시작했다. 후에 乙酉勘界라 불린 당시의 조사 결과는 다음과 같았다. "장백산은 조선에서는 백두산이라 칭한다. 천지의 남쪽에 있는 大幹嶺을 중국에서는 黃沙嶺이라 하고 조선에서는 천지 남쪽을 分水嶺이라 하는데, 여기에 穆克登의 비석이 있다. 비석의 서쪽에 있는 도랑은 압록강으로 흘러들어간다. 동쪽에 있는 도랑을 중국에서는 黃花松溝子라 칭하는데, 이는 아래로 장백산을 돌아 동북으로 흐른다. 동남쪽에 돌담과 흙담이 있고, 높은 봉우리를 지나면서 도랑은 갑자기 좁아지고 양쪽의 흙담은 높이가 몇 丈에 달한다. 조선에서는 이를 土門江이라 부르지만 이것은 穆克登의 비석에서 90리 떨어진 곳에 있으며, 수십 리 아래의 도랑에서 물이 시작되어 북쪽으로 흘러 圖們江이 아니라 松花江으로 흘러들어간다."[54] 청의 관리들은 석비의 동쪽에 있는 물줄기는 圖們江이 아니라 松花江으로 들어가고, 따라서 비문에 있는 "동쪽의 토문, 서쪽의 압록"이라는 내용과 부합되지 않기 때문에 穆克登이 세운 석비는 정확한 지리적 근거가 되지 못한다고 주장했다. 한편 조선의 이중하는 穆克登이 경계를 조사했을 당시 양국이 주고받은 공문을 제시하면서 穆克登의 조사와 석비가 모두 사실임을 주장했다. 그에 따르면 석비의 문자는 모두 皇朝의 문헌에 들어 있으므로 감히 다시 논할 수 없는 확실한 증거였다.[55] 청은 두만강 상류에 있는 세 개의 발원지 가운데 하나를 경계로 결정해야 한다고 주장한 반면, 조선은 정계비의 위치와 현지의 상황이 서로 일치하지 않기 때문에 두만강 상류부에서 경계를 결정할 수 없다는 입장이었다. 양측은 결국 합의점을 찾지 못한 채 귀국했다.[56]

---

54) 張存武, 앞의 글, 183~184쪽.

55) 위의 글, 184쪽.

56) 秋月望, 앞의 논문, 94~95쪽.

원래 청과 조선의 경계 협상이 제기된 것은 두만강 북쪽에 거주하는 조선인을 관리하는 문제에서 비롯된 것이었다. 이들에 대한 처우는 경계가 확정되면 자연히 해결될 것이었지만 1885년의 감계에서 결론을 내리지 못함으로써 청과 조선은 조선인 이주자에 대한 방책을 다시 강구해야 했다. 1885년 조선에 부임한 원세개는 이듬해 총리아문에 보낸 글에서 정계비를 근거로 하여 五道白河 상류를 土門江으로 하자는 조선의 주장은 길림 전역이 문제가 될 수 있다는 점에서 주의해야 한다고 지적했다. 대신 그는 두만강 북쪽의 조선인 농민에 대한 일시적인 구제책으로 '借地安民'을 제안했다. 경계 문제와 월강 조선인 처리를 분리시켜 경계에 대해서는 조선의 양보를 얻어 내고 월강 조선인에 대해서는 '借地'의 형태로 조선인의 경작과 거주를 용인한다는 취지였다. 이에 대해 조선의 金允植은 경계는 양보하되 청에 거주하는 조선인에 대한 수세 대행권, 소송과 통치권은 조선이 행사한다는 내용을 제안했다. 그리고 이 제안을 전제로 두만강의 세 지류 가운데 하나인 紅土水를 경계로 인정하기로 결정했다. 토문강 하류의 송화강을 경계로 삼는 것이 불가능한 상황에서 조선은 해란강을 버리고 두만강으로 경계선을 양보하지 않을 수 없었던 것이다.57) 그러나 두만강 북쪽 청의 영토에 거주하는 조선인을 조선이 관리하겠다는 것은 국제법의 시각에서 보았을 때 부당한 주장이었다. 이는 조선이 국제법 가운데 자신에게 유리한 부분만을 선택적으

57) 정해감계에서 조선이 토문강과 두만강이 별개의 두 개의 강이라는 주장을 철회한 이유에 대해 이화자는 을유감계 당시 이중하가 黃花松溝子에서 紅土山水까지 목책이 설치된 흔적을 발견하였고 이를 조선조정에 보고했기 때문이라고 설명한다. 다시 말해 두만강 수원에 연결된 물증을 발견함으로써 토문강과 두만강이 같은 강임을 확인하였고 양국의 경계가 토문강, 즉 두만강을 경계로 한다는 것을 조선이 알게 되었다는 것이다. 그 결과 조선은 정해감계에서는 토문강의 수원 문제보다는 두만강 대안지역의 조선인 유민들을 처리하는 문제에 더 중점을 두게 되었다는 것이다. 이화자(2011), 앞의 책, 129~133쪽.

로 받아들여 전통적인 조공질서에 기반을 둔 청-조선 관계에 도입하려 했음을 보여 주는 사례라고 보아야 할 것이다.[58]

그나마 조선은 '借地安民'에 대한 청의 분명한 동의를 확보하지 못한 채 1887년에 국경교섭을 재개했다. 1887년 丁亥勘界에 참여한 것은 청의 秦煐, 德玉 외에 훈춘에서 方郞이 참여하였고 길림에서도 측량사 劉虞卿과 화가 王汝舟를 파견했다. 조선은 토문강과 두만강이 서로 다른 강이며 양국의 경계는 해란강이라는 1885년의 주장을 철회하고 대신 穆克登의 정계비와 紅土水를 경계로 할 것을 주장했다. 그러나 청은 소백산 동쪽 기슭에서 발원한 石乙水를 경계로 주장했다. 紅土水와 石乙水의 거리는 실제로 수십 리에 불과했지만, 조선이 주장하는 紅土水는 백두산 동쪽으로 연결되는 반면 청이 주장하는 石乙水는 소백산 동쪽으로 이어지고 있었다. 다시 말해 石乙水를 경계로 해야 청의 발상지인 장백산과 천지를 모두 청의 영토로 삼을 수 있었던 것이다.[59] 두만강 발원지에 대한 이견으로 양국은 두 번째 감계에서도 경계의 위치에 합의하지 못했다. 뿐만 아니라 감계과정에서 원세개와 김윤식이 논의한 '借地安民'는 전혀 언급되지 않았다. 감계가 끝난 후 청은 소백산과 石乙水를 기준으로 경계비를 세울 것을 요구했으나 조선은 이를 거부했다. 石乙水가 도문강의 발원지라는 것은 "圖典에 근거할 만한 것이 없다"는 것이 이유였다.[60] 그 후에도 양국은 몇 차례 협상을 시도하였으나 결말을 맺지 못했다.

1880년대 말 청과 조선의 국경교섭은 양국의 조공관계가 지닌 특징과 그것이 도전을 받고 붕괴되는 과정을 단적으로 보여 준다. 앙드레 슈미드가 지적하듯이, "종주국과 조공국의 관계가 유지되는 상황

58) 秋月望, 앞의 논문, 96~101쪽.

59) 이화자(2011), 앞의 책, 145~147쪽.

60) 北洋大臣의 咨文에 대한 李重夏의 狀啓, 세종대왕기념사업회, 앞의 책, 308~309쪽.

에서 영토를 둘러싼 논쟁은 매우 예민하고 첨예한 문제였는데, 이는 공간에 대한 서구적 담론에서는 좀처럼 찾아볼 수 없는 것들이었다." 다시 말해 청과 조선의 국경교섭은 조공관계라는 양국의 위계질서가 근대적 영토인식과 접촉하면서 나타난 독특한 양상을 보여 주었던 것이다. 협상과정에서 양국 모두 '大國'과 '小邦'이라는 단어를 사용했다. 그러나 감계 협상에 참여한 조선의 관리는 청의 관리들에게 계속적으로 공세적인 입장을 취하면서 청의 주장을 반박했다. 청의 관리들이 기존 조공관계의 관행과 조선 관리의 완강한 태도 사이에서 모순을 느끼고 이에 대해 분노했으리라는 것은 충분히 짐작할 수 있었다.61)

근대적 영토주권에 대한 조선의 인식은 청과의 전통적인 조공관계에 대한 신념과 불안정하게 공존하고 있었다. 조선에서는 18세기에 이미 실학자들을 중심으로 두만강 북쪽까지 조선의 영역권을 확장하고자 하는 역사의식이 이미 존재했지만, 이들의 민족의식은 외부지향적인 것은 아니었고 특히 군사적인 정복을 경험한 청과의 관계에서 공적으로 표현될 수는 없는 것이었다. 秋月望이 지적하듯이, 1880년대에 이르러 조선에서는 청과의 관계를 새롭게 재조정해야 한다는 논의가 대두되기는 했으나, 당시 "조선은 근대적 국제법이 전통적인 화이논리와 대립한다는 점을 충분히 이해하지 못하고 있었다". 감계와 관련하여 池慶龍이 올린 상소에는 국제법적인 세계인식과 화이질서에 대한 기대가 동시에 드러나 있는데, 이는 池慶龍이라는 한 개인의 인식에만 국한되는 것이 아니라 청과 조선의 감계 과정에서 내내 반복되어 등장하는 것이었다. 경계를 양보하는 대가로 두만강 북쪽 조선인들에 대한 통치권을 확보한다는 조선의 구상은 청의 '소국을

61) 슈미드, 앞의 책, 481~482쪽.

어루만지는 자애로운 태도(字小)'나 '華의 은혜'와 같은 전통적인 화이질서를 신뢰한 결과였으며, 또한 국제법을 충분히 이해하지 못한 상태에서 제기된 것이었다.[62] 청과 조선 사이의 국경 협상에서는 이처럼 전통적 조공관계의 질서와 근대적 국제공법의 질서가 혼재되어 있었던 것이다. 그리고 이러한 재조정과 새로운 체제의 과정에서 양국의 전통적인 국경지대는 더 이상 유지될 수 없었다.

5. 결론: 근대국가와 국경선

1985년 청일전쟁의 발발로 청과 조선의 관계는 근본적으로 변하게 되었다. 동학농민운동이 일어나자 조선조정에서는 반란군을 진압하기 위해 청에 파병을 요청하기로 결정했다. 당시 민씨 戚族은 원세개에 파병을 요청하면서 '上國'과 '小國'의 관계를 내세웠는데, 이는 조선의 권력자들이 과거 청과의 속방관계에 의지하여 자신의 권력을 유지하고자 했고, 청은 이러한 상황을 이용하여 조선에 대한 지배를 강화하고자 하고자 했음을 잘 보여 준다. 그러나 청과 조선이 각자의 이해관계에 따라 공유하고 있던 '상국'과 '소국'이라는 인식은 이미 당시 국제사회에서 수용되기 어려운 것이었다. 청이 조선파병을 통보하자 일본은 조선을 청의 속방으로 인정한 적이 없다고 회답하고 곧바로 조선에 군대를 파견했다. 일본 파병의 공식적인 이유는 공관과 상민 보호였으나, 청군의 기선을 제압하고 서울 인근을 장악하는 것이 실질적인 목표였다.[63] 이어지는 전투에서 일본의 군사력에 굴

62) 秋月望, 앞의 논문, 101~103쪽.

63) 구선희, 「후쿠자와 유키치(福澤諭吉)의 對朝鮮文化政略」, 『國史館論叢』 제8집, 1989, 219~220쪽, 227~235쪽.

복한 청은 이제 조선이 자국의 속국임을 입증할 법적 근거도 힘도 없었다. 청일전쟁의 패배로 청은 더 이상 조선에 대한 배타적인 종주국의 지위를 요구할 수 없게 되었다. 조공사절 파견, 청의 책력 사용 등 청의 종주권을 상징하는 관행들은 영구히 종료되었다. 청과 조선의 전통적인 조공관계는 청일전쟁에서 청이 패배함으로써 마침내 종지부를 찍게 되었다.

두만강 일대에서 국경조사가 진행되고 이어 조선에서 청과 일본이 충돌하는 동안 조선인 이주민의 쇄환은 계속 지연되고 있었다. 당시 조선인들은 중국 영토 내에서 중국인으로서의 자격이나 토지 소유권은 가지지 못한 채 임시거주권과 토지사용권만 갖고 있는 상태였다. 광서15년(1889)에 이르러 길림장군 長順은 1881년 밍안과 吳大徵이 주장했던 토지소유권 발행과 세금 징수를 재차 제안했다. 양국의 국경이 아직 합의되지 않은 상태에서 청은 돈화현과 훈춘현에 대한 淸丈·編甲·升科를 진행하기로 결정했다. 조선인 가운데 청의 영토에 남고자 하는 이들은 '薙髮易服', 즉 변발과 중국식 복장을 통해 중국의 판도로 편입시키고 그 대가로 토지소유권을 지급한다는 것이었다. 한편 1894년 長順은 撫墾局을 정식으로 설립하여 월경·개간하는 조선인을 전담하여 관리하게 했는데, 撫墾局은 기존의 越墾局보다 조선인에 대한 관할업무가 훨씬 구체화되었다.[64] 이후 1899년에 체결된 中朝通商條約의 제12조에서는 지금까지 국경을 넘은 사람들의 안전은 보장하지만 이후 월경은 금지한다고 규정했다. 또한 1904년에는 「新定畵界防邊條約(中韓邊界善後章程)」을 체결하여 국경을 재조정했다.[65]

64) 이지영, 앞의 논문, 266~269쪽.
65) 塚瀨進, 앞의 논문, 283~284쪽.

결국 동북지역에 대한 청의 '移民實邊' 정책은 두만강 대안으로 이주한 조선인들로 하여금 황무지를 개간하게 하여 세금을 징수하고 나아가 변방을 강화하는 다각적인 효과를 거둘 수 있게 해 주었다. 이를 위해서는 조선인에 대한 관할권이 필요했고 이는 조선인을 청에 入籍시킴으로써 실현될 수 있었다. 이지영이 지적하듯이, 처음에 청은 '자국 내의 외국인'이라는 관점에서, 그리고 조선은 '외국내의 자국민'이라는 관점에서 월경·개간하는 조선인 문제에 접근했지만, 나중에는 청과 조선 모두 '자국 내의 자국민'이라는 주장을 내세우게 되었다. 청은 국경지대에 거주하는 조선인들을 청의 호적에 올림으로써 이들을 자국민으로 만들고자 했고, 조선은 국경교섭을 통해 문제의 지역을 조선의 영토로 만듦으로써 이를 해결하고자 했다.[66] 월경·개간하는 조선인의 문제가 국경논의로 발전하는 과정은 당시 양국의 주권에 대한 관점이 속인주의에서 속지주의로 변화하였음을 잘 보여 준다.

주권의 근거를 사람에 대한 지배가 아니라 영토에 대한 지배에서 찾으려는 조선의 움직임은 20세기 초에 이르러 더욱 분명해졌다. 1900년 의화단 사건을 계기로 러시아 군대가 동북에 주둔하면서 이 지역의 치안이 더욱 불안정해지자 당시 대한제국 정부는 압록강과 두만강 연안에 경비체제를 강화해 갔다. 한편 월강 조선인들 역시 단순한 범월자가 아닌 이주자라는 인식에 기반을 둔 대한제국 정부에게 법적인 보호를 요구하기 시작했다. 조선인 월강 이주자에 대한 대한제국의 영향력 행사는 압록강과 두만강 북쪽을 무인지대 혹은 空曠地로 여기고 이 지역을 조선의 故土로 간주하는 새로운 영토의식이 확산되었던 당시의 흐름과 궤를 같이 했다. 1902년에 이르러

66) 이지영, 앞의 논문, 277쪽.

대한제국은 압록강 북쪽에 거주하는 조선인을 시찰한다는 명목으로 徐相懋를 邊界探察官으로 파견하였고 이듬해에는 李範允을 北間島 視察員으로 임명하여 두만강 북쪽으로 파견했다.[67] 주목할 것은 이 시기 대한제국 정부의 정책에서 "인민에 대한 지배범위는 한 국가의 경계 범위와 반드시 일치해야 한다"는 인식이 나타난다는 점이다.[68] 19세기 말과 20세기 초에 이르러 청의 영향력이 감소하고 국제법적 외교인식과 관행이 확산되면서 조선은 청을 과거와 같은 절대적인 上國이 아니라 경계를 맞대고 협상해야 할 인접국으로 여기게 되었다. 이 과정에서 조선은 국민과 국토를 일치시키는 근대 국민국가의 모습을 보다 분명하게 드러내었던 것이다.

이러한 인식의 변화는 영토가 주권의 가장 중요한 요소라는 근대적 인식의 등장과 밀접한 관련이 있다. 앙드레 슈미드가 지적하듯이, 경계에 대한 개념은 조선시대에도 분명히 존재했다. 그러나 이것은 엄격히 강제된 것은 아니었으며, 무엇보다 분명한 경계선으로 규정되고 구분되어야만 하는 공간적 분리선으로 여겨진 것은 아니었다. 범월은 금지되었고 위반자들은 심한 처벌을 받았지만, 변방에까지 국가권력이 빈틈없이 영향을 미칠 수 있는 것은 아니었다. 당시 국경지대의 주요한 경제활동은 인삼채취와 수렵이었고, 이러한 활동의 공간적 범위는 분명하게 제한되어 있지 않았다. 그러나 19세기 후반에 이르러 상황은 달라졌다. "영토 주권의 개념이 등장하면서 쉽게 넘나들 수 있는 국경(porous border)을 방치하고 허용하는 분위기는 급격히 사라졌다. 영토를 효과적으로 통제하는 능력이야말로 국가의

67) 대한제국시기 조선의 간도정책에 대해서는 秋月望, 「朝清境界問題にみれる朝鮮の「領域観」: 「勘界會談」後から日露戰爭期まで」, 『朝鮮史硏究會論文集』 40, 2002; 하원호, 「개화기 조선의 간도인식과 정책의 변화」, 『동북아역사논총』 14, 2006; 이화자(2011), 앞의 책, 150~172쪽에 자세하다.

68) 秋月望, 「朝清境界問題にみれる朝鮮の「領域観」」, 32~133쪽.

능력을 판단하는 기준이 되었다. 주권은 행사되어야 하고 국경은 준수되어야 했다."69)

19세기 후반 청의 동북변경 정책과 대조선 정책을 18세기와 비교해 보면 이 시기의 특징이 더욱 분명해진다. 강희제의 백두산정계비 설치는 인접국과의 경계선을 분명히 하고 청의 영토 주권을 확보하기 위해 추진된 것이 아니었다. 이는 당시 러시아와의 충돌과 뒤이은 경계 설정을 계기로 제국의 판도를 확인하고 이를 지도로 제작하여 가시화하려는 목적에서 비롯된 것이었다. 穆克登 일행이 백두산 일대와 압록강과 두만강의 수원을 조사하고 황실 발상지의 지리 지식을 수집한 것은 이른바 청 제국 건설(empire building)의 일환으로 진행된 것이었다. 러시아와 네르친스크 조약을 체결하여 경계 범위를 설정한 것은 변경지역에 거주하는 부족민을 통제하고 관리할 목적에서 필요한 작업이었지만, 황제의 권위에 충실히 복종하고 있는 조선을 상대로 굳이 명확한 경계를 설정해야 할 필요성은 별로 없었다. 백두산정계비의 설치와 위치에 대해 강희제나 후대의 황제들이 크게 관심을 기울이지 않은 것은 명확한 경계가 필요하지 않았던 당시 양국의 관계를 반영하는 것으로 이해해야 할 것이다. 청의 동북변경, 특히 조선과의 국경지대가 황실의 발상지이자 기인의 육성지로 보호되기 위해 일부러 공한지로 유지되면서 경계의 범위는 더욱 불확실해졌다. 비록 조선인 범월자가 간혹 출몰한다 해도 청 황제는 번방을 회유한다는 취지에서 이들에 대한 처벌과 단속을 조선에 위임했고, 조선은 상국과의 원만한 관계를 위해 국경지대의 출입을 금지하여 압록강과 두만강 일대를 비워두었다. 청과 조선 사이 국경지대의 공

69) 슈미드, 앞의 책, 491쪽. 근대 민족국가 건설과정에서 나타나는 영토주권의식, 즉 'geo-body'에 관한 분석은 Thongchai Winichakul, *Siam Mapped: A History of the Geo-body of a Nation*, Honolulu: University of Hawaii Press, 1994 참조.

한지와 불확실한 경계는 청의 강력한 권위와 그에 기반을 둔 조공관계를 바탕으로 유지될 수 있었다.

변경의 허변화(虛邊化)와 국경지대의 공한지화는 19세기에 이르러 더 이상 유지가 불가능해졌다. 청은 내외의 압박으로 동북에 대한 허변(虛邊) 정책을 포기하게 되었고 이는 곧 조선과의 국경지대에도 영향을 끼쳤다. 그러나 국경지대, 그리고 조선조정에 대한 청의 영향력은 과거와 같은 절대적이고 유일한 것이 아니었다. 청과 조선의 관계에 깃든 모호함, 즉 국경지대를 출입이 금지된 공한지로 유지하고 조선이 속국이면서 동시에 자주국임을 허용하는 것은 오직 청의 권위가 압도적으로 강력할 때만 가능한 것이었다. 강희-옹정-건륭 연간에는 문제가 되지 않았던 이러한 모호함은 광서 연간에 이르러 심각한 문제가 되었다. 19세기 말의 청은 속국의 자주를 허용할 만한 정치·경제적인 힘이 없었다. 이제 청은 조선에 대한 영향력을 종주국의 권위가 아니라 국제법에 근거한 조약에서 찾아야 했다. 이 과정에서 모호한 국경지대도 더 이상 용납되지 않았다. 근대적 외교관계로 매개된 청과 조선은 이제 명확한 국경선이 필요했고, 이를 위해 두 인접국은 길고 오랜 국경협상을 겪어야 했던 것이다.

『동아시아사』 교과서의 '銀 유통과 교역망'※

: 주제의 설정과 그 의미

조영헌

(고려대학교)

1. 여는 글: 한국사-동아시아사-세계사의 3분법

지난 2007년 한국에서 『동아시아사』라는 고등학교 교과서가 역사과 선택과목의 하나로 신설되었다. 이른바 한국·중국·일본을 포괄하는 동아시아 지역의 역사를 종합적으로 파악하는 역사서가 고등학생을 대상으로 하는 교과서의 형태로 등장한 것이다. 세계 대부분의 역사 교과가 自國史-世界史 구조의 2분법 체제로 운영되고 있으며, 한국 역시 예외가 아니었던 흐름을 감안할 때, 한국사와 세계사의 중간 형태로 쉽게 이해될 수 있는 '동아시아사'의 등장은 분명 그 자체만으로도 논쟁과 관심이 될 것임에 분명했다. 이후 2009년 개정 교육과정('미래형 교육과정')을 통해 한국의 고등학생들은 한국사-동아시아사-세계사라는 3분법 체제로 구성된 역사 교과목을 선택하도

※ 이 글은 『동북아역사논총』 39호, 2013에 게재된 것을 일부 수정한 것이다.

록 역사과목의 골격이 확립되었고, 교육현장에서는 2012년 1학기부터 『동아시아사』가 선택과목으로 교육되기 시작했다.

『동아시아사』 교과서를 둘러싼 논쟁과 문제제기는 여러 가지가 있겠으나, 크게 보아 그 신설 과정의 '急進性', 동아시아라는 지역 개념의 '不分明性' 혹은 '可變性', 동아시아 지역 발전과 평화에 이바지하겠다는 교과서 저술 목표의 '當爲性', 유럽 중심주의(euro-centrism) 혹은 중국 중심주의(sino-centrism)나 自國史 중심주의로부터 얼마나 자유로울 수 있겠는가에 대한 '脫中心主義論', 그렇다면 과연 한국에서 유통되는 동아시아사의 서술 주체는 누구여야 하겠는가의 '主體性', 그리고 이러한 수많은 논의에도 불구하고 단기간에 한정된 분량으로 완성된 교과서 내용 서술의 '合目的性' 등으로 요약해 볼 수 있겠다.[1] 이 외에도 1990년대 이후 비교적 꾸준하게 진행되어 온 한국의 동아시아 담론에 대해서도 수많은 논쟁이 있어 왔다.[2]

이 글에서 이 수많은 논쟁점에 대해 한꺼번에 언급할 겨를이 없을

---

1) 안병우 연구책임자, 『동아시아사 교육과정 시안 개발』(2006년 동북아역사재단 학술연구과제 연구결과보고서); 김기봉, 『(역사를 통한)동아시아공동체만들기』, 푸른역사, 2006; 황지숙, 「상대화 시각의 동아시아사 인식과 교육방안」, 『역사교육연구』 5, 2007; 김성수, 「동아시아론의 전개와 역사 텍스트 속의 동아시아」, 『역사교육』 102, 2007; 김기봉, 「탈근대에서 국사와 동아시아사」, 『역사학보』 197, 2007; 백영서, 「자국사와 지역사의 소통: 동아시아인의 역사서술의 성찰」, 『역사학보』 196, 2007; 신성곤, 「한국 '동아시아사' 교과서의 구성과 그 특징」, 연민수 등, 『동아시아 역사교과서의 주변국 인식』, 동북아역사재단, 2008; 정연, 「〈동아시아사〉 교과서의 한국사 서술 검토」, 한국역사교육학회, 『역사교육연구』 14, 2011; 『동아시아사의 방법과 서술: 한국사 및 세계사와 연관하여』(역사학회 창립 60주년 기념 추계학술대회, 2012년 10월 6일, 서울대학교).

2) 한국의 대표적인 동아시아 담론에 대해서는 정문길 외 엮음, 『동아시아, 문제와 시각』, 문학과지성사, 1995; 백영서, 『동아시아의 귀환: 중국의 근대성을 묻는다』, 창작과비평사, 2000; 정문길 등 엮음, 『주변에서 본 동아시아』, 문학과지성사, 2004; 박명규, 「한국 동아시아 담론의 지식사회학적 이해」, 김시업·마인섭 엮음, 『동아시아학의 모색과 지향』, 성균관대학교출판부, 2005; 최원식, 『제국 이후의 동아시아』, 창비, 2009; 최원식 등 엮음, 『동아시아의 오늘과 내일』, 논형, 2009 등을 참조. 한편 이러한 동아시아 담론에 깔린 '진보적' 이념 및 지나친 '志士'적 구호에 대한 비판은 이성규, 「무엇을 위한 '동아시아'인가?」, 『인문학연구』 36, 숭실대학교 인문과학연구소, 2006 참조.

뿐 아니라 능력도 없다. 따라서 우선 이러한 여러 쟁점을 비교적 집약적으로 담고 있다고 판단되는 교과서 내의 한 내용요소[3]를 선정하고 이에 대한 구체적인 분석을 진행하고자 한다. 필자가 선정한 내용요소는 대단원 Ⅳ장 '국제 질서의 변화와 독자적 전통의 형성'에 포함된 4개 내용요소 가운데 두 번째에 위치한 '銀 유통과 교역망(혹은 교역망의 발달과 銀 유통)'이다.[4] 동아시아의 銀 유통에 관한 내용을 담고 있는 이 내용요소는 朝貢-冊封 체제를 언급하는 '동아시아의 국제관계(혹은 국제관계와 외교 활동)' 및 근대 이후 개항 및 제국주의 침략에 관한 내용요소와 함께 各國史의 나열로는 서술하기 곤란하며 世界史에 대한 이해가 병행해야 하는 내용, 그래서 가장 '동아시아'적 맥락이 부각될 수 있는 부분이라 할 수 있다. 물론 두 종의 교과서에서 이러한 맥락이 얼마나 효과적으로 서술되고 부각되었는지는 또 다른 문제이며, 정작 그 내용이 심도 깊고 다양하게 다루어졌다 하더라도 실제 고등학교 역사교사와 학생들에게 어떻게 해석되고 이해되고 있는지 향후 치밀하게 진행해야 할 분석 내용이 아닐 수 없다.

이에 필자는 교육현장에서 解釋되고 教育되는 과정에 대한 분석에 앞서 먼저 '銀 유통과 교역망'이라는 대단히 매력적인 제목의 내용요소가 고등학생을 비롯한 한국인 일반의 '동아시아사' 인식과 어떤 관

---

3) 『동아시아사』 교과서는 모두 6개의 대단원과 26개의 내용요소로 기획되었다. 최종적으로 통과된 두 종의 교과서 가운데 천재출판사에서 출간된 것은 26개의 내용요소를 모두 담고 있으나, 교학사에서 출간된 것은 국민국가에 대한 내용을 담고 있는 5번째 대단원에서 하나의 내용요소를 생략하였다. 구성 요소에 대한 구체적인 언급은 후술. 이하 천재출판사의 『동아시아사』를 '천재판', 교학사의 『동아시아사』를 '교학판'으로 약칭한다.

4) 두 종의 교과서 가운데 교학판은 "은 유통과 교역망"이라는 제목을, 천재판은 "교역망의 발달과 은 유통"이라는 제목을 달았다. 의미에서 약간의 차이가 존재하지만 전체적인 지향점은 동일하다고 판단된다. 이 글은 "은 유통과 교역망"이라는 제목을 사용하는데, 이는 교과서의 내용 차이가 아니라 처음 『동아시아사』 교과서가 발의되고 논의되는 과정 및 『동아시아사 교과서 집필 안내서』(동북아역사재단 내부자료, 2009)에서 "은 유통과 교역망"이라는 용어를 사용했기 때문이다.

련성이 있는지에 집중하여 논의를 진행하고자 한다. 이를 위해 1장에서 먼저 『동아시아사』 교과서의 '탄생' 경위를 집어볼 필요가 있는데, 그 긴박한 '탄생' 과정이 '銀 유통과 교역망'이라는 '참신한' 내용 요소의 설정과 일정한 상관관계가 있기 때문이다. 물론 '銀 유통과 교역망'이라는 내용 요소의 설정에는 점점 부각되고 있는 '글로벌 히스토리(Global History)'의 연구 성과와 이에 대한 관심이 반영되어 있으므로 2장에서 이 점을 검토하고자 한다. 3장에서는 두 종의 『동아시아사』 교과서에서 취급하는 '銀 유통과 교역망'의 내용 분석을 최근까지 진행된 16~18세기 동아시아 경제사에 대한 연구 성과를 근거로 진행한다. 마지막에는 이러한 분석을 근거로 할 때 『동아시아사』 교과서에서 '세계사 속의 동아시아사' 그리고 '동아시아 속의 한국사'가 포착될 수 있는지, 더 궁극적으로는 한국에서 제작된 『동아시아사』 교과서에서 한국인의 관점이 살아있는지 혹은 살아있어야 하는지에 대한 당위성을 조심스럽게 진단하고자 한다.

논의를 시작하기 전에 먼저 언급할 것은 『동아시아사』 교과서와 '동아시아사'에 대한 구분이다. 이 글은 교육 차원에서 운위되는 『동아시아사』와 연구 차원에서 운위되는 '동아시아사'를 『 』와 ' '의 구분을 가지고 서술하며, 필요에 따라 교과목 자체를 강조할 경우 〈 〉로 표기할 것이다.

2. 『동아시아사』 교과서의 '탄생'과 그 구성적 특징

2012년 현재 한국 중등교육의 역사과 편제는 기본적으로 1997년에 고시된 제7차 교육과정의 범주에 속해 있으나, 실제는 2006년 11월 23일 교육부가 발표한 '역사교육 강화방안'[5]을 근거로 진행된

2007년 개정 교육과정의 연장선상에 놓여 있다.[6] 2007년 개정 교육과정의 주요 내용은 〈역사〉가 〈사회〉에서 완전히 독립된 것은 아니지만 다른 사회과 과목과 분리되어 독립 과목이 된 것, 한국사와 세계사의 연계 교육을 강화하여 〈역사〉라는 과목명을 사용한 것, '국사' 대신 '한국사'로 용어를 바꾼 것, 심의 과정이 國定에서 檢定으로 변환된 것,[7] 그리고 고등학교 2학년부터 선택 과목으로 기존의 세계사에 해당하는 〈세계역사의 이해〉에 덧붙여 〈한국문화사〉와 〈동아시아사〉가 신설된 것을 꼽을 수 있다. 이 때 선택 과목으로 거론되었던 3과목은 2009년 개정 교육과정[8]을 통해 〈한국문화사〉가 사라지고 2과목(〈동아시아사〉와 〈세계사〉)만 남게 되었다. 물론 당시 고등학교 〈역사〉 과목은 〈한국사〉로 과목명이 변경됨과 동시에 필수에서 선택 과목으로 강등되었으나, 2011년 언론사와 여론의 비난을 받고 2012년부터 다시 필수 과목으로 환원되었다.

이 가운데 이 글이 주목하는 것은 2006년에서 2007년으로 넘어가는 무렵에 '급속하게' 등장한 〈동아시아사〉이다.[9] 구체적으로 〈동아

5) 사회과 안에서 역사를 독립과목으로 한다는 것은 이전과 동일하지만, 중학교 사회과는 〈사회〉(지리와 일반사회)와 〈역사〉(한국사와 세계사) 두 과목으로 각각 170시간씩 배정되었다. 고등학교 〈역사〉는 시수를 6단위(주당 3시간)로 확대되어 7차 교육과정에서의 4단위(2시간)에 비하여 중요성이 높아졌다. 여기에는 일본 우익 교과서의 역사왜곡, 중국의 〈동북공정〉으로 불거진 역사 분쟁이 중요한 배경이 되었다.

6) 이하 역사 교육과정의 변천과정에 대해서는 김한종, 「역사 교육과정을 어떻게 볼 것인가」, 전국역사교사모임, 『역사, 무엇을 어떻게 가르칠까』, 휴머니스트, 2008; 같은 저자, 「중등역사교과서 개편의 과정과 성격」, 『한국고대사연구』 64, 2011 참조.

7) 國史와 함께 國語, 道德 교과서도 이 시기 함께 國定에서 檢定制로 전환되었다.

8) 2009년 개정 교육과정은 당시 '미래형 교육과정'으로 불리기도 했는데, 이는 2008년 2월 출범한 이명박 정부의 교과서 개정 작업의 결과이기도 했다. 2009년 12월 17일 총론이 발표되었다.

9) 이하 〈동아시아사〉 교과목의 등장과 형성 과정에 대해서는 안병우 외, 『(동북아역사재단 학술연구과제 연구결과보고서)동아시아사 교육과정 시안 개발』, 2006; 황지숙, 「'동아시아사', 무엇을 어떻게 가르칠까」, 전국역사교사모임, 『역사, 무엇을 어떻게 가르칠까』, 휴머니스트, 2008 참조.

시아사〉는 2006년 11월 23일 교육부가 발표한 '역사교육 강화방안'에 공식적으로 처음 등장한 뒤 같은 해 12월 사회과 교육과정 개정안 토론회의 종합토론에서 처음 토론의 대상이 되었고, 이듬해인 2007년 1월 하순에 〈동아시아사〉 교육과정 시안이 제시된 뒤, 같은 해 2월 22일 개정교육과정으로 확정 고시되었다. 그야말로 일반 역사학자뿐 아니라 대중에게 공식적으로 알려진 뒤 3개월 만에 교과목으로 결정된 것이다.

교과서의 모형 단원 역시 교육과정으로 확정된 이후인 2007년 6월부터 개발이 착수되어 2008년 2월 전체 26개 내용 요소 가운데 4개 내용 요소에 대한 결과물이 배포되었다.[10] 동북아역사재단에서 출간한 『동아시아사 교과서 집필 안내서』는 2008년부터 2009년 사이에 완성되어 2009년 10월에 각 출판사 및 집필을 희망하는 연구자들에게 배포되었다. 그리고 2010년부터 약 3개 출판사에서 『동아시아사』에 대한 집필 팀이 꾸려져 집필이 시작되었으나 1개 출판사는 다른 사정으로 인해 중도에서 포기하고, 나머지 2개 출판사에서 기획한 『동아시아사』 교과서가 모두 2011년 8월 검정을 통과하였다. 결과적으로 보면 2007년 2월 고등학교 역사과 선택과목의 하나로 등장한 〈동아시아사〉가 4년 6개월 만에 『동아시아사』 교과서의 형태로 완성된 것이다.

하지만 앞서 언급했듯, 〈동아시아사〉가 공론화되고 교과목의 하나로 결정되는 과정은 3개월로 대단히 '신속하게' 이루어졌다. 물론 2006년 12월 공론화되기 이전인 2003년 전국역사교사모임에서 〈동

---

10) 교육인적자원부, 『역사교과서 모형단원 개발 고등학교 동아시아사』, 서울특별시교육청, 2008 참조. 4개 내용 요소는 전근대에 해당하는 II 단원의 '1. 지역 간 인구 이동과 전쟁'과 '4. 동아시아의 국제 관계'와 근대에 해당하는 V 단원의 '1. 개항의 의미와 국민국가 수립의 양상'과 '5. 서구 문물의 수용과 사회 변화'이다.

아시아사〉 개설이 필요하다는 논의가 있었고, 이후 교과서와는 별개로 '동아시아사' 서술의 필요성을 강조하는 논의는 비교적 꾸준히 진행되었다.[11] 그리고 2005년 새로운 역사과 교육과정이 개발되던 초기, 연구진들이 세계사 과목의 하나로 구상했던 과목이자 전근대 시기 한국사와 세계사를 통합하는 한 방안으로 〈동아시아사〉의 개설이 제안된 바도 있다.[12] 하지만 이러한 논의는 기존 역사 교육의 한계에 대한 여러 개선 방안의 하나로 언급된 것이나 역사보다는 미래 지향적인 학문적 담론의 수준일 뿐, 결코 교과서의 '탄생'을 염두에 둔 공식적인 논의나 토론은 아니었다.

물론 이처럼 급진적으로 『동아시아사』 교과서가 '탄생'한 근본 배경에는 영토 분쟁을 비롯한 한·중·일 삼국 사이의 첨예한 역사문제 갈등이 자리 잡고 있었을 것이다. 전쟁과 관련한 과거사를 정리하고 영토 분쟁의 반복되는 지역에 대한 역사적 사실을 정리하고 교육함에 있어 민족주의적 자국사의 틀을 벗어난 '동아시아사'라는 지역사의 설정은 일국사로 포괄하기 어려운 설명을 효과적으로 담아낼 수 있는 틀로 인식될 수 있었다.[13] 관련하여 3분법에 대한 중요한 선례로 유럽 통합 이후 등장한 『유럽의 역사』(1992)와 國家史-地域史(유럽사)-世界史에 대한 인식이 있었다. 즉 국민국가의 정체성을 담지하되 일국의 역사로 포착되지 않는 부분을 보완하기 위한 '또 하나의

11) 정연, 「고등학교 '동아시아사'의 성격과 내용체계」, 『동북아역사논총』 19, 2008, 16쪽. 이에 따르면 '동아시아사'가 필요하다는 지적은 크게 세 가지 동인으로 전개되는데, ① 균형 있는 세계사 교과서 서술을 위한 방안, ② 국사 교육의 새로운 패러다임으로서의 필요성, ③ 평화로운 동아시아 공동체의 건설을 위한 실천 운동의 일환에서의 필요성이 그것이다. 이 외에도 민간 차원으로 한·중·일 공동 역사교재를 발간하거나 한·일 간의 공동 역사수업이 진행되기도 했는데, 이에 대해서는 김정인, 「동아시아 공동 역사교재 개발, 그 경험의 공유와 도약을 위한 모색」, 『역사교육』 101, 2007 참조.

12) 신성곤, 「역사 교과서의 국사와 세계사 편제: 다양한 통합 방안의 모색」(역사교과서 체제 모색을 위한 워크샵 자료, 2005).

13) 안병우 외, 앞의 책, 1쪽.

역사'로서 '유럽사'가 기획되었던 것처럼,[14] 〈동아시아사〉가 기획되었던 것이다. 또한 동아시아 삼국 사이의 갈등과 분쟁을 강조하기보다는 국제교류와 우호의 관점에서 서술해 보려는 적극적인 의지가 〈동아시아사〉의 신설에 작용했다. 이는 〈동아시아사〉 교과서의 '총괄목표'와 제VI단원에 설정된 내용요소를 통해서도 확인이 가능하다. 일본의 나카무라 사토루 역시 2차 대전 이후 약 2000년까지 사용된 한국·중국·일본·대만의 역사교과서를 분석한 후 고등학교에 〈동북아시아사〉의 신설을 통해 3분법을 주창한 바 있다.[15] 어쨌든 그 결과 출간된 고등학교 『동아시아사』 교과서는 '세계 최초'의 동아시아사 교과서가 되었고,[16] 이로써 한국의 역사교육 역시 自國史-地域史(동아시아사)-世界史라는 3분법을 띄게 되었다. 이러한 모양새는 기존에 역사교육의 문제로 누차 지적되어 온 '자국사와 세계사의 분리'를 극복할 수 있는 가능성을 제시하는 듯하나, 이에 대한 장밋빛 평가를 내리기에는 다소 이른 듯하다.[17] 한편 중국에서 '동아시아'

14) 유용태, 「다원적 세계사와 아시아, 그리고 동아시아」, 『환호 속의 경종: 동아시아 역사인식과 역사교육의 성찰』, 휴머니스트, 2006, 478~482쪽.

15) 이는 국제적인 상호이해를 심화하는 역사교육을 이루기 위함으로, 국제교류와 우호의 역사를 중심함과 동시에 인접국과의 대립 및 침략의 슬픈 과거에 대해서도 침묵하지 않음으로써 동아시아 속에서 일본이 수행한 양면성을 교육하기 위함이다. 나카무라 사토루 편저, 한국학중앙연구원 한국문화교류센터 옮김, 『동아시아 역사교과서는 어떻게 쓰여 있을까?』, 에디터, 2006, 298~304쪽 참조.

16) 물론 공식 중·고등학교 教科書의 제목으로는 한국의 『동아시아사』가 세계 최초라고 계산될 수 있겠지만, 실제 연구 분야로서의 '동아시아사'는 일본에서 '大東亞共榮圈'이나 '동아시아세계론' 등으로 이미 오래전부터 광범위하게 진행되었음은 周知의 사실이다. 이에 대해서는 仁井田陞, 『東洋とは何か』, 東京: 東京大學出版會, 1968; 스테판 다나카, 「근대 일본과 '동양'의 창안」, 정문길 등 엮음, 『동아시아사, 문제와 시각』, 문학과지성사, 1995; 西嶋定生, 李成市 엮음, 송완범 옮김, 『일본의 고대사인식: '동아시아세계론'과 일본』, 역사비평사, 2008; 李成市, 「일본 역사학계의 동아시아세계론에 대한 재검토: 한국학계와의 대화로부터」, 『동아시아사의 방법과 서술: 한국사 및 세계사와 연관하여』(역사학회 창립 60주년기념 추계학술대회, 2012년 10월 6일, 서울대학교 신양인문학술정보관) 참조.

17) 강선주, 「고등학교 동아시아 과목에서 동아시아사와 세계사 연계 방안」, 『동아시아사의 방법과 서술: 한국사 및 세계사와 연관하여』(역사학회 창립60주년 기념 추계학술대회 발

혹은 '동양'의 개념을 가진 연구와 관심이 그동안 많지 않았는데, 이는 기본적으로 중국에서든 서구에서든 '동아시아(east asia)'라고 했을 때 늘 中國을 그 기본 개념이자 바탕으로 인식했기 때문이다.[18)]

『동아시아사』의 구조를 다음의 〈표 1〉을 통해 살펴보자.[19)]

〈표 1〉『동아시아사』 교과서 목차 비교

대단원	내1용 요소 (천재판)	내용 요소 (교학판)	해당 시기
I. 동아시아 역사의 시작	1. 동아시아와 동아시아사 학습	1. 동아시아 세계와 자연환경	선사 ~ 기원전후
	2. 선사 문화의 전개	2. 동아시아의 선사 문화	
	3. 농경 사회와 목축 사회	3. 농경과 목축, 문명을 낳다	
	4. 국가의 성립과 발전	4. 국가의 성립과 발전	
II. 인구 이동과 문화의 교류	1. 인구 이동과 교류의 증대	1. 지역 간 인구 이동과 전쟁	기원전후 ~ 10세기
	2. 불교의 전파와 토착화	2. 불교의 확산과 정착	
	3. 율령 체계의 수용	3. 율령과 유교에 기초한 통치 체제	
	4. 국제 관계와 외교 활동	4. 동아시아의 국제 관계	
III. 생산력의 발전과 지배층의 교체	1. 북방 민족의 성장	1. 북방 민족과 국제 질서의 개편	10~16 세기
	2. 농업의 발전과 소농 경영	2. 농업 생산력의 발전과 소농 경영	
	3. 새로운 지배층의 등장	3. 문신과 무인	

표문, 2012년 10월 6일, 서울대학교 신양인문학술정보관).

18) 가령 미국의 고전적인 동아시아사 개론서인 Fairbank, John King, Reischauer, Edwin O, Craig, Albert M., *East Asia, tradition & transformation*, Boston: Houghton Mifflin, 1978(존 K. 페어뱅크·에드윈 O. 라이샤워·앨버드 M. 크레이그, 김한규·전용만·윤병남 옮김, 『동양문화사』, 을유문화사, 1999)나 최근 대학 교재로 많이 이용되는 Murphey, Rhoads, *East Asia: A New History*, 5th ed., Boston: Longman, 2010(초판 2001, 羅兹·墨菲, 林震 譯, 『東亞史』, 北京: 世界圖書出版, 2012) 등을 보면 기본적으로 중국사가 70% 가까운 비중을 차지하는 속에서 일본사가 비교사적으로 서술되고(약 20%), 10% 정도를 한국과 베트남의 역사에 배정하고 있다. 이에 비해 가장 최근 출간된 Patricia Ebrey, Anne Walthall, James Palais, *East Asia: A Cultural, Social, and Political History*, 2nd ed., Boston: Houghton Mifflin, 2009(초반 2006)는 상호교류의 측면을 강조하면서도 저자들이 중국·일본·한국에 대한 서술 분량을 대략 50·30·20%로 정하는 등 현대적인 감각에서 균형감을 맞추려는 시도가 눈에 띈다.

19) 이하 『동아시아사』 교과서의 구조에 대해서 특별한 언급이 없는 한 신성곤(2008), 앞의 글; 정연(2008), 앞의 글 참조.

	4. 성리학의 성립과 확산	4. 성리학의 전개	
IV. 국제 질서의 변화와 독자적 전통의 형성	1. 17세기 전후의 동아시아 전쟁	1. 17세기 전후 동아시아의 전쟁	16~18세기
	2. 교역망의 발달과 銀 유통	2. 銀 유통과 교역망	
	3. 인구 증가와 도시화	3. 인구 증가와 도시화	
	4. 전통 사회의 완성	4. 서민 문화와 각국의 독자적 전통	
V. 국민국가의 수립(천재) V. 국민국가의 모색(교학)	1. 개항과 국민 국가 수립 노력	1. 개항과 국민 국가	19세기 ~ 1945년
	2. 제국주의 침략과 피해	2. 침략 전쟁의 확대와 민중의 피해	
	3. 민족주의와 민족 운동	3. 반침략 저항 운동	
	4. 평화를 향한 노력		
	5. 서구 문물의 수용과 사회 변화	4. 서구 문물의 수용과 사회의 변화	
VI. 오늘날의 동아시아	1. 전후 처리와 국교 회복	1. 전후 처리와 국교 회복	1945년 이후
	2. 냉전과 전쟁	2. 내전 속의 열전	
	3. 경제 성장과 역내 교역 활성화	3. 경제 성장과 지역 내 교류	
	4. 민주화와 사회 변화	4. 동아시아 각국의 정치와 사회	
	5. 동아시아의 갈등과 화해	5. 동아시아 역사 갈등과 화해	

모두 6개의 대단원과 25개 혹은 26개의 내용요소로 구성된 『동아시아사』 교과서에서 가장 눈에 띄는 구조적 특징은, 대단원은 6단계의 시기별 고려가 되어 있으나 그 안에 포함된 4~6개의 내용요소는 주제별 구성을 취하고 있다는 점이다. 따라서 기원 전후 시기부터 10세기를 포괄하는 II단원 '인구 이동과 문화의 교류'에 속해 있는 '국제 관계와 외교 활동'이라는 내용요소의 경우, 조공-책봉 체제에 대한 개념과 주제 설명에 주안점을 두되 반드시 시대에 국한될 필요는 없었다. 따라서 두 교과서 모두 前漢시대(B.C.202~A.D.9) 중원 지역과 匈奴의 대결 구도부터 논의가 시작되어 주로 7세기 전후의 다원적인 외교 관계에서 논의가 그치지만, 이 시기에 그 원형이 마련된 조공-책봉 체제는 19세기 후반까지 중국과 주변국 사이의 외교적 의례(protocol)로 작동되었고, 따라서 III장의 '북방 민족의 성장/북방 민족과 국제 질서의 개편'이나 IV장의 '17세기 전후의 동아시아 전쟁'에서도 언제든지 원용이 가능한 '열린' 구조를 취하고 있다.

이러한 '열린' 구조는 이 글이 주목하려는 Ⅳ장 '국제 질서의 변화와 독자적 전통의 형성'의 두 번째 내용요소인 '銀 유통과 교역망/교역망의 발달과 銀 유통'에도 동일하게 적용된다. Ⅳ장은 대체로 16~18세기를 설명하는 장이지만, 동아시아 교역망에 대한 언급을 위해서는 이전 시기인 14세기 후반, 즉 明朝 건국기의 海禁政策에 대한 언급이 빠질 수가 없다. 또한 동아시아의 銀 유통은 16세기 후반기가 그 전성기에 해당하지만 이때 형성된 유통망과 그 거래의 방향은 18세기까지 이어지고, 결국 19세기 충돌과 개항이라는 주제와 직결된다. 따라서 '銀 유통과 교역망'에 대한 학습은 이후 Ⅴ장의 '개항과 국민 국가'를 이해하기 위한 전제 조건이 된다.[20)]

이처럼 『동아시아사』 교과서는 시간적인 구성과 주제별 접근이라는 두 마리 토끼를 모두 잡으려는 시도의 결과물이라 할 수 있다. 이 외에도 '농경 사회와 목축 사회/농경과 목축 문명을 낳다', '인구 이동과 교류의 증대/지역 간 인구 이동과 전쟁', '새로운 지배층의 등장/문신과 무인', '인구 증가와 도시화', '평화를 위한 노력', '동아시아의 갈등과 화해' 등의 내용요소는 모두 그 제목만으로는 어느 시대에 대입해 놓아도 적용이 가능한 '열린' 제목이다. 모든 내용요소가 '열린' 구조를 취한 것은 아니지만 전체적으로 『동아시아사』 교과서는 이러한 주제별 접근을 지향했으며, 이러한 구조적 특징은 시대순에 따라 기술된 기존의 〈한국사〉나 〈세계사〉 교과서와의 차별점이기도 하다.

아마도 이는 〈동아시아사〉가 가장 최근에 생겨난 교과목이라는

---

20) 유용태, 「동아시아 지역사 서술의 현황과 과제」, 『동아시아사의 방법과 서술: 한국사 및 세계사와 연관하여』(역사학회 창립60주년기념 추계학술대회, 2012년 10월 6일, 서울대학교 신양인문학술정보관), 90쪽에서도 "개항 이후의 역사를 각국의 17~19세기 역사와 상호 관련지어 파악할 수 있도록 서술할 필요"가 있음을 지적하고 있다.

점, 기존의 〈한국사〉 및 〈세계사〉와 일정한 차별성을 확보해야 했던 필요성과 일정한 관련성이 있을 것이다. 이유야 어찌 되었든 이러한 구조적 특징은 기존의 역사 교과서에 익숙한 교사 및 학생들에게 처음에는 상당히 낯설게 다가왔을 것이고,[21] 그 결과 교육과정에서 일정한 혼란이나 새로운 發想(혹은 着想)을 가능케 했을 가능성이 높다. 필자는 그 중에서도 '銀 유통과 교역망'이 이러한 혼란 혹은 발상의 전환을 가장 많이 야기했을 내용요소 가운데 하나라고 생각하는데, 장을 바꾸어 그 이유를 찾아보도록 하자.

3. '銀 유통과 교역망'의 참신성과 '글로벌 히스토리(Global History)'

'銀 유통과 교역망/교역망의 발달과 銀 유통'은 그 제목부터 '참신'하다. 가장 '참신'한 접근은 銀 유통(silver trade)이라는 주제를 통해 동아시아 교역망의 형성 및 서구와의 교류까지 접근하려는 시도이다. 2007년과 2009년에 각각 발표된 학습내용 성취기준을 보자(〈표 2〉).

〈표 2〉 『동아시아사』 교과서 '銀 유통과 교역망' 성취기준

2007년 교육과정	2009년 교육과정
Ⅳ. 국제 질서의 변화와 독자적 전통의 형성	Ⅳ. 동아시아 사회의 지속과 변화
② 銀 유통의 활성화와 동아시아 교역망의 발달, 서구와의 교류를 이해한다.	④ 동아시아 지역 내의 교역 관계가 변화하고, 銀을 매개로 서구와 교류하였음을 이해한다.

21) 시기별 대단원 안에 담긴 주제별 내용 요소라는 형식에 대해서는 교육과정 개발 단계부터 ① 일관성이 부족하고, ② 내용이 학습자에게 지나치게 어려워질 가능성이 높으며, ③ 공통적이고 연관성 있는 요소를 각 주제별로 모두 접근하는 것이 어렵다는 지적이 있었다(안병우 외, 앞의 책, 19, 23, 26쪽).

핵심적인 용어는 銀 유통, 동아시아 교역망, 그리고 서구와의 교류 세 가지인데, 이 모든 것을 가능케 한 근본은 역시 銀 유통이다. 그렇다면 당연히 銀 유통에 대한 이야기 소재가 풍부해야 이 내용요소를 제대로 소화할 수 있음은 不問可知의 일인데, 과연 기존의 〈한국사〉와 〈세계사〉 교과에서 銀 유통을 얼마나 비중 있게 다루어 있는지는 의문이다. 2003년도 발간된 7차 고등학교 『세계사』 교과서(3종)를 보면 중국의 一條鞭法 시행을 언급하거나 유럽의 신항로개척 및 가격혁명, 그리고 阿片戰爭에 대한 부분에서 銀과 관련한 서술이 있을 뿐, 이를 동아시아적 맥락과 연결해서 설명한 부분은 없었다.[22] 하지만 2011년도에 발행된 고등학교 『한국사』(6종)와 2012년도에 발행된 고등학교 『세계사』(4종)를 보면, '銀의 이동으로 본 세계무역 변화', '중국으로 유입되는 세계의 銀', '銀 유통과 세계교역망의 통합' 등의 내용 요소가 등장하고 이전에 비해 銀 유통에 대한 언급이 대폭 증가했다. 물론 2011년에 출간된 역사 교과서의 내용이 『동아시아사』 '銀 유통과 교역망'이라는 내용 요소의 설정과 아무런 관련이 없는 것은

22) 2003년 출간된 7차 고등학교세계사 교과서에서 銀이 언급된 페이지와 해당 내용은 다음과 같다.

〈표 3〉 7차 고등학교 세계사 교과서에서 銀이 언급된 페이지와 해당 내용

	출판사	내용	페이지
고등학교 세계사 (발행년도 2003)	지학사	명·청시대 경제	168
		명·청시대 조세제도	169
		에스파냐의 아메리카 지배	213
		신항로개척과 자본주의의 성장	217
		아편전쟁	259
	금성	명·청시대 사회, 조세제도	158
		아메리카 문명 파괴	196
		가격혁명, 상업혁명	199
		아편전쟁	226
	교학사	명대 사회경제, 청대 사회경제	182
		신항로 개척의 결과	232
		에스파냐의 아메리카 정복	234
		아편전쟁	267, 268

아니겠으나, 적어도 2007년 『동아시아사』 교과서가 '탄생'하고 銀 유통에 관한 항목이 설정되는 것에 직접적인 영향을 미쳤다고 보기는 어렵다.

그렇다면 한국의 사학계에서 銀 유통이 쟁점으로 취급되고 논의되었던 적이 있었나? 16~18세기의 銀 유통이라면 한국의 朝鮮時代, 중국의 明·淸時代, 일본의 에도 幕府, 그리고 서양의 '大航海時代'의 연구사에서 그 학술사적 맥락을 찾아야 할 텐데, 銀 유통을 언급한 소수의 논문이 있을 뿐 한국의 한국사, 동양사, 서양사 학계에서 이 문제가 쟁점화 되거나 관심 있게 주목받았던 적은 사실상 없었다고 해도 과언이 아닐 것이다.[23)]

그렇다면 『동아시아사』 교과서는 어떤 근거로 기존의 역사 교과서에서 거의 주목하지 않았던 銀 유통을 내용요소의 전면에 내세우면서 16~18세기의 '동아시아사'를 서술하려 했던 것일까? 일견 떠오르는 이유는 세계 사학계에서 점차 각광을 받고 있는 '글로벌 히스토리'와의 관련성이다.

'글로벌 히스토리(Global History)'란 기본적으로 세계화(globalization)가 가속화된 20세기 이후에 등장한 개념이자 역사 방법론으로, 기존의

---

23) 기존 연구 가운데 銀 유통에 대한 연구는 한국사와 서양사 연구자 가운데 일부 나온 바 있다. 한명기, 「17세기초 銀의 유통과 그 영향」, 『奎章閣』 15, 1992; 같은 저자, 「16, 17세기 明淸交替와 한반도: '再造之恩', 銀, 그리고 쿠데타의 변주곡」, 『明淸史硏究』 22, 2004; 오두환, 「The Silver Trade and Silver Currency in Chosun Korea」, 『Acta Koreana』 Vol. 7 No. 1, 2004; 원유한, 『한국화폐사(고대부터 대한제국시대까지)』, 한국은행, 2006; 이정수·김희호, 『조선의 화폐와 화폐량』, 경북대학교출판부, 2006; 전성호, 「임진왜란과 세계화의 기원과의 관계: 한국의 銀유통을 중심으로」, 『이순신연구논총』 Vol. 10 No. 1/2, 2008; 주경철, 『대항해 시대: 해상 팽창과 근대 세계의 형성』, 서울대학교출판부, 2008. 중국사 연구자 가운데는 李俊甲, 「청 중기 사천의 銀流通 擴大와 白蓮敎反亂」, 『中國史硏究』 6, 1999가 있으나 중국 내부에서의 銀 유통에 대한 언급이지 대외 관계 혹은 동아시아와는 관련성을 다룬 글이 아니다. 일본사 연구자 가운데는 윤병남, 『구리와 사무라이: 아키타번을 통해 본 일본의 근세』, 소나무, 2007에서 일부 銀 생산 및 외부 유출에 관한 언급이 있다.

'세계사(world history)'와 달리 '달에서 조망'하는 것과 같은 지구적 관점이 필요하다는 역사적 관점이다. 그 대표적인 연구자인 레프텐 스타브리아노스(L. S. Stavrianos, 1913~2004)의 『글로벌 히스토리(A Global History: From Prehistory to the 21st Century)』는 그 상징적인 저작물로, 1971년 미국에서 출간된 이후 1999년까지 모두 7차례 개정판이 나왔고, 2005년 중국의 北京大學出版社에서 번역·출간되어 현재 北京大, 復旦大 등 중국의 주요 대학에서 광범위하게 활용되고 있다.[24] '달에서 조망'하는 지구적 관점이 필요하다는 그의 신조는 이후 마셜 호지슨(Marshall G. S. Hodgson), 윌리엄 맥닐(William H. McNeill), 필립 커틴(Philip D. Curtin) 등과 함께 '지구사(Global History)' 연구를 촉진시키는 중요한 계기를 마련하였다.[25] 최근 출간된 로버트 핀레이(Robert Finlay)의 『순례하는 예술: 세계사 속의 陶瓷 문화』는 중국, 인도, 이슬람 세계, 유럽, 일본, 한국, 동남아, 동부 아프리카를 越境하는 천여 년에 걸친 도자기의 역사를 그야말로 '글로벌'하게 묘사했다.[26] 한국에서는 '地球史'로 번역되기도 하고 曺永憲처럼 '글로벌 히스토리'로 사용하는 논자도 있으나, 중국에서는 '全球史'로 번역·사용하고 있다.[27]

---

24) 曺永憲, 「'文明崛起'와 '제3세계': 2000년 이후 중국 고등교육의 세계사 인식」, 『역사교육』 112, 2009, 75~78쪽.

25) 조지형, 「21세기 역사학의 쟁점과 전망: 지구사의 미래와 역사의 재개념화」, 『역사학보』 200, 2008, 202쪽; 김원수, 「세계화 시대의 글로벌 히스토리」, 한국서양사학회 엮음, 『유럽중심주의 세계사를 넘어 세계사들로』, 푸른역사, 2009, 72쪽. 최근에는 滿洲學과 淸代史 전공자인 파멜라 카일 크로슬리(Pamela Kyle Crossley)가 저술한 『글로벌 히스토리란 무엇인가(*What is Global History?*)』(강선주 옮김, 휴머니스트, 2010)가 번역되었는데, 기존의 세계사를 '분기(divergence)', '수렴(convergence)', '전염(contagion)', '체제(systems)'라는 네 가지 범주로 재조명하였다.

26) Robert Finlay, *The Pilgrim Art: Cultures of Porcelain in World History*(California World History Library), University of California Press, 2010.

27) 중국의 '全球史' 수용 과정 및 문제의식에 대해서는 『學術研究』 2005年 第1期에 '전구사가 中國史學에 미친 영향'이라는 주제하의 7편의 소논문에 정리가 되어 있다. 다만 '全球史'라는 용어는 같은 한자 문화권인 한국 및 일본 학계와 통용되기 어려운 점이 있다. 따라

이 글에서 주목하는 銀 유통 역시 국가나 지역을 초월하는 초지역성과 유동성을 그 특징으로 갖고 있기에 '글로벌 히스토리' 연구자들의 주된 관심 분야 중의 하나가 되었다. 윌리엄 에트웰(William Atwell)이나 데니스 플린(Dennis Flynn)은 그 대표적인 연구자로, 이미 1980년대부터 세계적인 차원에서 銀 유통을 언급하면서 주요 銀 수입국으로서의 중국의 역할에 주목해 왔다.[28] 요컨대 16세기 중엽 아메리카 대륙에서 발굴된 銀이 일부는 유럽이나 마닐라를 거쳐, 혹 다른 일부는 직접 중국의 동남부 지역으로 대량 유입된 반면, 그 대가로 중국의 차, 비단, 도자기 등이 유럽으로 유출되었다는 구조 속에서의 다양한 논의였다. 그 과정에서 17세기 전반기 명조 경제의 하락이 유럽과 아메리카 대륙의 경제 상황과 연동되어 있을 뿐 아니라 그 시기에 집중된 각종 자연재해가 17세기 전 지구적으로 진행된 '소빙기(Little Ice Age)'와 연결되었다는 사실이 논쟁의 대상이 되었다. 즉, 明朝의 몰락과 淸朝의 등장에 있어 왕조 지배자의 도덕적 해이 내지는 시스템의 문제 외에 대외적인 요인(경제적, 환경적)이 얼마나 영향을 미쳤는지에 대해 관심이 집중되었다. 이른바 '17세기 위기론(Seventeenth-Century Crisis)'에 관한 논쟁이었다.[29]

서 2008년 5월 중국 天津에서 창립된 아시아세계사학회(AAWH)의 학회 명칭 사용에 있어서도 각국의 개별적 상황을 고려했는데, 이에 대해서는 조지형, 「21세기 역사학의 쟁점과 전망; 지구사의 미래와 역사의 재개념화」, 『역사학보』, 2008, 209~210쪽 참조.

28) Atwell, William S., "International Bullion Flows and The Chinese Economy CIRCA 1530~1650", *Past and Present* 95, 1982; Atwell, William S., "Some Observations on the "Seventeenth-Century Crisis" in China and Japan, *The Journal of Asian Studies* Vol. 45 No. 2, 1986; Flynn, Dennis O & Arturo Giraldez, "Arbitrage, Chian and the World Trade in the Early Modern Period", *Journal of the Economic and Social History of the Orient* Vol. 38 No. 4, 1985; Flynn, Dennis O & Arturo Giraldez.' "Born with a 'silver spoon': the Origin of World Trade in 1571", *Journal of World History* Vol. 6 No. 2, 1995 등.

29) 이 문제에 관하여 대외적이고 지구적인 요인의 중요성을 강조하는 입장이 Atwell, William S., "Some Observations on the "Seventeenth-Century Crisis" in China and Japan", *The Journal of Asian Studies* Vol. 45 No. 2, 1986; Atwell, William S., "A Seventeenth-Century

문제는 銀 유통의 정확한 양을 측정할 수 없다는 데 있었다. 즉, 16세기 아메리카 대륙과 일본 등지에서 중국으로 이동하는 銀의 경로와 대략적인 추세는 확인할 수 있었지만, 실제 얼마나 지속적으로 얼마나 많은 양의 銀이 이동했는지에 대해서 모든 연구자들은 잘 알려진 단편적인 몇몇 자료를 근거로 추론을 할 뿐이다. 가령 아메리카에서 마닐라로 이동한 銀 가운데 어느 정도가 중국과 동남아시아로 나누어 유통되었는지, 그리고 동남아시아로 유통되던 銀 가운데 다시 어느 정도가 다시 중국으로 유입되었는지 사실상 확인된 바는 거의 없다. 따라서 당시 동아시아의 銀 유통을 언급할 경우에도, 시기별로 대략적인 銀 이동 경로만 확인할 뿐 어느 정도의 양과 지속성을 가지고 있었는지 확정할 수 없으며, 그 결과 각 세기별 유통량의 범위와 균형에 대한 체계적인 지식을 얻기는 사실상 불가능한 상태다.

그럼에도 불구하고 아메리카에서 중국으로의 銀 유입을 강조하면서 윌러스틴(I. Wallerstein)과 페르낭 브로델(Fernand Braudel) 등의 '유럽중심주의'적 세계사 인식과 차별된 세계사 인식을 추구했던 안드레 군더 프랑크의 『리오리엔트(ReORIENT)』는 동아시아에서 큰 주목을 받았다. 프랑크의 연구는 기본적으로 '유럽중심주의'적 세계관이 아닌 글로벌 경제의 시야를 확보하려는 시도에서 나온 결과물이며, 특히 1500년 이후 유럽이 세계사의 패권을 장악하기 시작했다는 강고한 기존 관점에 대한 비판서이기도 하다. 이를 위해 대표적인 비유럽

'General Crisis' in East Asia?", *Modern Asian Studies* 24 No. 4, 1990이라면, 중도적인 입장은 Wakeman, Frederic, Jr., "China and the Seventeenth: Century World Crisis", *Late Imperial China* Vol. 7 No. 1, 1986; Frederic E. Wakeman, Jr., selected and edited by Lea H. Wakeman, *Telling Chinese History: a selection of essays*, Berkeley: University of California Press, 2009이며, 실제 銀 유입량과 관련된 대외적 요인이 과대평가되었다고 비판하는 입장은 Richard von Glahn, "Myth and Reality of China's Seventeenth: Century Monetary Crisis", *The Journal of Economic History* Vol. 56 No. 2, 1996이다.

세계의 핵심지역으로 중국을 부각시켰으며, 중국이 주도하는 세계경제의 흐름이 1500년이 아니라 적어도 18세기까지 중엽까지 지속되었음을 논증하였다.[30] 그는 이것을 장기적인 팽창국면으로 파악했으며, 대표적인 증거는 당시 중국으로 빨려 들어가는 전 세계의 화폐인 銀이었다. 이러한 銀의 흐름을 야기한 근본 원인은 중국이 생산했던 비단, 도자기, 차의 경쟁력에 있었고, 유럽은 만성적인 무역적자를 메울 수 있는 마땅한 상품이 없었으나 신대륙에서 채굴한 銀이 그 역할을 대체했다고 해석했다. 이처럼 프랑크의 논의는 세계사 서술의 유럽 중심성을 공격하며 중국 중심의 동아시아의 역할을 강조했기 때문에, 결론에 대한 수긍 여부를 떠나, 동아시아에 대한 역사 서술에 적지 않은 영향을 미칠 수 있었다. 즉, 銀 유통은 세계사적인 맥락과 연결된 동아시아를 그려내는 동시에 이를 '유럽 중심주의'적 시각으로부터 해방시킬 수 있는 매력적인 소재로 부각된 것이다. 동아시아적 권역을 강조하면서도 세계사와의 관련성을 확보하려는 『동아시아사』 교과서에 '銀 유통과 교역망'이라는 제목의 내용요소가 포함된 것도 이와 무관하지 않으리라 여겨진다.

하지만 당시 중국으로 유입된 銀이 과연 명·청시대 중국 경제에 긍정적인 영향을 끼쳤는지에 대해서는 이미 오래전부터 회의적인 시각이 존재했다.[31] 무엇보다 프랑크의 논의는 동아시아를 강조하면

---

30) 안드레 군더 프랑크, 이희재 역, 『리오리엔트』, 이산, 2003; 강진아, 「16~19세기 중국경제와 세계체제: '19세기 분기론'과 '중국 중심론'」, 『이화사학연구』 31, 2004; 강성호, 「안드레 군더 프랑크」, 『역사비평』 편집위원회, 『역사가들: E. H. 카에서 하워드 진까지』, 역사비평사, 2010.

31) 가령 '상대가치상품'(귀금속 등의 사치품)인 銀에 대한 대가로 중국에서 빠져나가는 '절대가치상품'(비단, 자기, 차 등)의 교환 구조가 고착되면서, 중국 경제는 일시적인 번영을 맛보는 대신 민족 전체가 서양의 속국으로 전락해 버렸다는 것이다(李憲堂, 「명청 사회경제에서 白銀의 기능에 관한 試論: 프랑크와 포머란츠의 "글로벌 경제 관점"에 대한 평을 겸하여」, 『2009년 明淸史學會 國際學術大會 "淸史를 어떻게 볼 것인가?"』(2009년 7월 2~4일, 안동대학교)).

서도 한국의 역할이 빠져 있어, 결국은 중국이 다시 천하질서의 중심으로 복귀하는 것처럼 해석될 위험성도 농후하다.[32] 따라서 교과서에도 銀 유통에 대한 강조를 하면서도 이 주제에 대한 구체적 논의가 다시 중국 중심주의로 환원되지 않는지 확인할 필요가 있다.

4. '銀 유통과 교역망'의 내용 분석

이번에는 '銀 유통과 교역망'이라는 내용요소가 교과서에 어떻게 서술되었는지 현행 두 교과서를 비교해 보면서, 각 교과서의 장단점과 그 요인을 살펴보고자 한다. 앞서 〈표 3〉에서 보았듯, '銀 유통과 교역망'의 주된 내용은 銀 유통, 동아시아 교역망, 서구와의 교류로 정리된다. 大綱化의 원칙에 입각하여 더 이상 교과부에서 지정한 서술 지침이 제시된 것은 없으나, 2009년 10월 동북아역사재단에서 배포한 『동아시아사 교과서 집필 안내서』(내부자료, 2009)가 교과서 집필진에게 참조될 수 있었다.[33]

두 교과서에서 '銀 유통과 교역망'은 모두 대단원 'Ⅳ. 국제 질서의 변화와 독자적 전통의 형성'의 두 번째 내용요소로 배치되어 있다. 두 교과서의 구성 내용을 간략히 정리하면 〈표 4〉와 같다.

---

32) 강성호, 앞의 글, 318~322쪽; 김기봉, 「서양의 거울에 비친 중국」, 『철학과 현실』 95, 2012, 159쪽.

33) 이 안내서는 사실상 〈동아시아사〉의 내용 개발과 연구를 책임지고 있던 동북아역사재단에서 각 분야의 전문가 15명에게 의뢰하고 수차례의 팀별 회의를 거쳐 발행한 결과물로서, 26개 내용요소별로 '성취기준', '서술상의 관점과 유의사항', '주요내용', '참고문헌'을 배치하였다. 단 이는 교과서 서술에 대한 공식적인 지침이 아니라 각 내용요소에 대한 최근의 연구 성과를 가급적 교과서 집필자에게 도움을 주는 차원에서 서술된 자료집이다.

〈표 4〉 두 교과서의 '銀 유통과 교역망' 구성

銀 유통과 교역망 (교학판)	교역망의 발달과 銀 유통 (천재판)
핵심 용어: 銀, 중개 무역, 일조편법, 銀 경제권, 귀금속 유출, 대동법	핵심 용어: 해금 정책, 중계 무역, 향신료 무역, 은광, 銀 유입
1) 동아시아 세계의 銀 유통과 중국(2쪽) * 세계의 銀이 중국으로 모이다 * 銀, 중국 사회를 바꾸다 ◎ 탐구활동: 김육이 본 중국인과 銀 2) 일본의 화폐 제도와 銀 유통(2쪽) * 일본의 은광 개발, 銀의 길로 이어지다 * 에도시대 일본의 화폐 경제 ◎ 열린 자료, 열린 생각: 금·은·동전과 오늘날의 물가 ◎ 열린 자료, 열린 생각: 연은분리법과 은광 개발 3) 조선의 유통 체계와 銀(2쪽) * 銀 유통이 활발하지 않았던 조선 * 조선의 銀 유통이 확대되다 ◎ 열린 자료, 열린 생각: 임진 전쟁 이후 강조된 중상론 ◎ 열린 자료, 열린 생각: 임진 전쟁 시기 명군과 銀 4) 동아시아 삼국의 교역과 교류(3쪽) * 조공·책봉 관계 속의 한·중 교류 * 왜관과 통신사를 통한 한·일 교류 * 명·청과 일본의 교류 ◎ 탐구활동: 조천사, 연행사 그리고 칙사 ◎ 탐구활동: 통신사 ◎ 열린 자료, 열린 생각: 중국 무역선과 무역품 ■ 역사는 흐른다: 중개 무역으로 번영한 유구 (1쪽)	1) 동아시아 교역망의 발달(2쪽) ◎ 더 알아보기: 류큐 왕국의 중계 무역 2) 유럽의 진출과 교역망의 확대(2쪽) ◎ 이야기 속으로: 홍차, 우연한 산물? 3) 무역의 발달과 銀 유통의 활성화(2쪽) ◎ 더 알아보기: 조선의 銀 정련법 ◎ 그때 세계는: 아스텍 문명의 파괴 ● 교역의 거점, 항구 도시(1쪽) ● 동아시아 사람들: 서구의 과학 기술을 전한 유럽 인(1쪽) ● 주제 탐구(2쪽) ① 銀의 유통과 조선의 상황 ② 동아시아에 온 유럽 인 ③ 국외로 이주한 중국인과 일본인 ④ 동아시아에 전래된 작물 ⑤ 세계 지도와 인식의 변화

외형적인 구성에서 나타나는 가장 큰 차이는 章節의 구성이다. 교학판이 1번에서 4번까지의 중주제를 제시하고 다시 그 하위 단위의 소주제를 각각 2~3개씩 제시했던 반면 천재판은 세 가지 소주제를 번호 매김 없이 제시했을 뿐이다(단, 여기서는 비교의 편의를 위해 필자가 번호를 붙였음). 따라서 제목으로만 볼 경우, 교학판은 13개의 주제를 제시함으로써 일람만 해도 그 구조가 쉽게 이해되지만 천재판은 단 3개의 주제만을 제시했기 때문에 구체적 내용 파악을 위해서는 본문과 참고자료까지 읽어 보아야 한다.

하지만 실제 다루는 구체적인 내용 면에서 괄목할 만한 차이를 발견할 수는 없다. 우선 두 교과서 모두 10쪽을 '銀 유통과 교역망'에 할애했다. 즉, 주제 제목에서 13대 3으로 큰 차이가 나지만 총 분량은 같았다. 이는 천재판에서 본문 이후로 1쪽 분량의 〈교역의 거점, 항구 도시〉와 〈동아시아 사람들: 서구의 과학 기술을 전한 유럽인〉이라는 자료를 넣고, 다시 2쪽 분량의 〈주제 탐구〉를 첨부했기 때문이다. 이처럼 천재판은 〈주제 탐구〉를 내용요소의 후반부에 2쪽 분량으로 집중시킨 반면, 교학판은 본문 하단에 3차례의 〈탐구 활동〉과 5차례의 〈열린 자료 열린 생각〉을 통해 다양한 질문을 분산시켰다.

구체적인 내용 분석에 들어가기에 앞서 두 교과서의 제목의 차이에 주목할 필요가 있다. 교학판은 '銀 유통과 교역망', 천재판은 '교역망의 발달과 銀 유통'으로 선후 관계가 반대다. 물론 전체적으로 다 같은 내용이라 볼 수도 있겠으나, 본문 서술 역시 이러한 제목상의 우선순위를 반영하고 있다. 즉, 교학판의 시작은 '세계의 銀이 중국으로 모이다'로 시작하는 등 중국, 일본, 조선의 유통 체계를 언급할 때 모두 銀을 통해 이야기를 전개해 나갔다. 반면 천재판의 시작은 '동아시아 교역망의 발달'이라는 주제이며 후반부에 가면서 銀 유통이 본격적으로 소개된다. 요약하면 교학판은 銀 유통의 확대가 동아시아 교역망을 활성화시켰다는 논지인 반면, 천재판은 동아시아의 교역망이 확대되는 가운데 銀이 개입됨으로써 세계 경제와 하나로 연결되었다는 것으로 차이가 발견된다.[34]

핵심 용어에 있어서도 중요한 개념상의 차이 혹은 오류가 발견된다. 교학판에서 '중개 무역'으로, 천재판에서 '중계 무역'이라는 개념상의 차이로, 각 교과서는 동일한 류큐(琉球)의 무역 행위를 서로 다른 용어를 시종일관 사용하고 있다. 과연 무엇이 더 적절한가? 仲介

34) 이러한 차이점은 두 교과서 곳곳에서 발견된다. 가령 교학판에서 동아시아 삼국의 유통체제에서 銀의 비중을 모두 강조하지만 천재판에는 이러한 강조점이 결여되어 있다. 반면 천재판에서는 〈동아시아 사람들〉이라는 참고자료를 통해 銀 유통과 직접적인 관련이 없는 박연, 마테오 리치, 알렉상드르 드로드 신부, 윌리엄 애덤스를 소개했는데, 이는 교역망을 통해 인적 교류도 활발하게 이루어지고 있었음을 강조하려는 의도로 해석된다.

무역은 'merchandising trade'이고 中繼 무역은 'intermediary trade'에 해당한다. 사전적 정의에 따르면 중개 무역이란 수입한 물품을 국내에 반입하지 않고 원상태 그대로 수출하여 수입대금과 지급금액의 차액을 취하는 무역 형태를 말하는 반면, 중계무역은 최초 수출업자나 최종 수입업자의 대리인으로 거래에 참여하여 수수료를 취득하는 무역 형태라는 점에서 차이가 있다.[35] 즉, 仲介 무역은 부동산 거래와 같이 매도자와 매수인의 사이에 중개인이 끼여 있는 일종의 3자간의 거래를 지칭하는 것이므로 전근대 동아시아에서 발생한 銀 유통과 각종 무역 형태에는 적용되기 어렵다. 다만 교학판(131쪽)에서 유구의 또 다른 역할로 언급한 명과 일본 사이의 조서를 전달하는 경우는 상황적으로 문서 전달을 '중개'한 것이 옳은 표현이지만, 교역망을 언급하는 전체적인 맥락에서 볼 때 교학판의 '중개 무역' 표현은 전체적으로 '중계 무역'으로 수정되는 것이 적절하다.

내용 분석으로 먼저 교학판을 보자. 본문의 서두에 제시된 〈생각 열기〉의 내용은 銀 유통이 중요하다는 언급과 함께 "銀은 당시 동아시아 삼국의 사회에 어떤 영향을 미쳤을까?"는 질문으로 마무리된다. 약간 무거운 듯한 느낌이 들지만 큰 무리는 없다고 여겨진다. 하지만 왼쪽에 제시된 그림과 〈일본의 수입품〉이라는 간단한 설명은 대단히 불친절하다. 즉, 사진도 아니고 아마도 民畵 가운데 일부를 캡쳐해 온 그림만을 보고 어디에서 수입된 어떠한 종류의 물품인지 알 수 있는 사람이 과연 몇 명이나 될지 의문이며, 이것이 〈생각 열기〉의 질문과 어떤 관련이 있는지도 모호하기만 하다.

35) http://terms.naver.com/entry.nhn?docId=300176&mobile&categoryId=518

교학판 1) 동아시아 세계의 銀 유통과 중국

이 단락에서는 세계적인 차원으로 진행된 銀 유통에서 중국의 주도적인 역할을 강조하고 있다. 세계의 銀이 중국으로 유입되는 과정을 강조한 것은 좋지만, “1630년대까지 해마다 250~265톤 정도의 외국 銀이 들어오면서 중국은 ‘외국 銀의 무덤’이라 불릴 정도였다”(122쪽)는 언급은 두 가지 문제가 있다. 우선 매년 250~265톤의 銀이 유입된 것이 언제부터 1630년대까지인지 서술하지 않았기에, 즉 銀 유입의 하한년도만 있을 뿐 상한년도가 없기 때문에 종국적으로 중국에 유입된 銀의 전체 비중과 세계에서의 위상을 가늠할 수 없게 되었다. 또한 ‘외국 銀의 무덤’이라는 표현은 분명 당시 유럽인의 시각을 반영한 것이고, 따라서 16~18세기 중국 경제를 대단히 폐쇄적이고 일방적인 체제로 오해하게 만들 소지가 다분하다. “외국 銀에 대한 의존도가 높아지면서 명의 경제는 銀 유입량의 변화에 따라 크게 흔들릴 수밖에 없었다.” 혹은 “스페인이 쇠퇴하면서 銀 유입이 줄자 명의 경제도 위기에 빠질 정도”(123쪽)라는 언급은 서구 학계를 중심으로 진행된 ‘17세기 위기론’의 주된 논쟁거리 가운데 하나를 반영했다는 의미부여는 되겠으나, 명 중기 이후 활성화된 명의 경제가 후기에 쇠퇴한 이유를 스페인의 쇠퇴 → 銀 유입의 감소 → 명 경제의 위기, 즉 세계 경제로 편입된 중국 경제의 취약성으로 간단하게 설명함으로써 역사적 사실의 왜곡 가능성을 오히려 높여 놓았다. 명의 경제가 쇠락하게 된 다양한 설명방식(가령 황제의 무능과 지도층의 도덕적 해이, 환관의 발호, 국방비 증가, 자연재해의 집중 등) 가운데 하나로 銀 유입의 감소를 거론하는 것이 적절할 것이다.[36] 또한 중국 역사에서 가장

---

36) Richard von Glahn, *Fountain of Fortune: Money and Monetrary Policy in China, 1000~*

海禁이 강력하게 시행되었던 明朝의 해금 정책37)에 대한 언급이 전혀 없이 "청은 무역을 통제하여… 거래 또한 공행이라 불리는 어용상인들에 의해 제한적으로 수행되었다"(123쪽)고 서술함으로써, 오히려 독자들은 명조에 비해 청조의 대외 무역이 더 위축되었다고 오해할 가능성이 생겨 버렸다.38)

교학판 2) 일본의 화폐 제도와 銀 유통

이 부분에서는 이와미(石見) 은광이 개발되면서 일본 역시 동아시아 銀 유통망에 들어오게 된 사실과 일본의 화폐 제도를 자세하게 서술하고 있다. 특히 金-銀-銅錢의 교환 비율을 그림으로 제시하고 그 물가를 오늘날의 물가와 비교한 부분(124쪽)은 학생들에게 큰 도움이 될 것이지만, 동시에 왜 중국과 한국의 화폐 제도에 대해서는 이러한 설명이 결여되어 있는지 궁금증을 불러일으킬 만하다. 또한 "금 1냥=은 60문=동전 4~6관"이라는 설명의 경우, 냥(兩)-문(匁)-관(貫)이라는 화폐 단위가 학생들에게 무게 단위와 혼동 없이 전달될 것인지 의문이며, 1 : 60 : 4~6이라는 교환 비율 역시 16~18세기 내내 변동되지 않았을 것이라는 오해도 불러일으킬 만하다. 그리고 조선에서 개발된 鉛銀分離法이 일본에 전달되어 활용된 언급을 하면서

1700, Univ. of California Press, 1996, Ch. 6~7 참조.

37) 檀上寬, 「明代海禁觀念の成立とその背景: 違禁下海から下海通番へ」, 『東洋史硏究』 63-3, 2004.

38) 실제 청의 대외무역 기조는 청초 反淸 세력(鄭氏) 진압을 위한 실시했던 일시적인 遷界令을 해제하고 4곳에 海關을 설치(1684년)하면서 이전에 비해 한층 대담하고 개방적인 방식을 취하게 되었다(岩井茂樹, 「'華夷變態'後の國際社會」, 荒野泰典·石井正敏·村井章介 編, 『近世的世界の成熟』, 吉川弘文館, 2010, 48~49쪽). 1757년 실시된 청조의 一口通商 정책으로 인해 서양에 개방하는 항구는 한 곳으로 줄어들었지만, 廣東13行의 활동과 청조의 대외무역이 위축되었다고 말할 수는 없다. 이에 대해서는 李國榮 편저, 이화승 옮김, 『제국의 상점: 중화주의와 중상주의가 함께 꾼 동상이몽, 광주13행』, 소나무, 2008 참조.

"연은분리법이 조선에서 제대로 활용되지 못한 까닭은 무엇일까?"라는 질문을 제시했는데, 학생은 물론이거니와 일반 역사 교사도 제대로 답변하기 어려운 질문이 아닐까 싶다. 오히려 이 질문은 "연은분리법의 전달 이후 조선과 일본 사회는 각각 어떻게 변화되어갔을까?"라는 이후의 사회 변화로 학생들의 사고를 이어가는 것이 더 적절할 것 같다.

교학판 3) 조선의 유통 체계와 銀

이 부분에서는 16세기 후반까지 현물이 화폐로 사용되기에 銀 유통이 활발하지 않았던 조선 전기 상황과 壬辰戰爭 이후 銀 유통이 확대되는 과정을 서술하고 있다. 천재판과 달리 교학판에서 강조하는 부분은 壬辰戰爭 시기 明軍이 조선에 주둔하면서 상당한 양의 명나라 銀이 조선으로 유입되었을 뿐 아니라 戰後 복구를 위한 재원 마련을 위해 重商論이 대두되었다는 점이다. 이는 학계의 연구 성과를 잘 반영한 것이지만,[39] 반면 조선 후기의 경제사에서 銀이 차지하는 비중이나 실제 이후 전개된 화폐 경제에 대한 조선 사회의 전체적인 반응을 고려할 때 균형감이 부족하지 아닌가 싶다. 급기야 18세기 대동법 시행 이후 "국내 거래와 소액 거래에는 동전이 주로 유통되고 대외 무역과 고액 거래에는 銀이 사용되는 이원적인 구조가 만들어졌다"(127쪽)고 하는데, 과연 銀과 동전의 이원적 통화 시스템이라는 것이 한국사 학계에서 어느 정도 정설로 받아들여지고 있는지 의문이다.

---

39) 한명기(1992), 앞의 글; 같은 저자(2004), 앞의 글.

교학판 4) 동아시아 삼국의 교역과 교류

이 부분에서는 동아시아 삼국의 교류 관계를 한·중 교류, 한·일 교류, 중·일 교류의 세 부분으로 나누어 정리하면서, 특히 연행사(혹은 조천사)와 통신사를 강조하고 있다. 각각 중국과 일본을 往來地域으로 하는 두 使行團은 본래 정치적인 필요에 의하여 발생한 것이지만 그 과정에서 사회·경제적 교류가 빈번하게 이루어졌다는 측면을 고려할 때 의미 있는 배치라고 생각한다. 다만 연행사와 통신사는 '銀 유통과 교역망'이 아닌 다른 내용 요소에서도 효과적으로 활용할 수 있는 소재이므로[40] 어떤 내용 요소에 더 적합할 것인지에 대해서는 고민이 더 필요하리라 생각된다. 또한 중·일 교류에 대한 언급에서 가장 핵심적인 내용은 무로마치 막부 시기 明朝와 조공 무역이 재개된 지 약 150년 만에 단절된 것(즉, 15세기 초반부터 16세기 중엽까지)과 이후 일본은 중국의 조공 체제에서 완전히 이탈되어 가는 현상이라고 생각하는데,[41] 아쉽게도 교과서는 "무로마치 막부 때 시작된 명·일 무역은 16세기 중반에 중단되었다"라는 간략한 언급만 하고 그 이후 시대의 상황만 언급하고 있다. 이와 관련하여 조공무역 체제

40) 가령 천재판에서 연행사와 통신사를 '銀 유통과 교역망'이 아니라 '17세기 전후의 동아시아 전쟁'에서 제시하였다. 교학판 129쪽에 위치한 〈통신사 행렬도〉는 천재판 136~137쪽에 걸쳐 큰 그림으로 제시해 놓았는데, 그 결과 통신사라는 동일한 주제라 하더라도, 천재판으로 학습한 학생들은 이를 한일 사이의 전쟁과 연관해 기억하게 될 것이고, 교학판으로 학습한 학생들은 한일 양국의 교역망과 관련하여 상기하게 될 것이다. 曺永憲는 이 두 부분에서 모두 통신사를 연상해 내는 것이 『동아시아사』 교과서의 취지에 부합한다고 판단하며, 따라서 한 내용 요소에서 강조하여 설명한다 하더라도 다른 내용 요소에서 관련 쪽를 제시하면서 짧게 언급할 필요가 있을 것이다.

41) 明과 무로마치 幕府 사이의 朝貢貿易 관계, 즉 永樂 年間 조공이 재개되었다가 1523년 寧波爭功을 통해 분열이 심화되어 결국 1547년 策彦周良 사절단을 마지막으로 끊어지는 과정에 대해서는 曺永憲 譯註, 「日本傳」, 동북아역사재단 엮음, 『明史 外國傳 譯註 1: 外國傳』 上, 동북아역사재단, 2011, 187~218쪽 참조. 中·日 관계의 변화에 있어 寧波爭功의 중요성에 대해서는 佐久間重男, 『日明關係史の研究』 第3章, 東京: 吉川弘文館, 1992 참조.

가 유지되던 시기 양국에 가장 중요하면서도 공식적인 문서였던 勘合符는 소개조차 되지 않은 반면 청대에 도쿠가와 막부가 발행했던 信牌는 청조가 공식적으로 인정한 문서가 아님에도 설명과 사진까지 소개된 점(130쪽)은 그 중요도를 고려하여 일정한 보완이 필요한 부분이다.[42] 중·일 무역관계에 있어 일본 측의 필요(need)가 더 강력했던 시기에서 중국 측의 필요가 더 부각되는 18세기의 변화 국면을 세심하게 파악해야 하는데, 이 역시 국가 차원의 변화라기보다는 연안 지역의 이해관계가 강하게 투영된 부분이기에 섣부른 일반화는 곤란하다.

두 번째 내용분석으로 천재판을 보자. 본문의 서두에 제시한 그림은 일본에 도착한 유럽인의 모습을 담은 병풍도로, "이들은 어느 나라 사람들일까?"라는 질문을 병기했다. 그림과 질문을 통해 학생들은 본 내용 요소에서 다루게 될 세계적 차원에서 진행된 교역망에 대한 관심이 환기되었으리라 예상된다. 다만 이는 동아시아와 유럽 세계와의 거대한 교역을 강조할 수 있는 소재인데, 이는 동아시아 내부의 銀 유통보다 세계적 차원의 교역망 형성에 강조점을 두고 있는 천재판의 관점이 투영된 것이라 여겨진다.

42) 信牌란 중국에서 오는 무역선에 대해서 막부가 발행했던 일종의 교역 허가증으로, 일본의 銀과 銅의 중국 유출을 막기 위해 1715년 막부가 반포한 正德新例의 일환이었다. 이를 통해 막부는 일본의 화폐 가치와 경제를 안정적으로 유지하고 長崎 貿易에 대한 통제를 강화하려 했던 것이다. 信牌 발행이 중국 연안 지역의 상인들에게 적지 않은 파장을 일으킨 것은 사실이지만 에도 막부 주도의 교역 정책과 信牌를 淸朝가 公認했다기보다는 黙認했다고 보는 것이 정확하다. 18세기 中日 관계의 특징을 강조하면서 이를 당시 동아시아의 광범위한 互市체제로 파악하려는 경향은 어디까지나 일본 연구자의 입장이기에 조심스럽게 접근할 필요가 있다. 互市체제에 대해서는 上田信, 『海と帝國: 明淸時代』(中國の歷史), 東京: 講談社, 2005, 349~365쪽을, 明代와 다른 淸代 中日 무역 관계의 변화상에 대해서는 松浦章, 『淸代海外貿易史の硏究』, 朋友書店, 2002 참조.

천재판 1) 동아시아 교역망의 발달

이 부분에서는 明代 동아시아 무역이 朝貢과 海禁이라는 틀 속에서 이루어지고 있었으며, 그 결과 밀무역이나 琉球의 중계 무역이 활성화되었음을 지적하고 있다. 당시 동아시아 교역망의 본질을 朝貢과 海禁이라는 키워드로 풀어내는 방식은 학계의 연구 성과를 정확하게 반영한 서술이라고 판단되며,[43] 일본의 막부가 나가사키를 개방함으로써 네덜란드 상인을 통해 서양 문물을 수용하게 되었음을 강조한 것도 동시기 한국 및 중국과 대조를 이루고 있어 동아시아라는 단위라 하더라도 유사한 환경 속에서 나라별로 서로 다른 특징을 볼 수 있음을 잘 지적한 것이라 판단된다. 다만 143쪽에서 무로마치 막부가 16세기 중반까지 명과 조공 관계를 맺었다고 언급한 직후 "이후 조공 관계를 단절하였다가 16세기 말~17세기 초에 무역을 허가하는 슈인장을 발급하여 교역을 통제하면서 큰 이익을 얻었다"고 함으로써, 어법상 막부의 슈인장(朱印狀) 발급이 마치 조공 관계가 재개되어 발생한 현상으로 오해할 소지가 생겼다.[44] 또한 조선과 명의 무역 관계를 설명하는 단락의 마지막에 "류큐와 시암, 자와 등의 동남아시아 상인들도 조선에 와서 교역하였다"(143쪽)고 언급하는데, 과연 이러한 교역의 횟수와 분량이 얼마나 역사적으로 유의미한 것인지, 그

---

43) 檀上寬, 「明初の海禁と朝貢: 明朝專制支配の理解に寄せて」, 『明淸時代史の基本問題』(中國史學の基本問題シリ-ズ 4), 汲古書院, 1997; 楊軍·張乃和 主編, 『東亞史: 從史前至20世紀末』, 長春出版社, 第4編 封貢體制(13世紀末~1874年), 2006; David C. Kang, *East Asia Before the West: Five Centuries of Trade and Tribute*(Contemporary Asia in the World), Columbia University Press, 2010, Ch. 4.

44) 실제 勘合 무역을 전제로 한 중국과 일본의 조공 관계는 1547년 일본에서 중국으로 파견된 策彦周良의 遣明船을 마지막으로 종결되었다. 이를 통해 밀무역이 활성화되고 후기 倭寇가 창궐하게 되었는데, 이 과정에 대해서는 田中健夫, 『倭寇: 海の歷史』, 講談社, 2012, 111~116쪽 참조.

리고 일본 및 중국의 동남아와의 교역량과 비교할 때 어느 정도의 수준인지 밝혀주는 것이 좋을 것 같다.

천재판 2) 유럽의 진출과 교역망의 확대

여기서는 14세기 이후 동아시아 교역망이 동남아시아뿐 아니라 유럽과 연결되는 과정을 묘사하고 있다. 銀 유통에 대한 본격적인 서술로 들어가기에 앞서 銀 유통이 가능할 수 있었던 세계적 차원의 교역망 형성을 제시했다는 점은 교학판과 두드러진 차이점이지만, 16세기 본격화되는 동아시아의 銀 유통을 언급하기도 전에 18세기 중엽 영국으로 인해 발생하는 아편과 銀 유통까지 언급해 버림으로써(145쪽) 학습자들의 효과적인 학습을 방해할 가능성이 생겨 버렸다. 또한 사진 자료를 통해 일본의 '아리타(이마리) 자기'와 '독일의 마이센 자기'를 제시한 것은 본문의 서술 방향과 관련해 적절했으나, 사진에 대한 캡션 설명이 전혀 달려 있지 않아 이러한 자기의 文樣과 技術이 동아시아 교역망의 운영원리와 어떤 관련이 있는지 이해하기 어렵다고 여겨진다. 따라서 이 시기 도자기의 유행을 선도해 나갔던 중국 景德鎭 도자기의 사진과 이에 대한 설명이 제시되고 시기별로 후기에 발전한 일본과 독일의 자기를 배치한다면 제시된 사진에 대한 이해가 훨씬 쉽고 명쾌해질 것이다.45) 중국에서도 18세기 중반부터 티롤리

45) 임진왜란 기간 일본 아리타 지방으로 끌려간 이삼평 등의 기술로 발전한 일본의 아리타 자기(이 자기의 수출 항구가 이마리)가 17세기 중반부터 유럽으로 흘러들어가, 17세기 후반 프랑스, 독일, 네덜란드 등지에서 인기를 끌고, 18세기 초 비로소 제대로 된 도자기를 생산하기 시작한 마이센 지방에서 아리타 자기의 문양을 모방하기 시작했다. 당시 유럽에서 900백년이 넘는 역사를 가진 중국의 자기가 아니라 갓 100년 정도 전부터 생산된 일본의 자기 문양을 먼저 모방한 것은 아이러니한 일인데, 이는 당시 유럽인들의 취향 변화와 관련이 있다고 한다. 이에 대해서는 Oliver Impey, "Japanese Export Arts of Edo period and its Influence on European Art", *Modern Asian Studies* Vol. 18 No. 4, University of Oxford, 1984, pp.

언(Tyrolean, 독일, 스위스, 이탈리아와 국경을 접하는 오스트리아 서부의 알프스 지방) 복식을 착용한 인물들을 모방한 자기를 제작 수출했는데, 교과서 145쪽에 제시된 〈독일 마이센 자기〉와 유사한 것이다. 따라서 교과서 사진의 제작처가 마이센인지 중국인지는 분명치 않다.[46)]

천재판 3) 무역의 발달과 銀 유통의 활성화

여기서는 중국의 조세 은납화가 진행되는 것과 일본과 아메리카에서 생산된 銀이 중국으로 유입되면서 형성된 세계적 차원의 銀 유통의 활성화를 설명하였다. 교학판과 다른 점은 銀 유통이 세계적인 무역 시장의 흐름과 연동되었다는 점을 강조한 것이며, 그 이유로 16세기 금과 銀의 교환 비율이 유럽과 중국에서 차이가 있었다는 사실을 지적함으로써 학습자들의 이해를 돕고 있다.[47)] 하지만 동아시아 내부에서 이루어졌던 다양한 방향의 銀 유통에 대한 내용은 소략하여, 147쪽에 조선과 일본에서 중국 쪽으로 이동했던 銀 유통에 대해서만 간략하게 언급했다. 그리고 146쪽에 제시된 지도 〈銀의 유통과 유입〉을 보면 지구적인 차원에서 진행되는 銀 유통의 방향과 이동량이 제시되어 있다. 하지만 지도에서 시기를 짐작할 수 있는 단서는 중국이 '명'으로 기록되어 있다는 것뿐인데, 이와미 銀鑛과 포토시 銀山에서 이 정도의 銀이 이동한 시기는 16세기 후반부(늦어도 17세기 초기까지)에 해당하므로, 지도에는 시기를 적시하는 '16세기 후

690~695.

46) 당시 수출용 인형과 동물 장식품 자기는 景德鎭보다 광동 廣州 佛山鎭에 위치한 石灣窯에서 제작된 것이 많았는데, 이에 대해서는 방병선, 『중국 도자사 연구』, 경인문화사, 2012, 574~566쪽, 580~584쪽 참조.

47) 금과 銀의 서로 다른 교환 가치로 인해 대량의 은이 중국에 유입되었다는 주장에 대해서는 주경철, 「해양시대의 화폐와 귀금속」, 『서양사연구』 32, 한국서양사연구회, 2005 참조.

반'이라는 표현이 들어갈 필요가 있다.

전체적으로 두 교과서의 '銀 유통과 교역망'은 성취기준으로 제시된 銀 유통, 동아시아 교역망, 서구와의 교류라는 세 요소를 빠짐없이 담고 있다는 점에서는 유사하지만 구체적인 강조점은 달랐다. 銀 유통에 주목하고 있는 교학판과 서구와의 교류에 주목하고 있는 천재판의 차이는 전체 서술 구조, 본문 내용, 참고자료의 사례 선정의 차이로 연결되어 나타났다. 16세기가 유라시아 규모의 세계경제라는 틀에 내실이 다져지면서 지구적 차원에서 동아시아의 경제를 논할 수 있게 된 의미 있는 시기라는 점에서[48] 천재판의 서술 구조가 바람직하다고 생각한다. 하지만 정작 그 내실을 갖추는 動力이 되었던 銀이 동아시아 내부에서 다양한 방식으로 그 流動性을 발휘하고 있었음은 교학판에서 훨씬 구체적이고 입체적으로 묘사되었다. 따라서 향후 교과서 개정작업이 이루어질 경우 16세기 銀 유통을 중심으로 논의를 시작하되, 그 구체적인 양상과 흐름은 동아시아에 국한되지 않고 세계적 차원으로 확대될 수 있도록 구조와 서술을 확대할 필요가 있다. 이것이 앞서 언급했던 '글로벌 히스토리'의 연구 성과와도 부합하는 것일 뿐 아니라 〈한국사〉와 〈세계사〉 교과의 분리 현상을 극복할 수 있는 방안이 될 수 있을 것이다. 동시에 본 내용 요소는 V장 '국민 국가의 수립'의 시작인 開港의 '필요성'과 '폭력성'을 이해하는데도 성공적으로 기여할 수 있을 것이다.

---

48) 미야지마 히로시, 「근대를 다시 본다」, 『역사비평』, 2003년 여름호, 창비, 265~279쪽.

5. 여론(餘論): 세계사 속의 동아시아사, 동아시아 속의 한국사

이상과 같이 『동아시아사』 교과서의 '탄생' 과정과 그 배경으로서 '글로벌 히스토리'에 관한 관심의 증대, 그리고 두 종류의 교과서에 담긴 '銀 유통과 교역망'에 대한 내용을 비교 분석했다. 그럼에도 불구하고 남은 문제는 『동아시아사』, 그 중에서도 '銀 유통과 교역망'이라는 참신한 내용 요소 가운데 韓國, 즉 16~19세기 朝鮮의 역할과 중요성은 어떠했는가라는 '실존적'인 질문이다. 환언하면 한국에서 저술된 『동아시아사』에서 한국인의 관점이 어떻게 구현되어야 하는가?

물론 한국에서 저술된 『동아시아사』 교과서라고 해서 반드시 한국이 모든 내용 요소마다 주도적인 위치를 점해야 한다거나 한·중·일 삼국의 상황이 동일한 분량으로 서술되어야 한다는 주장에는 전혀 동의하지 않으며, 또 이는 사실상 불가능하다고 생각한다.[49] 반면 내용 요소에서 다루는 주제마다(혹은 시대마다) 한국의 역할과 위상은 끊임없이 변화되었고, 따라서 한국의 역할에 대해 역사적 현실을 반영하는 '불균질성'이 오히려 한국판 『동아시아사』의 독창성(originality)이 될 것이라 기대한다.[50] 가령 내용 요소 가운데 '문신과 무인', '성리

49) 『동아시아사』 교과서의 기획 단계부터 실제 천재판 교과서의 집필에도 참여한 바 있는 정연은 교과서의 출간 직전 『동아시아사』 교과서에서 한국사 서술이 어떻게 되었는지를 검토했는데, 두 교과서 모두 대략 전체 내용의 1/3에서 1/4 정도를 한국사 서술 분량에 할당했다고 지적했다(정연(2011), 앞의 글, 14쪽). 그렇다면 결국 『동아시아사』는 한국, 중국, 일본이 각각 30% 내외의 분량을 차지하고(아마도 중국이 가장 많은 분량을 차지했을 것이다) 나머지 동남아 국가들과 서양이 10% 정도를 차지했다는 결론인데, 이러한 '황금비율'이 과연 진정한 '동아시아사'를 구현하는데 효과적인 결과물인지 의문이다.

50) 반면 중국에서 출판된 고등학교 역사 교과서는 2003년 교육부가 발표한 「普通高中歷史過程標準」(實驗)에 따라 중국과 세계의 내재적 연계 내지 중국사와 서구를 중심으로 한 세계사와의 통합적 인식을 추구하고 있지만, '동아시아'라는 지역 개념이나 전근대사에 있어 주변국, 특히 한국에 관한 내용은 거의 거론조차 되지 않는 실정이다. 이에 대해서는 김지훈 외, 『중국 고등학교 역사교과서의 현황과 특징』, 동북아역사재단, 2010에 실린 각 시대별 분석 논문을 참조. 특히 이은자, 「중국 고등학교 역사교과서의 청대사 서술 분석」,

학의 전개' 혹은 '17세기 전후 동아시아의 전쟁'에서 차지하는 한국사의 분량이 전체에서 삼분의 일 이상을 차지하거나 동아시아에서 한국적 특성을 강조하는 것은 문제가 없으면 오히려 장려할 만하다. 하지만 '銀 유통과 교역망'에서 묘사되는 조선의 지정학적 특성과 海禁과 鎖國을 고집하는 중국과 일본 사이에서의 媒介的 기능, 그럼에도 불구하고 시간이 갈수록 더욱 확대되는 해양 중심의 세계 교역망에서 조금씩 '소외되는 듯' 보이는 조선의 위상[51]은 은폐해야 할 약점이나 유럽 중심주의(혹은 중국 중심주의)에 압도된 시각의 투영이 결코 아니다. 동시에 일본의 우익 사학자들이 객관성을 확보하려는 일본 교과서의 서술을 비판할 때마다 사용하는 '自虐史觀'이라는 표현 역시, 이러한 측면에 함부로 적용할 수 없다. 오히려 역사적 현실에 대한 정직한 대면과 성찰을 통해 19세기 개항과 국민국가 수립 과정에서 한국뿐 아니라 동아시아 세계가 일정 부분 공유해야 했던 고통과 왜곡된 상호 인식의 뿌리를 더 선명하게 인식할 수 있을 것이다.[52]

187쪽 참조. 같은 맥락에서 송요후, 「중화권 교과서의 조선시대 서술 분석」, 임상선 등, 『중국과 타이완·홍콩 역사교과서 비교』, 동북아역사재단, 2008, 202~219쪽에 따르면, 이미 1993년부터 사용된 '9년의무교육역사교재'부터 教學 내용의 現代化라는 명분으로 대다수 교과서에서 임진왜란과 관련된 항목이 사라지는 대신 예수회 선교사들의 활동과 그로 인한 중국과 서양의 경제적·문화적 교류 내용이 추가·강조됨으로써 전근대 한국에 대한 서술은 이전보다 줄어들었다.

51) John Lee, "Trade and Economy in Preindustrial East Asia, c. 1500~c. 1800: East Asia in the Age of Global Integration", *The Journal of Asian Studies*, Vol. 58 No. 1, 1999; 荒野泰典, 「近世的世界の成熟」, 荒野泰典·石井正敏·村井章介 編, 『近世的世界の成熟』, 吉川弘文館, 2010, 9쪽의 지도 〈17세기 후반~19세기 중반의 동아시아 무역과 일본〉 및 同書에 실린 原田博二, 「長崎と廣州」 참조. 또한 고대 동아시아 국가 사이의 교류를 닫힌 체제로 인식하고 각국의 발전 편차를 주목하는 이성규 역시, 魚叔權의 말을 인용하면서, 발전 편차가 상대적으로 줄어들고 銀 유통이 활성화된 동아시아 세계에서 조선은 그 체제 안에서 銀의 유통과 생산을 통제하였을 뿐 일본보다 먼저 알고 있던 鉛銀분리법(=灰吹法)으로 중국과 유럽의 폭발적인 銀 수요에 적극 대응할 의지가 없었던 것으로 파악했다(이성규, 「고대 동아시아 교류의 열림과 닫힘」, 한림대학교 아시아문화연구소 엮음, 『동아시아 경제 문화 네트워크』, 태학사, 2007, 175~180쪽).

52) 이 점에서 동아시아 삼국이 近世 이후, 해양을 통한 왕래를 차단하고 자국어 발전을 통한

이와 동시에 '銀 유통과 교역망'을 통해 살펴볼 수 있는 동아시아와 한국은 21세기 글로벌화 된 세계 경제와 그 속에서 수입과 수출로 생존의 길을 모색하는 우리의 모습에 대한 前兆이기도 하다. 오늘날의 달러에 해당하는 銀, 거스를 수 없으나 때로는 두렵기까지 한 자본주의에 해당하는 동아시아 무역망과 세계 무역망과의 연계, 그리고 달러의 흐름을 좌우하는 신기술 및 상품에 해당하는 자기, 비단, 차, 인삼 등. 이러한 상황에서 '銀의 블랙홀'이라고 불리던 明과 淸의 중국과 지리적으로나 외교적으로 가장 가까웠기에 그 영향에서 결코 자유로울 수 없던 朝鮮의 한국, 그리고 중국과의 관계에서 발생하는 무역의 逆調 현상을 거스르기 위해 벌이는 일본, 네덜란드, 영국, 미국 등의 경쟁 국면은 '銀 유통과 교역망'에서 언급하는 시대나 오늘날이나 그 강도와 유형만 다를 뿐 본질적으로는 유사하다.

19세기 후반기에 접어들면 이러한 제국 혹은 강대국 사이에 끼여 일종의 困境에 처한 한국의 위상과 역할은 좀 더 분명해졌다. 이러한 열강의 힘겨루기 속에서도 한국인은 '他者'와의 직간접적인 접촉을 통해 자기 정체성을 확립하고 유지하려는 根性을 보여 주었다.[53] 15세기까지 주로 중국이라는 거대한 '거울'을 통해 비교적 쉽게 정체성을 확립해 왔던 한국은 19세기에 이르러 저물어 가는 중국과 떠오르는 일본이라는 두 제국 사이에 끼여 복잡한 자기 인식을 하게 시작했고, 이후 강력한 서양과 일본, 그리고 여전히 영향력이 사라지지 않은 중국 사이에서 더욱 어려워진 '정체성 유지'라는 과업을 끝내 이루어 냈기 때문이다.

공통어의 상실을 경험하게 됨으로 인해 상호 疏遠하게 되었다는 高柄翊의 오래 전 지적은 탁견이라 할 것이다. 高柄翊, 「동아시아 나라들의 相互 疏遠과 통합」, 정문길 등 엮음, 『동아시아사, 문제와 시각』, 문학과지성사, 1995, 23~40쪽.

53) 앙드레 슈미드, 정여울 옮김, 『제국 그 사이의 한국, 1895~1919』, 휴머니스트, 2007, 63~66쪽.

15세기적 국면이 19세기적 국면으로 전환하는 시기가 바로 이 글이 주목하고 있는 '銀 유통과 교역망'이 확대되던 시기였다. 중국 일변도에서 쉽게 벗어나지 못하던 한국의 대외 교역망이 바야흐로 일본과 동남아시아로, 그리고 다시 서구를 비롯한 세계로 확대될 수 있는 가능성과 일정한 한계가 동시에 목도되는 시기라고도 볼 수 있다. 이러한 가능성과 한계는 비단 한국만의 특수성은 아니었고, 동시기 중국 明과 淸의 대외정책에 대한 평가에도 유사하게 적용될 수 있는 바이다.[54] 이에 대한 반면교사 내지는 비교 관점에서 접근해야 할 나라는 일본이겠지만, 이 역시 19세기 메이지유신의 '성공'과 양무운동의 '실패'라는 이분법적인 인식 틀에서 벗어나 다시 판도가 많이 바뀐 21세기적 관점에서 새롭게 해석할 수 있는 여지는 충분하다. 가령 15~19세기가 '육지의 아시아'에서 '바다의 아시아'로 그 화두가 변화되는 시기였고, 이 과정에서 중국은 오랜 기간 위협적인 대상이었던 육지(가령 한반도 지역과 운남의 티벳트 등)의 안보 문제에 최우선의 가치를 둔 반면 바다는 관심의 주변부에 머무를 수밖에 없었다는 지적이 있다.[55] 물론 이는 바다의 아시아에서 자신의 위상을 자리매

54) 이러한 점은 이미 오래전부터 학계에서 지적되어 온 바지만, 2000년 이후 출간되는 중국의 역사 교과서에서도 조심스럽게 표현되고 있다. 가령 정화의 대원정에 대해서 이것이 유럽의 대항해시대보다 앞선 쾌거였다는 점을 강조하면서도, 그 과정에서 식민지 개척에 소극적이었고 그 이후에 극단적인 해금정책으로 전환됨으로써 결국 중국이 서양에 뒤처지게 되는 계기가 되었음을 지적하였다(김성규, 「중국 고등학교 역사교과서에 보이는 10~15세기 서술의 내용과 특징」, 김지훈 외, 앞의 책, 148~151쪽). 또한 명·청시대 경제사에 대해서도 자본주의 맹아에 대한 강조 일변도였던 기존의 서술에서 벗어나, 오히려 왜 자본주의로 발전하지 못했는지를 重農抑商 정책, 海禁 정책, 一口通商이었던 광동무역체제 등을 자세히 언급하면서 설명하고 있다(이은자, 앞의 글, 김지훈 외, 앞의 책, 191~195쪽). 하지만 이러한 상황에서 장기간 진행된 중국으로의 막대한 은 유입 현상에 대한 언급이 결여되어 있어, 해금과 은 유입이라는 모순적으로 보이는 현상에 대한 해석이 불가능하다. 이러한 모순성을 설명하기 위해 일본 학계가 제시하는 동아시아의 互市시스템과 중국의 '沈黙외교'에 대해서는 岩井茂樹, 「清代の互市と"沈黙外交"」, 夫馬進 編, 『中國東アジア外交交流史の研究』, 京都大學學術出版會, 2007 참조.

55) 白石隆, ハウ·カロライン, 『中國は東アジアをどう變えるか: 21世紀の新地域システム』,

김해야 하는 일본의 21세기적 시각이 강조된 것이고 정작 논의 속에 한국에 대한 진지한 고려는 많지 않으므로 조심스럽게 취급해야 할 부분이다. 하지만 '銀 유통과 교역망'의 시대, 그리고 그 속의 한국을 서술할 때 한 번쯤은 진지하게 고려해야 할 관점이 아닌가 싶다. 대륙과 해양의 접점에 위치한 한국의 지정학적 특성과 실제 역할은 '육지의 아시아'를 강조하건 아니면 '바다의 아시아'를 강조하건 간과할 수 없는 중요성을 지녔기 때문이다. 내 것과 네 것의 명확한 경계를 구분하려 하고 모든 것을 우리 민족과 국가의 틀 안에서 보려는 역사 해석의 틀에서 자유로울 수만 있다면, 근대 이후에야 비로소 주권 개념을 적용할 수 있고 여전히 어느 누구에게도 배타적인 점유의 공간이 될 수 없는 바다와 바다를 둘러싼 동아시아의 역사에 대해서 우린 한층 유연하고 풍성한 논의를 이끌어낼 수 있을 것이다.56) 그리고 이것이야말로 "다양한 관점에서 자료를 활용하여 역사적 사고력과 역사의식을 기르고 나아가 동아시아 지역의 발전과 평화에 이바지하는 자세"를 함양하고자 하는 『동아시아사』 교과서의 총괄 목표57)에 부합할 수 있는 한 방안이 아니겠는가? 물론 해양 패러다임을 중심으로 이루어지는 글로벌 히스토리의 전개가 대륙 패러다임

中央公論新社, 2012, 152~166쪽.

56) 이와 관련하여 케네스 로빈슨, 「조선을 통해서 본 15~16세기 해양 동아시아의 형성」, 한림대학교 아시아문화연구소 엮음, 『동아시아 경제 문화 네트워크』, 태학사, 2007은 동아시아 해양 세계에서 조선의 역할이 비중 있게 취급될 수 있음을 보여 주는 연구로 주목된다. 또한 독일인 교수 앙겔라 숏텐함마(Angela Schottenhammer)가 주도하는 인터넷 저널 *Crossroad-Studies on the History of Exchange Relations in the East Asian World*가 동아시아 지역에서 발생하는 각종 교류의 역사에 초점을 맞추어 창간된 사실과, 그녀가 책임 편집인으로 출간되는 동아시아 해양교류 총서가 동중국해와 남중국해를 마치 인적·물적·지적 교류가 활발했던 지중해로 파악하는 입장은 관심을 끈다. Angela Schottenhammer ed., *Trade and Transfer Across the East Asian 'Mediterranean'*, Wiesbaden: Harrassowitz, 2005; Angela Schottenhammer ed., *The East Asian Mediterranean: maritime crossroads of culture, commerce and human migration*, Wiesbaden: Harrassowitz, 2008 등 참조.

57) 『동아시아사 교과서 집필 안내서』(동북아역사재단 내부자료, 2009), 344쪽.

속의 북중국과 만주·몽골·한국 등 이웃 지역의 역사 전개를 후진적·전근대적·전자본주의적으로 간주할 가능성에 대해서는 주의를 기울여야 하며,[58] 거란-여진-몽골-만주로 이어지는 천 년의 동아시아 북방민족 제국의 역사를 복원해 나가는 동아시아상에 대한 제안도 귀 기울일 필요가 있을 것이다.[59] 요컨대 '세계사 속의 동아시아사'와 '동아시아사 속의 한국사'를 균형감 있게 포착할 수 있는 『동아시아사』를 지향한다면,[60] '銀 유통과 교역망'과 그 시대에 대한 한국학계의 관점을 담은 연구와 담론을 지금부터라도 과감하면서도 진지하게 시작해야 할 것이다.

58) 이정일, 「구미 중국사 학계의 지구사(Global History) 서술과 한국사: 조선후기 정체성 연구로의 시사」, 『동아시아역사의 실체와 새로운 청사연구의 방향을 찾아서』(고려대학교 한국사연구소 주최 학회, 2012년 10월 19일), 38~39쪽.

59) 박원호, 「북방민족 역사상의 복원을 통한 동아시아의 새로운 패러다임」, 『역사교육논집』 49, 2012, 431~435쪽.

60) 이와 유사한 관점을 박원호, 「'동아시아사로서의 한국사'를 위한 마지막 提言」, 『동아시아사의 방법과 서술: 한국사 및 세계사와 연관하여』(역사학회 창립60주년기념 추계학술대회, 2012년 10월 6일, 서울대학교 신양인문학술정보관)에서 발견할 수 있는데, 가령 "동아시아사의 一國일 뿐인 한국의 역사를 동아시아 전체의 시각에서 바라보지 못하고 주변국과 '對外關係'의 窓口를 통해서만 서술하는 것이 '韓國史'를 잘 이해하는 지름길이 아니"라고 지적하면서 "한국사 연구자는 '동아시아사로서의 한국사'를, 동양사 연구자는 '세계사 속에서 동아시아사'의 새로운 패러다임을, 서양사 연구자는 '유럽중심주의'에서 탈피하여 동서양을 결합한 새로운 역사방법론을 모색하는 목표를 지향"해야 한다고 주장한다. 신채호의 '我와 非我의 투쟁'으로 점철되었던 한국사를 극복하고 '세계 속의 한국사'라는 목표를 위해 그 중간 단계로 '기억의 장'으로서의 동아시아사를 주창했던 김기봉 역시 같은 문제의식을 담고 있다(김기봉(2006), 앞의 책, 182~198쪽).